Werner Correll

MENSCHEN
DURCHSCHAUEN
UND RICHTIG
BEHANDELN

Psychologie für Beruf und Familie

mvg

Die Deutsche Bibliothek – CIP-Einheitsaufnahme

Correll, Werner:
Menschen durchschauen und richtig behandeln : Psychologie
für Beruf und Familie / Werner Correll. – 16. Aufl. –
Landsberg am Lech : mvg-verl., 1997
  (mvg-Paperbacks ; 252)
  ISBN 3-478-02520-6
NE: GT

Das Papier dieses Taschenbuchs wird möglichst umweltschonend
hergestellt und enthält keine optischen Aufheller.

16. Auflage 1997

© mvg-verlag im verlag moderne industrie AG, Landsberg am Lech
  Internet: http://www.mvg-verlag.de

Alle Rechte, insbesondere das Recht der Vervielfältigung und Verbreitung sowie
der Übersetzung, vorbehalten. Kein Teil des Werkes darf in irgendeiner Form
(durch Fotokopie, Mikrofilm oder ein anderes Verfahren) ohne schriftliche Genehmigung des Verlages reproduziert oder unter Verwendung elektronischer Systeme
gespeichert, verarbeitet, vervielfältigt oder verbreitet werden.

Umschlaggestaltung: Gruber & König, Augsburg
Druck- und Bindearbeiten: Presse-Druck Augsburg
Printed in Germany 020520/4976902
ISBN 3-478-02520-6

Inhaltsverzeichnis

Einleitung 13

I. Das Phänomen Konflikt, wie es entsteht und wie es sich auswirkt 15

1. Konflikte, das Problem unserer Zeit 15
2. Die Frustration als Ursache für die Aggressionen 15
3. Ungelöste Konflikte, aufgestaute Aggressionen als Ursachen vieler psychosomatischer Störungen 17 19
4. Streß und Neurose 21
5. Die Manie 22
6. Die Phobie 23
7. Depressionen und Perversionen 23
8. Der Neurotiker, ein hilfsbedürftiger Mensch .. 24
9. Erwartungen, Bedürfnisse, Motive – Grundhaltungen menschlichen Seins 25

II. Die menschlichen Grundmotive und Möglichkeiten der Motivierung des Menschen 27

1. Motivationen: Antriebe, Sehnsüchte und ihre Wirkung 27
2. Die menschlichen Grundmotive als Antriebskräfte 27
3. Die fünf Grundmotivationen 32
   a) Soziale Anerkennung 32
   b) Sicherheit und Geborgenheit 34
   c) Vertrauen 36
   d) Selbstachtung 37
   e) Unabhängigkeit und Verantwortung 39

4.	**Primäre und sekundäre Motivation – und der Sinn des Lebens**	41
	a) Der Unterschied zwischen primären und sekundären Motivationen	41
	b) Die primäre Motivierung – Voraussetzung für ein sinnerfülltes Leben	42
	c) Die Dominanz der psychischen Grundmotive	44
5.	**Motivation und Wille**	46
	a) Der Wille – eine unabhängige Kraft	46
	b) Der Wille – die Summe unserer Motivationen	47
	c) Erziehung zum Willen	48
6.	**Motivkonflikte**	50
	a) Motivkonflikte im Tierexperiment	50
	b) Motivkonflikte im menschlichen Bereich	50
	c) Motivkonflikte – ihre Lösung eine Frage der Intelligenz?	53
7.	**Motivierungstechniken**	54
	a) Motivieren – eine schwierige Aufgabe	54
	b) Sprachliche Motivierung	54
	c) Motivierung durch Bilder	58
III.	**Psychologie und Erziehung**	61
1.	**Der Mensch ist auf Erziehung angewiesen**	61
2.	**Anlage und Umwelt beeinflussen die menschliche Entwicklung**	62
	a) Ist der Mensch das Produkt seines Milieus oder seiner Anlagen?	62
	b) Die Intelligenz – eine wichtige Anlage	64
	c) Erziehung – sinnvolles Einwirken auf Anlage und Umwelt	65
3.	**Hilfe zur Selbstverwirklichung im Kindes- und Jugendalter**	66
	a) Die Kinderzeit – Zeit der fatalen Abhängigkeit	66
	b) Ein Erziehungsproblem der frühen Kindheit – der Ödipuskomplex	66
	c) Erste Trennung vom Elternhaus – die Schule	69
	d) Soziale, körperliche und geistige Merkmale der Schulreife	69
	e) Magie und Aberglaube im Kindesalter – eine normale Entwicklungsstufe	71

	f)	Das Jugendalter – Zeit zunehmender Unabhängigkeit	73
	g)	Erziehung als Hilfe zur Selbsthilfe	74
	h)	Erstes oder drittes Kind? Die Bedeutung der Rangordnung in der Familie	75
	i)	Erziehung – Aufbau positiver Lebenseinstellungen	77
4.	**Psychologie und Lernen**		79
	a)	In der Schule für das Leben lernen?	79
	b)	Das Problem der Übertragung	80
	c)	Das Überlernen – seine richtige Anwendung	82
	d)	Lernen – eine Verhaltensänderung	84
	e)	Stimulus und Reaktion – ein Lernprozeß	84
	f)	Lernen als Versuchs- und Irrtumsverhalten	85
	g)	Lernen durch Einsicht	86
	h)	Der Wille, die Ordnung, die Aufmerksamkeit – wichtige Lernvoraussetzungen	87
	i)	Richtig motiviert sein – der Schlüssel zum erfolgreichen Lernen	94
	k)	Ist Lernen eine Frage des Alters?	96
5.	**Einige ökonomische Lernmethoden**		97
	a)	Verteilung der Lernversuche	98
	b)	Das Ganze ist dem Teil überlegen	99
	c)	Punktuelles statt simultanes Lernen	99
	d)	Aktives statt passives Lernen	99
	e)	Anschauliches statt abstraktes Lernen	102
	f)	Systematisches statt unsystematisches Lernen	103
	g)	Unbewußtes Lernen	105
6.	**Behalten und Vergessen – unser Gedächtnis**		107
	a)	Das Gesetz der Kontiguität	108
	b)	Das Gesetz der Sukzession	108
	c)	Das Gesetz der Ähnlichkeit	108
	d)	Das Gesetz des Kontrastes	109
7.	**Lernstörungen und was man dagegen tun kann**		110
	a)	Fehlende Lernmotivationen und ihre Ursachen	111
		Störungen im Bereich der Anerkennungsmotivation	111
		Störungen im Bereich der Sicherheitsmotivation	112
		Störungen im Bereich der Vertrauensmotivation	114
		Störungen im Bereich der Gerechtigkeitsmotivation	116
		Störungen im Bereich der Unabhängigkeitsmotivation	117

	b) Lernstörungen – eine Frage der Erziehungsform?	119
	Die autoritäre Erziehungsform	119
	Die verwöhnende Erziehungsform	121
	Die vernachlässigende Erziehungsform	123
	Besondere Familienformen, die zu Lernstörungen führen können	124
	c) Spezielle Lernstörungen	126
	Legasthenie	126
	Rechenschwäche	128
	Gedächtnisschwäche	128
IV.	**Psychologie in der ärztlichen und juristischen Praxis**	130
1.	**Psychologische Aspekte in der ärztlichen Praxis**	130
	a) Die Vorsorgeuntersuchung – warum so sehr gemieden?	130
	b) Drei Patiententypen	130
	Der mutige Patient	130
	Der ängstliche Patient	131
	Der unsichere Patient	131
	c) Vertrauen zum Arzt – eine Frage psychologisch richtiger Behandlung	132
	d) Spezielle Probleme der Behandlung weiblicher Patienten	133
	e) Der ideale Arzt – Vorstellungen und Anregungen	135
	f) Aus der Sicht des Patienten: Wie behandle ich meinen Arzt?	136
2.	**Psychologische Aspekte der juristischen Praxis: Wandel des Rechts – Wandel der Richter?**	139
	a) Ursachen des Verbrechens – ist rechtmäßiges Verhalten erlernbar?	140
	b) Muß Strafe sein? Zur Problematik des Strafens	141
	c) Prophylaktische Maßnahmen gegen die Kriminalität	143
V.	**Psychologie in der Personalführung**	145
1.	**Vom Arbeiter zum Mitarbeiter**	145
2.	**Der richtige Mann am richtigen Platz – Das humanistische Element in der Personalauswahl**	146
3.	**Kriterien für die Mitarbeiterauswahl**	146

a) Das persönliche Gespräch	148
b) Der Lebenslauf	149
c) Vom unstrukturierten zum strukturierten Interview	149
d) Psychologische Testmethoden zur Personalauswahl	150

4. Ein Mitarbeiter verläßt den Betrieb 156
5. Ein wichtiges Stimmungsbarometer –
   die Betriebszeitung 156
6. Der »Chef« immer das Vorbild 157
7. Aus der Sicht des Mitarbeiters: Wie behandle ich
   meinen »Chef«? 158

VI. Psychologie und die Kunst der Rede 162

1. Die Rede – ein wesentliches Element in der Demokratie 162
2. Psychologische Steigerung der Rede – Effizienz 162
   a) Die Beleuchtung 163
   b) Die Sitzordnung 163
   c) Der Vorsitzende 165
3. Das Aufrechterhalten der Aufmerksamkeit durch
   den Redner 168
   a) Die Rolle der Uhr 168
   b) Die Stimme 169
   c) Die beste Art Emotionen zu üben – sie zu haben 170
   d) Mimik und Gestik 171
4. Der richtige Aufbau der Rede 171
   a) Die Eröffnung der Rede durch Motivierung und Überblick 172
      Anknüpfung an das Prestige-Motiv 172
      Anknüpfung an das Sicherheitsmotiv 173
      Anknüpfung an das Vertrauensmotiv 173
      Anknüpfung an das Exaktheitsmotiv 175
      Anknüpfung an das Unabhängigkeitsmotiv 176
   b) Die Darstellung der Rede und Vorwegnahme möglicher Einwände samt ihrer Entkräftung 177
   c) Der Abschluß und Höhepunkt der Rede 178
   d) Ein Paradebeispiel: Shakespeare! 178

VII. Psychologische Aspekte in Kunst und Literatur 186

1. Mehr Spannung in Geschriebenem und Gemaltem! 186
2. Mehr Effizienz durch Psychologie: Eine Frage der Spannung! 187
3. Die psychologischen Voraussetzungen der Spannung 188
4. Spannung und Grundmotive 189
5. Was »gefällt« eigentlich? 190
6. Das Problem des rhythmischen Wechsels 192
7. Aufmerksamkeit wecken und erhalten 192
8. Der Erfolg des Kunstwerks 199

VIII. Psychologie und Musik 202

1. Musik als Teil spezifisch menschlicher Welt 202
2. Musik und Gemütszustände 202
3. Psychologischer Einfluß der Musik auf unsere Befindlichkeit 204
4. Musik – Gefühle – Leistung 205
5. Pädagogische Möglichkeiten der Musik 208
6. Musik in Propaganda und Werbung 211

IX. Suggestion, Werbung und Freunde gewinnen 220

1. Suggestion 220
2. Positive und negative Suggestionen 221
3. Die Rolle des Unbewußten bei der suggestiven Werbung 223
4. Die Suggestion im Verkauf 226
5. Die Frage im Verkaufsgespräch 227
6. Allgemeine und spezifische Beschreibungen im Verkauf 228

7.	Die Aktivierung des Kunden	229
8.	Motivationsspezifische Aussagen machen	230
9.	Einige Methoden der Werbeforschung	231
	a) Die historische Methode	232
	b) Die statistische Methode	232
	c) Die Befragung	232
	d) Die Labormethode	233
	e) Die Assoziationsmethode	234
10.	Die Bedeutung verschiedener Werbeträger	234
11.	Werbung noch einmal anders: Wie man sich beliebt macht	238
12.	Die Notwendigkeit für den Kunden, die Absicht und die Strategie des Werbers zu durchschauen	243
X.	**Psychologie und Leistung**	247
1.	Motivation und Leistung	247
2.	Streß und Leistung	248
3.	Alter und Leistung	250
4.	Schlaf und Leistung	252
5.	Das physische Umfeld der Leistung	253
	a) Das Klima und die Temperatur	258
	b) Die Bedeutung der Beleuchtung	259
XI.	**Psychologie in Ehe und Partnerschaft**	262
1.	Die motivationspsychologischen Grundlagen von Ehe und Partnerschaft: Was erwarten die Partner voneinander?	263
2.	Introversion und Extraversion in der Partnerschaft	266
3.	Introversion und Extraversion – konstant oder variabel?	268
4.	Introversion und Extraversion und Motivationstypen	269
5.	Ist partnerschaftliche Harmonie planbar?	270

6.	Kommunikationsbereitschaft als Basis der Partnerschaft	271
7.	Zwei Kommunikationsstile in der Partnerschaft	272
8.	Der IDQ als Maß für partnerschaftliche Kommunikation	273

XII. Seelische Gesundheit: 10 Regeln für Lebensführung 280

Literaturhinweise 287

Einleitung

Jeder Mensch wird irgendwann in seinem Leben zum Psychologen. Dies ist meistens der Zeitpunkt, in dem er mit seinem Wollen auf Widerstände trifft, wenn er also entdeckt, daß sich die Dinge nicht so entwickeln, wie er sich das gewünscht und erhofft hat. Sei es nun, daß ein anderer Mensch, mit dem man in Liebe und Ehe verbunden ist, plötzlich so handelt, wie man das niemals für möglich gehalten hätte, oder sei es auch, daß ein Kollege oder beruflicher Vorgesetzter plötzlich etwas tut, was einen tief verletzt, enttäuscht oder auch verärgert. Man steht dann erstaunt still und wundert sich, daß man sich und die anderen so sehr verkannt haben sollte! Daß man mitsamt seiner »Menschenkenntnis« so sehr »daneben« gegriffen hat – oder daß die Welt um einen herum so sehr anders denkt als man selbst – das ist einem kaum vorstellbar!

Je mehr man nun darüber nachdenkt, desto mehr kommt man zu der Erkenntnis, daß eigentlich solche Konflikte mit zum Fruchtbarsten im Leben gehören. Sie sind nicht nur unvermeidlich, sondern auch segensreich für die eigene Weiterentwicklung der Persönlichkeit. Das Leben wäre vielleicht so etwas wie eine Wanderung in der Wüste ohne Täler und Höhen, ohne Schatten und ohne Wasser, an dem man sich erfrischen könnte, gäbe es keine Widerstände gegen unsere Erwartungen und Bedürfnisse, richtete sich alles nach unserer Planung. Erst im Scheitern denkt man schließlich nach – solange alles funktioniert, handelt man zwar, aber das Reflektieren kommt erst später – eben wenn es »nötig« geworden ist.

Man kann sich nun sehr viele Irrwege ersparen, wenn man diese Urgegebenheiten psychologisch durchdenkt und sich die Erkenntnisse, die man dort gewonnen hat, zunutze macht.

In einem ersten Abschnitt wollen wir gleich bei der Frage ansetzen, die wir soeben angeschnitten haben, daß das Konflikterlebnis, so unangenehm es empfunden wird, eigentlich unvermeidlich ist und im Grunde etwas vom Fruchtbarsten im Leben sein kann. Wie entstehen solche Konflikte? Wie sollte man sich im Konfliktfall verhalten und wie nicht? Wie wirken sich Konflikte aus, die nicht bewältigt werden? Gibt es Möglichkeiten, Konflikte weitgehend zu vermeiden oder ihre Wirkung wenigstens abzuschwächen, sie sozusagen »positiv« auszunutzen? Welches sind die Grundbedürfnisse der Menschen, aus deren Nichterfüllung sich jeweils die Konflikte ergeben? – Dies sind einige der Fragen, die wir in unserem ersten Kapitel behandeln wollen, während gleichzeitig weiterführende Gedanken verfolgt werden sollen.

I. Das Phänomen »Konflikt« – wie es entsteht und wie es sich auswirkt

1. Konflikte, das Problem unserer Zeit!

Es gibt die verschiedensten Konflikte im Leben – berufliche Konflikte mit Vorgesetzten oder Mitarbeitern oder Kollegen, es sind Konflikte mit Kindern oder auch mit Gesetzen möglich und insbesondere auch Konflikte mit Menschen, die man eigentlich am meisten liebt und schätzt wie etwa den Ehepartner oder Freund! Alle solchen Konflikte aber haben eines gemeinsam, sie entstehen jeweils dann, wenn wir etwas erwarten, was nachher nicht erfüllt wird, sei es, daß wir diese Erwartung an uns selbst gestellt haben oder sei es auch, daß wir sie an andere gerichtet hatten. Weil wir nun im Grunde Wesen sind, die immer etwas erwarten, die immer Wünsche und Sehnsüchte haben, sind wir auch immer in der Gefahr, daß sich diese Erwartungen nicht oder nicht ganz erfüllen, daß wir also in Konflikte geraten. Man kann diese Nichterfüllung von Erwartungen als »Frustrationen« bezeichnen, denn schließlich haben wir ja dann »vergeblich« (»frustra«) etwas erwartet.

Interessant ist es nun, daß die Erwartungen der Menschen zunehmen in dem Maße, in welchem andere Erwartungen erfüllt werden. Anders ausgedrückt: je besser es uns geht, desto mehr erwarten wir auch! Es ist also gerade umgekehrt, wie man annehmen sollte, daß man nämlich um so zufriedener und erwartungsfreier sein sollte, je mehr Erwartungen erfüllt und befriedigt worden sind! In Wirklichkeit nimmt aber tatsächlich die Frustration in dem Maße zu, in dem z. B. der Lebensstandard steigt. Aber nicht nur der Lebensstandard allein ist daran »schuld«, sondern auch unsere gesamte psychischgeistige Entwicklung bedingt, daß wir immer mehr erwarten, indem wir z. B. mit zunehmender Emanzipation von allerlei Bevormundungen immer selbständiger werden, immer mündiger werden und uns also immer mehr Selbstverwirklichung wünschen oder diese auch ungestüm »fordern«, indem die andern schließlich zurück- und wir vortreten sollen!

Unsere Vorfahren waren im allgemeinen zufriedener und ausgeglichener als wir heute, auch wenn – oder vielleicht gerade weil? – es ihnen weithin nicht so gutging als uns heute! Niederlagen blieben ihnen zwar keineswegs erspart, und das Unglück kam vielleicht noch häufiger über sie als über uns. Dennoch waren sie offensichtlich leichter in der Lage, diese Konflikte zu ertragen, indem sie sie z. B. religiös überhöhten und so verarbeiteten, daß diese Schicksalsschläge eben ertragen werden mußten ohne zu »murren«, ja daß es vielleicht sogar unberechtigt sei, darüber zu hadern und man im Grunde vielleicht sogar darauf stolz sein konnte, daß man der Auszeichnung einer solchen schicksalhaften »Prüfung« teilhaftig wurde.

Heute ist uns solches Denken kaum mehr möglich. Wir sind gewohnt, Niederlagen nicht einfach hinzunehmen und Konflikte als unabwendbar zu akzeptieren, sondern uns mit ihren Ursachen konstruktiv auseinanderzusetzen, jedenfalls wollen wir mit dem Schicksal eher »kämpfen«, als daß wir es akzeptieren würden! Es ist schließlich gerade das Moment der individuellen Freiheit, daß wir in der Vorstellung leben, wir seien in gewisser Hinsicht die »Selbstgestalter« unseres Schicksals und unseres Lebens, wir könnten letzten Endes sehr viel dazu beitragen, daß es uns gut und auch, daß es uns schlecht geht! Das Leben ist »machbar« von diesem Standpunkt aus betrachtet!

So haben wir auch diesen Gedanken der Freiheit in so gut wie alle Bereiche des Lebens getragen: die Frau ist befreit oder emanzipiert aus den Fesseln der Bevormundung durch die Männer, Ehepartner sind insgesamt befreit aus dem Joch der totalen Abhängigkeit voneinander, auch Kinder sind weitgehend befreit aus der Bevormundung durch die Lehrer, deren Autorität nicht mehr von Amts wegen gilt, und Studenten sind befreit aus irgendwelchen noch bestandenen Bindungen an Traditionen, die man nicht mehr eingehen will. Aber auch der Mitarbeiter im Betrieb fühlt sich befreit aus den Bindungen an eine Art ursprünglichen »Gehorsam« gegenüber den Vorgesetzten – er erwartet ein höheres Maß an Beteiligung, an Mitbestimmung an Identifikationsmöglichkeit mit seiner Arbeit, und er ist immer weniger bereit, eine Arbeit nur auszuführen, weil sie befohlen wird oder weil sie zum Lebensunterhalt wichtig erscheint.

Während wir also alle mehr erwarten, ist es unvermeidlich, daß wir in unserer individuellen Expansion sozusagen mit unseren Mitmenschen zusammenstoßen, die sich schließlich ebenfalls gerade expandieren möchten! Während wir uns durchsetzen, muß also ein anderer zurückstecken und umgekehrt. Dies bedeutet, daß gleichsam jeder »Sieg« auf der einen Seite durch eine Frustration auf der anderen Seite wettgemacht wird. Der Preis für unsere weitreichende Emanzipation ist also eine größere Frustrationsgefahr. Je mehr die Menschen in einem enger werdenden Raum zusammenleben, desto größer werden die Reibungsflächen. Da wir durch technische Kommunikationshilfen weitgehend in enge Beziehung zu sehr vielen Menschen treten können, steigt damit auch die Frustrationsdichte, der wir ausgesetzt sind.

Da wir nun zudem offensichtlich mit unserer Einstellung immer diesseitiger geworden sind und den Transzendenzbezug weitgehend verdrängt oder jedenfalls verbannt haben, nimmt auch unsere Frustrationstoleranz immer mehr ab, während ja gleichzeitig die Frustrationsgefahren zunehmen! Die Folge ist, daß wir immer häufiger in Konflikte geraten, deren Existenz wir nicht mehr problemlos zu bewältigen vermögen, weil wir sie nicht mehr zu akzeptieren bereit sind. – Wie reagieren wir nun auf diese Konflikte, wie sie immer mehr und immer unausweichlicher zu unserem Leben zu gehören scheinen?

2. Die Frustration als Ursache für die Aggressionen

Die ursprünglichste Reaktion auf einen Konflikt bzw. auf eine Frustration, die ja den Kern eines Konflikts darstellt, ist die Aggression – oder wenigstens die Aggressionstendenz mit dem Ziel der Vernichtung oder Schädigung der Konfliktquelle! Über die Jahrtausende hinweg aber haben sich die Menschen bemüht, diese gefährliche Ur-Reaktionsneigung zu zähmen – sie haben sie unter eines der gewaltigsten Tabus gestellt, die es überhaupt gibt. Das Tabu der Aggression ist wahrscheinlich deshalb so universell bei allen Kulturen aufgerichtet worden, weil sich sonst die Menschheit schon längst selbst vernichtet hätte.

Nur einige wenige »Ventile« haben sich für »notfalls« eine Bahn durch dieses Tabu erhalten. Hierher gehört z. B. der Sport, sowohl in seiner aktiven Ausübungsform als auch in seiner passiven Version beim bloßen Zuschauen. Wenn man sich aktiv oder passiv sportlich betätigt, kann man sicherlich in dem Maße Aggressionen gefahrlos abreagieren, in dem man sich mit einer sportlich ausgeführten Aggressionshandlung identifiziert und dadurch das erlebt, was man erlebt hätte, wenn man selbst offen aggressiv gewesen wäre. Man kann aber leicht beobachten, daß die Regeln, denen sich das Sportgeschehen unterzuordnen hat, ebenfalls immer dichter werden (wohl in dem Maße, in dem sich immer mehr am Sport beteiligen!), so daß allein hieraus auch wieder neue Frustrationen und dadurch immer neue Aggressionen entstehen können. Beim Fußballspiel am Wochenende kann man es leicht allenthalben beobachten: die Zuschauer geraten nicht selten hinterher – und auch gelegentlich während des Kampfes – untereinander in einen »echten« Kampf mit offenen Aggressionen! Auch haben wir eigentlich keine Sportart, die offene Aggressionen mehr oder weniger unverfälscht und doch gefahrlos zulassen würde. So bleibt also der Sport ein außerordentlich wichtiges Ventil für die aufgestauten Aggressionen, aber eben nur ein Ventil, das mehr und mehr nicht mehr in der Lage zu sein scheint, alle aufgestauten Aggressionen aufsaugen zu können.

Wie steht es mit dem Fernsehen bzw. mit dem Zuschauen bei verfilmten oder auf dem Theater gespielten aggressiven Szenen? Man könnte annehmen, daß diese allgemein beliebte Freizeitbeschäftigung des modernen Menschen vielleicht auch durch Identifikation mit der aggressiven Szene auf dem Bildschirm oder der Bühne etwas dazu beitragen könnte, daß Aggressionen abgebaut werden. In der Tat läßt sich nachweisen, daß dies – wenn auch nur in bestimmten Grenzen – der Fall ist. Durch das bloße Zuschauen bei aggressiven Szenen werden Menschen gelegentlich weniger aggressiv als vorher; einige aber werden dadurch eben noch aggressiver, und schließlich noch andere fühlen sich sogar ermutigt, ähnlich aggressiv zu handeln wie der auf der Bühne oder auf dem Bildschirm! Wir haben leider keine exakte Möglichkeit, von der Psychologie aus zu beeinflussen, wie das Geschehen auf dem Bildschirm auf den Zuschauer exakt wirken soll. Vielmehr müssen wir uns vorerst damit begnügen festzustellen, daß es grundsätzlich ganz verschiedene Wirkungsmöglichkeiten zu geben scheint.

Auch der Ausweg aus den Aggressionen in die körperliche Betätigung in einem Hobby – etwa im Garten oder auf dem Reitpferd – ist dem modernen Menschen immer mehr verwehrt worden. Sei es, daß ihm einfach die Zeit dazu fehlt, oder sei es, daß auch die finanziellen Mittel dazu nicht ausreichend vorhanden sind: in der Regel können auf breiter Ebene die Menschen einen solchen Ausweg auch nicht allzu häufig einschlagen.

Bleibt noch eine Aggressionsabfuhrmöglichkeit, die früher fraglos in jeder Generation etwa einmal angeboten wurde, die aber heute überhaupt nicht mehr in Betracht gezogen werden kann, weil sie perfektioniert worden ist: der Krieg. Im Krieg sind plötzlich alle Tabuschranken um die offenen Aggressionen aufgehoben worden, plötzlich ist alles erlaubt und erwünscht, was vorher verboten war: jetzt darf man töten, erschießen, erstechen etc., was bisher strengstens untersagt war. Wir haben aber inzwischen die Kriegsinstrumente derart technisiert und perfektioniert, daß das Geschehen in einem neuen Krieg – unter Beteiligung der zivilisierten Welt wenigstens – weitgehend entpersönlicht wäre und dadurch als Aggressionsabfuhrmöglichkeit überhaupt nicht mehr in Betracht kommen kann, ganz abgesehen von den eminenten Gefahren für den Fortbestand der Zivilisation überhaupt.

Wir müssen also erkennen, daß wir im Moment keinen geeigneten Ausweg haben, der sich als Aggressionsabfuhrmöglichkeit anbieten würde, während wir auf der anderen Seite beobachten, daß die Frustrationen immer mehr zunehmen müssen, so daß sich die Aggressionen immer mehr steigern. Schematisch dargestellt, ergibt sich folgende Situation:

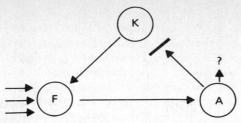

Das Kernerlebnis des K (Konflikts) ist die F (Frustration), die sich als A (Aggressionstendenz) auswirkt und sich offen gegen die K (Konfliktsituation) richten möchte, was aber blockiert ist.

Zwei Fragen ergeben sich an dieser Stelle: einmal wäre es wichtig zu erfahren, ob sich nicht von der Ursachenseite her etwas verändern ließe, d. h., ob es nicht möglich ist, an der Quelle der Frustrationen, d. h. an den Erwartungen anzusetzen, um zu erreichen, daß es weniger Aggressionen insgesamt gibt. Zum anderen wäre es interessant, was nun mit den nicht abgeführten Aggressionen wird!

Zu unserer ersten Frage können wir bemerken, daß wir später noch auf die Situation der Grunderwartungen des Menschen eingehen werden, daß wir aber in der Tat die Möglichkeit haben, die Frustrationstoleranz dadurch zu erhöhen, daß wir – freilich ohne zu resignieren – gelassener werden gegenüber der Frustration. Hierzu eignet sich jede Art von echter Religion genauso wie jede Art von Training in Richtung auf Entspannung und Toleranzsteigerung – etwa das autogene Training, Meditationsübungen, Yoga etc. Allerdings darf man bezweifeln, daß solche Übungen so weit durchgesetzt werden können, daß sie eine genügend große Breitenwirkung haben würden, um wirklich als Ausweg aus unserer gegenwärtigen Situation zu gelten.

3. Ungelöste Konflikte, aufgestaute Aggressionen als Ursachen vieler psychosomatischer Störungen

Unsere zweite Frage, was nun aus den Aggressionen wird, wenn sie nicht abgeführt werden, läßt sich ebenfalls beantworten. Wir wissen, daß diese Aggressionen »beherrscht«, d. h. aufgestaut werden und somit in den Bereich der Verdrängungen geraten. Sie sind nämlich als verdrängte Aggressionen nicht etwa bewältigt, nur weil sie nicht zum Ausbruch gelangen, sondern sie bleiben nach wie vor wirksam, nur nicht mehr bewußt so leicht steuerbar! Ihre Wirksamkeit zeigt sich in typischen Veränderungen im Verhalten des Menschen: Rein äußerlich zeigt sich meistens eine zunehmende körperlichmotorische Unruhe, verbunden mit typischen Beißbewegungen (auf den Lippen oder den Zähnen herumbeißen), mit Rötungen im Gesicht und am Hals und mit einer typischen Veränderung der geöffneten Hand zur geballten Faust. Dies alles sind gleichsam symbolische Aggressionshandlungen: man will eigentlich nicht auf der Lippe herumbeißen, sondern auf dem Gegner, der Konfliktquelle! Und man will nicht bloß die Faust ballen, sondern sie als Angriffswaffe benutzen! Zugleich ergeben sich Steigerungen des Blutdrucks und insgesamt eine erhöhte körperliche Aktivitätsbereitschaft, die aber mit einer Verminderung der geistigen Aktivitäten verbunden ist. Beispielsweise kann man sich in solchen Situationen auf sein Gedächtnis kaum mehr verlassen, und Steuerungsfunktionen gelingen kaum noch. Probanden, die im nichtfrustrierten Zustand einfache Mathematikaufgaben fehlerfrei bewältigen konnten, machen im frustrierten – und damit verdrängt aggressiven Zustand – etwa neunmal so viele Fehler bzw. benötigen neunmal soviel Zeit zur Bewältigung solcher Aufgaben. Auch Tiere scheinen ähnlich zu reagieren, wie man aus entsprechenden Experimenten weiß. Zwar können sie rein körperliche Kraftaufgaben wesentlich intensiver bewältigen, aber sobald es sich um Steuerungsaufgaben (etwa Bewältigung eines Labyrinths) handelt, versagen sie ganz oder benötigen mindestens wesentlich mehr Zeit dafür.

Die Auslösung dieser typischen Reaktionen wird durch eine Reihe von innersektretorischen Drüsen, namentlich der Hypophyse und der Nebennieren (Adrenalin) gesteuert. Dies ist auch der Grund dafür, daß dieser leistungsmindernde Zustand der aufgestauten Aggression in der Regel nur einige Minuten ohne nennenswerte Unterbrechung andauert. Es muß entweder zu einer Abreaktion nach außen kommen (direkte oder indirekte Aggressionsabfuhr) oder die frustrationsauslösende Situation muß geistig verarbeitet, sozusagen rational toleriert werden. Es gibt nun aber auch Situationen – und jeder kennt sie –, in denen weder das eine noch das andere möglich ist, weil die Frustrationen so andauernd sind, daß wir sie nicht tolerieren, nicht einmal verarbeiten können. Meistens handelt es sich dabei um Situationen, die nicht von außen her an uns herangetragen werden, sondern aus unserer Persönlichkeit selbst herauskommen. Vielfach sind es z. B. Entscheidungen, die wir irgendwann in unserem Leben getroffen haben, die wir nachträglich aber am liebsten wieder rückgängig machen würden, weil sie uns nicht optimal erscheinen. Wer hat sich nicht schon einmal überlegt, ob er seinen Beruf vielleicht doch zu früh gewählt hat? Zwar ist man leidlich zufrieden oder auch erfolgreich, aber »was wäre gewesen, wenn wir uns damals doch noch anderen Gelegenheiten zugewandt hätten...«? Solche Fragen stellt sich der eine oder andere auch bezüglich familiärer Entscheidungen: die Partnerwahl erfolgt auch meistens in einem Lebensabschnitt, in dem der Mensch zwar hochmotiviert ist, etwas für den Erhalt des Menschengeschlechts zu tun, in dem er aber meist noch nicht ganz in der Lage ist, die Bedeutung seiner Wahl bis in die Einzelheiten hinein zu überblicken! In der Regel trifft er diese Entscheidung ja zwischen seinem 20. und dem 30. Lebensjahr – also eigentlich »zu früh«! Zyniker haben schon geäußert, wenn man dem Menschen so lange Zeit ließe, bis er sich diese Entscheidung voll bewußt machen könnte, würde vielleicht ernsthafte Gefahr für den Fortbestand der Menschheit bestehen! Wie dem auch sei, die meisten Menschen entwickeln an dieser Stelle das Gefühl der Peinlichkeit ob ihrer Zweifel, was aber nicht selten dazu führt, daß die Frage selbst nicht beantwortet, sondern eben verdrängt wird. Man will mit dem Problem, ob solche Entscheidungen nun optimal oder nicht ganz optimal waren, einfach nichts mehr zu tun haben, sondern man redet sich ein, das sei schon richtig, und man sei schon glücklich genug, und andere seien auch nicht besser dran etc. Auf diese Weise entsteht nun das, was man als »Dauerfrustration« bezeichnet: die Frustrationssituation besteht nicht nur für kurze Zeit, sondern über mehrere Monate oder Jahre hinweg ohne eigentliche Unterbrechung.

Wie wirkt sich nun diese Dauerfrustration auf den Menschen aus?

4. Streß und Neurose

Zunächst können wir feststellen, daß die Befindlichkeit des »Streß« gerade dann eintritt, wenn man sich in einer Dauerfrustration befindet. Die körperlichen Funktionen werden überstrapaziert, man ist immer aufs höchste »angespannt«, reaktionsbereit, gleichsam »auf dem Sprung«, weil man sich immer irgendwie bedroht oder jedenfalls über die Maßen gefordert fühlt. Deshalb reagiert man auch empfindlicher als normal und gilt als »gereizt«, »übertrieben« und manchmal auch als »humorlos«.

Die Reaktionen, die sich in diesem Zustand darstellen, kann man als die Folgen neurotischer Tendenzen bezeichnen. Der neurotische Mensch ist gerade dadurch charakterisiert, daß er sich in seinem Verhalten von der jeweiligen Norm entfernt und dabei einem Zwangscharakter unterliegt. Er möchte nicht so handeln, wie er handelt, aber er fühlt sich dazu gezwungen. Irgend etwas in ihm zwingt ihn, sich zu ängstigen, übertrieben exakt und pünktlich zu sein, andere bei nichtigem Anlaß zu kritisieren etc. Im Grunde zweifelt der neurotische Mensch an seinen Fähigkeiten – er leidet an dem Gefühl der Unterlegenheit gegenüber anderen und versucht nun, dieses Gefühl zu kompensieren, indem er übertrieben »hart« auftritt, sich selbst und auch andern gegenüber. Man ist in diesem Zustand auch rein körperlich strapaziert durch gestörten Schlaf, durch eine grüblerische Geisteshaltung mit ständigen Zweifeln und Selbstvorwürfen, die sich dann in mangelndem Appetit oder auch in einer Neigung zu Verdauungsstörungen, zu Magenbeschwerden, zu Kreislaufstörungen oder zu Atembeschwerden zeigt. Man kommt sozusagen allzu leicht ins Schwitzen und ist gerade dadurch in seinem Verhalten negativ beeinträchtigt und in seinen Leistungen meistens reduziert, was sich leicht verstehen läßt, wenn man bedenkt, daß der neurotische Mensch z. B. immer davon ausgeht, daß andere ihn mißgünstig umlauern, daß man ihn nicht »hochkommen« lassen will, und daß er sich schließlich dagegen wehren muß! Wie viele Telefonate in einem Unternehmen geführt werden bloß aus der – verborgenen – Absicht heraus, festzustellen, was der Kollege gerade denkt oder tut und ob er nicht vielleicht just darüber nachdenkt, etwas zu unternehmen, was den eigenen Vorstellungen zuwiderläuft – dies hat wohl auch noch niemand exakt untersucht; man kann aber sicher sein, daß es ein beträchtliches Ausmaß erreicht hat, und zwar um so mehr, je größer und anonymer ein Betrieb (und eine Verwaltung!) ist.

5. Die Manie

Hierher gehören auch die vielen Beispiele für zwanghafte Zuwendungshandlungen (Manien), wie etwa die übertriebene Neigung zu Waschungen und anderen Formen der Reinlichkeit (Lavamanie), die eben weit über das rational vertretbare Maß hinausgehen. Wenn man etwa alle Stunde meint, Hände (und später den ganzen Körper) reinigen zu müssen, ohne daß ein richtiger Anlaß dazu vorhanden wäre, so kann eine solche neurotische Störung vorliegen. Aber auch das Unvermögen mancher Menschen, nicht mehr allein in einem Aufzug oder in einem Hotelzimmer sein zu können ohne Angstgefühle zu haben, gehört hierher. Man will dann aus dem Zimmer heraus, weil man meint, die Wände und die Decke rückten zusammen, man müsse heraus – hinunter in die Bar –, wo dann noch andere mit ähnlichen Gefühlen sitzen, bis man sich wieder geborgen fühlt! Selbstverständlich müssen im Zusammenhang mit den Manien auch die Abhängigkeiten von Alkohol oder Nikotin etc. erwähnt werden, denn auch Suchteinstellungen sind – wenigstens zu einem wesentlichen Teil – neurotisch bedingt und gehören zu den neurotischen Symptomen. Ähnliche Suchteinstellungen der Zuwendungszwänge gibt es auch im erotischen Sektor. Als Erotomanie (krankhafte Steigerung des Urgeschlechtstriebs) sind sie sogar relativ oft zu beobachten und gehören dann zu den wichtigen Ursachen für Leistungsstörungen im Beruf und auch zu Anlässen für Zerwürfnisse in der Ehe oder in der Freundschaft. Gerade im Bereich des Erotischen sollte der Leistungsaspekt keine oder nur eine untergeordnete Rolle spielen! Junge Menschen sind manchmal von dieser Manie so beherrscht, daß sie meinen, etwas zu versäumen, wenn sie ausnahmsweise einmal nicht auf diesem Gebiet aktiv sind; daß auf diesem Weg berufliche Schwierigkeiten entstehen müssen, liegt auf der Hand. Auch der aufstiegsorientierte Erwachsene kann unter einem solchen »Leistungszwang« leiden, wenn er nämlich neurotisch nach immer neuen Beweisen für seine Tüchtigkeit streben muß und sich zwangsläufig überfordert, um dann natürlich um so weiter abzusinken in seinem Selbstvertrauen und seiner Lebensfreude.

6. Die Phobie

Ähnlich wie die Manie ist auch die Phobie zu den neurotischen Störungen zu zählen, wenn man darunter Abwendungszwänge versteht, die sich wesentlich vom normalen Verhalten abheben. Der Mensch z. B. mit einem irrationalen Zwang, kein Flugzeug zu besteigen, kann unter einer solchen Flugphobie leiden. Dies ist dann u. U. ein ernsthaftes Hindernis in einer erfolgreichen Karriere im Beruf, zu der meistens eine gewisse Beweglichkeit, einschließlich mit dem Flugzeug, gehört. Aber auch die unnatürliche Scheu vor dem Wasser, vor bestimmten Tieren (Spinnen), vor erotischen Situationen, gehört hierher.

7. Depressionen und Perversionen

Schließlich müßten wir auch noch die Neigung zu Depressionen, zu Resignation und Schwermut sowie einige Formen der Triebverzerrung (Perversionen) hierher rechnen, soweit sie sich als Zwänge zu einem Verhalten äußern, das von der jeweiligen Norm wesentlich abweicht (etwa Fetischismus, Sadismus, Masochismus, gewisse Formen der Sodomie etc.). Kurzum alles, was uns zwingt, uns anders als »normal« zu verhalten, und was sich unserem rationalen Zugriff entzieht, kann zu den neurotischen Tendenzen gerechnet werden. Selbstverständlich sind wir nicht in der Lage, uns die Art der neurotischen Einstellung bewußt auszusuchen; vielmehr überkommt einen diese Tendenz, und in der Regel sind wir nicht einmal in der Lage, uns dann als neurotisch zu erkennen. Eher sind wir bereit, andere als »seltsam« zu bezeichnen, weil man von sich selbst in der Regel als der Norm auszugehen geneigt ist.

8. Der Neurotiker, ein hilfsbedürftiger Mensch

Dies ist auch der Grund dafür, daß der neurotische Mensch sich selbst kaum helfen kann. Wenn er sich richtig diagnostizieren könnte, könnte er sicher auch dazu kommen herauszufinden, wo die Frustrationsursachen liegen und könnte diese dann entweder beseitigen oder aber tolerieren, so daß die Symptome so rasch verschwunden wären, wie sie entstanden sind. Meistens kann der Neurotiker erst durch eine psychologische Untersuchung mit Tests z. B. dazu gebracht werden zu erkennen, daß er an diesen Symptomen überhaupt leidet – vorher glaubt er eher, die Gesellschaft oder alle anderen kritisieren zu müssen statt bei sich selbst anzusetzen!

Dies ist also die Ursache für ein in der Regel längeres Anhalten der neurotischen Situation und des Stresses ohne ernsthafte Versuche, beides zu überwinden. So entstehen im Laufe der Monate (manchmal auch erst der Jahre) meistens – in einem dritten Stadium dieses Ablaufs – psychosomatische Symptome, d. h., jetzt werden die Symptome, die bisher psychisch und auf das Verhalten bezogen sich geäußert haben, körperlich ausgeprägt. Es entstehen nun Krankheitsformen wie Magenreizungen, Magengeschwüre, Speiseunverträglichkeiten, Kreislaufstörungen, Blutdruckschwankungen und Irregulationen, Leber- und Galle-Störungen etc. Eigentlich kann man hierher sehr viele Krankheiten aus dem Bereich der inneren Medizin rechnen, womit aber nicht gesagt sein soll, daß alle diese Krankheiten ausschließlich psychisch bedingt seien. Dies anzunehmen wäre ähnlich einseitig, wie wenn man annimmt, daß dies alles nur eine körperliche Ursache hätte, so daß man sie auch nur medikamentös behandeln müsse! Zwar handeln wir gegenwärtig fast ausschließlich so, indem wir uns – leider – damit begnügen, daß die Symptome durch entsprechende Medikamente vorübergehend verschwinden. Eigentlich aber müßte man diese durch Medikamente erwirkte Ruhepause von den Schmerzen oder Unpäßlichkeiten dazu benutzen, um die eigentlichen Ursachen, eben die nicht bewältigten Frustrationen, zu beseitigen oder sie ggfs. zu tolerieren.

Nimmt man nun hinzu, daß nicht weniger als etwa 30 bis 40% der Bevölkerung mit Verantwortung unter solchen neurotischen Tendenzen zu leiden scheint, so wird deutlich, welch außerordentliche Bedeutung der psychosomatischen Betrachtung verschiedener Krankheitssymptome eigentlich zukommt. Vieles, was wir als Kostenexplosion im Gesundheitswesen beklagen, hat sicher seine Ursache in dem Umstand, daß wir noch nicht damit begonnen haben, alle Konsequenzen aus der weiten Verbreitung neurotischer Tendenzen und psychosomatischer Symptome zu ziehen, sondern immer noch versuchen, solche Erscheinungen mit rein medikamentösen Mitteln zu bekämpfen. Es scheint auf der anderen Seite unmöglich zu sein, eine Welt zu schaffen, in der es keine Frustrationen mehr gibt. Vielmehr müssen wir lernen, mit Frustrationen zu leben, sie, wenn sie unvermeidlich sind, zu tolerieren und sie aktiv zu überwinden, wenn sie von der Sache her überwindbar sind. Sich selber zu verändern scheint hier der gangbarere Ausweg, verglichen mit der Veränderung der Welt, zu sein!

Schematisch dargestellt ergibt sich nun folgender Ablauf der Wirkungen der Frustrationen:

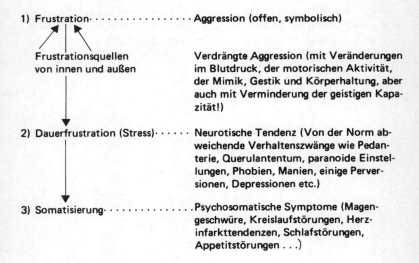

9. Erwartungen, Bedürfnisse, Motive – Grundhaltungen menschlichen Seins

Dennoch erhebt sich nun die Frage, welche Erwartungen und Bedürfnisse hinter den Frustrationen, wie wir sie beschrieben haben, stehen. Man kann schließlich nur frustriert werden, wenn man etwas erwartet. Wer andererseits nichts erwarten würde, der könnte auch nicht frustriert werden, er erhielte alles, was er erwartet – nichts. In Wirklichkeit haben aber die Menschen, wenn man von einem »Heiligen« einmal absieht, immer irgendwelche Erwartungen, Strebungen und Ziele, die sie verfolgen möchten, so daß sie auch immer frustrierbar sind und also immer wieder in Konflikte geraten können.

Der »Heilige« wäre eigentlich die einzige Ausnahme, weil er sich geistig so weit geläutert hätte, daß er »nichts mehr bedarf und nichts mehr erstrebt« – sein Herz ist »eins mit Gott«, so daß er die Welt überwunden hat. Im Grunde ist dieser Zustand aber nicht mehr der des »Lebens« im engeren Sinne. Denn solange wir leben, streben wir auch im theologischen Sinne immer weiter, sind wir »unruhig«, bis wir es überwunden haben und in IHM ruhen (»et inquietum est cor nostrum, donec requiescat in te« (Augustinus). Wir können also davon ausgehen, daß der Mensch im allgemeinen immer ein Wesen mit Motiven oder Bedürfnissen ist, und daß er erst spät oder nie dazu gelangt, alle Bedürfnisse befriedigt zu sehen und also nichts mehr zu ersehnen. Bevor wir nun in die Details der damit verbundenen Fragen gehen, müssen wir das Problem der inhaltlichen oder formalen Richtung dieser Strebungen erörtern, was im folgenden Abschnitt geschehen soll.

II. Die menschlichen Grundmotive und Möglichkeiten der Motivierung des Menschen

1. Motivationen: Antriebe, Sehnsüchte und ihre Wirkung

Wir haben erwähnt, daß der Mensch im Grunde immer ein Wesen mit Motiven oder Strebungen ist, daß er also immer »unzufrieden« ist und immer voranstrebt. Dies kann man entweder bedauern – oder auch begrüßen. Bedauern müßte man es, wenn man in Betracht zöge, daß damit der Zustand, nach welchem wir uns letzten Endes sehnen, nämlich der der totalen Befriedigung aller unserer Sehnsüchte, nie auf die Dauer erreichbar ist. Sobald wir ein Ziel erreicht haben, beginnt sich bereits ein neues in den Vordergrund zu schieben, das uns erneut aktiv hält! – Begrüßen müßte man diesen Umstand, wenn man bedenkt, daß dadurch der Mensch immer ein aktives Wesen ist und daß er dadurch erst zu seinen großen wissenschaftlichen, wirtschaftlichen und auch künstlerischen Leistungen befähigt ist. Wäre er ein für allemal befriedigt, gäbe es keine Aktivität mehr, nur noch passives Vegetieren! Die dauernde Aktivität ihrerseits aber macht den Menschen auch grundsätzlich führbar und überzeugbar. Wenn er schon alles hätte, was er angestrebt hat, könnte man ihm kein Führungsziel plausibel machen und natürlich auch verkaufspsychologisch kein sinnvolles Angebot unterbreiten. Weil er aber immer nach einem Motiv strebt, haben wir darin den eigentlichen Motor im Leben; wir müssen dann jeweils an dasjenige Motiv appellieren, das die größte Dringlichkeitsstufe hat, wenn wir führen oder überzeugen wollen. Bevor wir diese praktische Frage weiter erörtern können, müssen wir aber klären, welche Motive es sind, die uns grundsätzlich antreiben.

2. Die menschlichen Grundmotive als Antriebskräfte

Diejenigen Motive, die bei allen Menschen innerhalb einer vergleichbaren Kultur und Zivilisation gleich sind, nennt man die Grundmotive, eben weil sie grundsätzlich vorhanden sind, wenn auch nicht notwendig alle immer in derselben Intensität, sondern möglicherweise in einer gewissen Abwechslung oder Veränderung. Es liegt auch auf der Hand, daß die inhaltliche Ausrichtung dieser Grundmotive von einer Zeitepoche zu einer anderen wechseln kann: was wir heute anstreben, haben unsere Vorfahren noch nicht in der selben Weise angestrebt, und unsere Nachkommen werden es vermutlich wieder auf andere Weise zu erreichen suchen als wir. Auch klimatische und kulturgeschichtliche Bedingungen können die Wirkung der Grundmotive wesentlich beeinträchtigen, was z. B. erklärt, daß in tropischen Klimazonen grundsätzlich ein anderes Aktivitätsniveau herrscht als etwa bei uns, wo der Mensch ganz einfach aktiv sein muß, um überleben zu können.

Ein Grundmotiv – sonst nichts?
Befassen wir uns deshalb mit der Frage der Grundmotive, wie sie sich in unserer Kultur und in unserem Klima stellt, so können wir zunächst – psychologiegeschichtlich – feststellen, daß wir zwei voneinander abweichende Grundauffassungen aufzeichnen können: Zuerst ist da der Ansatz des motivationspsychologischen Monismus, der davon ausgeht, daß es ein einziges Grundmotiv geben müsse, von dem aus sich alle anderen ebenfalls wirksamen Motive ableiten ließen. Zum anderen haben wir den motivationspsychologischen Pluralismus, der davon ausgeht, daß es mehrere Motive geben müsse, die den Menschen – vielleicht abwechslungsweise, vielleicht auch gleichzeitig – antreiben und lenken.

Als einen Vertreter des monistischen Standpunktes können wir den klassischen S. Freud rechnen, der in seinen zahllosen Fallstudien nachweisen konnte, daß es sich bei den verschiedensten Motivationen seiner Patienten im Grunde doch immer wieder um libidinöse bzw. sexuelle Motivationen – wenn auch in verschiedener Ausprägung – gehandelt hat. Sobald die damit verbundenen Verdrängungen behoben waren, waren meistens auch die Symptome verschwunden. So führt Freud und viele seiner Schüler die Aktivität des Menschen letzten Endes auf seine libidinöse Grundmotivation zurück, aus der sich durch Sublimation auch die geistige Strebung ableiten läßt. Alles, was der Mensch schafft, und alles, was er erträumt, enthält danach symbolische sexuelle Motivationen. Träumen wir z. B. von Pfirsichen, so ließe sich dies ebenso auf gewisse sexuelle Motive zurückführen, wie wenn wir von einem Koffer träumen, den wir »verstellt« haben und mit dem dann plötzlich ein anderer spazierengeht. Gerade die Analyse der Traumsymbole durch Freud zeigt den Anspruch, schließlich alles auf einen einfachen Nenner, eben die libidinöse Grunderwartung, zurückzuführen, was sicherlich oft genug auch zutreffen mag. Dennoch können wir vielleicht bedenken, daß Freud zu seiner Zeit mit einem gewaltigen Sexualtabu rechnen mußte, daß damals Sexuelles nicht so freizügig diskutiert werden konnte wie das heute der Fall ist. Wir haben das Sexualtabu der damaligen Zeit weitgehend überwunden. Aber leben wir deshalb in einer tabufreien Zeit?

Sollte es sich herausstellen, daß wir heute nur ein neues Tabu an die Stelle eines alten gesetzt haben, so würde dies bedeuten, daß Freuds Auffassung über die Bedeutung der Verdrängung und der Neurotisierung etc. nach wie vor fast uneingeschränkt gültig wäre, nur daß wir an die Stelle der Sexualitätsmotivation ein anderes Motiv setzen müßten, das eben heute unter einem Tabu stünde.

In der Tat ist offensichtlich, daß wir auch heute Tabus haben, daß wir auch heute nicht ohne weiteres in der Lage oder bereit sind, alles zu sagen oder zu tun, was wir sagen oder tun möchten. Was uns daran hindert, sind diese Tabus, diese ungeschriebenen Gesetze, diese halbbewußten Vorschriften, wie man sich benimmt und verhält! Zwar könnten wir heute in einer entsprechenden Umgebung zugeben, daß wir an sexuellen Aktivitäten interessiert wären, nicht so leicht wäre aber ein Hinweis darauf, daß wir etwa an einer egoistischen Vergrößerung unserer Einflußbereiche oder an einer Ausweitung unserer »Macht« auch auf Kosten der anderen interessiert wären! Augenblicklich würde man – mit Recht? – als Egoist oder mindestens als extremer Individualist abgestempelt und meistens auch isoliert sein. Man erwartet ganz allgemein ein Bekenntnis zum Altruismus, ein Verstoß dagegen wird mit Ablehnung beantwortet. Gerade dieses Nichtzugebendürfen einer Tendenz, die wir in uns hätten, würde auf ein neues Tabu hinweisen.

Alfred Adler hat nun gerade dieses Tabu schon zu seinen Lebzeiten mit Nachdruck vertreten und immer wieder darauf hingewiesen, daß es nach seinen Analysen nicht die Sexualität, sondern das Streben nach Macht und Geltung sei, was den Menschen im Sinne einer Grundmotivation antreibe. Dieses Motiv sei auch um so stärker, je weniger Geltung der einzelne zu erhalten glaubt. Dem Streben nach Geltung und nach Macht komme also eine kompensatorische Funktion zu: je minderwertiger sich ein Mensch fühlt – je größer seine erfahrenen Frustrationen waren – desto intensiver strebt er nach ausgleichender Anerkennung, nach Überlegenheit über andere, auch wenn er dabei das Maß des jeweils Schicklichen weit hinter sich läßt. Ehrgeiz und auch verkrampftes Streben nach Karriere beispielsweise könnte man nach Adler auf diese Weise erklären: ein solcher Mensch hätte irgendwann in seinem Leben eine so starke Niederlage, eine Frustration, erfahren, die er auf diese Weise durch überstarke Anstrengungen auf diesem (neuen) Gebiet kompensieren möchte, um sein individualpsychologisches Gleichgewicht wiederherzustellen. Man denke aber auch an die Wirkung organischer Minderwertigkeiten in der Form einer kleinwüchsigen Figur, einer anderen Hautfarbe, eines anderen Haarwuchses oder auch nur der Linkshändigkeit! In diesen und anderen Fällen neigt der Betroffene häufig dazu, sich als »minderwertig« zu fühlen, und er strebt infolgedessen nach kompensatorischer Geltung auf einem anderen Gebiet. (Ein bekanntes Beispiel dafür ist Napoleon, der tatsächlich ein kleinwüchsiger Mensch mit Linkshändigkeit war und der seine spätere Machtposition auf die Wirkung dieser beiden »Minderwertigkeiten« zurückführte.)

Auch das Phänomen des Berufswechsels könnte man häufig – wenigstens nach Adler – auf diese Weise erklären: die seitherige Arbeit brachte subjektiv nicht die Erfüllung, die man sich versprochen hatte. Man fühlt sich »unterlegen«, bildet vielleicht sogar ein »Minderwertigkeitsgefühl« oder einen »Minderwertigkeitskomplex« aus und versucht nun mit neuer Kraft – manchmal verkrampft – in einem neuen Beruf einen neuen Erfolg zu erlangen. (Der eine oder andere schert sogar in solchen Situationen ganz aus dem Berufsleben aus und tritt in die Politik ein oder er wandert aus etc. – Beispiele für diese Reaktionen gäbe es sicherlich im Bekanntenkreis jedes Lesers!)

Selbstverständlich ließe sich ein solches Minderwertigkeitserlebnis auch künstlich herbeiführen, was dann um so stärker überzeugungspsychologisch genutzt werden könnte, als man dann mit einer verstärkten Zuwendungsmotivation zu dem aufgezeigten Ausweg aus dieser künstlich herbeigeführten Verunsicherung rechnen könnte. Gerade dieser Ansatz ist für den Bereich der Führung, aber auch für den der Werbung und des Verkaufens von größter Bedeutung (vgl. hierzu W. Correll: Motivation und Überzeugung in Führung und Verkauf. Verl. Mod. Industrie, München 1977²). Wir brauchen hier jedoch nicht weiter darauf einzugehen. Auf der anderen Seite aber müssen wir erkennen, daß auch diese Auffassung von Adler in ihrer monistischen Ausrichtung eine gewisse Einseitigkeit mit sich bringt, die nicht ohne weiteres realistisch ist. Manchmal ist eine Entscheidung eines Menschen tatsächlich rein von der Wirkung eines Minderwertigkeitserlebnisses her zu erklären und manchmal kann man sogar den Ablauf eines ganzen Lebens auf diese Weise erklären, aber eben nicht in jedem Fall. Nicht bei jedem spielt das Streben nach Macht und Überlegenheit und Anerkennung die hervorragende Rolle, die Adler angenommen hat. Gerade in unserer leistungsorientierten Gesellschaft kommt es häufig genug zu Motivationen, die sozusagen ausgesprochen »gegen« die Leistung gerichtet sind. Man will keine Karriere machen, man will nicht vorankommen, sondern etwa beschaulich auf einem alten Bauernhof leben, oder im fernen Indien Teppiche knüpfen etc. Man kann dies nicht ohne weiteres damit abtun, daß es eine relativ seltene Erscheinung sei, denn in abgewandelter Form spielt diese Lebensauffassung sogar häufig in unseren Alltag herein: Kinder, die uns sagen, daß sie überhaupt keinen Wert auf gute Zeugnisse legen, oder Erwachsene, die uns erklären, sie wollten lieber auf eine Beförderung oder eine Gehaltserhöhung verzichten, wenn sie dadurch ihre größere Freizeit und geringere Verantwortung behalten könnten, gehören hierher. Wenn Adler uneingeschränkt recht hätte, könnte man eben jeden

Menschen dadurch motivieren, daß man ihm seine Minderwertigkeit bewußt macht und ihm einen Ausweg aus dieser Situation aufzeigt. Aber offensichtlich funktioniert diese Strategie nicht immer. Wie müssen wir uns dies erklären?

Viele Motive in uns

An dieser Stelle können wir auf die bereits aufgezeigte Alternative zum Monismus bezüglich der Grundmotivationen, nämlich auf den Pluralismus verweisen. Pluralistisch betrachtet, zeigt sich der Mensch als nicht nur durch ein Motiv angetrieben, sondern als durch mehrere sich gegenseitig beeinflussende Strebungen bestimmt. Maslow beispielsweise vertritt die Auffassung, es seien grundsätzlich mehrere Motive, die wirksam seien, wenn zunächst die Basisbedürfnisse der Lebenserhaltung befriedigt seien. Auch viele andere Motivationspsychologen neigen heute mehr zu einer pluralistischen Auffassung als zu einer klassisch-monistischen. Es erscheint plausibler, mehrere Motivationen anzunehmen als immer nur Abwandlungen eines einzigen. Im Gegensatz zu Maslow aber kann man darauf hinweisen, daß auch die Selbsterhaltungsmotivation offensichtlich nicht immer zuerst befriedigt werden muß, bevor andere, psychische Motivationen eine Chance haben! Die Tatsache, daß der Mensch grundsätzlich zum Selbstmord fähig ist, widerlegt augenfällig diese Auffassung. Er könnte sich nicht selbst töten, wenn die Selbsterhaltung unbedingt das oberste und wichtigste Motiv wäre! Dadurch, daß der Selbstmord aber eine traurige, dennoch aber nicht wegzustreitende Wirklichkeit in unserer Zeit ist, müssen wir annehmen, daß die verschiedenen pluralistisch konzipierten Motivationen sozusagen gleichberechtigt nebeneinander oder untereinander in uns wirken und bald das eine, bald das andere in den Vordergrund rückt.

Mehr aus praktischen Gründen als aus deduktiven, können wir in diesem Zusammenhang fünf Grundmotivationen angeben, die sich leicht in der beruflichen und familiären Lebenspraxis nachweisen lassen und die so angeordnet wären, daß jeweils eines davon die größte Dringlichkeitsstufe erreicht hat und nach Verwirklichung verlangt, während die anderen ebenfalls vorhanden sind, aber nicht ganz so dringend sind. Sobald aber nun die »Nr. 1« befriedigt worden ist, steigt das Motiv Nr. 2 (oder ein anderes aus der Pyramide) an die Spitze und verlangt seinerseits nach Beachtung.

Selbstverständlich könnte man durch eine entsprechende Definition aus diesen fünf Motivationsrichtungen leicht auch sechs oder sieben oder auch nur drei machen – es geht eigentlich bei diesem Ansatz nicht so sehr um die Zahl an sich, sondern mehr darum, diese Motivationen auch relativ leicht voneinander abgrenzen zu können, so daß sie in der Praxis anwendbar werden. Aus diesem mehr pragmatischen Grunde heraus dürfen wir nun unsere fünf Grundmotivationen vorstellen und erläutern, wie sie zu erkennen sind. Wenn wir dies erreicht haben, ist es nicht schwierig, an diesen Motivationen anzuknüpfen und Führungs- oder Überzeugungsziele so zu formulieren, daß sie gleichzeitig diese Grundmotivationen (namentlich die jeweils erste) befriedigen. Hierin liegt dann die eigentliche Nutzanwendung dieser Erörterung!

3. Die fünf Grundmotivationen:

a) Soziale Anerkennung

Das erste der fünf Grundmotive ist das Streben des Menschen nach sozialer Anerkennung innerhalb einer Gruppe oder mehrerer Gruppen. Man möchte – das ist der eigentliche Kern dieser Motivation – in seiner Gruppe möglichst nicht immer an der letzten »Geltungsstelle« rangieren, sondern, wenn möglich, sogar an der ersten! Es handelt sich um ein Streben nach Prestige und Überlegenheit, nach Status und Geltung – ganz ähnlich wie es Adler unter seinem Begriff des »Geltungsstrebens« definiert hat.

So universell sich dieses Motiv zunächst ausnimmt, so ist es doch nicht immer bei jedem Menschen an der Spitze seiner Strebungen oder Erwartungen. Dem einen oder anderen ist es vielleicht sogar viel wichtiger, gerade nicht an der ersten Stelle zu sein, z. B. weil es dort zu exponiert, zu »gefährlich« sein könnte. Wenn ein Mensch aber dieses Motiv an erster Stelle verfolgt, dann zeigt er sich als besonders ehrgeizig und strebsam im Sinne höherer Auffälligkeit und in Richtung auf Nachahmung des jeweiligen »Alpha-Menschen«, d. h. desjenigen, der allgemein in der Gruppe als »Nr. 1« gilt und sozusagen den Ton angibt. Dies ist dabei wichtig zu beachten: der nach sozialer Anerkennung Strebende ist noch nicht an der »Spitze«, sondern er möchte unbedingt erst dahin kommen!

Man hat dieses Motiv schon früh auch als Verhaltenssteuerungskraft im tierischen Bereich erkannt und beschrieben. Die »Hackordnung« bei Hühnern beispielsweise ist gerade erst hierdurch zu verstehen. Das jeweilige Alpha-Huhn, also sozusagen das »Oberhuhn«, gibt z. B. an, wann die ganze Hühnermannschaft am Abend auf die Schlafstange hüpfen soll, d. h. erst wenn das Alpha-Huhn seinen Platz eingenommen hat, reihen sich die anderen Hühner nach Maßgabe ihrer Geltung innerhalb der Gruppe auf der Stange ein. Das Huhn, das erst als letztes auf die Stange darf, wäre dann das »Omega-Huhn«, das automatisch eine Art »Sündenbocksfunktion« zu übernehmen hat für den Fall, daß die Hühnergruppe durch irgendein Ereignis frustriert wird: das Omega-Huhn muß »es« sein, wenn niemand weiß, wer es wirklich gewesen ist! Es wird dann von Alpha und den übrigen Hühnern gehackt, d. h. es werden ihm die Federn herausgerupft als Strafe für etwas, was das Omega-Huhn in Wirklichkeit aber niemals verschuldet hat! Wenn dann schließlich – etwa am nächsten Tag – die Bäuerin entdeckt, daß ein Huhn schon die Federn verliert (was nicht immer richtig gedeutet zu werden braucht, sondern vielleicht als »Krankheit« verstanden werden könnte), so liegt es nahe, daß gerade dieses Huhn als nächstes »abgerufen« wird, d. h. in die Pfanne oder den Suppentopf wandert. In der Tat ist auch die Lebenserwartung der Omega-Hühner wesentlich geringer als die der Alpha-Hühner oder der andern Mitglieder der Gruppe. Weil dies nun auch von den Hühnern so registriert zu werden scheint (schließlich möchte auch das einzelne Huhn sein Leben möglichst lang genießen!), entsteht eine Verhaltenstendenz in Richtung auf Alpha-Huhn. Wer nämlich in unserem Beispiel so auftritt wie Alpha und eben nicht so wie Omega, wird bei dem Wechsel – wenn Omega abgetreten ist, muß ja schließlich ein anderes Huhn die neue Omega-Position übernehmen und als letztes auf die Schlafstange und an den Futternapf treten – am wenigsten Omega werden, also überleben! Wer dagegen sich nach »unten« – zu Omega – orientiert hat, hat eine um so größere Chance, nunmehr selbst Omega zu werden. Freiwillig wird also niemand in der Hühnergruppe diese Position einnehmen, weil alle unter dem Gesetz der möglichst größeren Lebenserwartung stehen. Alles, was Alpha tut, wird infolgedessen Maßstab und Richtschnur für den Rest der Gruppe, besonders für diejenigen, die eben ausgeprägt nach »Alpha« streben.

Durch einfache Experimente kann man z. B. auch zeigen, daß es oftmals genügt, dem jeweiligen Alpha-Tier eine bestimmte Verhaltensform beizubringen, um zu erreichen, daß dies dann von den anderen Tieren der Gruppe sofort übernommen wird.

Die Parallele zum menschlichen Bereich liegt eigentlich auf der Hand: man denke an den Einfluß der Mode, die vielleicht von einem »Alpha-Modell« vorgeführt wird und anschließend von den anderen, vor allem eben von denen, die nach sozialer Anerkennung streben, übernommen wird, ohne Rücksicht auf den Preis, auf die Gesundheit oder gar auf die Auffälligkeit, die damit verbunden sein kann. Im Gegenteil, je teurer und je auffälliger es ist, desto begehrenswerter ist es für den Anerkennungsmotivierten!

Aber nicht nur auf die Mode können wir uns hierbei beziehen. Im Grunde gilt Ähnliches auch für Freizeitbeschäftigung, für das gesamte Auftreten und Verhalten, auch für das Verhalten in einer Gruppe oder in der Ehe oder im Beruf! Der Anerkennungsmotivierte wird stets darauf bedacht sein, sich ins beste Licht zu rücken, aufzufallen, modisch auf dem neuesten Stand zu sein und in jeder Hinsicht Prestige zu gewinnen. Der neueste Sport oder die (relativ) aufwendigste Reise ist gerade gut genug für einen solchen Menschen, der auch Schulden nicht scheut wenn es darum geht, dieses Motiv zu befriedigen. Er ist wortgewandt und auf jeden Fall nicht schüchtern; er benutzt modische Fremdwörter, auch wenn er sie nicht immer ganz richtig einsetzt.

Es liegt auch auf der Hand, daß der Umgang mit einem solchen Menschen nicht eben leicht ist. Er ist Kritik und Tadel nicht ohne weiteres zugänglich, er lehnt beides besonders dann ab, wenn er befürchtet, dadurch Prestige zu verlieren. Umgekehrt übernimmt er Argumente, wenn er den Eindruck hat, dadurch näher an »Alpha« heranzukommen, d. h. Prestige zu gewinnen. Hierin liegt auch schon die Formel für den richtigen Umgang mit einem so motivierten Menschen: Man muß die von ihm gewünschte Verhaltensform als einen Weg zum Prestige-Gewinn aufzeigen, dann kann man ziemlich sicher sein, daß dieser Mensch diese Verhaltensform übernimmt, und zwar relativ unkritisch und rasch. Andererseits wird auf diesem Weg auch verständlich, warum wir, die wir ja irgendwann im Leben wenigstens vorübergehend alle einmal nach sozialer Anerkennung motiviert waren (oder sind), in dieser Phase fast immer stark extravertiert sind, warum wir Geselligkeit allen anderen Lebensformen vorziehen und warum wir uns in dieser Situation oft in ausweglose Sackgassen versteigen, indem wir immer von den anderen Respekt und Bewunderung erwarten, während wir doch eigentlich Ruhe und Stabilität erst dann finden, wenn wir zu uns selbst zurückgekehrt sind. Als potentieller Kunde ist jedoch der Anerkennungsmotivierte eine Art »Vorreiter« für neue Artikel. Mit dieser Adressatengruppe läßt sich ein neuer Markt erst einmal erschließen, denn alles Neue ist für ihn sofort interessant, während andere in dieser Situation vielmehr nach dem Nutzen, nach der Bewährtheit etc. fragen würden!

Damit ist der Anerkennungsmotivierte das ziemlich exakte Gegenstück zur zweiten Motivationslage:

b) Sicherheit und Geborgenheit

Mit dieser zweiten Grundmotivation strebt der Mensch nicht so sehr nach Auffälligkeit und Prestige, sondern nach Unauffälligkeit, Gesundheit und Sparsamkeit.

Ein solcher Mensch möchte nichts tun, was ihn auffallen läßt, was irgendwelche nicht durchschaubare Risiken mit sich bringt oder was größere Unkosten (oder gar Schulden) mit sich bringen könnte. Es zeigt sich also eine Tendenz zur Vermeidung von Veränderungen schlechthin. Das Gleichbleibende, Konservative und Unauffällige wäre das von ihm Bevorzugte, auf allen Gebieten. Während etwa derjenige, der das Motiv Nr. 1 an der ersten

Stelle hat, in seiner Freizeit exotische Reisen oder allerlei Modesportarten bevorzugt, würde der nach Nr. 2 Strebende lieber zu Hause bleiben, Reisekosten sparen und statt dessen den Garten bestellen – aber nicht mit Rasen und Rosen, sondern mit Rettichen und stachellosen Brombeeren, also mit etwas »Nützlichem« und Unauffälligem! Er würde auch vielleicht Briefmarken sammeln und – wenn es sein muß – Urlaub bei Verwandten machen.

Der Umgang mit dieser Motivationsgruppe muß natürlich darauf Rücksicht nehmen und also alles »Neue« vermeiden, vielmehr das »Bewährte« anbieten. Dies gilt nicht nur für den Verkauf oder die Führung im Beruf, sondern auch für den familiären Umgang. Manchen Konflikt kann man dadurch vermeiden, daß man den nach Nr. 2 motivierten Menschen von vornherein in seiner Sicherheitstendenz ernst nimmt und darauf Rücksicht nimmt. Mit Geduld und in kleinen Schritten läßt sich ein solcher Mensch schließlich auch zur Übernahme einer bestimmten Verhaltensform bewegen, aber nur wenn ihm klargeworden ist, daß keine unkalkulierbaren Risiken damit verbunden sind.

Gerade auch Kinder streben nicht immer nur nach Anerkennung durch die Eltern, sondern besonders nach Sicherheit und Geborgenheit im Sinne unseres Motivs Nr. 2. Man kommt ihnen am meisten entgegen, wenn man darauf eingeht, Forderungen nicht als solche vorträgt, sondern als Hilfen zu mehr Überschaubarkeit seiner Situation verständlich macht. Die vielen Fragen, die Kinder in einem bestimmten Alter stellen – wir werden unten noch darauf eingehen – sind vielleicht u. a. Ausdruck für dieses Bedürfnis nach Sicherheit in der Welt und nach Geborgenheit in der Familie. Weil die Welt um uns im Grunde genommen eher undurchsichtiger wird, streben wir alle immer dann nach Nr. 2, wenn wir das Gefühl haben, in einer wenig überschaubaren Lage zu sein, und Konflikte entstehen dann, wenn wir nicht in der Lage sind, Transparenz zu erzeugen und dadurch Sicherheit zu erlangen. Ähnlich entstehen bei dem nach Nr. 1 motivierten Menschen immer dann Konflikte, wenn seine Umgebung mit Anerkennung geizt, wenn er seine Prestigeerwartung nicht erfüllt sieht. Die vorhin geschilderte Neurotisierungsgefahr besteht also sowohl bei dem Anerkennungsmotivierten wie auch bei dem nach Sicherheit Strebenden in gleicher Weise. Sie tritt immer dann in den Vordergrund, wenn eine Disharmonie zwischen Erwartung und Befriedigung erfahren wird. Je komplizierter die Welt um uns wird, je weniger wir von den Dingen verstehen, die uns umgeben (wer versteht z. B. schon alles, was mit »Elektrizität« zusammenhängt, mit »Computern« oder mit der »großen« Politik?), desto größer wird unser Verlangen nach Sicherheit und Geborgenheit, desto mehr sehnen wir uns zurück in eine überschaubare Welt – etwa in die Welt unserer eigenen Vergangenheit oder Kindheit (»Nostalgie«).

c) Vertrauen

Mit diesem dritten Grundmotiv meinen wir ein elementares Streben des Menschen nach einem (oder mehreren) Menschen, denen er vertrauen möchte und von denen er vertrauensvolle Zuwendungen wieder erwartet. Man möchte, wenn dieses dritte Motiv an der Spitze steht, weder nach sozialer Anerkennung noch nach Sicherheit streben, sondern nach Nähe zu einem andern Menschen, den man als Bezugsperson akzeptiert hat. Mit diesem Menschen in einer engen Ich-Du-Beziehung zu leben, das ist die eigentliche Befriedigung für einen solchermaßen motivierten Menschen. Man möchte nicht sachlich und eigenständig entscheiden, sondern subjektiv und bezogen auf einen anderen. Es handelt sich also um eine Motivation, die bei Kindern und auch bei Erwachsenen immer dann vorliegt, wenn nach einem Vorbild gestrebt wird, nach einem persönlichen Rat gefragt wird, wenn etwa gesagt wird »Dir zuliebe ja – aber aus andern Gründen – nein!«

Wenn etwa der eine Partner in einer Ehe nach Nr. 3 vorwiegend orientiert ist, ist dies für den andern fast immer leicht, eine harmonische Ehe zu führen, denn dieser Partner stellt sich total auf den anderen ein, geht fast in ihm und in seinen Vorstellungen auf, indem er sie sich zu eigen macht. Kein Wunder also, wenn sich gerade viele Männer nach Ehepartnern vom Schlage der Nr. 3 Motivierten sehnen! Genausowenig wie aber der Mensch zeitlebens nach der Motivation Nr. 1 oder 2 ausgerichtet sein wird, wird er auch nicht immer nach Nr. 3 streben. Vielmehr verändern wir uns – und unser Partner tut es auch. Daraus resultieren oft Konflikte; man kann es nicht begreifen, warum die Partnerin z. B. »plötzlich« ihre eigene Meinung so stark vertritt, wie sie früher mehr oder weniger liebevoll auf alle Vorstellungen des Partners eingegangen ist! Auch mit Kindern kann man dies erleben, wenn etwa mit 11 oder 12 Jahren recht ungestüm ein eigenes Zimmer und eine eigene Feriengestaltung verlangt wird (wenn also aus einem Nr. 3-Motivierten plötzlich ein ganz anders Motivierter geworden ist)!

Nr. 3-Motivierte sprechen also auch gerne über ihre persönlichen Probleme und erwarten, daß man diesen ein gewisses Interesse entgegenbringt; ebenso wie natürlich dieser Mensch sich auch jederzeit für die persönlichen und privaten Umstände seiner Mitmenschen interessiet. Hilfsbereitschaft und Hingabe sind Verhaltensformen, die oft mit dieser Motivation in Verbindung gebracht werden können. Solche Motivationen befähigen den Menschen auch zur Übernahme von ausgesprochenen Vertrauenspositionen (Vermittlungs- und Beratungsaufgaben), da sie ohnehin allgemein beliebt sind und wegen des ausgleichenden und kameradschaftlichen Verhaltens geschätzt werden.

d) Selbstachtung

Dieses vierte Motiv ist dasjenige, das sich am häufigsten geradezu negativ im Menschen auswirken kann, da es ausgesprochen einseitig und rigoros nach Übereinstimmung mit entsprechenden Normen und Werten drängt. Ein Nr. 4-Motivierter wird zwar jederzeit fast übertrieben pünktlich und exakt sein, aber leider auch ebenso kompromißlos, perfektionistisch und rechthaberisch, dem jede humorvolle Großzügigkeit abgeht und der daher in der Regel von anderen isoliert ist. Während also der Nr. 3-Motivierte z. B. in seiner Freizeit immer irgendeine Tätigkeit ausführen wird, die ihn mit anderen zusammenbringt, etwa Hausmusik, Kegelclub oder auch Sauna etc., wird Nr. 4 mehr dazu neigen, etwas ausgesprochen Einzelgängerisches in der Freizeit zu praktizieren, also z. B. irgend einer registrierenden Sammeltätigkeit nachzugehen, bei der es dann auf übergroße Genauigkeit, exakte tabellarische Erfassung (etwa Käferbeine oder bestimmte Uhren oder Pflanzen etc.) ankommt. Uns ist beispielsweise ein Mensch bekannt, der – als typischer Nr. 4-Motivierter – Apothekerwaagen sammelt, von denen er eine stattliche Anzahl zusammengetragen hatte, bevor er auf die Idee kam, alle Stücke wieder neu zu justieren, indem in jede der Waagschalen Gewichtskügelchen gestreut wurden, bis alle wieder ganz genau waagerecht standen (womit natürlich der eigentliche Reiz eines schräg stehenden Waagebalkens verloren ging). Zum Ersatz dafür pflanzte er nun Hängegewächse in die einzelnen Waagschalen, und zwar so, daß abermals alle Schalen exakt gleich schwer wurden. Was aber dabei offensichtlich vergessen wurde, war der Umstand, daß diese Gewächse schließlich auch gegossen werden mußten und daß sie dann unterschiedlich viel Wasser verdunsteten, so daß sie – jeweils am anderen Morgen – wieder unterschiedlich schwer waren und nach links oder rechts herunterhingen. Die Neigung zur Perfektion und Ordentlichkeit bei diesem Menschen ging nun so weit, daß er nachts 3–4mal aufstand, um Wasser nachzufüllen, damit ja keine Schale aus dem Gleichgewicht fallen konnte! Ein Zustand, der bereits an der Grenze des Neurotischen steht!

Auch im Umgang mit Vorgesetzten wird dieser Mensch auf äußerste Exaktheit und Pünktlichkeit, aber auch auf Standpunktstreue und Kompromißlosigkeit etwa in Fragen der Gerechtigkeit bedacht sein. Ihn zu überzeugen, ist verhältnismäßig schwierig, ihn zu kritisieren so gut wie ganz unmöglich; ihn aber zu etwas veranlassen zu wollen, was er innerlich als gegen seine Prinzipien gerichtet empfindet, ist absolut ausgeschlossen, lieber würde ein solcher Mensch die größten Nachteile – ggfs. bis zur Selbstvernichtung! – in Kauf nehmen, als gegen seine Prinzipien zu verstoßen. Hierin liegt auch die Wurzel des Fanatismus, wie er sich etwa im Religiösen, aber auch neuerdings verstärkt im Politischen zeigt: Prinzipien dienen dann nicht mehr dem Menschen und dem geordneten Zusammenleben der Menschen, sondern werden Selbstzweck und stellen sich eindeutig über die menschlichen Interessen und über Zweckmäßigkeitserwägungen aller Art. Besonders bei jungen Leuten findet man – etwa im Gefolge der Adoleszens und der Spätpubertät – diese Motivation, die dann zu der bekannten »Engstirnigkeit« und »Bockigkeit« führt, die ja schon sprichwörtlich ist, weil ein solcher junger Mensch geradezu mit (pseudo-)juristischen Argumenten etwa gegen die Erwachsenen, die ihm am nächsten stehen sollten, aggressiv vorgeht (Prozesse von Söhnen oder Töchtern gegen die eigenen Eltern gehören nicht mehr zu den ausgesprochenen Seltenheiten!). Auch der politische Terror mit Entführung und Erpressung ist, wenn er echt politisch ausgerichtet ist, unzweifelhaft von dieser Nr. 4-Einstellung getragen: es werden alle rationalen Erwägungen außer acht gelassen, nur das Prinzip zählt. Gefühle der mitleidigen, toleranten Einstellung zu andren Menschen fehlen total, so daß die Atmosphäre äußerster Konsequenz, kalter Berechnung der jeweiligen Resultate und unbeugsamer Disziplin vorherrschen.

Es versteht sich, daß gerade wir Deutschen im Ausland – oft zu Unrecht natürlich – unter dem Klischee leiden, wir seien letztlich ein Volk von Nr. 4-Motivierten, wozu wir ja auch in unserer Geschichte und Geistesgeschichte mancherlei Dispositionen gezeigt haben – man denke etwa an die Vor- aber auch an die Nachteile der preußischen Pflicht- und Selbstdisziplinauffassung, oder auch an die pflichtrigorose Philosophie eines Immanuel Kant etc. – Daß ein solcher Mensch fast immer dazu neigt, sich selbst und die Welt eher negativ aufzufassen, liegt ebenfalls auf der Hand: am Schluß mündet diese Motivationshaltung meistens in radikalen Pessimismus, in Skeptizismus und in persönliche Verbitterung ein. Kein Wunder also, wenn der Mensch in seiner »Midlife-crisis«, also im Klimakterium, wo er ja oft unvorbereitet und plötzlich eine hormonelle körperliche Umstellung verkraften muß und unsicher gegenüber der eigenen Person und gegenüber seiner eigenen seitherigen Lebensführung wird, wo er alles in Frage stellt, was er seither hochgeschätzt hat – nicht unähnlich der Pubertät in dieser Beziehung – zu dieser Motivation neigt: jetzt endlich möchte man kompromißlos das verwirklichen, was man seither aus lauter Rücksichtnahme und Zugeständnissen heraus verschoben hat. Manche geben in dieser Situation den bisher ausgeübten Beruf und die Familie auf, um irgendwo ein »ganz neues Leben« anzufangen, was nicht selten in einer Katastrophe – durch Überforderungen – enden kann. Der Rest ist dann Verbitterung und Pessimismus, wie er viele alte Menschen auszeichnet, die dann auch noch zum Starrsinn und zur Besserwisserei, aber auch zu Unbelehrbarkeit neigen, so daß das Zusammenleben zunächst schwieriger und schwieriger wird.

Für den Umgang mit dieser Motivationsgruppe gilt dasselbe wie auch für die andern Gruppen: es kommt darauf an, eben diese Erwartungen zu befriedigen, indem man im Umgang mit diesem Menschen stets auf äußerste Präzision und Exaktheit bedacht ist, Termine einhält und z. B. Gesprächsprotokolle (mit Durchschriften) für etwas Selbstverständliches hinnimmt. Produkte, die die Zustimmung eines solchen Menschen finden sollen, müssen nicht nur detailliert erklärt werden, sondern auch unter transparenten Geschäftsbedingungen angeboten werden, wobei der Preis als solcher nicht einmal das Wichtigste ist. Auch in einer Ehe kann diese Motivation »verkraftet« werden, aber man muß dann damit einverstanden sein, alles bis ins Letzte zu planen – und sich anschließend auch danach zu richten –. Abweichungen, Ausnahmen, Spontanentschlüsse etc. aber auch Humor und Toleranz, haben hierbei wenig oder gar keinen Platz. Nur wenn man damit einverstanden sein kann, also selbst sozusagen in die Rolle eines Nr. 4-Motivierten schlüpft, kann eine solche Partnerschaft harmonisch sein. In der Regel wird es allerdings Konflikte geben, wie sie etwa unter neurotischen Menschen fast unvermeidlich sind, denn der Anteil der Neurotiker unter diesen Nr. 4-Motivierten ist signifikant höher als der irgendeiner anderen Grundmotivation.

e) Unabhängigkeit und Verantwortung

Dieses fünfte Grundmotiv schließlich steht für das Streben des Menschen nach einem eigenen Tätigkeitsbereich, in dem er auch eine eigene Verantwortung übernehmen möchte. Der Mensch unter dieser Motivation möchte nicht stets gegängelt werden, sondern lieber selbständige Entscheidungen treffen, unabhängig etwa von einer auch wirtschaftlichen Bevormundung sein Leben eigenständig gestalten und alle Konsequenzen daraus selbst übernehmen, sowohl im positiven als auch im negativen Fall. Dieses Motiv ist gleichsam der Widerpart zu Nr. 3, es verhindert eine totale Hingabe des Menschen an einen anderen, indem Nr. 3-Motivierte rigoros nach Selbständigkeit und Eigenverantwortung streben. Betrieblich gesehen, handelt es sich hierbei um eine Motivation, die besonders häufig bei Führungskräften und auch bei Selbständigen an der ersten Stelle sein wird. Man wäre schließlich nicht erst Führungskraft geworden, wenn man nicht bereit gewesen wäre, ein gewisses Maß an Eigenständigkeit und eigener Verantwortung zu übernehmen, und man wäre auch nicht selbständig geworden, wenn man nicht gerade, trotz mancher Unbequemlichkeiten, nach dem Reiz der Eigenständigkeit und der eigenen Verantwortung gestrebt hätte! Ein solcher Mensch drängt sich zwar nicht nach einer Führungsposition, aber er wird sie sozusagen zwangsläufig erhalten, weil er durch seine sachliche Einstellung, durch seinen Realismus und durch seine Bereitschaft zum Engagement für die größere Einheit eines

Unternehmens oder einer Gruppe dafür besonders geeignet ist. Man bedenke, daß z. B. der Nr. 1-Motivierte sich eigentlich nicht für die anderen, sondern nur für sich und sein Prestige einsetzt, während Nr. 2 immer an seine Sicherheit denkt, Nr. 3 allenfalls sich für seinen »Chef« einsetzt und Nr. 4 ausschließlich an seine Grundsätze denkt, so daß im Grunde nur noch Nr. 5 für die Bewältigung überindividueller Aufgaben in Frage kommt.

In einer Ehe verhindert diese Motivation das totale Aufgehen im Partner und garantiert eine gewisse Eigenständigkeit, was im Grunde eine kameradschaftliche, tolerante und einigermaßen großzügige Form des Zusammenlebens gewährleistet. Andererseits wird ein Partner, der nach dieser Motivation ausgerichtet ist, kaum jemals ganz in einer Ehe aufgehen, sondern fast immer einen Rest von Eigenständigkeit auch in der Freizeitgestaltung und bezüglich des Geldverdienens und -ausgebens reservieren. Eine Frau mit diesem Motiv an der Spitze wird vermutlich mehr nach Berufstätigkeit drängen als nach einer »Nur-Hausfrau-Position«, sie wird auch ihren eigenen Freundeskreis haben wollen und nicht bei jeder Ausgabe Rücksprache mit ihrem Partner nehmen wollen. Wer sich darauf einrichtet und vielleicht selbst auch auf dieser Motivation steht, der wird jederzeit in einer großzügigen und toleranten Atmosphäre ohne langanhaltende Konflikte zurechtkommen.

Schematisch dargestellt erhalten wir also folgendes Bild unserer Grundmotivationen:

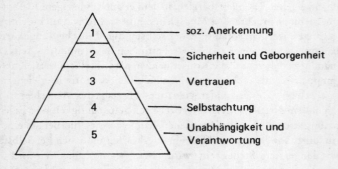

Wichtig dabei ist, daß diese Motivationen nicht immer in der hier dargestellten Reihenfolge auftreten, sondern daß sie eigentlich beständig rotieren, indem jeweils das Motiv, das befriedigt wird, an die untere Stelle rückt und so einem anderen Motiv den Vortritt an die erste Stelle freigibt. Voll zur Befriedigung würde dadurch der Mensch auf die Dauer nie gelangen, weil er immer dann ein neues Motiv empfindet, wenn das alte befriedigt wäre. Wir haben aber bereits auf dieses Phänomen hingewiesen.

4. Primäre und sekundäre Motivation – und der Sinn des Lebens

Hatten wir nunmehr dargestellt, daß der Mensch immer ein aktives und eigentlich ein »unzufriedenes« Wesen sein muß, so haben wir damit auch aufgezeigt, daß der Konflikt und damit die Streß- und Neuroseanfälligkeit mit zum Wesen des Menschen gehört. Dennoch erhebt sich jetzt die Frage nach einem gangbaren Ausweg aus dieser Gegebenheit. Können wir uns so verhalten, daß wir unter Berücksichtigung der gegenwärtigen Umstände des menschlichen Zusammenlebens und ohne die Forderung nach einer mehr oder weniger utopischen Veränderung dieser Umstände zu erheben, leistungsfähig und gesund bleiben? Offensichtlich läßt sich diese Frage von unserem Standpunkt aus nur dadurch beantworten, daß wir die Betonung auf die Einstellung des Menschen zu seinen Zielen legen, anstatt auf die Möglichkeiten zur Veränderung der objektiven Gegebenheiten! Hierher gehört vor allem die Unterscheidung zwischen primären und sekundären Motivationen, auf die wir im folgenden eingehen wollen:

a) Der Unterschied zwischen primären und sekundären Motivationen

Grundsätzlich läßt sich zwischen einer primären und einer sekundären Motivation unterscheiden, je nachdem, ob man ein Ziel um seiner selbst willen anstrebt (primäre Motivation) oder ob man es als Mittel zu einem anderen Zweck anstrebt (sekundäre Motivation). Anstatt primäre Motivation liest man gelegentlich auch »intrinsische«, und anstatt sekundäre Motivation kann man auch »extrinsische« Motivation lesen. Dieser Wortgebrauch ist dann aus dem Amerikanischen übernommen. Wir benutzen im folgenden der Einfachheit halber die erste Bezeichnung, weil sie uns verständlicher vorkommt. Fragt man sich, wie die meisten Menschen zu den meisten Tätigkeiten im Leben eingestellt sind, so fällt die Antwort wahrscheinlich nicht schwer, weil die meisten Tätigkeiten – abgesehen von unseren ausgesprochenen Liebhabereien – sekundär motiviert sind: wir sind z. B. meistens nicht berufstätig, weil wir von dieser Tätigkeit so fasziniert wären, daß wir sie auch ohne Bezahlung ausüben würden, sondern wir verrichten sie, weil wir sie als Basis für Gelderwerb und Lebenssicherung benötigen. Primär motiviert sind Menschen meistens im Bereich der Hobbies und der Freizeitgestaltung. Hier »muß« man schließlich etwas nicht tun, sondern man »darf« es tun, man ist sogar bereit, Opfer an Geld und Zeit zu bringen, um ein solches Hobby auszuüben! In dieser relativ kleinen Phase der Freizeitbetätigung fühlt sich denn auch der Mensch wirklich »identisch« mit sich und seiner Tätigkeit, hier ist er »ganz

Mensch«, während er in seiner sekundär motivierten Tätigkeit eher »entfremdet« von seiner Tätigkeit ist und sich »gezwungen« fühlt, etwas zu tun, was er an sich von sich aus gar nicht zu tun bereit wäre.

Interessant ist es nun zu beobachten, daß diese beiden Zustände der sekundären und der primären Motivation ineinander übergeführt werden können. Man kann zunächst etwas aus einer primären Motivation heraus tun, und kann sich dennoch später dabei ertappen, daß man plötzlich sekundäre Motivation für dieselbe Tätigkeit empfindet! Auch umgekehrt kann man zuerst nur sekundär für etwas motiviert sein, aber nach einer Zeit ist man schließlich primär dafür motiviert. Wir können uns den ersten Wechsel veranschaulichen, wenn wir uns vorstellen, daß bei einem Menschen, der ein bestimmtes Hobby ausübt, sagen wir malen, nach einer Zeit der Erfolge schließlich die Einstellung wächst, man könne etwa die gemalten Bilder verkaufen oder sie überhaupt erst auf Grund eines Auftrags anfertigen. Am Ende macht dann in diesem Fall das Malen an sich keine Freude mehr, aber das Geldverdienen durch Malen wäre das, worauf man sich ausrichtet. Umgekehrt könnte auch jemand zuerst sekundär für eine bestimmte Berufstätigkeit motiviert sein, indem er die Tätigkeit ausübt, um eben sein Leben finanzieren zu können. Während er nun eine Serie von Erfolgen und Mißerfolgen erlebt hätte, würde er sich nach Jahren plötzlich dabei ertappen, wie er auch in der Freizeit über Probleme des Berufs nachdenkt und wie er bei der Lösung dieser Probleme Befriedigung und »Glück« empfindet. In diesem Fall wäre aus einer ursprünglichen sekundären Motivation eine primäre Motivation geworden. Wenn beispielsweise ein kleines Kind zum Klavierspielen dadurch gebracht wird, daß man ihm für jede Lektion eine Tafel Schokolade verspricht (wahlweise Pudding etc.), dann ist das Kind zunächst sekundär für das Klavierspiel motiviert. Immerhin übt es aber dann wenigstens! Wenn es aber nach einer Zeit des Übens mit Erfolg und abwechslungsweise auch Mißerfolgen dazu kommt, ohne jede Belohnung, auch ohne Applauserwartung, einfach aus Freude an der Melodie oder am Rhythmus zu spielen, dann wäre die primäre Motivation zum Klavierspiel erreicht, das Kind spielt Klavier um des Klavierspielens willen; es hätte ein Höchstmaß an Befriedigung und Erfüllung am Spiel, selbst wenn keinerlei Belohnung oder Anerkennung darauf folgt.

b) Die primäre Motivierung – Voraussetzung für ein sinnerfülltes Leben

Die Frage, die uns an dieser Stelle am meisten interessiert, ist natürlich die, bei welcher Motivation der Mensch einerseits am glücklichsten und am befriedigtsten und andererseits auch am leistungsbereitesten ist – bei der sekundären oder bei der primären Motivation?

Es liegt auf der Hand, daß die Antwort lauten muß: bei der primären Motivation ist der Mensch optimal zufrieden und gleichzeitig maximal einsatzbereit. Wir sind bereit, fast jedes Opfer an Kraft und Zeit zu bringen, wenn wir einem echten primär motivierten Hobby nacheifern, und wir sind einfach rundum glücklich, wenn wir es ausüben können, ohne Rücksicht auf die objektive »Nützlichkeit« (etwa des Bergsteigens oder des Angelns)!

Will man also einen Menschen – oder sich selbst auch – glücklich und gleichzeitig leistungsstark machen, so würde die Anweisung lauten: versuche ihn primär zu motivieren, und zwar für möglichst alle Tätigkeitsbereiche, für seinen Beruf und für seine Freizeit- und Familienaktivitäten!

Der »Sinn des Lebens« scheint gerade in der primär motivierten Tätigkeit zu liegen! Wir fühlen uns an diesem »Sinn« vorbeigeführt, wenn wir etwas tun müssen, was wir eigentlich nur tun, weil wir etwas anderes nur unter dieser Bedingung ausüben können, d. h. wenn wir sekundär für etwas motiviert sind. Wir empfinden uns aber ausgefüllt und fragen meist gar nicht mehr nach dem »Sinn« den Lebens, wenn wir primär motiviert sind, weil wir eben dann den Sinn direkt erleben, der im Vollzug der primär motivierten Tätigkeit liegt. Die typische Fragesituation des Menschen von heute ist nun aber gerade die nach dem Sinn, nach dem »Wozu« – und dies ist ein deutlicher Hinweis darauf, daß die meisten Menschen heute weniger primär als eben sekundär motiviert sind. Dies dürfte wohl damit zusammenhängen, daß die Arbeitswelt in unserer Zivilisation so elementarisiert ist, daß es viel mehr Arbeitsplätze gibt, in denen man lediglich einen winzigen, fast automatisch ablaufenden Prozeß beeinflussen muß, als Tätigkeiten, bei denen man größere Zusammenhänge überblicken und selbständige Entscheidungen treffen muß. Letzteres wäre eine Tätigkeit, für die man eher primär motiviert sein könnte als etwa für die Tätigkeit an einem Produktionsband mit immer gleichbleibenden Abläufen. Die letzteren Tätigkeiten sind offenbar den menschlichen Grundmotiven weniger angepaßt als die ersteren – andererseits ist auch einsichtig, daß eine Massenproduktion vorläufig nicht gut anders verfahren kann als so. Die Frage ist aber doch, ob wir nicht eher darauf bedacht sein müßten, die Arbeitsplätze an die menschlichen Grundmotive anzupassen, statt umgekehrt zu erwarten, daß sich der Mensch an vorgeformte Arbeitsplätze anpaßt!

Auch für den familiären Bereich stellt sich diese Frage: wir sollten versuchen, für möglichst alles, was wir überhaupt tun, primär motiviert zu sein, es von ganzem Herzen zu bejahen und eigentlich nichts halbherzig, bloß als Mittel zum Zweck auszuüben. Wir hätten dann auch im privaten Bereich mehr Erfüllung und auch mehr Erfolg, wenn man diesen dann in einer Verringerung der Konflikte ausdrücken würde. Einen nicht mehr korrigierbaren Fehler im Verhalten eines Partners beispielsweise sollte man schließlich akzeptieren und ihn innerlich bejahen, dann steht er nicht mehr zwischen uns, sondern unsere Beziehung zum Partner wird sich spontan verbessern. Die meisten Frustrationen und damit auch die meisten Aggressionen ließen sich wohl dadurch aus der Welt schaffen, daß man mehr primär als sekundär motiviert wäre, weil wir dann unabhängig von dem konkreten Resultat unseres Verhaltens identisch mit dem Handeln selbst wären und insofern »unfrustrierbar«.

Die Frage ist natürlich, ob dies überhaupt möglich ist! Wir haben schon festgestellt, daß grundsätzlich eine Überführung von sekundären in primäre Motivationen möglich ist (und umgekehrt auch), lediglich die Frage nach dem »Wie« ist noch offen.

Hierzu können wir darauf hinweisen, daß wir immer dann den Mittel-zum-Zweck-Bezug überwinden, wenn wir mit einer Aktivität eine unserer Grundmotivationen befriedigen. Wenn wir ganz das tun, was wir tun »wollen«, dann erfüllen wir eine Grundmotivation direkt (sonst nur auf Umwegen). Daher müßte man so zu primären Motivationen kommen, daß man die entsprechende Aktivität jeweils an die vorhandene – an der ersten Stelle befindliche – Grundmotivation anknüpft und sie möglichst erfolgreich verlaufen läßt, d. h. in kleinen Schritten vorgeht, die auf alle Fälle bewältigt werden können. Diese »programmierte« Hinführung zu einem bestimmten Ziel ist auch ein wichtiges Grundprinzip in der modernen Pädagogik.*

Man kann damit so gut wie jedes organisch und intellektuell mögliche Ziel systematisch annähern und schließlich erreichen, was ganz neue Perspektiven für die Führung des Menschen auch außerhalb des Erziehungsprozesses eröffnet.**

c) Die Dominanz der psychischen Grundmotive

An dieser Stelle erhebt sich noch die Frage nach der relativen Stärke der erwähnten Grundmotive. Gibt es einen Unterschied zwischen den relativen Stärken der Grundmotive oder sind sie alle gleich stark?

Hierbei müssen wir zuerst darauf eingehen, ob nicht über den erwähnten psychischen Grundmotiven noch die – oben nicht erwähnten – körperlichen Grundmotive stehen müßten, die sich etwa in den Strebungen oder »Trieben« zur Selbsterhaltung und Arterhaltung, also in den Motiven zur Nahrung, zum Schlaf und zur Sexualität äußern? Es ist oft behauptet worden, daß wir zuallererst diese körperlichen Bedürfnisse befriedigen müßten, bevor wir

---

* (Vgl. W. Correll: Programmiertes Lernen und schöpferisches Denken. München 1975[7] und ders.: Pädagogische Verhaltenspsychologie. München 1976[6] sowie ders.: Lernpsychologie. Donauwörth, 1977[16]).

** (Vgl. W. Correll: Motivation und Überzeugung vgl. Moderne Industrie, München 1977[2]).

überhaupt auch nur eine Chance hätten, die psychischen Motive in Betracht zu ziehen. Ein hungriger Mensch ließe sich einfach nicht auf »Ehre«, »Prestige« oder auch auf ethische Prinzipien ansprechen (»Erst kommt das Fressen, dann die Moral!«...). So einleuchtend dies auch klingt, so sehr müssen wir hier ein Veto einlegen: wenn es nämlich wirklich so wäre, wie dort behauptet wird, dann gäbe es niemals einen Selbstmord, denn in dieser Grenzsituation bringt sich ein Mensch – trotz seiner Selbst- und Arterhaltungsmotive – um, hauptsächlich um seine Ehre zu retten oder um seines Prestiges wegen oder um sein Prinzip hochzuhalten etc. Zwar kommt der Selbstmord glücklicherweise nicht zu häufig vor, doch weil er überhaupt und grundsätzlich möglich ist, können wir nicht davon ausgehen, daß die psychischen Motive grundsätzlich den körperlichen nachgeschaltet seien. Vielmehr sind die psychischen Grundmotive, eben diejenigen, die wir oben behandelt haben, die dominierenden Erwartungen und die körperlichen Motive werden sogar durch die psychischen mitgeformt und bestimmt: wir haben zwar Hunger, aber was wir essen, ist abhängig von unseren psychischen Bedürfnissen, von unseren Gewohnheiten, unserer Erziehung etc. Es gibt Menschen, die lieber verhungert sind, als daß sie etwas gegessen hätten, was sie aus irgendwelchen Gründen verabscheut hätten, obwohl es grundsätzlich eßbar war! Und es gibt auch viele Menschen, die um ihrer Prinzipien willen gestorben sind, obwohl sie hätten überleben können, wenn sie diese Prinzipien aufgegeben hätten (vgl. Märtyrer, politische Fanatiker etc.). In den psychischen Grundmotiven haben wir also den Ansatzpunkt für unsere Führungs- und auch für unsere Erziehungsmaßnahmen, während die körperlichen Motive außerdem in unserer Kulturbreite im allgemeinen befriedigt sind. Aber selbst wenn sie es nicht wären, hätten wir Erfolg mit unserem Vorschlag, weil eben die körperlichen Motive grundsätzlich beeinflußbar erscheinen durch die psychischen.

Auch das Konzept des »Erfolgs« hängt mit dieser Auffassung der Motive zusammen. Wir empfinden eine Handlung als »erfolgreich«, wenn sie dazu beigetragen hat, eines unserer (psychischen) Grundmotive zu befriedigen. Der Erfolg ist am größten, wenn das intensivste (Nr. 1 jeweils) Grundmotiv befriedigt wird! Erfolgreich handeln heißt also so zu handeln, daß das jeweilige Grundmotiv saturiert wird. Dies gilt auch für die erfolgreiche Behandlung (oder Führung) eines anderen Menschen: es geht darum, sein Grundmotiv Nr. 1 herauszufinden und es so zu befriedigen, daß er »zufrieden« ist und wir unser Ziel gleichzeitig erreichen. Zufrieden ist er aber immer dann, wenn er sein Grundmotiv befriedigt sieht. Am Anfang steht also die richtige Motivationsdiagnose, anschließend erfolgt die zweckmäßige Anwendung der entsprechenden Befriedigungsstrategie. Die Strategie der Durchsetzung einer Maßnahme bei einem Mitarbeiter ist, von hier her gesehen, gleichzeitig eine

Strategie zu seiner Beglückung. Mag dies auch noch so ironisch klingen, insbesondere, wenn man an die schwierige Abgrenzung zur »Manipulation« denkt! Vom psychologischen Standpunkt aus ist nämlich eine Motivationsstrategie, die dem Glück des Betreffenden dient und gleichzeitig der Durchsetzung einer sinnvollen Maßnahme, immer dann »Führung« oder »Erziehung«, wenn die Maßnahme selbst ethisch einwandfrei und moralisch gesund ist. Die Entscheidung darüber liegt indessen letzten Endes beim einzelnen Anwender. Die Eltern oder Führungskräfte selbst entscheiden über die Breite der psychologischen Anwendung dieser Erkenntnisse auf Grund ihrer moralischen Überzeugungen. Manipulation im ethisch bedenklichen Sinne liegt dann vor, wenn im Bewußtsein ethischer Skrupel etwas gegen die eigentlichen Interessen des anderen durchgesetzt wird, um den lediglich egoistischen Eigeninteressen zu nützen. An dieser Stelle ist die Psychologie deutlich angewiesen auf die moralische und ethische Festigkeit derjenigen, die sie anwenden wollen.

5. Motivation und Wille

a) Der Wille – eine unabhängige Kraft?

Im Volksmund geht man gelegentlich auch heute noch von der Vorstellung aus, man könne mit Hilfe seines »Willens« seine Verhaltensformen steuern und entscheiden, ob man nach links oder rechts geht. In der Tat bin »ich« es, der eine solche Entscheidung trifft – und dieses »Ich« setzt man einfach gleich mit dem »Willen«. Auch in der Philosophie – etwa des kritischen Idealismus Kants oder Fichtes-wird dies im wesentlichen so gesehen. Die Konsequenz daraus ist natürlich, daß das Ich des Menschen dann auch jeweils voll verantwortlich ist für das, was geschieht oder nicht geschieht.

Nun erhebt sich aber die Frage, ob in Wirklichkeit unser Wille und unser Ich unabhängig von unseren Erfahrungen und unseren Taten existiert, so daß es diese steuern und auch beurteilen könnte. Wie steht es beispielsweise mit dem Ich und dem Willen des noch kleinen Kindes? Hat es auch schon einen ausgereiften Willen und kann es für alles verantwortlich gemacht werden, was es tut? Sicherlich nicht! Wenn aber der Wille – und das Ich – erst im Laufe des Lebens heranreift, dann muß angenommen werden, daß der Wille des Menschen grundsätzlich von dem beeinflußt wird, was er erlebt, denkt und tut, anstatt umgekehrt »schon immer« da zu sein und steuern zu können, was getan, gedacht und erlebt wird!

In der Psychologie sieht man den Willen nicht als eine mystische Instanz im Menschen, die alles steuern könnte, sondern als das Ergebnis unseres Verhaltens in der Welt, als etwas, was in uns heranwächst und reift, während wir leben. Wille ist, mit anderen Worten, nichts anderes als die Summe unserer Motivationen, und diese selbst sind nichts weiter als das Ergebnis unseres Verhaltens, spezieller: unserer Erfolgs- und Mißerfolgserlebnisse! Alles, was sich bewährt hat, was Erfolge vermittelt hat, wird wiederholt oder tendiert wenigstens zu Wiederholungen, d. h. es äußert sich als Wille. Und die Summe unserer Willensimpulse macht das aus, was wir als »Ich« bezeichnen. Das Ich ist Wille, und Wille ist das Insgesamt unserer Motivationen, die wiederum durch das Verhalten entstanden sind.

b) Der Wille – Summe unserer Motivationen

Auf diesem Wege können wir nun auch verstehen, warum wir durch alles, was wir erleben, mitgeprägt werden und warum jemand nicht so leicht aus »seiner Haut« fahren kann, wenn er erst einmal in einer bestimmten Weise eine Zeitlang gelebt hat. Er steht gleichsam im Strom seines Verhaltens und kann jedenfalls nicht ruckartig, mit »einem Schlag« alles anders machen als früher. Die Kontinuität seines Verhaltens, die auf diesem Wege entsteht, ist das, was wir mit »Charakter« bezeichnen. Auch er ist nicht angeborenermaßen »da«, sondern auch er entwickelt sich im Leben wie unser Wille und unser Ich.

Bildlich ausgedrückt, zeigt sich Wille etwa als dasjenige, was bei einer Waage, in deren beider Waagschalen jeweils 5 bzw. 4 kg sind, das Gleichgewicht herstellt, indem auf der einen Seite etwas weggenommen und auf der anderen etwas hinzugefügt wird, bis das Gleichgewicht da ist. Die Gewichte in diesem Bild wären die Motive, die ein unterschiedliches Gewicht – also einen unterschiedlichen Einfluß – auf unser Verhalten ausüben können, je nach dem »Gewicht«, mit dem sie sozusagen »aufgeladen« sind durch die Erlebnisse, die hinter ihnen stehen. Verkäuferisch gesprochen handelt es sich bei den Gewichten in der einen Schale etwa um positive Argumente für ein Angebot und bei den Gewichten in der anderen um die Einwände oder negativen Argumente gegen das Angebot. Wir wissen aus der Praxis, daß das Angebot um so eher angenommen wird, je mehr positive und je weniger »schwerwiegende« negative Argumente vorliegen. Was aber nicht ohne weiteres bekannt ist, ist der Umstand, daß negative Argumente dann »leichter« werden, wenn sie bewußtgemacht und widerlegt werden, daß sie aber außerordentlich »schwer« wiegen, wenn sie nicht ausgesprochen, sondern verdrängt werden, d. h. wenn der Gesprächspartner keine Chance erhält, seine Einwände auszusprechen, so daß wir darauf eingehen und sie widerlegen können.

Was hier für den Verkauf erkannt wurde, gilt in vollem Umfang auch für jede willentliche Entscheidung: immer handelt es sich dabei um positive und negative Argumente, etwa um ethisch positive und ethisch bedenkliche Aspekte einer Handlung, wobei sich diejenige Seite durchsetzen wird, die schwerer wiegt, die also durch das Insgesamt unserer seitherigen Handlungen und Denkformen so aufgeladen ist, daß sie ein eindeutiges Übergewicht erhalten hat. Man sieht hier die ungeheure Bedeutung einer konsequenten Erziehung in der Kindheit und auch noch später! Einsicht in Gutes und Böses allein genügt noch lange nicht, sich auch für das Gute zu entscheiden; was noch hinzukommen muß, sind Motive, »Gewichte«, für das Gute, wie sie sich etwa aus dem seitherigen Lebenslauf entwickelt haben können oder aus Berichten, mit denen man sich identifiziert hat. Dieses Plus bei einer Entscheidung ist gleichsam die ethische Kraft in uns, die aber, wie gesagt, erst aufgebaut worden sein muß, da sie von selbst nicht da ist; sie ist der Wille. Im Grunde drückt sich also im Willen auch unsere Ausdauer und unser Durchhaltevermögen aus, die beide wiederum aus den seitherigen erfolgreichen, d. h. verstärkten Motivationen hervorgehen. Wir sind immer dort am ausdauerndsten, wo wir eine Motivation einsetzen können, mit der wir früher erfolgreich waren. In der Psychologie sagt man, daß Ausdauer eine Funktion der Motivation und der seitherigen Erfolgserlebnisse sei (vgl. W. Correll, Lernpsychologie, Donauwörth 1977[15]).

c) Erziehung zum »Willen«

Wenn wir also beim heranwachsenden Menschen einen festen Willen ausbilden wollen, ist es unerläßlich, schon im Kindesalter eine Vielzahl von echten – natürlich altersmäßig angepaßten – ethischen Konflikten durch das Kind so lösen zu lassen, daß es möglichst selbständig entscheidet und anschließend eindeutige Erfolgserlebnisse dadurch hat. Es kommt dann zu einer verläßlichen Motivation, sich ethisch zu verhalten – eben weil daraus in der Vergangenheit immer wieder Erfolgserlebnisse erzielt wurden. Umgekehrt kommt es gleicherweise darauf an, alles zu unterlassen, was dem Kind – und dem Erwachsenen – zu Erfolgserlebnissen verhilft, während er das vielleicht leichter auszuführende, aber ethisch minderwertigere Verhaltensschema praktiziert! Wenn beispielsweise ein Kind vor der Frage steht: soll ich mit meinem Taschengeld – es sollen vielleicht 5,- DM sein – sofort eine Tafel Schokolade und eine Tüte Lakritze kaufen, die so gut schmecken und viel Spaß dabei haben, oder soll ich diese 5,- DM sparen bis ich 100,- DM zusammen habe und mir dann ein Fahrrad kaufen? Dann ist das Kind in einem echten Konflikt, den es ohne vorausgegangenes Training in Richtung auf Sparsamkeit kaum zugunsten des Sparens wird lösen können! Wir dürfen dann also nicht enttäuscht sein, wenn es das Geld vernascht. Vielleicht sollte man – wenn es auf das Sparen ankommt – frühzeitig und in ganz kleinen Schritten darauf hinführen, daß das Gesparte im Grunde weit mehr Befriedigung bringt als das gleich Ausgegebene. Ähnlich gelingt dann die Ehrlichkeitserziehung: Wenn das Kind beim ungerechtfertigten Wegnehmen von 10 Pfennig nicht erwischt wird und sich damit eine Süßigkeit kauft, ist das ein Erfolgserlebnis für das Kind, das dazu tendiert, wiederholt und ausgebaut zu werden. Wenn es eine Zeitlang ohne Belehrung weitergeht, wird man sich nicht wundern dürfen, wenn das Kind schließlich auch Markstücke entwendet und sie in Süßigkeiten umsetzt, ohne schließlich ein ausgesprochenes Schuldgefühl dabei zu haben. Vielmehr müßte man hier peinlich darauf achten, solche kleinen Verstöße sofort zu entdecken und sie zu besprechen (nicht gleich zu bestrafen) und statt dessen gangbarere Wege aufweisen, wie man – etwa durch Helfen beim Einkaufen oder beim Autowaschen oder Rasenmähen – durch ehrliche Arbeit zu Geld und schließlich zu Süßigkeiten gelangen kann. Die letzteren Wege müßten dann häufig wiederholt und bekräftigt werden, so daß eine verläßliche Verhaltensspur, ein »Charakterzug«, ein »Wille« zum Ethischen entsteht. Ähnliches gilt natürlich in vollem Umfang auch für den Erwachsenen, der ebenfalls eine Motivation zu den Verhaltensformen aufbauen wird, bei deren Ausübung er bisher mehr Erfolge als Mißerfolge gehabt hat. Kommt es beispielsweise darauf an, Autofahrer dazu zu bringen, Verkehrszeichen wirklich zu beachten und nicht einfach Geschwindigkeitsbegrenzungen etwa zu mißachten und schneller zu fahren als erlaubt, so muß die Erfahrung vermittelt werden, daß die Übertretung eines solchen Verbots unmittelbar danach zu negativen Folgen führt, während das Einhalten positiv vermerkt wird. Wenn nun gerade umgekehrt dadurch Erfolgserlebnisse erfahren werden, daß jemand schneller als erlaubt fährt (weil er rascher ankommt und andere überholt), während Langsamfahren eher belächelt als belohnt wird, dann ist es nur konsequent und psychologisch verständlich, wenn sich hieraus eine ausgesprochene Neigung (Motivation) zum Übertreten solcher und ähnlicher Verbote entwickelt. Ähnliches gilt auch für sog. Wirtschaftsvergehen und insgesamt für den gesamten Bereich des Zusammenlebens der Menschen.

In der Regel stehen wir nun in der Praxis des Lebens nicht direkt in ausgesprochen ethischen Konfliktsituationen, sondern vor Entscheidungen zwischen einem »guten« Verhalten und einem anderen, das nicht direkt »ethisch« sein muß, aber immerhin wenigstens etwas »besser« als »gut«. Mit der Frage des Motiv-Konflikts wollen wir uns im folgenden Abschnitt kurz befassen:

6. Motivkonflikte

a) Motivkonflikte im Tierexperiment

Auf die schwerwiegenden Konflikte im Sinne von Frustrationen im Menschen sind wir schon bei der Erörterung der Neuroseprobleme – oben – eingegangen. Hier wollen wir lediglich darauf hinweisen, daß der Mensch immer alle fünf der erwähnten Grundmotive in sich trägt, wenn auch stets eines davon an der größten Dringlichkeitsstufe sein wird und sich daher durchsetzen wird. Aber im speziellen Fall eines Konflikts sind entweder zwei Grundmotive ungefähr gleich »stark« aufgeladen, oder bei der Befriedigung eines Grundmotivs bieten sich zwei ungefähr gleichstarke Wege an, die sich gegenseitig ausschließen. Eine experimentelle Situation für die erstere Situation haben wir vor uns, wenn wir eine hungrige Ratte in einen Käfig sperren, in welchem auf der einen Seite Nahrung steht, auf der anderen eine zugängliche weibliche Ratte. Unsere männliche Ratte steht nun in der Mitte zwischen beiden Möglichkeiten, wenn sie sich nach der einen Seite wendet, kann sie die andere nicht wahrnehmen. Sie muß sich zwischen »Nahrung« und »Sex« entscheiden und empfindet einen Motiv-Konflikt, weil beide Motivationen ungefähr gleich stark auf sie einwirken. Im Experiment ist es übrigens interessant zu beobachten, daß sich die meisten – hungrigen – Ratten ohne allzulanges Zögern in diesem Falle der Nahrung zuwenden, also auf »Sex« leichter verzichten als auf »Nahrung«.

Ähnlich ist die Lösung eines Motiv-Konfliktes auch in dem Fall, daß zwei Auswege zur Befriedigung eines und desselben Motivs wahrgenommen werden, wobei aber nur einer der beiden Wege tatsächlich begangen werden kann. Die Ratte wird, wenn sie zwischen zwei gleichen Nahrungsangeboten auf den beiden Seiten des Käftigs stünde, bald nach links, bald nach rechts tendieren, und statistisch würde sich kein Unterschied zwischen den beiden Vorlieben erkennen lassen, wenn wirklich auf beiden Seiten dieselben Nahrungsmittel stünden. Ganz anders wird die Lösung jedoch aussehen, wenn auf den beiden Seiten verschiedene Nahrungsmittelangebote auf das Tier warten. In diesem Fall wird sie sich stets zugunsten des Angebots entscheiden, das früher zu »besseren« Ergebnissen, d. h. zu größerer und lustvollerer Befriedigung beim Essen geführt hat. Hier sieht man wieder die Macht der seitherigen Erfahrungen, die sich wie »Gewichte« bei der Wahl zwischen den Motiven anbieten.

b) Motivkonflikte im menschlichen Bereich

Anschaulicher als Tierexperimente sind natürlich in diesem Fall Hinweise auf spezifisch menschliche Motiv-Konflikte, wie sie jeder schon oft erlebt und auch gelöst hat. Man denke z. B. an den jungen Menschen in der Pubertät mit seinem ausgeprägten Gerechtigkeitsmotiv, das ihn zwingt alle seine Entscheidungen unter dem Aspekt strengster moralischer »Echtheit« zu treffen, während er aber gleichzeitig ein ähnlich starkes Motiv nach z. B. sexueller Betätigung empfinden mag. Einerseits möchte er sich sofort mit seiner neuen Freundin zurückziehen und mit ihr alleine sein, andererseits weiß er, daß dies in diesem speziellen Fall für ihn noch nicht »rechtens« ist, daß er vorher eine Reihe von Quasi-Ritualen durchlaufen muß, um ohne Kritik von seiner Umwelt das tun zu dürfen, was ihn eigentlich bewegt. Er muß das Mädchen zuerst mehrmals selbst »formell« einladen, sich bei den Eltern des Mädchen vorstellen, die Angelegenheit mit seinen eigenen Eltern besprechen etc. etc. Die Vorwegnahme dieser ganzen Reihe von Prozeduren kann ihn unter Umständen dazu bringen, spontan zu handeln – und hinterher in einen emotionalen Konflikt, in ein Schuldgefühl zu geraten, das ihn vielleicht für Monate oder Jahre beschäftigen kann. Dauerfrustrationen und »Streß-Zustände« im Adoleszenzalter sind nicht selten um solche Konflikte herum aufgebaut. Wir kennen auch die Situation, in der sich ein Berufstätiger befinden kann, der durch eine kleine Manipulation, die aber ungerechtfertigt ist, bedeutende Vorteile bei einer Beförderung oder Höherstufung erhalten könnte und nun zwischen diesen beiden Angeboten hin und her gezerrt wird: einerseits empfindet er seinen Wunsch nach Beförderung, die ihm eine Befriedigung seines Ehrgeizes und gleichzeitig seines Wunsches nach mehr Geld brächte und auf der anderen Seite hat er das Bewußtsein, daß die betreffende Handlung eigentlich nicht legitim wäre und daß er kraft seiner Erziehung und seiner sonstigen religiösen Weltauffassung stets für das moralisch und ethisch Positive einzutreten habe. Wie er sich nun auch entscheidet – es überwiegen auch in diesem Fall meistens die »Gewichte«, die sich in der Vergangenheit am häufigsten als zweckmäßig erwiesen haben – er wird hinterher öfters der nicht getroffenen Entscheidung nachtrauern: entweder belastet durch ein schlechtes Gewissen oder durch die Vorstellung, zu schlecht eingestuft und bezahlt zu sein!

Typisch sind auch Motiv-Konflikte zwischen unserem ersten und dem zweiten Grundmotiv, d. h. zwischen dem Streben nach sozialer Anerkennung und dem nach Sicherheit und Geborgenheit. Soziale Anerkennung ist ja, wie wir gesehen haben, oft verbunden mit dem Streben nach Auffälligkeit und Risikobereitschaft, während das zweite Motiv stets auf Unauffälligkeit und Risikovermeidung ausgerichtet ist. Ein Mensch möchte einerseits – wenn er etwa nach seinem Motiv Nr. 1 ausgerichtet ist – das Risiko einer Geldanlage in hochspekulativen Aktien auf sich nehmen im Blick auf den zu erwartenden Gewinn, andererseits empfindet er aber auch die Verpflichtung, auf mehr Sicherheit bedacht zu sein und lieber festverzinsliche Wertpapiere zu erwerben. Wiederum wird sich das Motiv durchsetzen, das sich in der Vergangenheit als das »bewährtere« erwiesen hat, d. h. das in der Vergangenheit häufiger zu einer Befriedigung geführt hat. Im Laufe des Lebens bildet sich auf diese Weise ein verläßlicher Charakterzug aus, der einen Menschen in die Lage versetzt, in einer entsprechenden Konfliktsituation, fast ohne dieselbe zu empfinden, seinem Charakter entsprechend zu handeln.

Eine andere typische Motiv-Konfliktsituation ist die zwischen dem Grundmotiv Nr. 3 und dem von Nr. 1, d. h. zwischen dem Streben nach Vertrauen und etwa familiärer Geborgenheit und dem Verlangen nach beruflichem Fortkommen und »Karriere«: wenn ein junger Mann, der jung verheiratet ist, gleichzeitig beruflich weiterkommen will und sich seiner jungen Frau widmen möchte, bleibt der Motiv-Konflikt kaum aus. Beides schließt sich nämlich meistens aus. Wenn man beruflich weiterkommen will, muß man gelegentliche Abwesenheiten von zu Hause und ein Mehr an Einsatz und Arbeit auch in den Abendstunden auf sich nehmen, wodurch zwangsläufig das Vertrauensmotiv (Nr. 3) frustriert wird. Widmet sich unser junger Mann aber wirklich total seiner Frau, dann wird sich sein beruflicher Fortschritt wahrscheinlich verzögern oder er wird sogar ganz ausbleiben. Dennoch könnte der eine oder andere auch auf diesem Weg glücklich und zufrieden werden, ähnlich wie ein anderer nur auf dem ersteren Weg sein eigentliches Glück finden wird. Was sich schließlich durchsetzt, hängt von der jeweiligen individuellen Lebensgeschichte, von seiner Erziehung, aber auch von seinen bisherigen Erfahrungen mit den beiden Motiven, ab.

Ein geradezu klassischer Motiv-Konflikt ist der zwischen dem Motiv Nr. 5 und dem Nr. 3, d. h. zwischen dem Streben des Menschen nach Unabhängigkeit, Eigenständigkeit und eigener Verantwortung und dem nach Vertrauen und Zuwendung zu einem anderen Menschen. Wir haben diese Situation vor uns, wenn wir etwa daran denken, daß sich eine junge Frau ganz ihrem Mann widmen möchte und sich mit ihm identifizieren will, weil sie ihn von Herzen liebt, andererseits aber auch sich nach Unabhängigkeit und Eigenständigkeit sehnt. Sie möchte liebevolle Gattin und gleichzeitig emanzipierte eigenständige Frau sein! Immer, wenn sie nun eigentlich glücklich mit ihrem Mann sein könnte, empfindet sie einen Mangel an Eigenständigkeit und fürchtet um ihre Persönlichkeit und immer, wenn sie eine eigene Entscheidung trifft, empfindet sie dies fast wie eine Hintergehung ihres Gatten, mit dem sie dies alles eigentlich hätte besprechen sollen. Hinzu kommt noch, daß vielleicht der Ehemann seinerseits meistens eine ihm ergebene Gattin möchte, gelegentlich aber auch eine selbständig handelnde Partnerin möchte, der er nicht immer alles vorsagen muß, sondern ihn in vielen Dingen entlasten könnte! Gerade in diesem Bereich liegen die Ursachen für viele Ehekonflikte, die dann in Wirklichkeit nicht gelöste Motiv-Konflikte der einzelnen Partner sind!

c) Motivkonflikte – ihre Lösung eine Frage der Intelligenz?

Kurz gesagt: alle fünf Grundmotive können untereinander in Konflikte treten. Es ist nicht von vornherein zu sagen, welcher von diesen Konflikten der schwierigste sein wird; dies wird vielmehr von der jeweiligen Gewichtung durch die Summe der einzelnen Lebenserfahrungen bestimmt sein.

Auch der Konflikt zwischen der sofortigen Befriedigung eines Motivs durch eine bestimmte Handlung und der Möglichkeit, durch eine ganz andere Handlung zwar nicht sofort, aber später eine andere, vielleicht intensivere Befriedigung dieses Motivs zu erlangen, ist wichtig im Leben des einzelnen wie im Leben in der Partnerschaft und der Familie. Ein junger Mensch kann sich nach seiner Schulzeit für den sofortigen Eintritt ins Berufsleben entscheiden, indem er an das sofort erhältliche Geld und die damit verbundene Unabhängigkeit von den Eltern und an die Möglichkeit einer eigenen Familiengründung etc. denkt. Die unmittelbar dadurch erhältliche Befriedigung einer ganzen Reihe von Grundmotiven mag so verlockend für ihn sein, daß er die Möglichkeit eines weiteren Studiums ausschlägt, auch wenn in Aussicht stünde, daß er nach den Strapazen eines solchen Studiums eine wesentlich bessere Position im Berufsleben und damit eine noch nachhaltigere Befriedigung seiner Grundmotive erlangen würde. Bei der Lösung dieses Konflikts spielt nun neben der Erziehung und dem Gewicht der seitherigen Erfahrungen auch die Intelligenz eine erhebliche Rolle. Während nämlich weniger intelligente Menschen – wie auch z. B. regelmäßig Tiere – stets die Lösung einschlagen werden, die zu einer sofortigen Befriedigung führt, entscheiden sich Menschen mit einer höheren Intelligenz und der Fähigkeit zur Vorwegnahme künftiger Ereignisse für die Lösung, die erst später, aber dafür zu einem nachhaltigeren Befriedigungserlebnis führt. Dies spielt also auch eine Rolle bei der Frage, warum sich Kinder aus Familien mit einer gewissen Bildungstradition häufig auch zu einem Studium entscheiden, während Kinder aus Familien ohne diese Bildungstradition nur relativ seltener zu einem Studium kommen: nicht immer sind die Kinder aus letzterer Situation »unfähiger« zu einem Studium, aber sie haben entweder durch ihre Erziehung weniger Bestätigungen für Versuche erhalten, eine Motivbefriedigung aufzuschieben zugunsten einer späteren Befriedigung, oder sie haben von Haus aus eine schwächere Intelligenz und können deshalb weniger gut eine Befriedigung aufschieben. Man sieht, daß es also auch in diesem Fall nicht »nur« Anlage – aber auch nicht »nur« Umwelt – ist, die man zur Erklärung »schichtenspezifischen« Verhaltens heranziehen muß, sondern prinzipiell beides!

7. Motivierungstechniken

a) Motivieren – eine schwierige Aufgabe

Wie erreicht man nun bei sich oder bei einem anderen Menschen einen bestimmten Motivationszustand, d. h. wie muß man verfahren, um zu bewirken, daß ein Mensch sich einer bestimmten Zielsetzung zuwendet, daß er sich nach einer bestimmten Sache oder nach einem bestimmten Zustand sehnt? Diese Frage soll uns in diesem Abschnitt beschäftigen, wenn wir auch schon im Grunde ausgesagt haben, daß Motivationen durch Umweltreize ausgelöst werden können. Diese Aussage allein ist uns indessen noch zu vage. Wir möchten versuchen, Genaueres darüber zu berichten, weil gerade diese Frage für die Lebenspraxis von großer Bedeutung sein dürfte. Wie oft sind wir darauf angewiesen, einen Menschen so zu behandeln, daß er sich freiwillig einer gewissen Handlung zuwendet, eben weil wir ihm nichts »befehlen« können oder dürfen! Wie oft müssen wir geradezu darauf vertrauen, daß ein Mensch von sich aus das tut, was er von unserem Standpunkt aus tun soll – gerade im Bereich der Familie (Ehe- und Kindersituationen z. B.), aber auch im Beruf (Mitarbeiterbehandlung z. B.). Weil wir in einer Zeit leben, in der man immer weniger »mit Gewalt« anfangen kann, spielt die Frage, wie man eine Situation ohne Gewalt so lösen kann, daß ein anderer just das tut, was er tun soll, eine überragende Rolle!

Weder in der Familie kann heute ein Partner Befehle an den Rest der Familie erteilen, noch im Beruf bzw. im modernen Betrieb! Überall müssen wir durch Überzeugungs- oder Motivierungstechniken versuchen, das zu erreichen, was frühere Generationen zwar »einfacher«, aber eben »unpsychologischer« erreichen konnten. Wahrscheinlich hängt dies damit zusammen, daß der Mensch heute psychologisch anspruchsvoller geworden ist im Vergleich zu früheren Generationen, daß er beispielsweise sensibler und empfindlicher reagiert, wenn seine eigene freie Entscheidung angetastet wird, und daß er den größten Wert darauf legt, so handeln und entscheiden zu dürfen, wie es ihm persönlich am meisten einleuchtet, selbst wenn gerade dies wiederum von einem anderen erst in ihn gepflanzt worden sein sollte!

Wir möchten hier nicht das wiederholen, was wir über Überzeugungstechniken bereits an anderer Stelle ausgeführt haben (»Motivation und Überzeugung in Führung und Verkauf«, Verl. MI, München 1977²), sondern mehr systematisch auf die grundsätzlich verschiedenen Techniken hinweisen.

b) Sprachliche Motivierung

Als erste Motivierungstechnik bietet sich die Verwendung von *Worten* als symbolischen Stimuli für Motivationen an. Wählen wir unsere Worte so, daß sie an das jeweils an erster Stelle befindliche Grundmotiv appellieren, so haben wir eine sehr große Wahrscheinlichkeit, daß sich der Angesprochene tatsächlich dem aufschließt, was wir anstreben, und zwar eben, weil er gleichzeitig sein Grundmotiv Nr. 1 dadurch befriedigt sieht. Reden wir einem hungrigen Menschen von Nahrung, die er durch eine bestimmte Handlung erhalten wird, so können wir sicher sein, daß er sich dieser Handlung zuwenden wird. Reden wir aber einem ehrgeizigen Menschen zu, daß er durch eine bestimmte Anstrengung, die er sonst kaum auf sich nehmen würde, befördert wird oder Ruhm und Ehre erhält, so wird er sicherlich mit einem gewissen Enthusiasmus an diese Aufgabe gehen etc. Dies hängt damit zusammen, daß das Wort als ein symbolischer Reiz (Stimulus) betrachtet werden kann, ähnlich wie z. B. eine Zuckerstange für ein Kind dadurch zu einem Reiz geworden ist, daß es schon öfters den vorzüglichen Geschmack von Zuckerstangen gekostet hat, bis es schließlich beim bloßen Anblick einer solchen Zuckerstange in Verzückung gerät und ihm das Wasser im Munde zusammenläuft. In dieser Weise kann das Kind auch reagieren, wenn lediglich das Wort »Zuckerstange« geäußert wird, oder wenn ihm jemand von Zuckerstangen etwas erzählt! Das Wort allein ist zu einem »Stellvertreter« – eben zu einem Symbol, für das eigentliche Zuckerstangenerlebnis geworden (»konditioniert« worden), so daß das Kind entsprechend darauf reagiert. So können wir durch bloße Worte erreichen, daß jemand, der bisher keinen Hunger verspürte, plötzlich hungrig wird und nicht mehr erwarten kann, bis er endlich am gedeckten Tisch sitzen darf. Oder wir können erreichen, daß jemand, der gerade noch putzmunter war, müde und schläfrig wird und sich auf der Stelle nach einem tiefen und festen Schlaf sehnt – indem wir entsprechend von »Schlaf« bzw. den Reizen, die zu Schlaf führen, sprechen. Man denke etwa an die Wirkung des autogenen Trainings und ähnlicher Techniken, wo durch bloße Worte in kurzer Zeit eine segensreiche tiefe Entspannung eingeleitet wird. Durch Worte können wir aber auch Trauer und Entsetzen an einen Menschen herantragen, ja wir können erreichen, daß Tränen fließen oder auch daß ein Begeisterungssturm einen Menschen zu vorher nie gekannter Anstrengung, ja zur Selbstaufgabe anstachelt. Mit Worten können wir im Gespräch einen einzelnen motivieren, wir können aber auch eine ganze Gruppe, ja eine unübersehbare Masse beeinflussen und motivieren – es kommt jeweils darauf an, Worte als Symbole für gemeinte Stimuli so einzusetzen, daß ein Grundmotiv angesprochen wird. Das Wort kann in einem solchen Falle verglichen werden mit einem zündenden Funken, der in einen vorbereiteten Strohhaufen fällt. Wenn nämlich das Wort ohne Anknüpfung an ein entsprechendes Motivationssystem gesprochen wird, bleibt es auch ohne Wirkung. So muß der Überzeuger und der Verkäufer grundsätzlich wortgewandt sein, aber dies allein genügt noch nicht. Was er zusätzlich besitzen muß, ist eine Fähigkeit, die jeweilige Grundmotivation in seinem Partner zu erkennen, mit seinen Worten daran anzuknüpfen und so zu motivieren. Jemandem, der auf soziale Anerkennung motiviert ist, von Sicherheit und Geborgenheit zu reden, führt zu keiner Aktivität; wenn wir einem solchen ehrgeizigen und wagemutigen Menschen aber etwas berichten, was an eben diese seine Bereitschaft appelliert, werden wir einen bereitwilligen Gefolgsmann haben.

Ein Beispiel soll die Situation verdeutlichen helfen: in einem Schuhgeschäft erscheint eine Dame und verlangt ein Paar Schuhe. Der etwas ungeübte Verkäufer bietet ein Paar nach dem anderen an, aber keines scheint zu passen, weil die Dame offensichtlich ungleiche Füße hat. Schließlich ruft der Verkäufer – zum Entsetzen der Kundin – aus: »Meine Dame, ich kann Sie nicht zufriedenstellen – Sie haben offensichtlich für den rechten Fuß eine größere Schuhnummer wie für den linken!« Die Dame beschwerte sich sofort beim Geschäftsführer und will den Laden ohne zu kaufen verlassen. Der Geschäftsführer selbst nimmt sich aber der Dame höflich an, probiert das eine und das andere Paar an und bemerkt schließlich: »meine Dame, Sie gehören zu den wenigen bevorzugten Menschen, die links eine *kleinere* Schuhnummer haben müssen als rechts. Gerade dafür habe ich ein ausgezeichnetes Angebot!« Die Dame kaufte und war zufrieden. – Eine kleinere Schuhnummer zu haben und zu einem kleinen Kreis bevorzugter Menschen zu gehören, war offenbar genau das, was diese Dame (und wohl nicht nur diese!) zu hören wünschte und nicht, daß sie rechts eine (noch) größere Schuhnummer habe als links!

Ähnlich schwierig war es wohl für jenen ausländischen Studenten, der gelernt hat, daß »Abendessen« und »Nachtessen« dasselbe bedeuten und der nun der Studentin, die er für den Ball eingeladen hatte, ein Kompliment machen wollte, indem er ihr zur Begrüßung sagt, wie entzückend er ihr »Nachtgewand« fände, was die Dame begreiflicherweise mißverständlich fand!

Interessant ist es auch zu wissen, daß Wörter nicht nur als Reize funktionieren können, wenn sie an vorhandene Grundmotive anknüpfen, sondern daß sie darüber hinaus auch eine bestimmte emotionale Einstellung, eine Art »Stimmung« schaffen können, wenn sie entsprechend konditioniert worden sind. Hören wir beispielsweise Wörter (bzw. Ausdrücke), die wir öfters im Zusammenhang mit negativen Erlebnissen wahrgenommen haben, so stellt sich diese negative Einstellung sofort ein, auch wenn der eigentliche Inhalt dieser Ausdrücke ganz anders ausgerichtet ist. Auch umgekehrt haben wir eine eher positive Einstellung zu einem Redner, der diejenigen Ausdrücke benutzt, die wir öfters im Zusammenhang mit positiven Erlebnissen aufgenommen haben. Wörter und Ausdrücke also, die etwa Kindheitserinnerungen wachrufen, die an den Dialekt erinnern, den wir in unserer Jugend gesprochen haben, den unsere Eltern benutzt haben etc. sind im allgemeinen eher positiv konditioniert, d. h. wir neigen dann dazu, diesen Redner als angenehm zu empfinden, während wir Dialekte und Äußerungen fast automatisch mit einer negativen, ablehnenden Einstellung beantworten, die uns an Unangenehmes erinnern.

Erinnerungen an Schule und Ausbildung z. B. sind manchmal eher negativ aufgeladen. Wenn man nun später typische Ausdrücke oder überhaupt Redewendungen hört, die einen an diese Situationen wieder erinnern, entsteht ganz von selbst eine ablehnende Einstellung zu demjenigen, der diese Ausdrücke, vielleicht völlig unbewußt, benutzt hat.

Die Anwendung dieser Erkenntnis liegt wieder auf der Hand: Sowohl in der Werbung als auch in allen anderen Situationen der Überzeugung kommt es darauf an, einmal an die jeweils vorhandenen Grundmotive der Gesprächspartner anzuknüpfen und zum andern auch eine möglichst positive emotionale Einstellung dadurch zu erzeugen, daß alles vermieden wird, was ablehnende Reaktionen einleitet, indem es etwa Erinnerungen an entsprechende frühere Erlebnisse ins Bewußtsein ruft. Umgekehrt geht es darum, möglichst solche Wörter und Ausdrücke und sogar möglichst den Dialekt zu verwenden, der beim Zuhörer eher positive und angenehme Erinnerungen wachruft.

Wir wollen hier nicht weiter auf die interessanten sprachsoziologischen Untersuchungen eingehen, die zur Bedeutung und Verbreitung verschieden ausgearbeiteter Sprachkodes (elaborierter und restringierter Kode) vorliegen. Aber es soll immerhin erwähnt werden, daß reduzierte sprachliche Ausdrucksformen deshalb eine eher negative Einstellung in den meisten Zuhörern auslösen werden, weil man sie mit »Ungebildetheit«, mit »Armut« und mit »Randgruppen« etc. assoziiert, während gewähltere Ausdrucksformen, die noch nicht »vulgär« sind, weil sie nicht von »allen« benutzt werden, eher die Assoziation mit »vornehm«, »gebildet«, »wohlhabend« und insgesamt »positiv« auslösen. Ähnlich wirkt vielleicht die spezifisch pseudowissenschaftliche Ausdrucksform bestimmter Gruppen von namentlich jungen Leuten deshalb eher negativ, weil man diese Ausdrucksformen häufig auch in den Verlautbarungen krimineller Vereinigungen und bestimmter östlicher Presseorgane und Verlage gelesen und gehört hat. Umgekehrt werden alle diejenigen natürlich positiv auf solche »Stichwörter« reagieren, die in diesem Milieu »zu Hause« sind. Solche Reizwörter übernehmen heute geradezu die Funktion von Erkennungszeichen, sie signalisieren Zugehörigkeit, man erkennt sich an bestimmten Ausdrücken. Ähnlich entwickelten zu allen Zeiten

Jugendliche eine bestimmte Reihe von Ausdrücken und Satzbildungen, die Erwachsene oft gar nicht oder nur bruchstückhaft verstehen, die aber für den Jugendlichen selbst Signalfunktion haben. Ausdrücke der Bewunderung, etwa »klasse« oder »toll« etc., bedeuten außerhalb der betreffenden Gruppe etwas anderes als innerhalb! Das spezifische »Fachchinesisch« der Soziologen und auch der Psychologen von heute ist allgemein bekannt, wird aber selten verstanden (wenigstens außerhalb der Fachgruppen). Man denke an Ausdrücke wie etwa an die »schichtenspezifische Relevanz« bestimmter Aussagen, die selbst in pädagogische Veröffentlichungen Eingang fanden und nicht immer richtig verstanden werden konnten.

Will man nun bei einer bestimmten Adressatengruppe einen möglichst positiven Eindruck durch die Sprache machen, so kommt es darauf an, die gruppenspezifischen Ausdrucksformen zu berücksichtigen. Bestehen aber bestimmte negative Einstellungen gegenüber entsprechenden Gruppen, so müssen deren typische Ausdrucksformen unter allen Umständen vermieden werden, weil sonst Gefahr besteht, daß eine überaus negative Reaktion erfolgt.

c) Motivierung durch Bilder

Entsprechendes gilt nun auch durchaus für schriftliche Kommunikationsformen. Auch hier gilt es grundsätzlich diejenigen Ausdrücke zu verwenden, die der gemeinten Adressatengruppe entgegenkommen und andererseits alles zu vermeiden, was negative Assoziationen auslösen könnte. Je spezifischer und treffender die Ausdrücke für die Adressatengruppe sind, desto wirksamer werden sie sein, wenn es darum geht, etwa ein Angebot zu unterbreiten. »Anleitung zum richtigen Küssen« ist z. B. viel wirksamer als die Ankündigung »Vom Umgang mit dem Partner«! Der (potentielle) Buchtitel »Die schwarze Maske« ist lange nicht so zugkräftig wie »Der Mann mit der unheimlichen Maske« etc. Auch Bilder als Hintergrund entsprechender Ankündigungen können die Funktion der Anknüpfung an entsprechend konditionierte positive Einstellungen erfüllen. Ein Rasierwasser auf dem Hintergrund einer urwüchsigen Landschaft mit einem frischen Gebirgsbach im Mittelpunkt und einem »Voll-Mann«, der gerade zur Jagd aufbricht, bewirkt im Betrachter die Assoziation von souveräner Freiheit und Frische und bestätigt daher vielleicht gerade das, was sich mancher Mann insgeheim wünscht, während er in Wirklichkeit weit entfernt von einer Gebirgslandschaft und erst recht von der Jagd auf dem Sprung ins Einerlei eines Büroalltags ist. Wenn man die gleiche Duftflasche einfach als solche präsentiert ohne eine entsprechende bildliche Einbettung, so wird lediglich die Ratio angesprochen, während die Emotionen weitgehend außer acht bleiben. Entsprechend wirkt ein Auto, das elegant vor einem prachtvollen Schloß inmitten eines gepflegten Parks steht, emotional exakt auf die unbewußten Wünsche und Sehnsüchte eines potentiellen Autokäufers, der gerade mit Hilfe des Autos mehr Status, mehr Bewunderung etwa bei seinen Nachbarn auslösen will. Er wendet sich diesem Auto dann mehr zu als einem anderen Typ, der einfach nüchtern vorgestellt wurde mit einer Beschreibung seiner Fakten, aber ohne den Appell an »soziale Anerkennung«.

Gerade an dem letzteren Beispiel können wir demonstrieren, daß die bildliche und symbolische Einbettung mehr an die Emotionen appellieren, während die verbalen Aussagen mehr an den Verstand gerichtet sind. Wenn wir nun umgekehrt verfahren und mit den Worten und Superlativen auf die Vorzüge des Angebots hinweisen, während wir die bildliche Einbettung eher nüchtern belassen, so erzielen wir sicherlich die umgekehrte Wirkung, nämlich die, daß der Betrachter durch die übertriebene verbale Schilderung eher abgestoßen wird und »vorsichtig« sein will. Eine nüchterne verbale Schilderung auf dem Hintergrund entsprechend stimulierender Hintergrundszenen (die an die Grundmotivation des Betrachters anbinden) löst schließlich gerade diejenige Motivation aus, um die es in solchen Angeboten in der Regel geht, nämlich eine intensive Zuwendung. Auf diesem Weg haben wir das Gebot der Wahrhaftigkeit einer Aussage voll berücksichtigt und doch keine notorisch langweilige und unattraktive Aussage gestaltet, eben weil wir durch Bilder oder auch – etwa im Bereich der audio-visuellen Werbung im Fernsehen – durch Musikrhythmen den emotionalen Hintergrund geschaffen haben, der gleichsam eine Assoziation mit der vorhandenen Grundmotivation herbeiführt.

Es braucht eigentlich nicht eigens betont zu werden, daß Entsprechendes auch für das Auftreten eines Redners oder einer Führungskraft oder eines Verkäufers gilt. Denn auch hierbei muß unterschieden werden zwischen dem, was gesagt wird und dem »Hintergrund«, vor dem es gesagt wird, d. h. den vielen Äußerlichkeiten wie Kleidung, Mimik, Gestik, Körperhaltung etc., die jeweils dem analog zu sehen sind, was wir über die Bedeutung der »Hintergrundslandschaft« oder der »Musikrhythmen« gesagt haben.

Insgesamt ergibt sich für die Motivierungstechniken, daß wir dann mit größerer Wahrscheinlichkeit erfolgreich mit anderen Menschen umgehen, wenn wir an ihren jeweils vorhandenen Grundmotiven direkt anknüpfen, so daß sich unbewußte Verknüpfungen zwischen dem angestrebten Verhaltensziel und dem Motivationsziel ergeben. Dabei müssen wir insbesondere auf die Wirkung früherer Konditionierungen und Gewöhnungen achten, weil diese einen Motivierungsansatz teils positiv oder auch teils negativ erscheinen lassen können, ohne daß der eigentliche Inhalt der Maßnahme dabei eine Rolle spielen würde.

Im allerweitesten Sinne spielen nun Motivierungstechniken auch bei den Erziehungsproblemen eine entscheidende Rolle, denn Erziehung und Lernen ist auch eine Form von Motivierung oder setzt diese wenigstens voraus. Ohne Motivierung ist weder Lernen noch Verhaltensänderung (= Erziehung) möglich. Deshalb wollten wir uns nunmehr mit dieser wichtigen Anwendung der Psychologie befassen.

III. Psychologie und Erziehung

1. Der Mensch ist auf Erziehung angewiesen

Ein wichtiger Ausgangspunkt der Pädagogischen Psychologie ist die Erkenntnis, daß zwar im Bereich des menschlichen Verhaltens nicht alles machbar ist, daß aber alles, was werden soll, gemacht werden muß. Es geschieht mit anderen Worten kaum etwas »von selbst«. Auch das scheinbar Unveranlaßte ist in Wirklichkeit durch entsprechend gesteuerte oder nichtgesteuerte Stimuli veranlaßt. Dadurch ist nichts, was geschieht, ohne Folgen oder Bedeutung für das weitere Geschehen, vielmehr wird das Ergebnis eines Verhaltens zum Stimulus für weiteres Verhalten.

Der Mensch ist, von hier her betrachtet, grundsätzlich ein Individuum mit einmaligen Fähigkeiten, die auf eine möglichst individuelle Art und Weise angesprochen werden müssen. Die Menschen insgesamt sind also – psychologisch betrachtet – grundsätzlich ungleich; sie »gleich« zu behandeln heißt also, sie möglichst individuell anzusprechen. Erst dadurch hat jeder seine eigene und gleiche Chance. Dies wiederum bedeutet, daß im Bereich der Wissensaufnahme auch nichts von selbst geschieht, obwohl dies längere Zeit angenommen worden ist. Wir können leider nicht erwarten, daß durch das Lernen einer bestimmten Inhaltsgruppe gleichzeitig ein anderes Wissen mitvermittelt wird. Man lernt jeweils nur das, was tatsächlich gelernt wird und bekommt sozusagen nichts »gratis« hinzu. Das Problem des »Transfers« ist heute dahingehend zu lösen, daß es höchstens einen eingeschränkten und bedingten Transfer gibt, in dem Maße, indem der Lernende erkennt, daß es sich in beiden Situationen um identische Strukturen handelt. Ähnlich verhält es sich mit der Intelligenz, die sich auch nicht von selbst entfaltet und insgesamt auch nicht unbegrenzt entfaltbar ist, sondern schon von der Erbanlage her eine bestimmte Limitierung aufweist. Auch das Selbstvertrauen des Menschen entwickelt sich nicht von selbst, vielmehr sind auch in diesem Bereich gezielte und individuelle Maßnahmen nötig.

Im folgenden soll nun keine systematische Pädagogische Psychologie und auch keine Lernpsychologie entwickelt werden,* sondern es sollen typische

---

* Vgl. W. Corell: Lernpsychologie, Donauwörth 1977, 16. Aufl., ders.: Einführung in die Pädagogische Psychologie, Donauwörth 1976, 10. Aufl. und ders.: Pädagogische Verhaltenspsychologie, München 1976, 6. Aufl.

Erziehungsprobleme der Praxis mit Hilfe psychologischer Erkenntnisse bewältigt werden. Bevor wir auf diese Einzelprobleme eingehen können, müssen wir noch eine zentrale Frage grundsätzlich klären, nämlich das Zusammenwirken von Anlage und Umwelt im Prozeß der menschlichen Entwicklung.

2. Anlage und Umwelt beeinflussen die menschliche Entwicklung

a) Ist der Mensch das Produkt seines Milieus oder seiner Anlagen?

Die Frage, ob der Mensch mehr durch seine Anlagen oder mehr durch seine Umwelt bestimmt sei, ist eine der ältesten Fragen in der Psychologie und Pädagogik überhaupt. Die in verschiedenen Zeiten gefundenen Antworten darauf sind von Anfang an nicht nur von wissenschaftlichen Überlegungen, sondern in hohem Maße auch von anthropologischen und ideologischen Grundüberzeugungen her beeinflußt worden. Geht man zum Beispiel von der Annahme aus, der Mensch sei von Haus aus »gut«, er sei also durch eine göttliche, d. h. grundsätzlich gute und unbeeinflußbare Anlage bestimmt, so ergibt sich daraus auch eine ganz bestimmte pädagogische Konsequenz, die auf alle Fälle anders lauten wird, als wenn man von der Überzeugung ausgeht, der Mensch sei von Haus aus »böse« und seine so gerichtete Anlage gelte es zu kontrollieren und wenigstens ansatzweise einzudämmen. Noch andere Konsequenzen ergeben sich, wenn man schließlich die Anlagen ganz wegedenkt und annimmt, alles, was der Mensch jeweils ist, das sei er durch seine Umgebung, durch bewußte und unbewußte Erziehung aus der Umwelt geworden. Während man früher sehr stark von der Vorstellung ausging, der Mensch sei hauptsächlich oder ausschließlich durch seine Anlagen – entweder durch eine grundsätzlich »gute«, wie es etwa Rousseau vertreten hat oder durch eine prinzipiell zum »Bösen«, also durch den Sündenfall geprägte negative Anlage gesteuert, hat sich in den letzten Jahren die Vorstellung von einer schier unbegrenzten Machbarkeit der Menschen, also vom größeren oder gar unbegrenzten Einfluß der Umwelt durchgesetzt. Für die Pädagogik bedeutet dies zunächst eine neue Stützung ihres Grundansatzes überhaupt, denn wenn der Mensch von Anfang an schon festgelegt wäre, könnte ja auch durch pädagogische Einwirkungen nichts mehr gemacht oder nichts mehr verändert werden, die Dinge wären statisch und weniger dynamisch zu sehen. Zum anderen aber, und dies ist gerade in der letzten Zeit in den Vordergrund getreten, konnte aus der grundsätzlichen Machbarkeit des Menschen durch entsprechende Erziehungseinflüsse die Vorstellung abgeleitet werden, als seien die Menschen überhaupt »gleich« und als entstünden offensichtliche Ungleichheiten unter den Menschen lediglich durch verschiedene Umwelt- oder Milieueinflüsse, man könne schließlich durch Egalisierung der Umwelt die »Chancen« oder durch Gleichschaltung aller Erziehung die »gleichen« Menschen erziehen. Hinter dieser Vorstellung steht dann nicht nur die Leugnung der individuellen Anlagen eines Menschen, sondern auch das Ziel, das – wohl im Grunde anders gemeinte – »demokratische« Ideal der französischen Revolution von der »Gleichheit« aller Menschen zu verwirklichen und eine Lebensgemeinschaft ohne Klassenunterschiede in völliger Harmonie und Gleichheit aller Beteiligten aufzubauen, indem man die Entwicklungsrichtungen und die Erziehungsinhalte dadurch egalisiert, daß die »schnelleren« gebremst und die »langsameren« verstärkt gefördert werden. Auf diesem Weg entstanden sogar schulorganisatorische Konzepte von großer Tragweite, und es entstanden auch grenzenlose Überforderungen für Erzieher und Eltern, indem ausgesprochen oder unausgesprochen jedem die Forderung gestellt wurde, jedes Kind – abgesehen von organischen Fehlentwicklungen – eigentlich zum selben Ziel zu bringen (z. B. zum Hochschulstudium).

Auf empirische psychologische Erkenntnisse konnte sich diese pädagogische und ideologische Vorstellung allerdings nicht berufen, denn von hierher wurde stets dargestellt, wenn auch mit wechselnder Betonung, daß sowohl die Umwelteinflüsse als auch die Anlagefaktoren die menschliche Entwicklung und die Individualität des Menschen beeinflußten, daß also sowohl die genetischen als auch die Umweltfaktoren einen realen Einfluß auf den Menschen ausüben könnten. Die Anlagen könnten sich ohne pädagogische Umwelteinflüsse kaum entfalten, und die Umwelteinflüsse wären ohne Wirkung, wenn sie nicht auf eine entsprechende Anlagepotenz träfen. Zwar läßt sich durch pädagogische Maßnahmen das Schicksal eines Schwachsinnigen bedeutend erleichtern, aber auch mit den besten pädagogischen Methoden kann aus ihm kein Hochschulabsolvent werden – wenn man nicht daran denkt, den Inhalt solcher Institutionen auf das spezifische Niveau des Schwachsinnigen umzustellen. Umgekehrt aber läßt sich auch ein Hochbegabter kaum längere Zeit ohne inneren und äußeren Widerstand auf einem niederen geistigen Niveau festhalten, weil er sich schließlich aus einfachsten Mitteln kompliziertere Problemlösungsinstrumente konstruieren wird, mit denen er dann sogar unter denselben Umweltgegebenheiten eben doch eine ihm adäquate und individuelle Lebensform entwickeln wird.

b) Die Intelligenz – eine wichtige Anlage

Besonders im Bereich der Intelligenz scheint der Einfluß der Anlagen stärker zu sein als der Einfluß der Umwelt, während im Bereich der Motivation zum Beispiel der Einfluß der Umwelt über den der Anlagefaktoren hinauszugehen scheint. Durch eine besondere Art der Erfolgserlebnisse in Verbindung mit neutralen oder Mißerfolgserlebnissen kann das Interesse und die Aktivitätsbereitschaft eines Menschen so sehr gesteigert werden, daß eine optimale Motivation entsteht (vgl. unten), aber die geistige Leistung des Menschen ist immer eine Funktion aus Motivation und geistiger Potenz, wie sie etwa im Intelligenzquotienten, wenn auch nur unvollständig, ausgedrückt wird. Wäre es anders, so könnte schließlich der hochmotivierte Schwachsinnige ein Hochschuldiplom erwerben.

Auch beim Aufbau der Verhaltensformen und Erwartungen spielt der Einfluß der Umwelt eine größere Rolle als die Anlagen, denn alles, was wir erfolgreich bewältigt haben, hinterläßt in uns eine Tendenz zur Wiederholung dieser Aktivität, also eine Verhaltensform bzw. eine Erwartung. Aber, so definiert, enthält auch jeder Charakterzug des Menschen sowohl eine starke Umwelts- oder Erfahrungskomponente als auch eine anlagemäßig gegebene Disposition.

Bei der Frage, in welchem Zahlenverhältnis zum Beispiel bei der Intelligenz die Anlage über die Umwelt dominiert (oder umgekehrt), stößt man leicht auf methodische Schwierigkeiten. Die Messung der Intelligenz durch die verschiedenen bekannten standardisierten Intelligenztests mit dem Ergebnis des Intelligenzquotienten ist insofern nicht ganz unumstritten, als eben im IQ, wie ihn der Intelligenztest mißt, möglicherweise gar nicht alles erfaßt wird, was zur Erfassung und Bewältigung neuer Aufgaben im Leben nötig ist, während andererseits Fähigkeiten gemessen werden, die in Wirklichkeit nicht so wichtig zu sein scheinen für die konkrete Daseinsbewältigung. Wäre es anders, so ließe sich aus dem IQ-Niveau tatsächlich eine Prognose der Lebensleistung ableiten, was ja in Wirklichkeit nicht möglich ist, wenn man von einer gewissen Übereinstimmung der rein schulischen Leistung mit dem IQ absieht. Letzteres ist wiederum erklärlich, weil schließlich in der Schule ähnliches erwartet wird wie im IQ-Test, während außerhalb der Schule offensichtlich zusätzlich zu den Intelligenzleistungen noch andere, bisher im IQ-Test nicht voll ermittelte Leistungsfaktoren gefordert werden. Die Details zur Problematik der Anlage/Umwelt bezüglich der Intelligenz sind übrigens an anderer Stelle so übersichtlich zusammengestellt, daß hier der Einfachheit halber darauf verwiesen werden kann (vgl. F. *Süllwold:* Begabung und Leistung, 1976).

c) Erziehung – sinnvolles Einwirken auf Anlage und Umwelt

Aus dem Befund, daß grundsätzlich Anlage und Umwelt zusammenwirken, wenn eine Leistung zustandekommt, läßt sich zunächst folgern, daß wir in der Erziehung grundsätzlich darauf vertrauen können, daß sich das Kind »von selbst« entwickelt. Erziehung ist mehr als nur Ermöglichung der Selbstentfaltung. Ein reines »laissez-faire« ohne planende, anregende und koordinierende Einwirkung des Erziehers würde den Faktor der Anlagen total über den der Umwelt stellen und also an den tatsächlichen Gegebenheiten vorbeigehen. Wir müssen einwirken, lenken, anregen, planen, sonst entwickelt sich nur Unzweckmäßiges.

Zum zweiten wäre es verkehrt, die Anlagen als entweder »gut« oder »böse« zu betrachten, so daß man sie entweder sich selbst entfalten lassen oder sie mit allen Mitteln veredeln und umpolen müßte. Vielmehr ergeben sich Leistungen aus Anlage und Umwelt, wobei der Wert der Anlage-Umwelt-Faktoren von den Leistungsrichtungen und -inhalten her bestimmt ist. Es kommt nicht darauf an, Anlagen umzupolen, sie zu veredeln oder sie möglichst ungehemmt sich entfalten zu lassen, sondern dafür zu sorgen, sie möglichst sinnvoll als Dispositionen für entsprechende Leistungen einzusetzen und Umwelteinflüsse durch exakte Planung und Organisation so bereitzustellen, daß maximale Verwirklichung der Kapazitäten und optimale Leistung entsteht.

Zum dritten folgt aus der Zusammenwirkung von Anlage und Umwelt, daß wir stets darauf achten müssen, nicht alle Kinder zum selben Ziel bringen zu wollen, sondern jedes zu seinem individuellen Optimum zu fördern, indem wir vorhandene Begabungsgrenzen respektieren, gegebene Begabungsrichtungen nutzen und Erziehung insgesamt individualisieren. Statt alle Kinder zum Beispiel in derselben Schule zum selben Ziel bringen zu wollen (was zu Über- und Unterforderungen führen müßte), sollten verschiedene Schularten oder Leistungsgruppen mit möglichst problemlosen Übergängen geschaffen werden, damit jeder das ihm gemäße Ziel mit optimalen pädagogischen Mitteln erreichen kann. Die Arbeitswelt müßte sich in ihren Anforderungen eher an diese individuelle Vielfalt der Leistungsniveaus anpassen, als daß sie umgekehrt eine Anpassung der Individuen an ein uniformes Arbeitsangebot fordern dürfte, was nur zu permanenten Unzufriedenheiten bei den Mitarbeitern führen müßte und dadurch zu einer Überbewertung des Lohnaspektes zuungunsten des Aspekts der Selbstverwirklichung im individuellen Vollzug der individuellen Arbeit selbst. Was wir nun im Umgang mit Kindern und Erwachsenen und im Umgang mit uns selbst von diesen Anlage-Umwelt-Aspekten aus beachten können und wie wir die beste Wirkung dabei erreichen, soll im folgenden behandelt werden:

3. Hilfe zur Selbstverwirklichung im Kindes- und Jugendalter

a) Die Kinderzeit – Zeit der fatalen Abhängigkeit

Um sich anschaulich zu machen, wie sich Kinder, im Unterschied zu Erwachsenen, in unserer Welt fühlen, ist es nützlich, sich vorzustellen, wir lebten in einer Welt, in der Stühle etwa 1,50 m und die Tische sogar 2 m hoch sind; die Riesen, unter denen wir lebten und die uns fast willkürlich kommandierten, wären mindestens doppelt so groß wie wir selbst, und das eigentlich Beängstigende dabei wäre zudem, daß wir stets den Eindruck hätten, diese Riesen beherrschen uns nicht nur total und wir seien nicht nur in allem auf sie angewiesen, sondern sie hätten auf eine merkwürdige Art die Fähigkeit, jederzeit zu wissen, was wir denken und tun, selbst wenn sie nicht unmittelbar bei uns sind! Kinder sind sich in der Tat ihrer Abhängigkeit von den Erwachsenen bewußt. Mindestens 12 Jahre lang fügt sich das Kind dem Willen der Eltern, ohne daß es immer wüßte, warum und zu welchem Zweck. Nur gelegentlich kommt es zu trotzigen Ausbrüchen.

b) Ein Erziehungsproblem der frühen Kindheit – der Ödipuskomplex

Eine sehr wichtige Entwicklungsaufgabe in der frühen Kindheit ist nun die Überwindung der elementaren Spannung, die das Kind zwischen Vater und Mutter empfindet, indem es sich, wenn es sich um einen Knaben handelt, instinktiv der Mutter mehr zuwendet als dem Vater als dem gleichgeschlechtlichen Elternteil, und in dem es dann ebenso natürlich den Vater als gleichsam »unerwünschten« Nebenbuhler bei der Mutter gelegentlich sogar »wegwünscht«. Beim Mädchen wäre natürlich die Situation genau umgekehrt: es würde sich normalerweise zunächst mehr dem Vater zuwenden und dann die Mutter wegwünschen als diejenige, die ihr das »Besitzrecht« am Vater gelegentlich streitig macht. Diese Spannung nennt man die »Ödipussituation« (nach der griechischen Sage vom König Ödipus, der unwissentlich seinen Vater ermordet hat, um seine Mutter zu ehelichen). S. Freud hält den Ödipuskomplex bzw. die Überwindung der ödipalen Spannung für eine der wichtigsten psychologischen und pädagogischen Aufgaben in der ganzen Kindheit überhaupt. Das Kind entwickelt Schuldgefühle, wenn es etwa den Vater wegwünscht, um sich ganz mit der Mutter befassen zu können und der Vater tatsächlich – etwa beruflich – einmal wegbleibt und erst später wiederkommt. Es meint, seine Wünsche seien erhört worden und deshalb sei er an dieser mißlichen Lage schuld. Dadurch neigt das Kind schließlich dazu, sich von der Mutter, dem eigentlichen Liebesobjekt wieder abzuwenden, denn schließlich war sie es, die ja an der Ablehnung gegenüber dem Vater schuldig war. Nun haben wir eine doppelte Beziehung des Kindes zu den Eltern, einmal eine positive Beziehung zur Mutter und eine negative zum Vater und gleichzeitig eine negative zum Vater und eine positive zur Mutter. Dies nennt man eine »ambivalente« Beziehung, weil sie zweiwertig ist und einen tiefsitzenden Konflikt, eben den Ödipuskonflikt, mit sich bringt. Es ist eine Eigentümlichkeit der menschlichen Psyche überhaupt, daß die meisten unserer Gefühle ganz in diesem Sinne ambivalent sind: wo große Liebe herrscht, ist unbewußt auch eine ähnlich große Ablehnung oder ein ähnlicher Haß vorhanden. Dies ist auch die Erklärung dafür, daß z. B. Liebe und Haß so unvermittelt ineinander überschlagen können (man denke z. B. an das, was sich manchmal bei Ehescheidungen abspielt zwischen Menschen, die sich ja schließlich irgendwann einmal geliebt haben müssen!). Der vollständige Ödipuskomplex hat also, schematisch dargestellt, folgende Struktur:

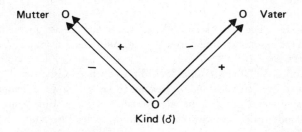

Wie überwindet das Kind diese elementare Spannung, die über der frühen Kindheit liegt?

Die Antwort liegt – etwa nach S. Freud – in der Identifikation des Kindes mit einem idealisierten Vater und einer idealisierten Mutter, wobei sich das Kind also gleichsetzt mit dem, was an idealen Verhaltensformen von Vater und Mutter geäußert werden; das Kind verliebt sich hierbei also nicht mehr in den realen Vater und in die reale Mutter, sondern in eine Projektion von Vater und Mutter, also in eine »Ideal-Vater-Mutter-Vorstellung«, d. h. in das sog. »Überich« oder »Ich-Ideal«.

Auf diese Weise wird die Spannung zwischen Vater und Mutter überwunden, indem sich das Kind seiner eigenen Idealbildung aus Vater und Mutter zuwendet. Dieses Überich bleibt fortan im Menschen wirksam als moralische und sittliche Instanz, etwa als »Gewissen«, das dem Menschen in allen Situationen signalisiert, wann eine Handlung »böse« oder »falsch« ist und zu werden droht – dann nämlich, wenn sie den Normen und Werten, die das Überich vertritt, widerspricht. Die Summe alle Erziehungseinflüsse wirkt sich also

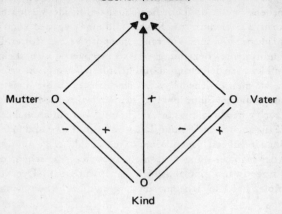

auf die Bildung des Gewissens in dieser Weise aus. Sie ist unabhängig von den jeweiligen Gesetzen und deren Veränderung und Ergänzung durch unsere Gesetzgeberorgane!

Wird nun diese Überwindung des Ödipuskomplexes in der frühen Kindheit nicht oder nicht vollständig geleistet, so kann sich diese Spannung bis in die Jugend- und Erwachsenenzeit hinein fortsetzen. Eine echte Gewissensentscheidung oder eine normale Beziehung zu den Eltern und später zum Partner ist dann meistens nicht mehr möglich. Alle diese Einstellungen erhalten dann etwas Übertriebenes, Verkrampftes. Diese mangelhafte Überwindung des Ödipuskomplexes kann z. B. durch das Fehlen eines Elternteils begünstigt werden. Wenn etwa der Vater nicht oder selten da ist und die Mutter die gesamte Erziehung allein zu bewältigen hat, fehlt nicht nur das »väterliche Element« in der Erziehung, sondern eben auch die Möglichkeit zur Überich-Bildung, so daß u. U. die Gewissensbildung leidet und ein Mangel an Normenbewußtsein und Pflichtrigorosität entsteht.

Natürlich kann der echte Vater in dieser Funktion auch durch eine andere Person ersetzt werden, wenn diese einigermaßen regelmäßig in Erscheinung tritt und sozusagen für das Kind die Funktion des eigentlichen Vaters übernimmt. Manche psychologisch einfühlsamen Mütter können u. U. auch Vater und Mutter gleichzeitig verkörpern, indem sie bald die Normen- und Pflichtseite betonen, und bald die Liebe und Zärtlichkeit in den Vordergrund rücken. Am besten sind jedoch die Voraussetzungen für eine ungestörte Gewissensentwicklung geschaffen, wenn beide Elternteile in einer vollständigen und harmonischen Familie vorhanden sind. In diesem Zusammenhang ist es nicht uninteressant, einen Blick in die Kriminellen-Statistik zu werfen, aus der eindeutig hervorgeht, daß die Anzahl der kriminell gewordenen Menschen aus unvollständigen oder gestörten Familien überdurchschnittlich groß ist. Auch viele Erscheinungen, die mit dem Terrorismus zusammenhängen, lassen sich, wenigstens teilweise, von hier her erklären: entweder war die Familie dieser Menschen unvollständig und gestört, oder aber überfordernd, indem etwa ein übermächtiger und erfolgreicher Vater deutlich machte, daß der Sohn keine Chance hätte, ihm gleichzukommen!

c) Erste Trennung vom Elternhaus – die Schule

Ein überaus wichtiger Einschnitt in das Kinderleben ist der Trennungsschnitt vom Elternhaus, wie er mit dem Schuleintritt vorgenommen wird. Es mag dramatisch und übertrieben klingen, wenn von einem Trennungsschnitt gesprochen wird, aber man kann eigentlich diese Erfahrung des Kindes mit dem sechsten Lebensjahr, der mit der Einschulung verbunden ist, kaum anders kennzeichnen. Zum erstenmal löst sich hier das Kind aus seiner bisherigen häuslichen Geborgenheit und tritt in eine ganz neue, fremde Gemeinschaft, eben die Schule, ein. Hier findet es Kinder, die es noch nicht oder nur oberflächlich vielleicht aus dem Kindergarten kennt, und es findet vor allem einen oder mehrere Lehrer, die es auch noch nicht kennt und die eine überaus wichtige Funktion in seinem neuen Leben übernehmen.

d) Soziale, körperliche und geistige Merkmale der Schulreife

Die Voraussetzung für eine gelungene Einschulung ist die Schulreife des Kindes. Wenn ein Kind innerlich und auch körperlich noch nicht in der Lage ist, diese stundenlange Trennung vom Elternhaus zu ertragen, wenn es sich auch noch nicht auf die typischen Aufgaben in der Schule einstellen kann, dann ist es nicht oder noch nicht schulreif und man tut gut daran, diesem Kind durch besondere Maßnahmen (etwa im Rahmen der Vorschulklassen oder auch der elterlich geleiteten Stützmaßnahmen), das Erlangen der Schulreife zu ermöglichen. Zur Schulreife gehört vor allem die Fähigkeit, sich in einer Gruppe richtig verhalten zu können. Diese soziale Reife erwirbt das Kind normalerweise in einer größeren Schar von Geschwistern von selbst. Da wir aber heute typischerweise die Ein- oder höchstens Zweikindfamilie als Regelfall haben, kommt es darauf an, dem Kind ab etwa dem vierten Lebensjahr den Besuch eines Kindergartens, und sei es auch nur für einige Stunden am Tage, zu ermöglichen. Gerade diese Erfahrung ist dann unersetzlich, wenn es sich um ein Einzelkind handelt, das vielleicht intellektuell sehr gut angeregt werden kann, aber in bezug auf seine Gemeinschaftsfähigkeit in der Regel unterentwickelt ist, wenn es nur auf das Elternhaus und gelegentliche Spielkontakte außerhalb desselben angewiesen ist.

Man kann davon ausgehen, daß ein Kind mit vier Jahren für den Kindergarten »reif« ist, d. h. daß es sich ungefähr in diesem Alter für etwa 2–3 Stunden von der Mutter lösen und im Kindergarten seine ersten weiteren Sozialkontakte machen kann. Es ist meistens auch in der Lage, eine Aufforderung, die an die ganze Gruppe gerichtet ist, auf sich selbst zu beziehen – während etwa jüngere Kinder in der Regel nur reagieren, wenn sie ganz persönlich aufgefordert werden.

Diese Fähigkeit ist nun in der Schule eine unerläßliche Voraussetzung, verbunden auch mit der Fähigkeit, sich in der Gruppe der Gleichaltrigen durchzusetzen und Freunde zu gewinnen. Neben der sozialen Reife ist natürlich auch die körperliche Reife wichtig für die Einschulung. Das Kind muß mit sechs (oder wenn es zurückgestellt wird mit sieben) in der Lage sein, einige Stunden still und konzentriert zu sitzen und zuzuhören. Es gibt Kinder, die rein körperlich dazu nicht in der Lage sind und die deshalb zurückgestellt werden müssen oder später eben in eine Spezialschule überwiesen werden müssen, wo sie eine besondere Betreuung erfahren. Der Schul- oder Kinderarzt wird im allgemeinen ohne Schwierigkeiten in der Lage sein, diese körperliche Schulreife festzustellen und ggfs. Maßnahmen zur Beförderung der Schulreife einzuleiten. Oft ist nur die körperliche Unreife mit einer sozialen Unreife verbunden, so daß schon rein äußerlich auch auf die mangelnde soziale Reife geschlossen werden kann, wenngleich dies nicht unbedingt der Fall sein muß.

Schließlich geht es um die geistige Schulreife, die natürlich bei der Einschulung gegeben sein muß. Das Kind muß intellektuell in der Lage sein, die Aufgaben in der ersten Schulklasse zu bewältigen, d. h. es muß z. B. aus einer größeren Gestalt die Einzelheiten herausgliedern können und überhaupt auf diese Einzelheiten achten können. Es muß aber auch einfache Mengenzusammenhänge erkennen können und ein gewisses Grundwissen mitbringen, an dem man die Schulreife in intellektueller Hinsicht erkennen kann. Natürlich sollte das Kind auch schon die motorische Grundfähigkeit mitbringen, kleine präzise Figuren nachzuzeichnen, wie das etwa später beim Schreibenlernen gefordert wird. Es gibt nämlich Kinder, die mit sechs zwar die soziale und die körperliche, aber nicht diese motorische und diese intellektuelle Fähigkeit haben, etwa ein kleines »A« nachzumalen oder es überhaupt zu erkennen, wenn es an der Tafel steht. Es empfiehlt sich in solchen Fällen, ein spezielles Training während der Schul- und auch während der Vorschulzeit mit Hilfe eines besonders dafür geeigneten Materials durchzuführen, etwa in der Form der »Lesetreppe« (Mod. Verlagsgesellschaft München 1977), bei der alle einzelnen Schritte genau vorprogrammiert sind und genügend zusätzliche Anregungen für die Mutter (oder den Vater) aufgeführt sind, so daß das Kind unter allen Umständen zu dem vorgezeichneten Ziel gelangen kann. Das Ergebnis dieser Bemühungen ist dann ein elementares Lesen, das sich natürlich auch leicht zum vollen Lesenkönnen steigern läßt, wodurch das Kind einen eigenen Zugang zur Literatur hat und dadurch eine ausgezeichnete Möglichkeit zur eigenen Wissenserweiterung besitzt.

Im allgemeinen stellt man den Grad der Schulreife mittels eines Schulreifetests fest. Z. B. eignet sich dafür der »Frankfurter Schulreifetest« (Beltz Verl. Weinheim) oder auch der »Göppinger Schulreifetest« usw. Bei diesen Tests handelt es sich um eine Sammlung von Aufgaben, die mehr oder weniger standardisiert sind und der Ermittlung der intellektuellen, sozialen und motorischen Schulreife dienen. Diese Tests werden meistens in der Schule vor dem Schuleintritt durchgeführt, so daß sichergestellt ist, daß nur schulreife Kinder eingeschult werden. Die noch nicht schulreifen Kinder werden meist zurückgestellt und einer Vorschulklasse eingegliedert oder man überläßt diese Kinder der elterlichen Initiative selbst.

Wenn nun ein Kind auch nach einer einjährigen Zurückstellung noch nicht schulreif im Sinne des Tests ist, liegt auch der Verdacht nahe, daß es sich vielleicht um eine Intelligenzschädigung handeln könnte. In diesem Falle läßt sich mittels eines Intelligenztests (durch einen Schulpsychologen z. B.) leicht feststellen, wie hoch der Intelligenzquotient des Kindes ist. Hierbei wird deutlich, inwieweit das Kind mit dem Durchschnitt seiner Altersgenossen intellektuell Schritt halten kann, inwieweit es diesen Durchschnitt übertrifft (Werte im IQ über 100) und um wie viele Punkte es dem Durchschnitt gegenüber zurückgeblieben ist (Werte unter 100). Erst wenn wesentliche Werte unter 100, z. B. Werte um 70 herum und darunter ermittelt werden, liegt möglicherweise eine erhebliche intellektuelle Beeinträchtigung vor, so daß – nach Absprache mit dem Psychologen und Arzt – eine Überweisung in eine Spezialschule für Lernbehinderte angezeigt wäre. (Als Test bietet sich z. B. der »Hamburg-Wechsel-Intelligenztest für Kinder« oder auch der »Stanford-Binet«-Test an, neben einigen anderen Tests. Überhaupt gibt es auch sprachfreie Intelligenztests, wenn etwa der Verdacht besteht, daß die Behinderung nur sprachlich bedingt ist.)

e) Magie und Aberglaube im Kindesalter – eine normale Entwicklungsstufe

Eine Besonderheit des etwa 7- bis 8jährigen Kindes sei hier noch erwähnt, weil sie oft zu Besorgnis Anlaß gibt, obwohl es sich dabei um eine »normale« Erscheinung handelt, die bei den meisten Kindern in etwa diesem Alter auftaucht und von selbst wieder verschwindet, wenn das Kind schließlich 9–10 Jahre alt geworden ist: Es handelt sich um das sog. »magische Denken« im Kindesalter! Ein Kind, das diese Phase durchläuft, scheint zeitweise in einer anderen Welt zu leben. Es spricht mit einem Stuhl, mit einem Tisch und mit seinem Bett, natürlich hält es auch Tiere für »Partner«, mit denen man sich manchmal unterhalten könne und die – wie viele unbelebte Gegenstände seiner Umgebung – einen gewissen Einfluß auf das Kind hätten, so wie das Kind selbst einen quasi magischen Einfluß auf die Dinge seiner Umwelt zu haben glaubt. Gerade Zusammenhänge, die es noch nicht rational durchschauen kann, verführen das Kind zu solchen magischen Erklärungen, durch die es sich eine Art Scheinwelt voll geheimnisumwitterter Formeln und Zeichen aufbaut. Ein solches Kind kann z. B. einen bestimmten Baum seiner Umgebung als »Gesundheitsbaum« bezeichnen und ihm manchmal eine geradezu religiöse Verehrung zuteil werden lassen. Es faßt ihn an, spricht beschwörend auf ihn ein und stellt sich vor, daß eben dieser Baum auf irgendeine Weise einen Einfluß auf seine eigene Gesundheit habe. Wenn es unter einem Schnupfen leidet, kann vielleicht der »Gesundheitsbaum« diese lästige Beeinträchtigung wieder wegnehmen! Ein kleiner Junge in meiner Bekanntschaft entwickelte z. B. einem solchen Baum gegenüber ein noch etwas anderes Ritual: vor wichtigen Ereignissen in der Schule oder im Elternhaus, pflegte er regelmäßig zu seinem »Baum« zu gehen und dort seine Blase zu entleeren. Er glaubte, gerade dadurch könne er einen positiven Einfluß auf das bevorstehende Ereignis ausüben (etwa auf die Klausurarbeit in der Schule). Hatte er es einmal vergessen, so konnte ja nur etwas Schlimmes in der Schule passieren (und weil er so fest davon überzeugt war, fanden sich auch oft Bestätigungen dafür!)! Auch allerlei »Mutproben« der Kinder dieses Alters gehören hierher: wer sich »zutraut« von einem kleinen Felsen herunterzuspringen, ist der Anführer und hat damit fast uneingeschränkte »Vollmacht« über eine Gruppe von Kindern! Dies hauptsächlich deshalb, weil er diesen Mut nur haben konnte, weil irgendein geheimnisvoller Geist ihm diese Überlegenheit gegeben hat. Beispiele dieser Art ließen sich fast beliebig vermehren.

Durch die Fortschritte seiner geistigen Reifung im Zusammenhang mit den vielfältigen Erfahrungen mit seiner Umwelt, gelangt der junge Mensch mit etwa 9 oder 10 Jahren in der Regel aus dieser magischen Phase des Denkens in eine mehr realistische Einstellung zur Welt hinein. Er neigt dann dazu, alles in seiner Umgebung sozusagen pragmatisch und »positivistisch« zu nehmen und vor allem die Namen der Dinge zu speichern. Er sammelt und ordnet alles, was etwa denselben Namen hat. Er legt sich eine Steinsammlung, Blattsammlung, Käfersammlung etc. an und hat seine Freude daran, daß er nun einen realistischen Überblick über die Gegebenheiten seiner Umwelt erhält.

Dieses »Sammelalter« findet zwar auch nicht unter allen Umständen statt, aber sehr häufig, nämlich eben dann, wenn entsprechende Anregungen aus der Umgebung auf eine vorbereitete Disposition im Kinde treffen. Dies ist natürlich auch die beste Zeit, um ein Kind etwa zum Briefmarkensammeln anzuregen oder ihm auch durch kleine naturwissenschaftliche und andere Bildersammlungen einen meistens tiefsitzenden und realistischen Einblick in die gegenwärtigen oder vergangenen Gegebenheiten (etwa auch historischer Art) zu vermitteln.

Erst etwa mit der Pubertät entsteht im Kind dann endlich die Neigung zur Erforschung der Zusammenhänge und Beziehungen zwischen den Dingen, die er vorher noch »naiv« gesammelt hat. Jetzt erwacht meistens das Interesse an Gesetzmäßigkeiten, die die Personen und Dinge der Umgebung miteinander verbinden. Es entsteht damit auch ein ausgeprägteres soziales Interesse – etwa die Frage, warum sich manche Menschen mögen und andere wieder nicht, warum manche sich als zusammengehörig betrachten und andere als verfeindet. Es entsteht aber auch die Frage nach der Beziehung zwischen Kraftwerk und Steckdose und der zwischen Lichtschalter und Licht etc.! Man könnte diese Einstellung als »kritischen Realismus« im Unterschied zum »naiven Realismus« bezeichnen. (Eine weitergehende Darstellung der Gegebenheiten der Entwicklungspsychologie wollten wir hier nicht wiederholen, weil sie andernorts schon gegeben wurde: vgl. etwa R. Oerter, Moderne Entwicklungspsychologie. Donauwörth 1976 oder auch W. Corell: Pädagogische Verhaltenspsychologie. München 1976[5] S. 108–181).

f) Das Jugendalter – Zeit zunehmender Unabhängigkeit

Mit der Pubertät, ab etwa 11 bis 12 Jahren, verringert sich schon äußerlich der Größenabstand zu den Eltern, und im Zusammenhang damit und auch in Verbindung mit der Sexualreifung brechen jetzt ungestüme Forderungen nach psychischer, geistiger und sozialer Unabhängigkeit hervor. Der Pubertierende möchte nicht nur sein eigenes Zimmer (mit Schlüssel!), sondern er möchte auch seine eigene Feriengestaltung und vor allem unabhängig sein in der Wahl seiner eigenen Freunde. Gerade hierbei kommt es gelegentlich sogar zu quasi kriminellen Zusammenschlüssen, da der Zweck der Vereinigung der Jugendlichen auf alle Fälle ein außergewöhnlicher, sozusagen elitärer und geheimer sein muß, um in diesem Maße das Ich des Jugendlichen aufzuwerten: das Prestige solcher Jugendvereinigungen steigt in dem Maße, in dem sie von den Nichtmitgliedern bewundert oder doch gefürchtet werden. Im selben Maße schließlich gereicht dies dann auch zur Selbstbestätigung der Mitglieder. So geht es im Jugendalter darum, Unabhängigkeit von den Erwachsenen zu erlangen und dadurch das eigene Selbstvertrauen aufzuwerten. Als typische Maßnahmen dienen jugendliche Zusammenschlüsse mit meist geheimem Charakter einer generellen Stoßrichtung gegen die Erwachsenen. Diese Richtung wird um so ausgeprägter, je intensiver sich die Erwachsenen gegen die Autonomiebestrebungen der Jugendlichen wenden.

g) Erziehung als Hilfe zur Selbsthilfe

Hierin liegt auch der Schlüssel zum richtigen Umgang mit dem Jugendlichen überhaupt. Eigentlich geht es darum, schon im Kindesalter und erst recht in der Jugendzeit möglichst viel Selbständigkeit, möglichst viel eigene Entscheidungsfindung für den jungen Menschen zu ermöglichen und solche Entscheidungen auch zu respektieren. Man sollte nicht stets exakt vorschreiben, was zu tun ist oder wie ein Problem zu lösen sei, sondern mehr Hilfen zur Selbstentdeckung solcher Lösungen und Anleitung zum selbständigen Handeln geben. Aber gerade diese Anregungen müssen »mit Methode« vorgenommen werden! Der Jugendliche soll nicht das Gefühl haben, als werde er »gegängelt«, aber er soll auch nicht in dem Bewußtsein leben, als hätten ihm die Erwachsenen gar nichts zu sagen. Vielmehr soll er an die Logik der Dinge selbst herangeführt werden, indem er erkennt, daß nicht seine eigene Laune oder die Willkür der Erwachsenen eine Problemlösung herbeiführt, sondern daß die Sachlogik selbst eine optimale Lösung jeweils nahelegt. Im Unterricht der Chemie geht es beispielsweise nicht darum, daß der Lehrer seine Meinung zu einem gegebenen Problem durchsetzt; erst recht soll sich natürlich die subjektive Meinung des Schülers nicht unkontrolliert verwirklichen, sondern das sachliche Ergebnis seines Experimentes soll von beiden als beste Antwort auf eine gestellte Frage akzeptiert werden.

Auf diese Weise gerät die Kommunikation zwischen Erwachsenen und Jugendlichen mehr aus dem Bereich der Sympathie und Antipathie heraus und stellt sich unter das Gesetz der Sachlichkeit. Wenn dieser Prozeß nicht gelingt oder nur unvollständig abläuft, entsteht fast notwendig eine Einstellung der Ablehnung, ja des neiderfüllten Hasses des Jugendlichen auf den erfolgreicheren und autonomen Erwachsenen. Umgekehrt entstehen in der Regel Sympathiegefühle vornehmlich gegenüber dem jeweils Unterlegenen. Weil das Kind letzten Endes der »Unterlegene« ist, hat dieses Stadium schließlich jeder Erwachsene einmal selbst miterlebt. Aus diesem Grund wird auch noch später im Leben meistens der Unterlegene mit einer gewissen Sympathie bedacht und mit Hilfsbereitschaft und Liebe umsorgt, während der Erfolgreiche oder der Sieger auch noch im Erwachsenenleben zwar gefürchtet, imitiert, selten aber geliebt wird. Häufig fordert er zu revolutionären Tendenzen aus den Reihen der Besiegten heraus. Gerade diejenigen Erwachsenen, die als Kinder allzu autoritär erzogen und behandelt worden sind, neigen nicht selten später am häufigsten zu relativ radikalen Protesthandlungen, getragen von der dumpfen Leidenschaft zu beweisen, jetzt nicht mehr unterjocht, gegängelt, sondern endlich selbständig und autonom zu sein! Meistens lehnen solche Menschen aus dieser Protesthaltung heraus typischerweise auch etwa die religiöse Einstellung der Eltern und besonders auch deren Beruf ab und ergreifen sozusagen zum Trotz eine völlig andere berufliche Tätigkeit und bekennen sich zu einer möglichst andersartigen religiösen Einstellung. Der normale Mensch, der als Erwachsener diese radikalen Tendenzen vernünftig bewältigt hat, behält immerhin aus seiner Kindheitserfahrung heraus eine gewisse Sympathieeinstellung zum jeweiligen Unterlegenen, die bis zu einer bereitwilligen Identifikation mit demselben reicht.

Dies ist zum Beispiel gerade die Begründung, warum wir beim Märchen von der »Gänsemagd« uns spontan mit der armen betrogenen Königstochter identifizieren und ihre bösen Widersacher leidenschaftlich ablehnen, oder warum wir auch als Erwachsene die Figur des Aschenputtel als edler und sympathischer empfinden als die der (unrechtmäßigen) Königin! Sogar bis in ideologische und politische Sympathien mit den »Armen und Ehrlichen« und bis in die insgeheime Antipathie gegen die »Reichen, aber Skrupellosen« läßt sich diese Urerfahrung aus unserer Kindheit verfolgen. Hilfe zur kindlichen Selbstverwirklichung zu geben, bedeutet damit auch einen wichtigen Beitrag zum Abbau irrationaler aggressiver Einstellungen im späteren Erwachsenenalter zu leisten!

h) Erstes oder drittes Kind? Die Bedeutung der Rangordnung in der Familie

Der Kampf um Selbstverwirklichung im Kindesalter zeigt sich auch in spezifischen Verhaltensformen unter den Geschwistern. Anzunehmen, die Kinder einer Familie, die unter denselben Bedingungen aufwachsen, seien psychologisch wirklich in derselben Umwelt, ist ein Irrtum! Das älteste Kind einer Familie sieht nämlich zwangsläufig diese Umwelt völlig anders als etwa das jüngste. Das erste Kind ist zum Beispiel in der Regel der absolute Mittelpunkt einer Familie – alles richtet sich nach seinen eigenwillig artikulierten Wünschen, seine Schreie sind das unangefochtene Signal für die Eltern, etwas zugunsten des Kindes zu unternehmen. Alles ändert sich aber, wenn ein zweites Kind ankommt. Denn jetzt tritt fast automatisch dieses jüngere Kind in den Mittelpunkt der Interessen, so daß sich das ältere Kind vernachlässigt fühlen muß oder wenigstens zum ersten Mal echte Konkurrenz empfindet. So lehnt es den »Neuen« ab und wünscht seine ursprüngliche Autonomieposition zurück. Da dieser Wunsch unerfüllt bleiben muß, arrangiert sich das Kind mit seinem Konkurrenten, indem es schließlich die Freuden des »Älteren« im Spiel erfahren lernt. Immerhin kann der Schock des »Teilenmüssens« bis ins spätere Jugend- oder Erwachsenenalter hineinwirken und tiefsitzende Komplexe auslösen.

Eine typische Reaktion des Kindes, das seine bisherige Mittelpunktposition aufgeben oder mit einem neuen Geschwisterchen teilen muß, ist die »Regression« auf eine frühere Entwicklungsstufe. Hierunter versteht man das (unbewußte) Zurückfallen in eine Entwicklungsphase, die eigentlich schon längst überwunden ist. Ein solches Kind kann z. B. unvermittelt wieder anfangen das Bett zu nässen oder zu stottern, an den Nägeln zu kauen oder überhaupt Trotzreaktionen zu äußern, wie sie etwa für Dreijährige typisch waren (obwohl er nun schon 6 oder 7 ist!). Dieses Bettnässen wäre dann ein Signal für die unbewußte Sehnsucht, durch dieses frühkindliche Verhalten wieder der Mittelpunkt der Familie sein zu dürfen, mehr Aufmerksamkeit und Liebe zu erfahren als jetzt. Auch das Stottern wäre dann ein Rückfall in die Phase des Spracherwerbs, der uns signalisieren will, daß dieses Kind weit mehr Aufmerksamkeit und Zuwendung erwartet als es bekommt. Selbstverständlich ist hiermit nicht das Stottern gemeint, das auf organische oder nervliche Besonderheiten zurückzuführen ist, sondern eben dieses »Regressionsstottern« eines Kindes, das bisher normal gesprochen hat und unter dem Eindruck des Liebesverlusts wieder anfängt diese frühkindliche Phase zu produzieren.

Die Abhilfe in solchen Fällen liegt auf der Hand: es geht darum, einem solchen Kind unverzüglich sein gewohntes Maß an Liebe und Zuwendung wieder zukommen zu lassen, sich innerlich und äußerlich intensiv mit ihm zu befassen – man wird dann beobachten, daß die Symptome relativ rasch wieder verschwinden.

Umgekehrt erlebt sich das zweite Kind von Anfang an in Konkurrenz zum älteren Geschwister und fühlt also nicht diese Umstellung vom Mittelpunkt zur »Zweitrangigkeit«. Vielmehr ist es von Anfang an gezwungen, sich durchzusetzen und mobilisiert deshalb eine relative Extraversion und benutzt früh die Erwachsenen voll, um sich gegen die eigentliche Konkurrenz seines Geschwisters durchzusetzen: Es schreit, und sofort wird die Mutter ihm beistehen, in der Annahme, das ältere Kind könnte ihm etwas weggenommen haben.

Ähnliches gilt übrigens auch oft für die psychologische Entwicklung eines Mädchens in der Auseinandersetzung mit einem oder mehreren Brüdern. Sowohl dieses Mädchen als auch die zweitgeborenen Jungen werden generell zu größerer sozialer Aktivität und Durchsetzung neigen, aber auch zu weniger Verantwortungsbereitschaft als die Erstgeborenen und die Jungen unter den Mädchen. Die so entstandenen Introversionen des Erstgeborenen werden noch verstärkt durch die eventuelle Ankunft eines dritten Kindes, das noch stärker zur extravertierten Durchsetzung gegen zwei Konkurrenten neigen wird als das Zweitgeborene. Übrigens scheint sich diese Erfahrung in der frühen Kindheit unter anderem auch auf die Fertigkeit der Erwachsenen, eine Ehe auch gegen Widerstände stabil zu halten, auszuwirken: die Ehen von Einzelkindern neigen später relativ häufiger zu Scheidungen, während die Jüngstgeborenen durch ihre relativ stärkere soziale Ausrichtung auch in ihren Ehen weit mehr Stabilität zeigen.

Selbstverständlich können Eltern den Ablauf dieser Entwicklung wesentlich beeinflussen. In diesem Zusammenhang muß vor allem auf die Notwendigkeit der außerhäuslichen Kinderkontakte bei Einzelkindern verwiesen werden. Kindergartenerfahrungen, Nachbarschafts-Kindergruppen etc. können mindestens zum Teil die Gefahren des Einzelkind-Schicksals kompensieren. Entsprechendes gilt für die mannigfaltigen Einflußmöglichkeiten der Eltern auf die Entwicklung der Erst-, Zweit- und Drittgeborenen. Etwa wenn es darum geht, die oft schier endlosen Fragen der Kinder zu beantworten, wobei manchem Erwachsenen die Geduld reißen kann. Es empfiehlt sich hier, wo immer es geht, die Fragen sinnvoll an den Frager zurückzugeben und dadurch einen nicht zu unterschätzenden Beitrag zu seiner Selbstverwirklichung und geistigen Stabilisierung zu leisten. Weil das Kind so lernt, daß Fragen nicht nur an Personen gestellt werden können, sondern auch an die Sache selbst herangetragen werden können, in dem Maße, in dem das Kind dann lernt, seine Frage selbständig zu beantworten, lernt es sachliche Probleme selbständig zu lösen. Auch der Erwachsene muß, wenn er zu wahren Erkenntnissen gelangen will, fragen, aber als selbständiger Erwachsener stellt er seine Fragen nicht an andere, sondern legt sie unmittelbar der »Welt« selbst vor, die ihm auch in direkter Weise Antwort erteilen wird (z. B. Experimente vornehmen, Beobachtungen in der Natur anstellen, Literatur konsultieren, Nachschlagewerke benutzen etc.).

i) Erziehung – Aufbau positiver Lebenseinstellungen

Hierher gehört auch die Bedeutung der Erwartungshaltungen des Erwachsenen, mit denen er dem Kind begegnet! Das Kind übernimmt nämlich bis zu einem gewissen Grad die »Rolle«, die ihm der Erwachsene zudenkt und entwickelt dadurch genau diejenigen Verhaltensformen, die der Erzieher bei ihm erwartet hat.

Man kann sich dies an zahllosen Beispielen verdeutlichen: Nehmen wir an, ein Lehrer habe von einem Kollegen die Bemerkung erfahren, ein bestimmtes Kind seiner Klasse sei »unehrlich«. Es habe verschiedentlich bei Lügereien und auch bei Diebereien erwischt werden können. Der Lehrer, dem diese Information zugeleitet wurde, wird nun schon ganz anders auf dieses Kind achten wie vorher, er wird es schärfer beobachten und ihm auch dann möglicherweise schon eine Unehrlichkeit unterstellen, wenn dieser Tatbestand überhaupt noch nicht eindeutig erfüllt ist. Das Kind holt sich beispielsweise einen Radiergummi bei seinem Nachbarn, um in seinem Heft eine kleine Verbesserung vorzunehmen. Der Lehrer beobachtet dies und greift sofort ein (»man muß das Übel am Anfang steuern!«), indem er das Kind tadelt und es veranlaßt, sich zu entschuldigen etc. Aus sehr vielen solchen kleinen Erfahrungen wird im Kind dann die Neigung zur Unehrlichkeit geradezu verstärkt, indem es erfährt, daß der Lehrer seine Voreingenommenheit sozusagen bestätigt finden möchte, wenn er sich entsprechend verhält. Dieser Effekt, der sich meistens an negativen Fällen zeigt, kann nun auch ins Positive gewendet werden.

Dadurch, daß wir einem anderen Menschen grundsätzlich mit positiven Erwartungen entgegentreten, auch dann, wenn wir gelegentlich in dieser Erwartung enttäuscht werden sollten, erreichen wir schließlich, daß diese anderen Menschen auch positiv auf uns reagieren. Die Macht der positiven Erwartung ist außerordentlich groß und erschöpft sich natürlich keineswegs nur in der Erziehung, sondern läßt sich darüber hinaus auf das gesamte Zusammenleben der Menschen schlechthin übertragen. In der Werbung wird man mehr Erfolg durch positive Signale bewirken als durch die Herausstellung negativer Symbole, an denen man eine bestimmte Sache verdeutlichen will, und die Partnerschaft zwischen zwei Menschen wird positiv beeinflußt, wenn jeder etwas Positives vom anderen erwartet, anstatt jeweils das Negative zu unterstellen (und es dadurch geradezu heraufzubeschwören!).

Auch die Entwicklung der sozialen Einstellungen im Kindesalter kann in diesem Zusammenhang gesehen werden: Auffällig ist ja jedem, der es mit ganz kleinen Kindern und Säuglingen zu tun hat, daß in diesem Alter der junge Mensch ausgeprägt egozentrisch eingestellt ist. Der Säugling schreit los, wenn er sich unwohl fühlt, er fragt sich nicht, ob dies seine Mutter stören könnte, ob es Nacht ist und die anderen aufwachen könnten etc., sondern er gibt seinen egoistischen Empfindungen ungehemmten Lauf. Das Menschenkind ist also am Anfang seiner Entwicklung ein Egoist; nur er steht im Mittelpunkt der Betrachtung, nur von ihm aus ordnet er die Welt um ihn herum! Erst nach und nach erfährt der kleine Mensch, daß die Menschen um ihn herum ebenfalls einen eigenen Willen und ein eigenes Konzept verfolgen und daß es darauf ankommt, das eigene Ziel mit den Zielen der anderen abzustimmen. So lernt der Säugling, nach mühsamen Versuchen – schließlich nachts durchzuschlafen und sich nur tags zu melden, und er lernt es auch, sich tags an bestimmten Zeiteinteilungen anzupassen. Die ausgesprochene soziale Rücksichtnahme indessen ist das späte Produkt einer langen Reihe von Erfahrungen und Erziehungseinwirkungen, das wir erst am Ende der frühen Kindheit erwarten dürfen. Es kommt hierbei darauf an, soziales Verhalten vom Kind zu erwarten, aber Verständnis für seine zunächst durchaus egozentrische Einstellung zu zeigen. Am Vorbild des Erwachsenen, der seinerseits sich in die Lage der anderen versetzen kann und aus Rücksicht auf die anderen das eine tut und das andere unterläßt, orientiert sich dann das Kind und handelt ebenso. Die beste Maßnahme in diesem Zusammenhang ist natürlich das Bewußtmachen dieses Sich-hinein-Versetzens des Erwachsenen in das Kind in der Aussprache mit dem kleinen Kind: Man gibt ihm zu verstehen, daß man es versteht und daß man aus Rücksicht auf seine Interessen dies oder jenes zurückstellt oder aufgibt, obwohl man es eigentlich angestrebt hat. So lernt das Kind nach und nach, daß es durchaus sinnvoll ist, auf eigene Vorteile manchmal zu verzichten, wenn es dabei um das Wohl eines anderen Menschen geht. Nicht alle Erwachsenen haben freilich diese Entwicklung selbst ganz vollzogen – viele bleiben viele Jahre ihres Lebens in einer infantilen Egozentrizität verfangen. Daß sich dadurch massive Schwierigkeiten in der Erziehung der eigenen Kinder ergeben können, liegt auf der Hand.

4. Psychologie und Lernen

a) In der Schule für das Leben lernen?

Einer der problemreichsten Bereiche in der Familie ist der des Lernens der Kinder. Selbstverständlich könnte man die Erkenntnisse, über die wir gelegentlich des obigen Kapitels über die Selbstverwirklichung der Kinder berichtet haben, auch auf die Probleme des Lernens anwenden, um Lösungen zu finden. Darüber hinaus aber können wir von der Lernpsychologie her noch speziellere Erkenntnisse zitieren, von wo aus sich ein besserer Blick auf Lernstörungen und verwandte Probleme ergibt.

Eines der wichtigsten praktischen Lernprobleme hängt mit der Frage der Anwendung gelernter Zusammenhänge in neuen Situationen zusammen. Der Sinn des Schullernens liegt schließlich gerade in dieser Fähigkeit, das in der Schule Gelernte auch später selbständig anwenden zu können. Auch der Student studiert heute kaum noch um des Studierens willen, sondern vornehmlich in der Hoffnung, das im Studium erworbene Wissen und die damit zusammenhängenden Fähigkeiten anschließend im Beruf oder in der persönlichen Lebensgestaltung sinnvoll einsetzen zu können. Wie oft hört man zum Beispiel den Hinweis wohlmeinender Eltern oder Lehrer, das Lernen irgendeines Zusammenhanges erscheine zwar im Moment eher als lästig, doch später »im Leben« werde sich sein eigentlicher Nutzen gewiß erweisen. Viele Kinder quälen sich mit dieser vagen Hoffnung durch ungezählte Lernengpässe – und noch mehr erkennen später, daß sie mit dem ganzen Werk von Wissen aus Schule und Studium nur relativ wenig haben anfangen können! Leider besteht ja kein direkter Zusammenhang zwischen Lebenserfolg und schulischer Leistung. Der »Primus« in der Schule ist nur selten auch später im Leben der erfolgreichste seiner Klasse!

b) Das Problem der Übertragung

Die Psychologie hat sich schon früh dieses interessanten Problems des Transfers angenommen und ermittelt, daß eine Übertragung des Wissens aus einer Lernsituation in eine andere, angewandte Situation nur unter ganz bestimmten Bedingungen möglich ist und auf keinen Fall generell angenommen werden darf. Früher ging man dagegen davon aus, daß das, was den Menschen im Lernen besonders schwer fällt, irgendwie auch seine geistige Fähigkeit (»formal«) so sehr steigert, daß dadurch eine generelle Fähigkeit zur Lösung von Problemen insgesamt entsteht. Die Ableitung dieser Vorstellung vom Modell sportlicher Formalübungen liegt auf der Hand und im Grunde ist diese Analogie auch einleuchtend. Warum sollte jemand, der sich für Jahre durch die logische Zucht und Disziplin des Lateinunterrichts gequält hat, nicht anschließend auch besser mathematische oder physikalische Probleme bewältigen können und insgesamt geistig reger werden als ein anderer, der diese Erfahrungen nicht gemacht hat? So konnte sich die Formalbildungstheorie etwa in der Prägung des Humboldtschen Neuhumanismus viele Generationen lang direkt auf die Gestaltung der Schule – besonders der Gymnasien – nicht nur in Deutschland auswirken. Aber nicht nur die Betonung des formalen Wertes der klassischen Sprachen gehört hierher, sondern genauso die (neuere) Betonung des formalen Wertes der Mathematik (besonders auch der Geometrie oder der Trigonometrie) und der Naturwissenschaften überhaupt. Wer hat sich nicht schon gefragt, was er nun eigentlich von den endlosen Übungen zur Berechnung z. B. von Dreiecken für die Bewältigung seiner beruflichen oder privaten Probleme verwerten konnte! Mancher mag sich trösten mit dem Gedanken, daß durch solche Übungen eben doch logische oder allgemein geistige Kapazitäten entstanden seien, die sonst nicht verfügbar gewesen wären. Die Lernpsychologie zeigt nun ziemlich eindeutig, daß eine solche formale Schulung von Fähigkeiten generell nicht nachgewiesen werden kann, sondern daß nur dort ein Transfer stattfindet, wo identische Elemente in der gelernten und in der neuen Anwendungssituation vorhanden sind und erkannt werden (Thorndike u. a.). Durch geometrische Übungen läßt sich zweifellos die Fähigkeit zur Lösung geometrischer Aufgaben, in denen identische Elemente erkannt werden, steigern und durch das Erlernen der lateinischen Sprache läßt sich auch das Erlernen etwa des Spanischen erleichtern, weil zwischen beiden Sprachen viele identische Elemente erkannt werden können. Aber eine allgemeine Leistungssteigerung ist durch solche Formalübungen – leider – nicht zu erwarten. Hieraus ergeben sich zwei wichtige Konsequenzen.

a) Zum ersten sollte man von den vielen, nur erzwungenen und für sehr viele Schüler tatsächlich fast sinnlosen Formalübungen absehen und statt dessen lieber anwendungsbezogene Fächer und Übungen nahelegen. Diese einfache Konsequenz ist aber inzwischen noch keineswegs verwirklicht worden.
b) Zum anderen aber sollte man daraus auch nicht die Folge ziehen, nur noch Praktikables zu lehren, was z. B. dazu führen könnte, auf den Unterricht in Geschichte und auch in einigen anderen Fächern ganz zu verzichten, weil solche Inhalte in vielen Berufen nicht direkt angewandt werden könnten. Dies würde unweigerlich zu einer außerordentlichen Verflachung der Geisteshaltung führen, denn die Dimension des Geschichtlichen ist vielleicht sogar gerade dasjenige, was dem Menschen später Verwurzelung, Standhaftigkeit und Treue zu seinen Standpunkten vermitteln kann. Außerdem würde dadurch mit der Zeit wohl eine nicht zu verantwortende Spezialisierung schon der Schule einsetzen, weil jeder nur noch dasjenige lernen würde, was ihm unmittelbar für seinen speziellen Beruf und für sein spezielles Leben nützlicher erscheinen würde. Die Kommunikation zwischen solchen Spezialisten würde schließlich ganz unmöglich werden, und die Gemeinschaft der Menschen stünde in Frage, weil jede Spezialgruppe auch ihre Spezialsprache entwickeln würde, die kein anderer verstehen würde. Vielmehr geht es vom Standpunkt der Transfererkenntnisse gerade darum, im Lernenden einen Blick für identische Elemente zu schulen. Wenn man nämlich den Dingen weit genug auf den Grund rückt, erkennt man bald, daß eigentlich sehr häufig doch identische Elemente vorhanden sind, selbst dort, wo auf den ersten Blick keine solchen zu erkennen waren. Wer nun diesen Blick auf die identischen Elemente hätte, der würde im eigentlichen Sinne die formale Bildungstheorie Humboldts und anderer wieder bestätigen können und für ihn wäre dann das humanistische Gymnasium und ähnliche Einrichtungen eben doch eine wahre Quelle der dauernd und immer aufs neue anwendbaren Erkenntnisse.

c) Das »Überlernen« – seine richtige Anwendung

Wie lehrt man aber nun diese Erkenntnis der identischen Elemente zwischen verschiedenen Situationen? Diese Frage zielt auf ein Kernproblem der Psychologie überhaupt. Die Antwort liegt darin, daß von Anfang an nicht nur passiv Wissen aufgenommen werden darf, sondern dieses möglichst aktiv erworben werden sollte, indem konkrete Aufgaben in großer Mannigfaltigkeit zu ein und derselben Grundproblematik selbsttätig bearbeitet werden. Der Schüler (und Student) soll sich also z. B. nicht nur so lange mit einer bestimmten Problematik befassen, bis er sie rational verstanden hat oder bis er die Lösung ohne nachzudenken reproduzieren kann, sondern er soll sich darüber hinaus auch noch weiter mit diesen Zusammenhängen befassen, daß er immer wieder neue Einkleidungen, sozusagen Anwendungen ein und derselben Grundthematik bearbeitet. Dieses sogenannte »Überlernen« ist der eigentliche Kern des erfolgreichen Lernens. Denn hierdurch wird plötzlich die sonst nicht zu bewältigende Bildungsaufgabe der Vermittlung immer größer werdender Bildungsmengen (analog zu dem immer weiter wachsenden Bildungsinhalt) lösbar: nicht in der Menge der zu behandelnden Stoffe liegt offenbar der Ausweg, sondern im Überlernen einiger weniger Inhalte! Es gibt zahllose Beispiele, die uns lehren, daß wirklich erfolgreiche und »geniale« Menschen nicht immer »Vielwisser« gewesen sind, sondern es waren fast immer Persönlichkeiten, die überschaubare »essentielle« Inhalte so tief durchdacht hatten, daß sie die so erkannten identischen Elemente auf so gut wie alle weiteren Aufgaben anwenden konnten. Schöpferisches Denken und Kreativitätstraining beruhen letzten Endes wiederum auf speziellen Übungen zum Überlernen, wobei natürlich auf die schon eingangs erwähnten individuellen Unterschiede und Grenzen im Menschen hingewiesen werden muß. Das Bereitstellen solcher essentieller Inhalte, die sich besonders für das Überlernen eignen, ist von hierher gesehen die eigentliche Aufgabe der Curriculumplanung und im weiteren Sinn auch der Schulorganisation schlechthin.

Die richtige Anwendung dieser lernpsychologischen Transfererkenntnisse steht oder fällt nun mit bestimmten Eigenschaften der Lehrer bzw. der Eltern, die sich mit dem Kind und Jugendlichen befassen. Eine der wichtigsten Eigenschaften des Lehrers (im weiteren Sinne) ist eine grundsätzliche Begeisterungsfähigkeit und seine Bereitschaft, erst dann zu einem neuen Inhalt weiterzugehen, wenn der vorgegangene durch Überlernen transferbereit an den Schüler vermittelt worden ist. Damit ist gesagt, daß es weniger eine Begeisterung für Lehrinhalte (etwa wissenschaftliche Probleme der Geographie oder anderes) sein sollte, die den Lehrer erfüllt, sondern eine Begeisterung für pädagogisch-didaktische Prozesse im jungen Menschen, namentlich für die produktive Vermittlung solcher Inhalte. Ein Verkäufer, der von seinem Produkt so überzeugt ist, daß es ihm ein echtes Anliegen ist, seine Kunden ebenfalls davon zu überzeugen, oder ein Missionar, der von seiner Glaubensidee so durchdrungen ist, daß er keine Mühe scheut, um andere auch in den Besitz dieses seines erlösenden Wissens zu versetzen, dies sind berufliche Situationen, die sich am ehesten mit der des Pädagogen vergleichen lassen.

Zum zweiten aber müßte der Lehrer nicht nur seine eigenen Lehrgebiete überschauen können, sondern einen so breiten Überblick über den Gesamtbereich der Bildung haben, daß er ohne Mühe Beziehungen seiner Lehrdisziplin zu Nachbardisziplinen herstellen kann. Nicht der Spezialist, sondern der Essentialist wäre der bessere Lehrer, d. h. derjenige, der das »Wesentliche«, den »roten Faden«, durch möglichst viele Fachgebiete verfolgen kann, ohne freilich oberflächlich zu werden, wäre der bessere Lehrer. Während nämlich der Spezialist fast immer die fatale Eigenschaft besitzt, alle Zuhörer in einen geistigen Tiefschlaf zu versetzen, ohne daß er dies wirklich zur Kenntnis nehmen könnte (so versunken ist er in seinem Spezialgebiet, das kaum mehr einen Bezug zu den Alltagsproblemen seiner Zuhörer hat!), kann der Essentialist genügend Spontankontakt zu den jeweiligen Augenblicksinteressen und Motiven seiner Schüler herstellen, daß seine Lektion ebenso faszinierend wäre, wie sie die Lernenden befriedigt und gleichzeitig zu neuem Lernen anregt. Dies wird ihn schließlich fast von selbst mit einer gewissen persönlichen Bescheidenheit erfüllen, angesichts der Verhaltensformen der Schüler, die durch ihn entstehen sollen. Zynismus und intellektueller Hochmut verträgt sich nicht mit einem echt pädagogischen Umgang mit jungen Menschen. Der Pädagoge sollte vielmehr die potentielle Genialität in seinen Schülern annehmen und hier ein Helfer zur Entfaltung dieser Potenzen sein. Dies wäre zugleich die Basis für eine entsprechende moralisch ethische Ausrichtung seiner Persönlichkeit, die letzten Endes mindestens so wichtig ist, wie seine rein wissenschaftliche Qualifikation in den Lehrfächern, die selbstverständlich vorausgesetzt werden muß. Immer sollte sich der Pädagoge aber der eigentlichen Zielsetzung seiner Arbeit bewußt bleiben: nicht Wissen an sich zu vermitteln, sondern Lehrinhalte zu nutzen, um neue Verhaltensformen aufzubauen, indem der Lernende Lehrinhalte in neuen Situationen selbständig und kreativ anzuwenden vermag und so seine Lebensprobleme besser zu meistern versteht.

d) Lernen – eine Verhaltensänderung

Hier erhebt sich nun die Frage, wie sich der Prozeß des Lernens psychologisch beschreiben und analysieren läßt. Was ist eigentlich lernen? Ohne zu sehr in Details der Lerntheorie zu gehen *, können wir hier zunächst feststellen, daß Lernen ein Prozeß der Änderung des Verhaltens eines Organismus aufgrund gemachter Erfahrungen ist. So betrachtet besteht das Leben aus lauter Lernprozessen, ja Leben ist im Grunde genommen Lernen, und Lernen ist Leben, sei es nun, daß wir bewußt und willkürlich lernen, oder sei es auch, daß wir unbewußt und unwillkürlich lernen, indem wir z. B. unsere Einstellung und unser Verhalten korrigieren und allgemein nach gemachten Erfahrungen ausrichten. Das Kind, das spielerisch seine Hand in eine Kerzenflamme hält, weil es von dem Zucken und Lodern des Lichtes fasziniert wird, zieht diese Hand nicht nur voll Schmerz zurück, sondern wird in der Regel fortan nicht mehr in die Flamme fassen, sondern diese nur noch aus einer Distanz betrachten. Eventuell wird das Kind sogar diese Erfahrung auf andere offene Flammen, etwa auf das Holz im Kamin, übertragen und jeden direkten Kontakt mit dem offenen Feuer meiden. Man kann nicht sagen, daß das Kind die Einstellung »Vermeiden des direkten Kontaktes mit offenem Feuer« bewußt lernen wollte, dennoch stellte sich dieses Lernresultat aufgrund einer gemachten Erfahrung ein. Es handelt sich also um eine echte Veränderung des Verhaltens des Kindes auf der Basis einer gemachten Erfahrung. Wenn ein Schüler in einer Schulstunde planmäßig und bewußt an die Lösung des Problems 2×2 herangeführt wird und diese Aufgabe schließlich mit der Antwort »4« löst und dafür gelobt wird, hat sich sein Verhalten erneut verändert, weil er fortan auf diese oder ähnliche Fragen richtig zu reagieren vermag.

Es liegt aber auf der Hand, daß es sich bei dem Beispiel mit dem Kind und dem 1×1 um eine etwas andere Lernart handelt als bei dem Kind, das gelernt hat, das offene Feuer zu meiden. Der Unterschied liegt unter anderem in der Beteiligung der Intelligenz bei der Verhaltensformung, aber auch in einer verschiedenen Ebene des Verhaltens – einmal motorisch und das andere Mal verbal oder kenntnisorientiert (kognitiv).

e) Stimulus und Reaktion – ein Lernprozeß

Genauer betrachtet, können wir zunächst eine erste Lernart im Sinne der Veränderung des Verhaltens aufgrund von Assoziationen zwischen Stimulus und Reaktion herausstellen: Ein bestimmter Stimulus, S_1, wird zusammen mit einem anderen Stimulus, S_2, der schon eine bestimmte Reaktion, R, auslöst, dargeboten. Nach einer Anzahl von Wiederholungen erreicht man, daß die

---

* W. Correll: Lernpsychologie, Donauwörth 1977, 16. Auflage.

Reaktion R auch erfolgt, ohne daß S_2 dargeboten werden müßte, sobald S_1 erscheint. Es ist dann eine erlernte oder konditionierte Verbindung zwischen S_1 und R zustande gekommen. In seinen berühmten Experimenten hat in diesem Sinne Pawlow gezeigt, wie ein Hund, der angesichts von Nahrung Speichel absonderte, auf einen Glockenton (S_1) aber keinen Speichel absonderte, nach etwa 25 Darbietungen des Glockentons, zusammen mit der Nahrung (S_2) auch beim bloßen Ertönen des Glockentons (ohne Nahrungsreiz) Speichel absonderte. Der Hund hat also durch eine solche Konditionierung von S_1 und S_2 gelernt, R auch bei S_1 allein zu äußern. Er hat eine bedingte Reaktion erzeugt, indem er wiederholt einen neutralen Stimulus (S_1) zusammen mit einem unbedingten Stimulus (S_2) dargeboten erhielt.

Die Speichelsekretion wird auch wieder schwächer und hört endlich ganz auf, wenn es S_2 längere Zeit ohne S_1 dargeboten wird. Für das Lernen auf der menschlichen Ebene gilt diese Erkenntnis analog zu diesem Tierversuch, denn auch im Humanbereich wird, wenigstens z. B. im Kleinkindalter, aber auch noch im beträchtlichen Ausmaß im Erwachsenenleben, durch pure Wiederholung, durch Drill gelernt, so daß bestimmte Reaktionen – etwa im Bereich der frühen motorischen Verhaltensformen des Kindes und bei den Anfängen des Sprechens, aber auch später, etwa beim Autofahren – schließlich »automatisch« ablaufen, wenn ein bestimmtes Signal als S_2 auftritt (vgl. dazu die ausführlichere Darstellung in meiner »Einführung in die Pädagogische Psychologie« sowie in meiner »Lernpsychologie«).

f) Lernen als Versuchs- und Irrtumsverhalten

Im Bereich des schulischen Lernens und des Lernens der Erwachsenen jedoch tritt diese Art des Lernens durch reaktives Konditionieren mehr in den Hintergrund. Denn in der Regel wird dabei nicht ein Stimulus allein eine Rolle spielen, sondern ein ganzes Bündel von Stimuli. Wenigstens ist es nicht immer möglich, einen Stimulus als die einzige Ursache einer bestimmten Reaktion zu isolieren, wie das bei den Lernexperimenten, die wir gerade beschrieben haben, der Fall war. In der Praxis ist es also weniger so, daß eine bestimmte Reaktion auf einen bestimmten Stimulus folgt, sondern eher so, daß aus irgendwelchen Ursachen heraus bestimmte Reaktionen geäußert werden, daß aber diejenigen Reaktionen beibehalten und wiederholt geäußert werden (also gelernt werden), die erfolgreich verlaufen, d. h. die »verstärkt« werden. In einem Stadium des Versuchs- und Irrtumsverhaltens (trial und error) werden in einer problematischen Situation beliebige Reaktionen produziert, von denen schließlich eine erfolgreich ist. Diese wird verstärkt und dadurch wiederholt geäußert und schließlich ins Gewohnheitspotential übernommen, d. h. gelernt.

g) Lernen durch Einsicht

Schließlich aber fehlt auch bei dieser plausiblen Erklärung des Lernprozesses noch ein Element, das aber beim typisch menschlichen Lernen von größter Bedeutung wird, wiewohl das reaktive Konditionieren, das Versuchs- und Irrtumslernen und das Lernen durch Verstärkung (operatives Konditionieren)* ebenfalls für den gesamten menschlichen und nichtmenschlichen Bereich gültig bleiben. Dieses Element bezieht sich auf die Rolle der Einsicht, der Erkenntnis von Zusammenhängen und Zweckmäßigkeiten, die bei den bisher skizzierten Lernarten nicht ins Gewicht fielen. Wenn jemand zum Beispiel nicht nur aufgrund der Wiederholungen in der Darbietung eine Reaktion äußert, sondern weil er die Zusammenhänge erkennt und die Zweckmäßigkeit einer Handlung einsieht, indem er ihre Folgen bedenkt und sie gedanklich vorwegnimmt, so sind Wiederholungen nicht in dem Maße nötig, wie bei der ersten Lernart, und es sind auch keine Versuchs- und Irrtumsverhaltensformen nötig, wie bei der zweiten Lernart, weil das Verhalten aufgrund eines »inneren Vorwegnehmens« des richtigen Verhaltens gleich geäußert und auch anschließend verstärkt wird. Dieses einsichtige Verhalten projiziert sozusagen das äußere Versuchs- und Irrtumsverhalten auf eine geistige oder Vorstellungsebene und tritt gleich mit der richtigen Verhaltensform in Erscheinung. Dies kann jedoch nur funktionieren, wenn der Organismus in der Lage ist, die Zusammenhänge seiner Problematik zu durchschauen. Wenn dies nicht der Fall ist, greift er automatisch auf das trial-and-error-Verhalten zurück. Wenn zum Beispiel Katzen in einem Problemkäfig gefangen sind und sich nur dadurch befreien können, daß sie an einem bestimmten Seil ziehen, das über eine Rolle läuft und eine Klappe öffnet, so sind Katzen erst nach zahlreichen trial-and-error-Handlungen quasi zufällig auf die Lösung gekommen. Wenn sie jedoch wiederholt in denselben Käfig kamen, so nahm die Zeit für das trial and error ab und am Ende äußerten sie sofort die nunmehr gelernte Verhaltensform. Ein Kind würde demgegenüber in dieser Lage mit großer Sicherheit relativ rasch die Zusammenhänge zwischen herabhängendem Seil, Rolle und Klappe erkennen und ohne

---

* Vgl. W. Correll: Pädagogische Verhaltenspsychologie, München 1976, 6. Auflage.

langes Probieren sofort die richtige Reaktion äußern. Es hätte in seiner Vorstellung das vollzogen, was die Katze in realiter vollzogen hat – das Kind hätte das Problem durch Denken oder durch Einsicht gelöst, weil es die Zusammenhänge dieser Situation sofort durchschaut hätte. Kommt das Kind aber in eine kompliziertere Situation oder unter beträchtlichen Zeitdruck (das Kind steht vor einer verschlossenen Tür, es eilt, aber es hat einen großen Schlüsselbund mit unbekannten Schlüsseln in der Hand), so fällt es auch wieder in das trial-and-error-Verhalten fast automatisch zurück und probiert so lange die Schlüssel mehr oder weniger planlos durch, bis zufällig einer paßt.

Wir hatten also drei verschiedene Lernarten skizziert: reaktives Konditionieren – Wiederholung von Stimulus und Reaktionszusammenhängen; Versuch und Irrtumslernen (Lernen durch Erfolg und Verstärkung); und Lernen durch Einsicht (Denken und geistiges Vorwegnehmen möglicher Lösungen). Äußere oder auch organische Umstände entscheiden darüber, welche Lernart jeweils angewandt werden kann. In der Praxis des Selbstlernens wie auch in der Anwendung dieser Erkenntnisse auf das Lehren bedeutet dies, daß wir wohl auf häufigere Wiederholungen der zu lernenden Inhalte wie auch – wo es sich anbietet – auf seine möglichst einsichtige Vermittlung in überschaubaren Situationen und auf möglichst viele positive Erfolgserlebnisse achten müssen. Lob für eine selbsterbrachte Leistung eines Lernenden ist also allemal besser und wirksamer als Tadel. Nichtbeachtung einer Leistung aber ist schädlicher als ein Tadel, der in der Form einer positiven Kritik privat (nicht vor anderen) erteilt wurde. Perfektion in einer bestimmten Verhaltensform oder einer Kette von Handlungen entsteht grundsätzlich durch häufige Wiederholung. Aber die Anzahl dieser Wiederholungen kann erheblich verringert werden, indem die Lernsituation einsichtig gemacht wird. Alters- und intelligenzentsprechende Erklärungen sind also nicht nur psychologisch ratsam, um Frustrationen und Überforderungen zu vermeiden, sondern zugleich auch Folgerungen eines ökonomischen Gebots, weil sich dadurch der Lehraufwand erheblich reduzieren läßt.

h) Der Wille, die Ordnung, die Aufmerksamkeit – wichtige Lernvoraussetzungen

Welches sind nun die wichtigsten Faktoren, die den Lernprozeß beeinflussen? Hier können wir zuerst auf ein Phänomen hinweisen, das wohl als Beispiel für viele Situationen stehen kann.

Wenn man sich eine Buchseite mit Gedichtversen vor Augen hält und sie vielleicht 100mal durchliest, kann man anschließend womöglich dennoch unfähig sein, auch nur eine Zeile aus dem Gedächtnis zu reproduzieren. Andererseits kann man sich ein ähnliches Gedichtblatt vornehmen, mit dem bewußten Ziel, es auswendig zu lernen, und es kann genügen, es etwa 20mal zu lesen, um fähig zu sein, es fehlerfrei aus dem Gedächtnis niederzuschreiben. Im letzteren Fall haben wir ein Beispiel für absichtsgetragenes Lernen, im ersteren Fall hatten wir eine Situation absichtsfreien Lernens. Die bewußte Absicht zu lernen, das Ziel, etwas zu lernen, ist also offensichtlich eine wichtige Voraussetzung für den Erfolg des Lernens. Ohne Absicht und Ziel etwas zu lesen, ist offenbar weniger auf Behalten und logische Einordnung des Gelesenen ausgerichtet, als wenn man zielstrebig und absichtsgetragen dabei vorgeht. Beispielsweise wird man bei der ersteren Art des Lesens einer Passage zwar Inhalte aufnehmen und versuchen, sie aus dem Gedächtnis zu reproduzieren, man vergleicht dies dann wieder mit dem geschriebenen Text und erreicht so Bestätigung und Korrekturen, auf jeden Fall aber auch eine gewisse Übung und dadurch einen wesentlich größeren Lerneffekt als bei der absichtsfreien Leseart des Textes. Auch die logische Ordnung der Wörter und Satzteile wird eine Rolle beim Lernen spielen. Die gewohnte logische Ordnung der Dinge ist der Ausgangspunkt und alles wird auf diese Ordnung bezogen oder ihr zugeordnet. Die Bedeutung dieser Gegebenheit wird einem zum Beispiel bewußt, wenn man die Zeit mißt, die man benötigt, um das Alphabet in der gewohnten Ordnung (ABCDE etc.) aufzusagen und dann dasselbe Alphabet von rückwärts zu notieren. Man wird feststellen, daß man bei der ungewohnten und wenig geübten, von rückwärts beginnenden Alphabetisierung etwa dreimal so viel Zeit benötigt wie bei der gewohnten Ordnung!

Will man zum Beispiel lernpsychologisch etwas so präsentieren, daß es leicht aufgenommen wird, so tut man gut daran, sich an diese gewohnte logische Ordnung zu halten. Beispielsweise wäre – in Anwendung dieser lernpsychologischen Erkenntnisse auf die Werbung – der Text »Kaufen Sie den neuen XY-Typ (Auto), wenn Sie sicher, schnell und gelassen reisen wollen!« Nicht so günstig wie die andere Formulierung: »Wenn Sie sicher, schnell und gelassen reisen wollen, kaufen Sie den neuen XY-Typ!«, weil die natürliche Ordnung in diesem Ablauf darin zu sehen ist, daß der Angesprochene zuerst sicher, schnell und gelassen reisen möchte und darum erst den Wunsch zum Kauf eines entsprechenden Autos haben wird.

Während man grundsätzlich auch nun lernen kann, ohne den Lerngegenstand mit höchster Aufmerksamkeit zu verfolgen, kann man doch das Gelernte erst dann willkürlich rekapitulieren oder anwenden, wenn mit bewußter Aufmerksamkeit gelernt worden ist. Was lediglich halbbewußt oder unbewußt aufgenommen worden ist, kann auch nicht bewußt reproduziert oder angewandt werden, wohl aber läßt es sich unbewußt reproduzieren. Beispielsweise wird ein bestimmter Name, den man nur unbewußt oder halbbewußt aufgenommen hat, wenn er in einer Reihe von ganz unbekannten Namen auftaucht, wiedererkannt werden, ähnlich wie etwa jemand in einem Geschäft verschiedene Waschmittelsorten sieht und dann meistens zu derjenigen Marke greift, deren Name (oder Symbol) er öfters im Werbefernsehen (halbbewußt oder unbewußt) wahrgenommen hatte.

So entsteht die Frage, wodurch die Aufmerksamkeit auf einen bestimmten Gegenstand gelenkt werden kann, abgesehen von unserer willentlichen und bewußten Entscheidung dazu. Diese Frage ist sowohl für den Lernprozeß wichtig als auch für andere Bereiche der angewandten Psychologie, zum Beispiel für die Werbung oder für Aspekte der aufmerksamkeitsweckenden Dekoration oder die zweckmäßige Anordnung von Warnschildern und ähnliches.

Die objektiven Determinanten der Aufmerksamkeit

Folgende sechs Determinanten der Aufmerksamkeit können wir in diesem Zusammenhang erwähnen:

1. Bewegung und Veränderung ist im allgemeinen die wirkungsvollste objektive Determinante. Hierunter fällt die abwechslungsreiche Gestik und Mimik genauso wie die Veränderung in der Tonlage und Lautstärke eines Sprechers oder auch das Aus- und Angehen einer Schaufensterbeleuchtung usw. Unwillkürlich wendet man sich der Situation zu, die sich in – möglichst plötzlicher – Veränderung und in Bewegung befindet, während man Gleichbleibendes schwerer wahrnimmt oder überhaupt übersieht. Auch Raubtiere nehmen zum Beispiel ihre Beutetiere erst dann wahr, wenn sie sich bewegen. Solange sie aber ganz ruhig bleiben, sind sie in der Regel sicher.

2. Der Faktor der Neuheit oder Einmaligkeit bezieht seine Wirkung aus dem der Bewegung und Veränderung. Das Einmalige und Neue ist eben dasjenige, was sich vom Vorausgegangenen unterscheidet. Diese Unterscheidung aber ist das Wesen der Veränderung; während aber mit Veränderung immer eine räumliche Verschiebung verbunden ist, bezieht sich Neuheit und Einmaligkeit auf eine mehr qualitative Veränderung, weshalb wir diesen Faktor besonders erwähnen wollten.

3. Der dritte Faktor ist der der Größe. Wenn andere Eigenschaften gleich sind, wendet sich die Aufmerksamkeit automatisch auf das größere von zwei Objekten. Der Schüler in der Schule wird sich fast unwillkürlich dem größeren Wandplakat intensiver zuwenden als dem kleineren, und in der Zeitungswerbung weiß man schon lange, daß die ganzseitige Annonce wirksamer ist als eine Kleinanzeige. Andererseits ist von dorther auch bekannt, daß die Wirksamkeit einer Annonce nicht allein von ihrer Größe abhängt, sondern auch noch von einer Reihe anderer Faktoren mitbe-

stimmt wird. Immerhin scheint die Wirksamkeit einer Annonce zwar nicht direkt mit ihrer Fläche zu steigen, wohl aber mit der Quadratwurzel ihrer beanspruchten Zeilen bzw. Quadratmillimeter.

4. Der vierte Faktor ist die Intensität eines Reizes. Ein Donnerschlag beispielsweise würde auch die konzentrierteste Aufmerksamkeit durchbrechen und wenigstens für einen Moment im Mittelpunkt der Zuwendung stehen. Es handelt sich aber nicht nur um akustische Intensitätsreize, sondern dasselbe gilt auch für optische Reize oder für Geruchsreize. So wendet man sich beispielsweise automatisch der intensivsten Farbe und natürlich auch dem intensivsten Geruch etc. zu. Natürlich ist auch die Intensität abhängig vom jeweiligen Reizpegel der Umgebung: Ein Preßlufthammer zieht automatisch alle Aufmerksamkeit auf sich, wenn er in einer stillen Gegend anfängt zu rattern. Aber er wird wahrscheinlich überhört werden, wenn er neben einer noch lauteren Bohrmaschine arbeitet. So haben wir auch in bezug auf die Intensität wieder das Prinzip der Neuheit bzw. der Veränderung zu erwähnen, von dem schon die Rede war. Immerhin kann man zum Beispiel im Schulunterricht mit Gewinn von den größeren Intensitätsreizen, die von der Farbe her ausgehen, Gebrauch machen, was in der Werbeindustrie schon seit längerem bewußt angewandt wird. Im Grunde genommen könnten zum Beispiel Schulbücher in ihren wichtigsten Passagen mehrfarbig gedruckt werden, und das nicht nur im Bereich der Grundschule.

5. Der Faktor der Dauer bzw. Wiederholung. Mit diesem Faktor ist die Erscheinung gemeint, daß sich unsere Aufmerksamkeit bis zu einem bestimmten Punkt demjenigen bereits zuwendet, der wiederholt auf uns trifft. Jenseits dieses Punktes allerdings schwindet die Aufmerksamkeit und eine Gewöhnung tritt ein. Wir nehmen dann zum Beispiel das Ticken einer Wanduhr nicht mehr wahr, wenn wir ständig in ihrer Nähe waren, aber wir wenden uns ihr erneut zu, wenn sie aufhört zu ticken. Erneut haben wir hierin die Wirkung unseres ersten bzw. zweiten Faktors zu sehen.

6. Der Faktor der Farbe. Obgleich dieser Faktor bereits oben unter der Überschrift der »Intensität« erwähnt worden ist, soll hier doch noch einmal hervorgehoben werden, daß die Wirkung der Farbe für die Aufmerksamkeitssteigerung wesentlich größer ist als die Intensitätssteigerung von schwarzen oder weißen Hervorhebungen. Letztere werden ja häufig in Unterrichtswerken benutzt, und zwar vornehmlich aus Kostengründen. Sie erfüllen auch ihren Zweck, doch ist nicht zu übersehen, daß rote, grüne oder blaue Farbwirkungen natürlich entsprechend mehr Aufmerksamkeit erwecken würden. Auch diesbezüglich kann man erneut auf die Erfahrungen aus der Werbepsychologie verweisen.

Die subjektiven Determinanten der Aufmerksamkeit

Während nun die Aufmerksamkeit der Schüler, aber auch der Fußgänger, der Zuhörer oder der Leser durch eine oder mehrere der gerade erwähnten objektiven Determinanten geweckt wird, kommt es doch in der Praxis darauf an, diese Aufmerksamkeit auch zu erhalten. Dies bringt uns zu der Erörterung der subjektiven Determinanten der Aufmerksamkeit, von denen wir vier erwähnen können:

1. Der Zweck oder die Einstellung des Augenblicks. Während man sich zum Beispiel wohl kaum mit besonderer Aufmerksamkeit seinem Regenmantel zuwendet, den man jeden Tag anzieht, ändert sich diese Situation total, wenn man mit dem Ziel in die Stadt geht, einen neuen Regenmantel zu erwerben. In dieser Situation hat die Einstellung des Kaufenwollens bzw. der Zweck und das Ziel des Erwerbs eines neuen Mantels unsere Aufmerksamkeit so sehr gefesselt, daß uns in verschiedenen Schaufenstern bzw. bei verschiedenen Menschen, die uns begegnen, vor allen Dingen die Mäntel interessieren. Auf einmal ist es in den Kegel unseres Bewußtseins gerückt, daß viele, die uns begegnen, einreihige, manche zweireihige Mäntel tragen, daß einige dieser Mäntel dunkel und einige hell sind usw. Solche Beobachtungen hätten wir normalerweise kaum gemacht, wenn nicht der Zweck des Erwerbs dieses Kleidungsstücks unsere Aufmerksamkeit ganz besonders gefangen hätte. Man könnte in diesem Sinn geradezu von einem neuen »Mantelbewußtsein« sprechen, das durch unsere Zielvorstellung bedingt ist und vielleicht mehrere Tage, manchmal sogar wochenlang andauern kann. Frauen sind meistens in stärkerem Maße kleidungsbewußt als Männer, was vielleicht nicht zuletzt auch damit zusammenhängen könnte, daß sie häufiger von der Absicht durchdrungen sind, neue Kleidungsstücke oder Zusatzkleidungsstücke zu erwerben, während dieses Interesse beim Mann reduziert sein dürfte. Durch eine entsprechende Änderung der Stoffqualitäten bzw. der Moderichtungen könnte man selbstverständlich auch beim Mann ein entsprechendes Dauerbewußtsein bewirken.
2. Das Pflichtbewußtsein. Hierbei handelt es sich um eine der wichtigsten subjektiven Determinanten der Aufmerksamkeit in der Praxis. Denn obwohl beispielsweise die berufliche Tätigkeit für die meisten Menschen nicht an sich interessant ist, sondern nur »sekundär« motiviert sein dürfte, wenden sich die meisten Berufstätigen mit großem Eifer den Verrichtungen zu, die erforderlich sind, um den Arbeitsplatz zu behalten und die entsprechende Entlohnung zu bekommen. Das Gehalt am Ende des Monats ist das Ziel, und die Verrichtung der Arbeit ist das Mittel zu diesem Ziel.

Immerhin entsteht dadurch so viel Pflichtbewußtsein und Ausdauer, daß die Aufmerksamkeit erhalten bleibt. Selbstverständlich wäre das Engagement wesentlich größer und auch die Befriedigung an der Arbeit intensiver, wenn man primär für die betreffende Tätigkeit motiviert wäre. Wir sind bereits oben (S. 41) auf diese wichtige Unterscheidung eingegangen. Die »Pflicht« würde in diesem Fall nämlich aus »Neigung« erfüllt werden. Gerade dadurch hätten wir die Gewähr, daß sie zuverlässig getan würde, so daß Kontrollen zwar nicht ganz überflüssig würden, aber doch zu einem großen Teil eingeschränkt werden könnten.

3. Ein dritter Faktor der subjektiven Determination unserer Aufmerksamkeit ist die bisherige Erziehung und Gewöhnung. Wir nehmen ja grundsätzlich in unserer Umwelt das wahr, was wahrzunehmen wir motiviert sind, und wir sind wiederum dazu motiviert, was wir seither mit entsprechendem Erfolg getan haben. Wenn wir so angesprochen werden, daß diese spezifischen Erwartungen erfüllt werden, erregt sich unsere Aufmerksamkeit, und wenn andere Dinge zur Sprache kommen, die objektiv genauso wichtig sein mögen, sind wir meist nicht in der Lage, längere Zeit aufmerksam zu bleiben. Interessieren wir uns beispielsweise für künstlerische Dinge oder sammeln wir Gemälde aus einer bestimmten Epoche, so sind wir »ganz Ohr« wenn die Sprache auf solche Zusammenhänge kommt, ja, wir finden einen Besucher um so interessanter und willkommener, je mehr er von diesem unserem Hobby zu wissen scheint (selbst wenn er uns anschließend etwas ganz anderes verkaufen will!). Ein leidenschaftlicher Jäger wird andererseits ein Arbeitszimmer schon unter dem Aspekt wahrnehmen, welche Waffen im Schrank stehen und welche Trophäen an der Wand hängen; sobald wir dann an dieser seiner seitherigen Motivation gesprächsweise anknüpfen, können wir mit vermehrter Aufmerksamkeit rechnen. Natürlich gilt dies in vollem Umfang auch für den Umgang mit Kindern: auch hier müssen wir an die seitherigen Gewöhnungen anknüpfen, um die Aufmerksamkeit zu wecken und zu erhalten. Ein bloß abstrakt vermittelter Unterrichtsstoff wird lange nicht so gut aufgenommen werden wie ein Lehrgegenstand, der an die Erfahrungswelt und die Gewohnheiten der Schüler anknüpft.

4. Die wirksamste subjektive Determinante der Motivation ist die Anknüpfung an Triebtendenzen. Eine Assoziation mit sexuellen Befriedigungen wird fast immer eine außerordentliche Aufmerksamkeitswirkung beim Erwachsenen auslösen, selbst dann, wenn es sich um ein Lernziel handelt, das an sich relativ trocken und abstrakt ist. Dies kann leicht beobachtet werden, wenn man beispielsweise die Zusammensetzung der Lerngruppen in Seminaren von diesem Gesichtspunkt her gestaltet und also grundsätz-

lich gemischtgeschlechtliche Situationen schafft, wobei es unerheblich ist, ob exakt beide Geschlechter gleichstark vertreten sind oder nicht, so lange sie nur überhaupt präsent sind und ein Kontakt zwischen beiden Geschlechtern zustande kommt. Studenten z. B., die sich über längere als dreistündige Arbeitssitzungen beklagen, weil sie zu lang und zu ermüdend seien, sind ohne weiteres bereit, fünf und mehr Stunden intensiv zu arbeiten, wenn sich diese Arbeit in einer informellen Lerngruppe vollzieht, bei der beide Geschlechter zusammenarbeiten. Schließlich ist dieser Aspekt der Grund, warum manche Fernsehstücke als interessanter empfunden werden als eine politische Versammlung oder ein Gottesdienst: der Film verspricht vielleicht schon in der Ankündigung oder in der Vorschau eine Anknüpfung an sexuelle Interessen, während das bei den beiden anderen Veranstaltungen meistens nicht möglich ist, selbst wenn die dort behandelten Sachverhalte im Endeffekt wichtiger für den Zuschauer sein mögen als das Fernsehstück.
Auch in der Werbung ist es fast immer möglich, an sexuelle Interessen anzuknüpfen, selbst wenn der angebotene Gegenstand überhaupt nichts mit Sexuellem zu tun hat. Autoreifen z. B. können angeboten werden als »die Beine« Ihres Autos (mit einer entsprechenden Dame neben dem Wagen!), oder ein Sparbuch kann angeboten werden als ein »guter Schutz« in allen Lebenslagen (mit einer nur mit einem überdimensionalen Sparbuch bekleideten Dame!). Andererseits liegt auf der Hand, daß gerade in unserer Zeit die Sexualität soweit liberalisiert ist, daß sie die Phantasie der Menschen nicht mehr so beschäftigt wie das zu Freuds Zeiten gewesen sein mag. In dem Maße, in dem sexuelle Befriedigung nicht mehr so außerordentlich schwer zu bekommen ist, sondern eigentlich eher allenthalben angeboten wird und indem man überall darüber sprechen kann, verliert dieses Motiv an Attraktivität. Statt dessen wird es aber immer wieder eines der anderen Grundmotive geben, die dann an der ersten Stelle der Dringlichkeitsstufe stehen. Gegenwärtig etwa wird man häufiger an den »Trieb« zur Überlegenheit und zu Leistung anknüpfen können als an den zur Sexualität oder zur liebevollen Hingabe. Schließlich ist Leistung, Überlegenheit und »Macht« das, was den Menschen, der nach Prestige verlangt, interessiert und anzieht. Zu zeigen, daß z. B. ein offener Kamin, der durch seine Gemütlichkeit und Aufwendigkeit Prestige und Bewunderung beim Besucher auslöst, im Grunde das ist, was ein Prestige-Haus von einem gewöhnlichen Haus unterscheidet, bedeutet gleichzeitig, diesen offenen Kamin für alle diejenigen äußerst attraktiv zu machen, die nach diesem Grundmotiv streben, und das dürften viele sein!

i) Richtig motiviert sein – der Schlüssel zum erfolgreichen Lernen

Insgesamt wird deutlich, daß Motivation eine notwendige Bedingung für wirksames Lernen ist und daß Lernen und Leistung sogar direkt von der Intensität der Motivation bestimmt wird: Je größer die Motivation, desto intensiver der Lernprozeß und die Leistung! Je größer die Motivation, desto weniger Wiederholungen des Lernprozesses sind nötig, um den Lehrstoff voll zu beherrschen; genauso werden aber auch Kontrollen weniger wichtig, wenn die Motivation stärker wird. Motivation ist daher in der Schule und im Betrieb ein überaus wichtiger Faktor.

Die Stärke der Motivation ist ihrerseits abhängig von den Verstärkungen und Erfolgserfahrungen, die auf dem entsprechenden Gebiet gemacht wurden. Je erfolgreicher sich jemand auf einem bestimmten Gebiet weiß, desto leichter wird er sich dafür motivieren lassen und desto intensiver wird seine Motivation sein, wenn es sich um die Lösung eines Problems auf eben diesem Gebiet handelt. Zur Vermittlung solcher Erfolgserlebnisse eignen sich insbesondere Formen des Lobs und der Anerkennung, sowohl in der Schule als auch im Betrieb. Neben solchen verbalen Anerkennungen und Formen des Lobs können natürlich auch materielle Anerkennungen (Prämien, Beförderungen, Auszeichnungen, Buchpreise etc.) treten. Außerdem kann die Motivation, wie wir gesehen haben, dadurch wesentlich gesteigert werden, daß eine Lernhandlung oder eine andere Leistung an ein vorhandenes Grundmotiv »gebunden« wird, so daß eine wesentliche Verknüpfung der jeweiligen Grunderwartung mit der geforderten Leistung entsteht.

Je erfolgreicher jemand ist oder sich empfindet, desto größer wird auch wieder seine Motivation sein, sich in dem betreffenden Bereich zu engagieren. Mit steigender Erfolgserfahrung steigt auch unsere Erfolgserwartung und unsere Motivation. Daraus folgt auch umgekehrt, daß Mißerfolge unsere Erfolgserwartung verringern und unsere Motivation drücken. Die Anwendung hieraus lautet: sowohl in der Schule als auch im Betrieb und erst recht in der Familie selbst müssen möglichst viele Erfolgserlebnisse an möglichst viele Menschen vermittelt werden, weil nur auf diesem Wege starke Leistungsmotivationen entstehen. Wenn diese Erfolgserlebnisse auch noch verbal oder materiell bestätigt werden, ist es um so besser; schließlich aber soll der Mensch zur Selbsterfahrung seiner Erfolge gebracht werden, so daß er unabhängig von äußeren Bestätigungen wird und sich dem Status der primären Motiviertheit annähert. Um nun aber solche Erfolgserfahrungen zu vermitteln geht es darum alles zu unterlassen, was eine Überforderung darstellen könnte, denn aus Überforderungen resultieren Mißerfolge! Die Aufgaben oder sonstigen Soll-Vorgaben müssen so an die Kapazität des Menschen angepaßt werden, daß dieser sie gerade noch zu erfüllen vermag. Dann erfährt er das erreichte Ziel als eine echte Befriedigung und als »Erfolg«.

Ein Mensch kann sich in der Tat beträchtlich steigern, wenn man die Aufgaben kontinuierlich höher stellt. Aber man muß dabei bedenken, daß eine Überforderung schließlich fatal wirken muß, indem dann eben Mißerfolgserlebnisse eintreten, die die weitere Motivation herabsetzen oder ganz extinguieren werden. Kritik und Tadel sollte möglichst vermieden werden, während Lob und Anerkennung in jeder Form hervorragende Führungs- und Motivierungsinstrumente sind. Gelegentlich wird nun aber auch ein Tadel oder eine Kritik unumgänglich sein. Wie soll man dann aber verfahren? Wie soll man überhaupt bei einer »Strafe« verfahren, die ja gelegentlich nötig und unumgänglich sein kann?

Hierzu können wir feststellen, daß durch Strafe an sich nicht das erreicht werden kann, was man dadurch erreichen möchte! Man will durch eine Strafe schließlich dazu kommen, daß ein unerwünschtes Verhalten künftig nicht mehr geäußert wird und auch nicht mehr geäußert werden will! Was man aber tatsächlich durch die Strafe allenfalls erreicht, ist, daß das betreffende bestrafte Verhalten nicht mehr gezeigt wird, daß es aber dennoch weiterhin wirksam bleibt und sich nur eine noch wirksamere Tarnung zulegen wird. Durch Strafe züchten wir in der Regel immer raffiniertere Techniken des Umgehens des strafwürdigen Tatbestandes. Besser wäre da schon die Anerkennung und das Lob für richtiges und erwünschtes Verhalten, sobald es auch nur ansatzweise gezeigt wird. Diese Anerkennung muß natürlich so attraktiv sein, daß es sich nicht mehr lohnt, die strafwürdige Verhaltensform überhaupt anzuwenden. Ein Mensch, der dauernd kritisiert und getadelt wird, verliert schließlich auch das Selbstvertrauen und neigt dazu, in einen gefährlichen Strudel neurotischer Fehlverhaltenszwänge zu geraten. Eine Ehefrau, die von ihrem Mann fast täglich kritisiert wurde, weil sie tatsächlich immer wieder etwas vergessen hatte oder etwas, worauf es dem Ehemann besonders angekommen war, verkehrt ausgerichtet hatte, entwickelte schließlich einen neurotischen Zwang, unbewußt gerade dann wieder »alles« verkehrt zu machen, wenn es ihr auf exaktes Handeln ankam: gerade wenn sie eine bestimmte Sache auf keinen Fall vor der Reise vergessen wollte, konnte man sicher sein, daß sie sie doch vergessen hatte und gerade dann, wenn sie etwas bei einer Geselligkeit auf keinen Fall erwähnen wollte, weil es peinlich gewesen wäre, konnte man mit Sicherheit damit rechnen, daß sie es im unpassendsten Moment doch erwähnte. Es ist verständlich, daß dadurch das Zusammenleben äußerst belastet wurde. Die Therapie bestand in einer konsequenten »Ermutigung« durch zahlreiche gezielte Erfolgserlebnisse, die natürlich erst möglich waren, nachdem man das Erwartungsniveau entsprechend gesenkt und an die Kapazität der Frau angepaßt hatte. Es ließen sich ähnliche Beispiele etwa aus der Erziehungspraxis und auch aus der betrieblichen Führungspraxis in fast beliebiger Zahl anführen. Es scheint sogar, daß gerade hierin eine sehr wesentliche Anwendung der Lernpsychologie besteht: mehr loben und anerkennen statt zu tadeln und zu kritisieren, obwohl sich mancher eigentümlicherweise erst dan richtig eingesetzt fühlt, wenn er kritisiert und tadelt. So erwiderte mir einmal ein Lehrer, dem ich diesen Sachverhalt schilderte, daß er sich zu unrecht eingestellt und bezahlt fühle, wenn er nicht täglich etwas an seinen Schülern kritisieren würde, weil er »schließlich gerade dafür bezahlt wird«!

k) Ist Lernen eine Frage des Alters?

Eine Frage, die sich hier erhebt, bezieht sich auf den Einfluß des *Lebensalters* auf das Lernen (und Leisten). Hierzu können wir feststellen, daß die Lernfähigkeit mit zunehmendem Alter steigt, bis sie am Ende der Reifezeit, etwa mit 20 Jahren, einen Höhepunkt erreicht, der beibehalten wird, bis sich die Lernfähigkeit im fortgeschrittenen Alter – etwa nach dem 60. Lebensjahr – deutlich verringert. Es ist also nicht richtig, wenn man annimmt, daß Kinder leichter lernen als etwa Erwachsene. Denn Lernen ist eine Funktion der verschiedenen Intelligenzfaktoren und der erworbenen Erfahrung und des Wortschatzes. Man sieht hieran, daß das Kind in vieler Hinsicht lernpsychologisch dem Erwachsenen unterlegen sein muß. Schon vom Wortschatz her kann es natürlich nicht konkurrieren, wenn es auch gedächtnismäßig überlegen sein könnte! Hat ein Kind einen Wortschatz von vielleicht 4000 Wörtern (mit 8 Jahren), so hat ein Erwachsener einen solchen von wohl über 12 000 Wörtern! Die Untersuchungen über den Umfang des Wortschatzes gehen zwar weit auseinander, je nach der verwendeten Methode, doch scheinen die eben gegebenen Zahlen eine relative Gültigkeit zu besitzen. Je mehr Wörter jemand besitzt und versteht, desto leichter fällt ihm das Lernen und Behalten, weil sich um so mehr Assoziationen herstellen lassen. Für einen Eingeborenen in einer abgelegenen Gegend Australiens, der noch nie ein Auto gesehen hat, erscheint ein Auto wie ein riesiges Tier, ohne daß er sich die zahlreichen Bestandteile des Autos irgendwie merken könnte, während ein Erwachsener bei uns, der über eine entsprechende Erfahrung mit Autos und einen entsprechenden Wortschatz verfügt, sofort über Details dieses Autos Auskunft geben könnte, weil er sogar die Marke oder den Typ sofort erkennen würde. Andererseits spielt – wir haben schon eingehend darauf hingewiesen – die Motivation eine besondere Rolle beim Lernen in allen Lebensaltern. Vielleicht ist sogar der Rückgang der Motivation zum Lernen mit zunehmendem Alter der wichtigere Grund dafür, daß ältere Menschen nicht mehr so leicht zu lernen scheinen als jüngere. Ein Mensch mit 50 müßte organisch ohne größere Schwierigkeit in der Lage sein, einen neuen Beruf zu erlernen, wenn er dazu motiviert ist. Wenn er dennoch größere Schwierigkeiten dabei hat, so kann dies hauptsächlich daher rühren, daß er wohl keine zu große Motivation zu einem solchen Wechsel mehr hat. Die Erwartung, daß man mit 50 beruflich »zur Ruhe« gekommen sein müsse, ist so tief verwurzelt, daß diese Einstellung sozusagen die Motivation erlahmen läßt. Viele Beispiele aber zeigen deutlich, daß es möglich ist, auch mit 60 oder noch später noch einmal vital »von vorn« zu beginnen, und zwar beruflich und auch privat. Wir haben dann nämlich einen überragenden Wortschatz, genügend Erfahrung und auch noch die organischen Voraussetzungen, wenn wir – aber eben dies scheint das Entscheidende zu sein – dazu die Motivation mitbringen! Dies wiederum hängt natürlich auch von der Funktion unserer Drüsen und Nerven ab, mehr noch aber auch von unserer inneren Einstellung zu einem solchen Wechsel.

5. Einige ökonomische Lernmethoden

Kommen wir nun zu der Frage, wie man das Lernen – etwa als Student– wirksamer, ökonomischer gestalten kann! Viele Menschen brauchen nämlich manchmal Stunden für eine Lernarbeit, die man eigentlich in Minuten bewältigen könnte. Dies gilt für Kinder wie auch für Erwachsene. Eine der wichtigsten Voraussetzungen für ökonomisches Lernen ist die richtige Motivation und die konzentrierte Aufmerksamkeit. Über diesen Punkt haben wir allerdings oben schon so eingehend berichtet, daß es sich hier erübrigt, noch einmal unter diesem Aspekt darauf hinzuweisen. Andererseits ist es wichtig, zu beachten, daß die Aufmerksamkeit und die Motivation nicht nur von den Faktoren, die wir schon oben beschrieben haben, abhängig sind, sondern auch entscheidend dadurch bestimmt werden, daß keine unnötigen Ablenkungen vorliegen. Je mehr solche Ablenkungssignale in der Umgebung eines lernenden Schülers sind, desto schwerer wird es ihm fallen, seine an sich vielleicht vorhandene Motivation auf die Aufgabe zu fixieren. Man bedenke, was sich in der unmittelbaren Umgebung eines Schülers befinden kann, der seine Hausaufgaben machen soll: da steht ein Teller mit Äpfeln, ein Schälchen mit Plätzchen und sicherlich in der Ecke ein Radio und ein Kassettenrekorder, ganz abgesehen von einer Reihe von Briefen auf dem Schreibtisch, von verschiedenen Bildern an der Wand und von verschiedenen Geräuschen im Nebenraum! Es ist eigentlich kein Wunder, wenn dieser Schüler immer wieder geneigt sein wird, diese anderen »Verlockungen« wahrzunehmen, bevor er zur eigentlichen Arbeit geht. Auch der Erwachsene befindet sich im Grunde in derselben Lage, wenn er, bevor er zur eigentlichen Arbeit geht, noch »kurz« die neue Post durchsehen, ein Telefonat erledigen, seine Bleistifte spitzen und sortieren oder sich überhaupt erst mal richtig »entspannen« zu müssen glaubt! Im Grunde sind dies alles unökonomische Ablenkungen vom Eigentlichen. – Hieraus folgt, daß die Umgebung für einen Lerner möglichst wenig Ablenkungen enthalten sollte, ein spartanisch eingerichtetes Zimmer, das so ruhig wie möglich ist und kein zu großes Fenster besitzt, wäre genau das richtige! Entsprechendes gilt natürlich auch für die Büroeinrichtungen! Schon gegen dieses einfache Gebot wird sehr häufig verstoßen.

Wenn es nun gelungen ist, unnötige Ablenkungen zu vermeiden und eine positive und möglichst starke Motivation (primäre Motivation, wenn möglich!) herzustellen, können noch folgende Methoden besonders beachtet werden:

a) Verteilung der Lernversuche

Hiermit ist gemeint, daß im allgemeinen verteiltes Lernen dem gehäuften Lernen überlegen ist, indem durch die Verteilung der kleinen Lernschritte jeweils neue Lernversuche gestartet werden können, die individuell bestätigt (verstärkt) werden können. Selbstverständlich steht dies im Verhältnis zur verfügbaren Zeit. Je weniger Zeit wir für die Bewältigung einer Aufgabe zur Verfügung haben, desto mehr Lernversuche müssen wir aufeinanderfolgen lassen.

Hierbei sollen die einzelnen Lernversuche möglichst so gegliedert sein, daß die logische Ordnung innerhalb des ganzen Lernproblems erhalten bleibt und durchsichtig für den Lernenden ist. Der Schüler (oder Student) muß sozusagen wissen, warum er eine kleine Lernübung nach der anderen absolviert und soll den inneren Zusammenhang zwischen den kleinen Lernschritten durchaus erkennen können, indem die Ziele als Teilziele des großen Lernziels beschrieben werden. Ähnlich verfahren wir ja auch, wenn wir einem kleinen Kind ein Gedicht zum Auswendiglernen übergeben: es lernt zuerst die erste Zeile, dann die zweite usw. auswendig hersagen, ja wir lassen vielleicht sogar nur die erste Halbzeile aufsagen, dann verbinden wir sie mit der zweiten Halbzeile etc., wobei allerdings zuerst das Ganze des Gedichts zum Erlebnis gebracht werden soll, damit der Schüler überhaupt positiv motiviert werden kann. Wenn dies nicht erfolgt ist, wird er wahrscheinlich auch die erste Halbzeile schon nur mit Schwierigkeiten lernen können, da er überhaupt keine Einsicht in das Tun haben kann. Entsprechendes gilt für das Lernen der Bedienungsgriffe an einer Maschine: zuerst muß das Ganze der Maschine im Arbeitsablauf erkannt werden, dann kommen, sozusagen in Zeitlupe die einzelnen Handgriffe in ihrem logischen Ablauf nacheinander und schließlich im Zusammenhang zusammenhängend. Wahrscheinlich hängt die Überlegenheit des verteilten Lernens gegenüber dem gehäuften und zusammenhängenden damit zusammen, daß beim ersteren weit mehr Verstärkungen erfahren werden können, nämlich je eine für das richtige Bewältigen eines Teilschrittes.

b) Das Ganze ist dem Teil überlegen

Dies bedeutet, wie wir schon soeben erwähnt haben, daß wir, bevor wir mit der Aufteilung des Ganzen in die einzelnen Teilschritte beginnen können, zuerst das Ganze als solches vorstellen und eine positive Motivation zum Ganzen der Lernaufgabe erreichen müssen. Lassen wir von vornherein nur Teile des Ganzen lernen in der Hoffnung, daß wir dann am Schluß das Erlebnis des Ganzen hätten, so behindern wir in der Tat den Lernfortschritt, weil aller Wahrscheinlichkeit nach keine positive Motivation wirksam sein kann, es sei denn zum Ganzen einer Aufgabe!

c) Punktuelles, statt simultanes Lernen

Damit soll angedeutet werden, daß wir zu einer bestimmten Zeit möglichst nur ausschließlich eine bestimmte Sache lernen sollen, statt zu versuchen, gleichzeitig mehrere Dinge nebeneinanderher zu lernen oder überhaupt zu tun. Auch in Tierversuchen konnte überzeugend nachgewiesen werden, daß der Zeitaufwand für das simultane Lernen dreier Aufgaben wesentlich höher ist als wenn man die drei Lernaufgaben nacheinander lernen läßt. Andererseits muß vermieden werden, daß dadurch eine gewisse Monotonie entsteht, indem unter allen Umständen die Lernmotivation lebendig erhalten werden sollte. Dies gelingt, wie erwähnt, wieder am besten durch die Verstärkungen (Erfolgserlebnisse) zwischendurch für die richtige Bewältigung der kleineren Lernschritte innerhalb der zu bewältigenden ganzen Lernaufgabe. Je mehr Erfolge erfahren werden, desto wahrscheinlicher ist es auch, daß die Motivation erhalten bleibt oder sogar noch wächst.

d) Aktives, statt passives Lernen

Aktives Lernen ist dem passiven Lernen überlegen. Wenn wir einen Lerngegenstand vorwiegend passiv aufnehmen und nachher versuchen, ihn zu reproduzieren, werden wir feststellen, daß wir das Lernziel in Wirklichkeit nicht erreicht haben. Wir sind dann meistens nicht in der Lage, den Lerngegenstand fehlerfrei zu reproduzieren. Wenn wir aber Gelegenheit hatten, das Lernziel durch aktives Erproben und aktives Nachvollziehen – je nach dem worum es sich dabei handeln mag – zu erreichen, sparen wir zum einen sehr viel Lernzeit und zum andern können wir sicher sein, das Gelernte auch wirklich zu beherrschen. Im Grunde hängt dieser Grundsatz mit unserem ersten hier beschriebenen eng zusammen. Denn dort ging es darum, einen komplexen Lerngegenstand dadurch schneller zu lernen, daß man ihn in kleinere Schritte zerlegt, um diese anschließend wieder zusammenzusetzen. Dieses Zerlegen ermöglicht in Wirklichkeit ein aktives Vorgehen während des Lernprozesses: jeder kleine Lernschritt wird isoliert von den folgenden geübt und anschließend mit dem nächsten, ebenso geübten Schritt verbunden usw., bis wir in der Lage sind, das Ganze zu speichern und wieder zu reproduzieren. Dabei ist wichtig, daß der Lernende bei der Bewältigung der kleinen Teilschritte echt aktiv wird, indem er z. B. etwas zeichnet, etwas spricht, etwas rechnet o. ä. Das bloße »Denken« einer Handlung dagegen scheint nicht dieselbe Wirkung zu haben wie das konkrete Ausüben derselben. Man denke z. B. an die von jeder Schülergeneration wieder neu praktizierte Technik, sich lateinische oder auch englische Wörter dadurch besser und schneller anzueignen, daß man sie nach dem passiven Betrachten aktiv aufschreibt, wobei man das gedruckte richtige Wort abdeckt, um es anschließend wieder mit dem eigenen Schreibversuch vergleichen zu können! Dieselbe Technik eignet sich auch für Gedichte, die man auswendig lernen muß, für mathematische Formeln, für Geschichtszahlen, für physikalische oder chemische Formeln und im Grunde für überhaupt alles, was es zu lernen gibt: sobald wir in der Lage sind das zu Lernende aktiv zu produzieren, sind wir später auch leichter in der Lage, es aktiv zu reproduzieren. Das bloß Anstarren alleine genügt offensichtlich nicht. Auch im Bereich des Rechtschreibens ist dies ein beachtenswerter Grundsatz: wie soll ein Kind sich merken können, wie man etwa das Wort »Rätsel« schreibt, wo man es doch in Wirklichkeit so ausspricht, als schreibe man es »Rätzel« oder wenigstens »Räzel«? Die Antwort kann nur lauten, indem man es wiederholt schreiben läßt! Eine etymologische Erklärung kann selbstverständlich hinzukommen, nützt aber sehr häufig wenig, weil ja gerade im Sektor des Rechtschreibens ausgesprochen unlogische Gegebenheiten zu beachten sind.

Bei der Suche nach einer Erklärung für diesen Tatbestand stößt man leicht wieder auf die Bedeutung der Verstärkung im Lernprozeß, wovon wir schon gesprochen haben. Danach wird etwas um so zuverlässiger gelernt, je häufiger es verstärkt worden ist und je intensiver diese Verstärkungen erfahren wurden. Offensichtlich ist nun eine Verstärkung intensiver, wenn sie einer aktiven Bemühung folgt als wenn sie auf eine nur passive Vorstellung erfolgt, und außerdem werden wir häufiger verstärkt, wenn wir eine komplexe Lernaufgabe in mehrere kleine, aktiv zu bewältigende Schritte zerlegen, als wenn wir versuchen würden, das Ganze auf einmal aufzunehmen!

Noch einmal: das »Überlernen«

Überlernen sichert besser verwendbares Lernmaterial! Mit »Überlernen« ist der Vorgang gemeint, den wir anwenden, wenn wir etwa eine schon perfekt beherrschte Lernsituation über diesen Punkt der Perfektion hinaus noch weiter lernen und den Inhalt dabei versuchen, auf immer wieder neue Situationen anzuwenden. Wenn wir z. B. eine mathematische Formel dadurch lernen, daß wir sie in ein- und demselben Zusammenhang wiederholt anwenden, erreichen wir auch ein perfektes Beherrschen dieser Formel, aber sie wird wahrscheinlich nur dann anwendbar sein, wenn wir später dieselbe Anwendungssituation abrufen, an der wir ursprünglich die Formel eingeführt haben. Sobald sich dieser Anwendungszusammenhang auch nur etwas verändert, ist die Anwendung und überhaupt die Erinnerung schon wieder gefährdet. Dies scheint ein Hauptübel in unserem Hochschul- und Gymnasial-Unterricht zu sein: wir vermitteln sehr viel Wissen, versäumen es aber, dieses Wissen mittels des Überlernens auch wirklich in neuen Situationen anwendbar zu machen. Und gerade auf diese freie Verfügbarkeit des Wissens soll es schließlich vor allem ankommen. Wir könnten das Problem am leichtesten dadurch lösen, daß wir einen Lerngegenstand nicht nur bis zur perfekten Beherrschung lehren, sondern darüber hinaus noch ein gewisses Überlernen mit diesem Lerngegenstand betreiben, indem wir ihn nunmehr auf alle möglichen, immer wieder wechselnden Situationen anwenden lassen, bis wir schließlich darauf zählen können, daß der Lernende diesen Sachverhalt auch dann anwenden kann, wenn er vor einer noch nie gehörten Situation steht, die sich aber auf Grund ihrer Zusammensetzung dafür eignet, exakt den gelernten Tatbestand anzuwenden. Diese Art zu lernen bietet sich nicht nur im Elementarunterricht (man denke an Rechnen, Schreiben etc.) an, sondern auch durchaus auf der Hochschule, wo sich viele Kollegen häufig wundern, daß ein bestimmter Lernstoff zwar zunächst beherrscht, dann aber nicht in neuen Situationen angewandt werden kann. Der Grund liegt genau darin, daß dieses Anwenden seinerseits geübt werden muß und daß es nicht von selbst entsteht! Hat man z. B. in der Pädagogischen Psychologie eine Lerntheorie behandelt, so darf man sich möglichst nicht damit begnügen, daß nunmehr alle wesentlichen Fakten zu diesem Problemkreis bekannt sind und ggfs. auch reproduziert werden können, sondern jetzt geht es darum, zu überlegen, welche pädagogischen und welche methodischen und welche didaktischen Konsequenzen sich hieraus ableiten lassen, d. h. welche praktische »Nutzanwendung« sich aus diesen Erkenntnissen ergibt. Ähnlich richtig wäre es in der Grundschule, wenn man das Einmaleins der zwei eingeführt hat und der Schüler in der Lage ist, immer wieder richtig zwei hinzuzuzählen, nun dazu überzugehen, dieses Wissen in neuen Situationen anwenden zu lassen, etwa indem man errechnet, wie viele Kirschkerne ein Junge ausspuckt, der 6 »Henkel« mit Kirschen ißt und keinen Stein verschluckt! Oder wie viele Einzelwürste jemand hat, der 6 Paar kauft etc. Erst wenn diese Anwendungen reichlich geübt worden sind, können wir hoffen – und sogar annehmen – daß auch die Anwendung in ganz neuen Situationen, auf die wir uns jetzt noch gar nicht einstellen können, ebenfalls möglich sein wird.

e) Anschauliches, statt abstraktes Lernen

Anschaulich gemachtes Lernen ist leichter als abstraktes! Hiermit ist gemeint, daß wir leichter in der Lage sind, bildlich oder konkret vorgestellte Zusammenhänge geistig zu verarbeiten und auch zu speichern als bloß abstrakt geschilderte Zusammenhänge. Selbstverständlich kann aber an die Stelle der bildlichen oder tatsächlichen Vorstellung eines Zusammenhangs (oder Gegenstands) auch nur eine besonders anschauliche verbale Schilderung desselben treten, um ähnliche Wirkungen zu haben, aber es geht darum, die bloß abstrakte Darstellung von Zusammenhängen durch anschaulichere zu ersetzen.

Innerhalb der geistigen Verarbeitung steht an der ersten Stelle die Perzeption, also die Wahrnehmung eines Sachverhaltes. Wir dürfen jedoch nicht davon ausgehen, daß es genüge, lediglich wahrnehmen zu lassen, um zu erreichen, daß der Gegenstand oder der Zusammenhang, den wir vermitteln wollen, auch verstanden und anwendbar ist. Vielmehr muß dieser Detailzusammenhang nach der konkreten oder wenigstens anschaulichen Wahrnehmung mit anderen, ähnlichen Gegenständen oder Zusammenhängen, verglichen werden. Diesen Vorgang der Komparation bewältigen wir dann, wenn wir z. B. nach der Betrachtung eines »Hauses«, das wir behandeln wollen, andere, etwas anders gebaute Häuser betrachten. Wir können beispielsweise von einem Flachdachhaus ausgehen und dieses erklären. Damit haben wir aber den Begriff »Haus« noch nicht vollständig behandelt, denn das Kind wird nicht ohne weiteres in der Lage sein, dieses »Haus« in einem Spitzdachhaus oder in einer Kirche oder in einem Hochhaus mit Spitzdach etc. wiederzuerkennen! Was hinzukommen muß, ist also die Anschauung anderer Haustypen (Dachform, aber auch Bauweise und Lage wäre dabei neben anderen Faktoren wichtig). Schließlich kommt der Schüler dann über die Komparation zur Abstraktion, d. h. am Ende besitzt er den »abstrakten« Begriff des Hauses und weiß in der Tat, was es damit auf sich hat, d. h. er könnte das »Haus« in allen umschlossenen Räumen mit Türen (nicht notwendig mit Fenstern!) wiedererkennen!

Auf diese Weise kann man einem Kind nicht nur einzelne Begriffe lehren, sondern selbstverständlich auch komplexere Zusammenhänge verständlich machen: es geht dann darum, jeweils die drei Stufen der Perzeption, Komparation und der Abstraktion aufeinanderfolgen zu lassen. Nur selten wird man deduktiv verfahren können, d. h. von der Abstraktion zurück zur Perzeption gelangen; etwa in der Religionswissenschaft oder auch im Zusammenhang mit rechtswissenschaftlichen Gegebenheiten könnte man sich allerdings eine Kombination aus vorwiegend deduktivem mit induktivem Vorgehen vorstellen.

f) Systematisches, statt unsystematisches Lernen

Systematisches Lernen ist dem unsystematischen Lernen in der Regel überlegen! Mit systematischem Lernen ist das Vorgehen in ganz bestimmten Lernstufen gemeint, die bei jeglichem bewußten Lernen aufeinanderfolgen sollten. Die erste dieser Stufe befaßt sich mit der Herstellung des Zustands, ohne den überhaupt kein bewußtes Lernen möglich ist, nämlich mit der Bereitstellung der Lernmotivation. Wir haben schon oben dargestellt, was es mit der Motivation auf sich hat. Hier soll nur noch einmal darauf verwiesen werden, daß wir erst dann mit dem eigentlichen Lernen beginnen sollten, wenn wir genügend dafür motiviert sind. Dies ist dann der Fall, wenn wir eine unserer Grundmotivationen (vgl. oben) mit dem Lernziel möglichst eng in Verbindung gebracht haben. Dies gilt auch als Prozeß der Motivierung für den Versuch, einem anderen lehrend etwas beizubringen: wir müssen diesen anderen zuerst für unser Lehrziel motivieren und dazu an seine Grundmotivation anknüpfen. Man weiß, daß dies um so eher gelingt, je mehr wir selbst zu allererst für diesen Lerngegenstand motiviert sind!

Nach diesem Prozeß der Motivierung folgt die Stufe der Zielsetzung. Hierbei müssen wir aus dem Fernziel des Lernens ein möglichst anschauliches Nahziel konstruieren, weil Fernziele viel zu abstrakt wären als daß sie lernwirksam sein könnten. Das Ziel »Vervollkommnung des Menschen« kann niemals ein Lernziel sein – auch wenn es ein löbliches Fernziel für den Unterricht insgesamt sein mag –, aber die »Analyse des Wassers« könnte ein genügend präzises Nahziel im Chemieunterricht darstellen (und damit sozusagen einen Schritt zu dem Fernziel abgeben). Selbstverständlich sollte dieses Nahziel wiederum an die Grundmotivation des Lernenden herangetragen werden, wodurch es von selbst an die Lebens- und Denkweise des Lernenden angepaßt wird. Man könnte hierbei von einer »Operationalisierung« der Lehrziele sprechen, obwohl es sich eigentlich um eine »Psychologisierung« derselben handelt, wie wir gesehen haben.

Haben wir das Nahziel so formuliert, daß es dem Lernenden völlig klar geworden ist, um welches Problem es sich kurzfristig und langfristig handeln soll, so muß dem Lernenden Gelegenheit geboten werden, sich spontan dazu zu äußern, er muß »spontane Verarbeitung« vornehmen können, ohne daß jede »Lösungsvermutung«, die er dabei äußern mag, gleich auf die Goldwaage gelegt werden würde. Spontan werden hierbei Lösungen geäußert, die früher bei ähnlichen Problemlagen positiv Verwendung fanden (die also »verstärkt« wurden), die aber in dieser neuen Situation nicht notwendig wieder positiv eingesetzt werden müssen, obwohl sie sich dafür anbieten. Bei dieser Spontanverarbeitung handelt es sich also um eine Phase des tatsächlichen oder vorgestellten Gesprächs mit einer Betonung der Unverbindlichkeit und der Kreativität. Es können und sollen auf dieser Stufe des Lernens neue Lösungswege vorgebracht werden, die noch nicht erprobt worden sind, denn diese Erprobung erfolgt dann erst auf einer späteren Stufe. Es liegt auf der Hand, daß diese wichtige dritte Stufe des Lernens von einer gewissen informell-integrativen Atmosphäre des Lernens abhängig ist. Wenn es nämlich äußerst formell zugeht und nur das geäußert – ja gedacht – werden darf, was sich nachher als richtig erweisen wird, entfällt diese dritte Stufe meistens, aus lauter Furcht, etwas falsch zu machen. Auch dieser »Mut zum Unvollständigen« muß also beim Lernenden geweckt und kultiviert werden!

Erst auf der vierten Stufe des Lernens werden nun diese Lösungsansätze der dritten Stufe auf ihre »Möglichkeit« hin durchdacht. Sie werden zwar noch nicht erprobt, aber in Gedanken überprüft. Was den Denkgesetzen standhält, ist immerhin eine Hypothese, was ihnen nicht standhält, kann auch nicht als Hypothese akzeptiert werden. In den »Denkgesetzen« sind nun die Menschheitserfahrungen insgesamt gleichsam gespeichert, d. h., was sich in der Vergangenheit immer wieder als richtig erwiesen hat, ist schließlich als Denkgesetz niedergelegt worden; »Logik« als Insgesamt der Denkgesetze entspricht insoweit dem in der Vergangenheit immer wieder Erfahrenen! Eine Hypothese braucht sich aber noch nicht notwendig auch in der Wirklichkeit als wahr oder brauchbar zu erweisen. Dies festzustellen ist dann der Inhalt der fünften und letzten Stufe des Lernens. Hier geht es um die Verifizierung, um die Bewährung des auf der vierten Stufe durchdachten Lösungsansatzes unseres Problems. Hier auf der fünften Stufe wird eine Hypothese in der Wirklichkeit – etwa in einem Experiment – eingesetzt, und die Wirklichkeit selbst entscheidet über die Richtigkeit oder Verkehrtheit unserer Hypothese. Im letzteren Falle haben wir ebenfalls etwas gelernt, nämlich daß es so nicht geht, und wir werden aus dieser »Falsifikation« so lange wieder zur Stufe vier oder drei zurückgeschickt werden, bis wir eine Hypothese finden, die sich in der Wirklichkeit verifizieren läßt. Dann erst handelt es sich um eine gesicherte Erkenntnis, die wir als solche speichern können, um sie bei einer sich bietenden neuen Gelegenheit zu aktivieren, d. h. neu anzuwenden oder auch abzuwandeln.

Es ist leicht zu erkennen, daß diese fünf Stufen eigentlich dem Aufbau des Denkprozesses entsprechen. Auch das Denken durchläuft – etwa beim Problemlösen allgemein – eben diese fünf Stufen, bevor es an die Lösung gelangt. Denken und Lernen bilden hier eine strenge Parallele, weil beide Vorgänge Prozesse der Verhaltensänderung sind.

g) Unbewußtes Lernen

Wie steht es aber nun mit der Möglichkeit, auch *unbewußt* zu lernen? Lernen wir nicht oft auch, ohne diese oben erwähnte Systematik zu verwenden, einfach so »nebenbei«? In der Tat ist das *unbewußte Lernen* ein außerordentlich wichtiges Phänomen, sowohl für das Lernen im engeren Sinne als auch für das Lernen im Sinne der Beeinflussung des Menschen durch solche Techniken.

Unbewußtes Lernen. Was mit dem unbewußten Lernen gemeint ist, können wir uns am besten durch ein kleines Beispiel veranschaulichen: Ich saß vor einiger Zeit an einem ganz normalen Tag in meinem Arbeitszimmer und schrieb an einem Manuskript. Die Raumtemperatur war völlig normal, aber mein Durst war ungewöhnlich und fast nicht zu stillen. Dabei hatte ich nichts sonderlich Scharfes gegessen oder getrunken; wie gesagt – alle diese Umstände waren nicht anders als eben normal! Ich ging in die Küche und holte mir ein großes Glas mit Zitronenwasser und Eiswürfeln. Kaum eine halbe Stunde danach kam der Durst schon wieder, und ich machte mir dasselbe Getränk abermals, um es rasch zu trinken. Schließlich, erneut nach etwa einer halben Stunde, meldete sich das ungewöhnliche Bedürfnis so ungestüm, daß ich mir nochmals etwa dieselbe Menge Zitronenwasser einverleibte. Anschließend begann ich, mich nach den eigentlichen Ursachen für diesen für mich unnatürlichen Durst umzusehen. Ich besann mich auf das Mittagessen, auf die Temperatur, auf irgendwelche heftigen körperlichen Aktivitäten sogar vom Vortag – aber das Ergebnis war negativ. Schließlich bemerkte ich, eigentlich mehr zufällig als systematisch, daß eine Wasserpumpe, die sich unter meinem Arbeitszimmer befand, nicht wie gewohnt arbeitete, sondern ein seltsam klingelndes Geräusch produzierte. Ich sah nach und entdeckte bei der Pumpe ein defektes Lager, das für dieses Geräusch verantwortlich war. Das Geräusch selbst erinnerte deutlich an das Klingeln von Eisstückchen in einem Wasserglas! Ich hatte – unbewußt – dieses Klingeln wahrgenommen und es – ebenfalls unbewußt – mit dem Wunsch nach einem Glas Wasser mit Eiswürfeln verbunden. Der Durst war ein Ergebnis eines unbewußten Lernprozesses, einer geistigen Verknüpfung zweier Situationen, die eigentlich nichts miteinander zu tun hatten.

Ähnlich läßt sich auch die unmittelbare Sympathie oder auch Antipathie zu bestimmten Menschen erklären, die man überhaupt nicht genauer kennt, zu denen man sich aber unbewußt hingezogen oder von denen man sich eben auch abgestoßen fühlen kann, nur weil irgendeine Kleinigkeit in ihrem Äußeren, etwa eine bestimmte Duftnote oder eine bestimmte Frisur oder eine bestimmte Art zu sprechen, uns unbewußt an einen anderen sympathischen oder eben unsympathischen Menschen erinnert, ohne daß dies aber bewußt würde. Ähnlich sind auch unsere Speisevorlieben und -abneigungen durch unbewußte Lernvorgänge entstanden. Ob man beim Anblick von Knödeln unwillkürlich Lustgefühle erfährt und einen gewaltigen Appetit entwickelt, oder ob man sich hierbei instinktiv abwendet und an seine Kalorientabelle denkt, dies ist fast ausschließlich das Ergebnis von früheren unbewußten Lernvorgängen, bei denen »Knödel« eine positive oder eine negative Rolle gespielt haben mögen. So kann man einem kleinen Kind eine besondere Vorliebe für sehr scharfen Käse beibringen, indem es immer wieder erfährt, wie positiv sich die Erwachsenen am Tisch über den hervorragenden Geschmack dieses Käses äußern und ihn zu sich nehmen. Oder man kann aber auch eine ausgesprochene Abneigung zu eben diesem Käse vermitteln, indem das Kind miterlebt, wie die Erwachsenen am Tisch sich negativ über diesen Käse äußern. Eine solche Vorliebe oder Abneigung bestimmten Speisen gegenüber kann sich oft ein Leben lang halten. Beispielsweise ist mir selbst eine Dame bestens bekannt, die eine unüberwindliche Abneigung gegen Milch hat, obwohl sie beispielsweise Quark, Joghurt und andere Milchprodukte, einschließlich Sahne durchaus gerne ißt. Die Abneigung gegen warme oder kalte Milch geht sogar soweit, daß es zu Übelkeit beim bloßen Anblick kommen konnte. Was lag vor?

Es läßt sich leicht zeigen, daß die Dame als kleines Kind in ihrem Elternhaus mindestens einmal miterlebt hat, wie ihre Mutter sich mit allen Zeichen des Widerwillens von einer Kanne mit Milch abgewandt hatte, die wohl schon etwas länger gestanden war und deshalb gelblich (wie früher die »Bauernmilch« eben aussah) aussah und lauwarm schmeckte und irgendwie den Eindruck des fast »Verdorbenen« vermittelte, so daß die Mutter sie spontan weggoß. Offenbar sind gerade diese Eindrücke so stark ins Unbewußte gedrungen, daß sie ein Leben lang vorhielten. Erst durch einen behutsamen Prozeß des Bewußtmachens im Sinne des Nochmal-Lernens dieser Vorkommnisse gelang es schließlich, die unangenehme Milchabneigung zu überwinden.

6. Behalten und Vergessen – unser Gedächtnis

Im engen Zusammenhang mit der Frage nach dem unbewußten Lernen steht auch das Problem unseres *Gedächtnisses* bzw. des *Behaltens* und *Vergessens*. Wie läßt es sich erklären, daß wir manche Eindrücke nur ein einziges Mal erfahren haben und sie doch nie vergessen können, während wir anderes öfters aufzunehmen versuchten, es aber jedesmal wieder vergessen hatten. Die reine Häufigkeit einer Wiederholung ist sicherlich ein Faktor, der das Behalten einer Sache begünstigt, aber manchmal erübrigt sich das Wiederholen und wir behalten etwas nach einmaligem Erleben!

Im Grunde ist es auch ein Segen für den Menschen, daß er viele Erlebnisse wieder vergessen kann! Wir hätten ja sonst kaum eine Möglichkeit, uns mit Bewußtsein einer neuen Situation voll zuzuwenden, wenn wir immer alle anderen Eindrücke mit uns tragen müßten. Widerwärtiges, Peinliches oder insgesamt Unangenehmes in unserer Vergangenheit wird bald vergessen, verdrängt oder aber einfach umgedeutet, so daß es am Schluß sogar als angenehme Erfahrung gespeichert wird. Wer denkt nicht mit Freude und Schmunzeln an seine Schulzeit! In Wirklichkeit dürfte gerade diese Phase der Kindheit und Jugend für die meisten Menschen alles andere als angenehm gewesen sein! Wir kennen alle die obligatorischen Treffen mit Schulkameraden nach Jahren des Auseinanderlebens. Nachdem man sich an die älter gewordenen Gesichter wieder gewöhnt hat und die Namen wieder ins Gedächtnis zurückgekehrt sind, fängt man unwillkürlich an mit dem »weißt du noch...?«, bloß ist das jetzt alles heiter, unbeschwert, komisch, während es seinerzeit vielleicht todernst, existenzbedrohend und regelrecht tragisch war!

Zunächst können wir feststellen, daß das Behalten eine eindeutige Funktion der Motivation ist. Wenn man etwas behalten *will*, kann man es auch meistens behalten. Und umgekehrt, wenn einem ein bestimmter Eindruck gleichgültig ist, vergißt man ihn schnell wieder – und beklagt sich hinterher über sein »schlechtes Gedächtnis«. In Wirklichkeit sind viele Leute, die sich darüber wundern, daß sie nichts mehr behalten können, nur wenig motiviert, etwas zu behalten. Der alte Mensch verliert ganz einfach meistens auch das vitale Interesse an seiner Umgebung und konzentriert sich auf seine eigene Person und vielleicht auf seine Erinnerungen, so daß er das, was um ihn herum vorgeht weniger intensiv aufnimmt – und daher auch nicht mehr behalten kann. Hinzu kommen natürlich auch physiologische Abbauerscheinungen, die das Gedächtnis als hirnphysiologischen Vorgang beeinträchtigen. In Wirklichkeit ist jedoch diese körperliche Seite des Behaltens und Vergessens weniger gravierend als die motivationspsychologische. Man kann sich sicherlich jeden Namen der Welt fast unauslöschlich nach einmaligem

Anhören einprägen, wenn man dafür pro Namen DM 1000,– ausgezahlt erhalten würde!

Genauer betrachtet können wir nun folgende vier Gesetze aufführen, die unser Gedächtnis bestimmen:

a) Das Gesetz der Kontiguität

Hierunter versteht man die Tatsache, daß zwei Ereignisse, die öfters zeitlich miteinander erfahren worden sind, auch miteinander im Gedächtnis so gespeichert sind, daß das jeweils andere Ereignis ins Gedächtnis gelangt, sobald das eine Ereignis präsentiert wird. Wenn wir z. B. aufgefordert werden, das Wort auszusprechen, das uns zuerst einfällt, wenn wir das Wort »Tisch« hören, werden die meisten Menschen nicht »Lampe« oder »Teppich« antworten, sondern mit sehr großer Wahrscheinlichkeit »Stuhl«, weil »Tisch« und »Stuhl« meistens miteinander wahrgenommen werden. Bei »Blitz« fällt uns spontan »Donner« ein und nicht etwa »Gewitter« oder »Regen« etc.

b) Das Gesetz der Sukzession

Wenn zwei Ereignisse öfters unmittelbar aufeinanderfolgen, wird das eine Ereignis später die Erinnerung an das andere hervorrufen. Man kann sich bei einem Gedicht meistens an die zweite Zeile erst dann erinnern, wenn man die erste aufgesagt hat, eben weil man beide Zeilen unmittelbar nacheinander gelernt hat!

c) Das Gesetz der Ähnlichkeit

Wenn zwei Ereignisse einander ähnlich sind, indem sie Elemente gemeinsam haben, wird das eine Ereignis die Erinnerung an das andere hervorrufen. Hierbei ist allerdings bemerkenswert, daß sich zwei Gedächtnisinhalte mit identischen Elementen nicht nur gegenseitig hervorrufen oder stützen können, sondern daß sie sich genausogut gegenseitig vermischen können, so daß eine Gedächtnistrübung entstehen könnte. Dies liegt in der sog. »retroaktiven Hemmung« vor, wo sich ähnliche Inhalte, die aufeinander gelernt werden, gegenseitig behindern und also den Lerneffekt schmälern. Lernt man beispielsweise ähnliche Fächer (etwa ähnliche Fremdsprachen) nacheinander, so daß sie nicht durch das Erlernen einer dritten, den anderen Fächern unähnlichen Sache getrennt werden, so werden sich die beiden ähnlichen Inhalte leicht miteinander vermischen, wodurch sie nicht mehr exakt erinnert werden können. Das Fazit daraus wäre, daß man möglichst unähnliche Inhalte nacheinander lernen soll und nicht alles Ähnliche hintereinander »weglernen« darf! Dennoch wird dies oft, etwa in der Schule, so gehandhabt, einfach weil z. B. die Lehrer oftmals ähnliche Fächer unterrichten und daher ihre Stunden hintereinander wegarbeiten wollen, ohne daß »Lücken« bleiben. Im Interesse des Schülers ist eine solche Stundenplangestaltung allerdings nicht. Hierfür wäre es sehr viel günstiger, wenn unähnliche Inhalte aufeinanderfolgen würden. Auf Mathematik z. B. sollte nicht unbedingt Physik folgen, sondern vielleicht »Musik« und auf Englisch dürfte nicht Französisch, sondern etwa Chemie oder Kunst folgen. Eine Tätigkeit, die am leichtesten mit jeder beliebigen Lernaktivität kombiniert werden kann, ist die absolute Passivität im Lernen, der Schlaf. Deshalb hat man beste Erfahrungen damit gemacht, auf eine anstrengende Lernphase eine kurze Schlafpause einzulegen oder wenigstens eine möglichst totale Entspannung (z. B. im autogenen Training). In der Schule läßt sich dies nicht ohne weiteres verwirklichen, obwohl in den USA und in einigen anderen Ländern bei Ganztagsschulbetrieb in einigen Räumen der Schule meistens einfache Feldbetten aufgestellt werden können, die die Schüler nicht nur in der Mittagspause benutzen können, sondern auch als Intervallsfüllung zwischen zwei Lernaktivitäten.

Haben wir oben schon von der Möglichkeit gesprochen, den »Transfer«-Effekt im Lernen dadurch zu steigern, daß man sich die Identität der Lernelemente bewußt macht und Übungen derselben Sachverhalte in immer neuen Anwendungssituationen durchführt, so erhebt sich nunmehr die Frage, welcher Effekt in diesem Falle stärker ist, der der Transfersteigerung oder der der retroaktiven Hemmung. Der erstere wäre im höchsten Maße erwünscht, der letztere dagegen unerwünscht. Man kann nun im allgemeinen davon ausgehen, daß der Transfereffekt (also die Übertragung von einer Lernsituation auf eine andere oder auf eine Anwendungssituation) dadurch begünstigt wird, daß man sich die Elemente bzw. ihre Ähnlichkeit *bewußt* macht, während die retroaktive Hemmung dadurch begünstigt wird, daß man sich der Ähnlichkeit der vorhandenen Elemente *nicht* bewußt wird. Die Anwendung aus dieser Gegebenheit bezieht sich auf das private Selbstlernen wie auch durchaus auf das »professionelle« Lernen in der Schule!

d) Das Gesetz des Kontrastes

Lerninhalte, die einander so unähnlich sind, daß sie das Gegenteil voneinander darstellen, haben die Tendenz, einander im Gedächtnis zu stützen, so daß bei der Darbietung des einen Inhalts der andere in Erinnerung gerufen wird. Man könnte anstatt von der Kontrast-Wirkung auch von einer »negativen Ähnlichkeit« sprechen, dann könnte man dieses Gesetz bereits unter unserem obigen dritten Punkt mit abhandeln. Als Beispiel für die Kontrast- (oder negative Ähnlichkeits-)Wirkung ist die bekannte Assoziation zu bestimmten Begriffen anzuführen, wie etwa, daß die meisten Menschen, wenn sie »hell« hören, zugleich »dunkel« denken, und wenn sie »trocken« hören, »naß« denken etc...

Zusammenfassend können wir also feststellen, daß die Regeln zur Steigerung des Gedächtnisses letzten Endes dieselben sind wie die Regeln zur Steigerung des Lernens insgesamt. Alles, was wir in dem Abschnitt über das Lernen und die Regeln zur Steigerung desselben gesagt haben, gilt auch für das Gedächtnis und seine Steigerung, denn im wesentlichen gehorcht das Gedächtnis, wie wir gesehen haben, der Motivation und den Lerngesetzen. Wollen wir uns Inhalte besonders gut einprägen – etwa Namen, die uns auf einer Geselligkeit genannt werden, so müssen wir uns echt für diese Menschen und Namen »interessieren«, wir müssen der Gedächtnisspeicherung eine besondere Bedeutung beimessen, sonst bleibt verständlicherweise der Eindruck eines solchen Namens »oberflächlich« und wird wieder vergessen. Auch die sofortige Verwendung des soeben gehörten Namens oder das Aufschreiben desselben (etwa bei einem Telefongespräch) begünstigt – durch die Wiederholungswirkung – das Behalten des Namens.

7. Lernstörungen – und was man dagegen tun kann

Neben dem Lernen und seiner Steigerung befaßt sich fast jede Familie mit Schulkindern dann und wann mit der Frage, ob ein plötzliches Versagen eines Kindes in der Schule auf eine »*Lernstörung*« zurückzuführen sei oder nicht und wenn ja, wie man sich verhalten muß, um diese unangenehme Erscheinung möglichst rasch wieder zum Verschwinden zu bringen! Hierzu können wir zuerst feststellen, daß immer dann eine Lernstörung vorliegt, wenn ein Kind trotz vorhandener Begabung und Intelligenz (etwa durch Intelligenz- und andere Tests feststellbar!) weniger lernt und leistet als man erwarten könnte. Ein Versagen bei vorhandener Minderbegabung rechnet man dagegen nicht zu den Lernstörungen, sondern zu den *Lernbehinderungen*, die dann in der Regel durch die Behandlung in einer Sonderschule (etwa für Lernbehinderte) betreut werden. Wir wollen uns im folgenden mit *Lernstörungen* befassen, ohne jedoch auf die ganze Breite dieser wichtigen Zusammenhänge einzugehen, die wir schon in dem Buch »Lernstörungen beim Schulkind« (Verl. Auer, Donauwörth, 1976, 10. Aufl.) abgehandelt haben.

Wenn, wie wir sagten, Lernstörungen eine Minderleistung trotz vorhandender Fähigkeiten sind, dann muß zuerst die Ursächlichkeit dieser Gegebenheit erörtert werden, um anschließend jeweils die Maßnahmen herausarbeiten zu können, die sich für die Therapie anbieten.

a) Fehlende Lernmotivationen und ihre Ursachen

Eine der wichtigsten Ursachen für Lernstörungen liegt in der mangelnden *Motivation* des Kindes für die gewünschte Lernaktivität, z. B. weil es sich für etwas anderes interessiert und so keine Veranlassung sieht, sich auch noch für die »Schule« motiviert zu zeigen. Fragen wir aber, wodurch eine solche unerwünschte Motivierung entstanden sein kann, so können wir wiederum auf unsere schon oben erörterten Motivationstypen zurückgreifen und folgende fünf Möglichkeiten aufzeigen:

Störungen im Bereich der Anerkennungsmotivation

Hierbei kann es sowohl um ein Zuviel als auch um ein Zuwenig an Motivation gehen. Wenn das erstere der Fall ist, haben wir den Typ des »Ehrgeizigen« vor uns, der sich in seiner Sehnsucht nach Anerkennung verkrampft bemüht, jeweils der »Erste« zu sein und natürlich total entmutigt sein muß, wenn dies gelegentlich nicht gelingen will! Niemand kann so grenzenlos entmutigt werden wie derjenige, der das Höchste erwartet, aber das Niedrigste erhalten hat! Es liegt dann nahe, daß sich solche Kinder ihre Anerkennung schließlich außerhalb der Schule, etwa in einem Sportverein, o. ä. suchen, so daß echte Minderleistungen in der Schule entstehen können. Gleichfalls Minderleistungen wird natürlich auch derjenige produzieren, der zu wenig Anerkennungsmotivation hat, etwa weil er zu viele Mißerfolgserlebnisse erfahren hat und zuwenig Erfolge erfahren hat. Unser Selbstvertrauen und unser Anspruchsniveau richtet sich nämlich immer nach unseren erfahrenen Erfolgs- und Mißerfolgserlebnissen: wenn wir mehr Mißerfolge als Erfolge erfahren haben, senkt es sich und umgekehrt, so daß wir jeweils auch in der Zukunft das erwarten, was wir seither vorwiegend erfahren haben. Wenn aber ein Kind hauptsächlich Mißerfolge erwartet, ist sein Selbstvertrauen und auch seine Motivationsbereitschaft so geschwächt, daß es fast von selbst wiederum neue Mißerfolge auf sich zieht. Es entsteht ein eigentümlicher Teufelskreis, aus dem ein Kind nie und ein Erwachsener selten aus eigener Kraft wieder herauskommt.

Die richtige Abhilfe liegt in diesem Falle darin, ein realistisches Maß an Erfolgs- und Mißerfolgserlebnissen dadurch zu vermitteln, daß die Aufgaben, die an das Kind herangetragen werden, exakt seinen Fähigkeiten entsprechen müssen, und daß wir jede bewältigte Aufgabe auch mit einer entsprechenden sachlichen und auch persönlichen Anerkennung »quittieren«. Das »programmierte Lernen hat sich in diesem Zusammenhang hervorragend bewährt (vgl. W. Correll: Pädagogische Verhaltenspsychologie. München, 1976[6] und »Programmiertes Lernen und schöpferisches Denken«, München 1977[8], um nur einige Hinweise zu nennen). Manche Erzieher meinen immer noch, man erziehe am besten durch Kritisieren; in Wirklichkeit ist aber das Erfolgserlebnis bzw. die Verstärkung das einzige Erlebnis, das eine Verhaltensänderung herbeiführen kann. Mit den Erfolgserlebnissen haben wir daher ein Instrument, mit dem wir die Motivationen des Kindes sozusagen steuern können. Interessiert sich beispielsweise ein Kind weniger für die Schule als für bestimmte Freizeitaktivitäten, so können wir sicher sein, daß es eben in diesem Freizeitbereich mehr Erfolge erfährt als in der Schule. Die Gegenmaßnahme liegt dann genau darin, daß wir für mehr Erfolge in der Schule sorgen müssen und – notfalls – auch für weniger in der Freizeit! Besonders beim »Ehrgeizigen« wird dieses Mittel fast immer wirken, weil er ja für nichts mehr Interesse hat als für Anerkennung – es liegt sozusagen nur an uns, wo er sie erwartet und bekommt!

Störungen im Bereich der Sicherheitsmotivation

Neben dem Motiv der Anerkennung (nach »Ehre«) ist das der Sicherheit und Geborgenheit eines der wichtigsten im Leben des Kindes, aber auch in dem des Erwachsenen. Wir alle erwarten, in einer sicheren, überschaubaren Welt zu leben und darin Geborgenheit zu finden. Ein gewisses Gleichmaß der Abläufe ist z. B. erforderlich, um dieses Motiv zu befriedigen. Wenn alles beständig verändert und »reformiert« wird, kann sich niemand geborgen fühlen. Daher ist dem Sicherheitsmotiv ein Zug zum konservativen, unauffälligen Leben eigen. Wenn dieses Motiv zu stark ausgeprägt ist, kommt es mit Gewißheit zu Lernstörungen. Dies wird dann der Fall sein, wenn das Elternhaus oder auch die Schule selbst dem Kind zu wenig Sicherheit und Beständigkeit vermitteln. Eltern, die sich häufig und heftig in Gegenwart des Kindes streiten, die drohen, sich zu verlassen oder sich scheiden zu lassen, wecken im Kind unvermeidlich eine tiefsitzende Angst vor dem Verlassenwerden, wecken also ein überdimensionales Sicherheitsbedürfnis. Auch wenn ein Kind in der Schule häufig mit Aufgaben konfrontiert wird, die es nicht lösen kann und die es auch nicht richtig durchschauen kann oder bei denen es sich bloßgestellt fühlt, können zu Ängstlichkeit und zu einem übermäßig entwickelten Sicherheitsbedürfnis hinführen. Das Kind wirkt dann verzagt und schüchtern, es verkriecht und versteckt sich, wo immer es geht und traut sich kaum zu, alleine hinzustehen und seine Meinung zu sagen, besonders dann nicht, wenn diese Meinung im Gegensatz zu der der anderen steht: ein gesenktes Motivationsniveau ist die Folge; von mehreren zur Wahl stehenden Aufgaben wird dieses Kind allemal nur die leichtesten auswählen und sich an die anderen kaum herantrauen. Auch das Selbstvertrauen ist geschwächt; an Neues wagt man sich ohnehin kaum heran.

Was ist also in diesen Fällen zu tun? Es kommt darauf an, das Sicherheits-

und Geborgenheitsverlangen ausreichend zu befriedigen. Hierher gehören neben den begabungsadäquaten Aufgaben und Anforderungen vor allem Maßnahmen, die dem Kind ein regelmäßiges Leben im Haus und in der Schule ermöglichen. Vielleicht ein gleichbleibender Tagesablauf, wie eine Art »Korsett«, das einem Stütze und Halt gibt, oder auch ein Wochen- und Monatsplan, der mit Konsequenz eingehalten wird und der jeweils mit dem Kind zusammen erstellt wird! Beispielsweise sollte möglichst exakt geregelt sein, wann das Kind seine Aufgaben machen soll, wann es spielen soll, wann es fernsehen darf usw. Ausnahmen und Abweichungen darf es natürlich geben, aber sie müssen selten und begründet sein, sonst mangelt es dem Kind leicht an Stabilität bezügl. seines Sicherheitsmotivs. Auch sollte man Tagesfragen, die die Erwachsenen bewegen oder gar erschüttern, nicht unkritisch und ungefiltert an das Kind herantragen, weil sich das Kind weniger dagegen erwehren kann als etwa der Erwachsene. Ein solches Kind muß merken, daß es von seinen Eltern auch dann gemocht und geliebt wird, wenn es einmal in der Schule oder sonstwo versagt hat. Man muß ihm eben durch diese uneingeschränkte Liebe und Akzeptanz die Sicherheit geben, die es anstrebt. Ähnlich verhält es sich übrigens auch beim leistungsgestörten Erwachsenen: auch er braucht unsere Ermutigung und Anerkennung, denn seine Minderleistungen erwachsen eben aus seiner Verzagtheit und Ängstlichkeit, die sich einstellen konnte, weil zu wenig Anerkennung vermittelt wurde. Selbstverständlich setzt dies voraus, daß die Anforderungen auch im Einklang mit den jeweiligen Fähigkeiten stehen. Hierfür ist wiederum eine möglichst genaue Kenntnis eben dieser Fähigkeiten eines Menschen nötig, die man am besten durch die Anwendung standardisierter Tests erhält.

Fragt man sich nun, wodurch Angst überhaupt entsteht und wie sie zu überwinden sei, so stößt man auf die elementare Bedeutung der Information: Ein verängstigter Mensch ist jeweils einer, der zu wenig Informationen, Wissen oder Einsicht in die Situation hat, in der er sich befindet. Die Abhilfe besteht demnach darin, daß man ihm seine Lage (oder Aufgabe) möglichst detailliert erklärt und sie so übersichtlich wie möglich gestaltet. Ein Kind, das sich einer unübersichtlichen Aufgabe in der Schule gegenübergestellt sieht, hat Angst zu versagen, und ein Kind, das nachts durch einen dunklen, unbekannten Wald gehen soll, empfindet Angst und Furcht. Sobald man ihm jedoch die Situation – etwa mittels einer Erklärung und einer Taschenlampe »durchsichtig« gestaltet, ist die Angst und Furcht wieder behoben! Analog dazu läßt sich auch eine angsterregende Situation etwa in der Schule dadurch meistern, daß man sie transparent macht.

Störungen im Bereich der Vertrauensmotivation

Neben den Lernstörungen aus dem Anerkennungs- und dem Sicherheitsstreben des Menschen, sind die Störungen aus dem Sektor des Vertrauensstrebens gerade im Kindes- und Jugendalter sehr wichtig. Es handelt sich bei dieser Motivation darum, daß der Mensch einen möglichst engen persönlichen Bezug zu Mitmenschen haben möchte. Diesen Menschen möchte er sich anvertrauen können, möchte seine Sorgen und Nöte uneingeschränkt besprechen können und sich des Wohlwollens dieser Menschen stets versichert wissen. In einer intakten Familie und in einer guten Schulatmosphäre ist dieses Motiv auch meistens voll saturiert. Doch gelegentlich ist es unbefriedigt, dann kommt es zu einer übermäßigen Entwicklung in diesem Strebensbereich. Ein solches Kind produziert Lernstörungen, weil es sich allzu sehr an den Lehrer anschließen möchte, weil es sozusagen nur seinetwegen lernt und keinerlei sachliche Interessen erkennen läßt. Wird nun der favorisierte Lehrer krank oder versetzt, so bricht unter Umständen die gesamte Lernlust eines solchen Kindes zusammen. Ähnliches gilt auch für die Beziehung, die solche Kinder zu Mitschülern anknüpfen, sich solchen Freunden derart ausschließlich zuwenden, daß sie von ihnen regelrecht abhängig werden. Eine Versetzung in eine andere Schule ist dann eine subjektive »Katastrophe« für dieses vertrauensübermotivierte Kind.

Ähnlich wie bei der Sicherheitsmotivation geht es bei der durch die Vertrauensmotivation ausgelösten Lernstörungsüberwindung darum, zunächst dafür zu sorgen, daß eine normale Befriedigung dieser Motivation in der Schule und im Elternhaus erreicht wird. Sodann muß darauf geachtet werden, daß eine fortschreitend sachlicher werdende Einstellung zum Lernen und Leisten Platz greift. Das Kind soll zwar am Anfang seiner Schullaufbahn gerne »des Lehrers wegen« lernen, doch sollte es diese subjektive Einstellung bis zum 8. oder 9. Lebensjahr ersetzen durch eine mehr sachlich ausgerichtete Einstellung. Man erreicht dies durch sachliche Verstärkungen, die mehr und mehr an die Stelle bloß subjektiver Bestätigungen treten sollten, D. h. das Kind soll durch die sachliche Richtigkeit seiner Aufgabe bestätigt werden und nicht so sehr durch die persönliche Anerkennung, die es durch Lehrer oder Eltern erfährt. Bereits an der Formulierung einer Bestätigung kann man diese mehr sachliche Tendenz ablesen: es ist ein bedeutsamer Unterschied, ob man etwa sagt: »Ich freue mich, daß Du das so schön gemacht hast!« oder »Das ist vollkommen richtig gelöst. Ausgezeichnet!« Beim einen Mal bezieht das Kind das Lob aus der Person des Lehrers (oder der Eltern), und beim zweiten Mal bezieht es das Lob auf die sachliche Situation, die es gemeistert hat! In der Vorschulzeit und während der ersten beiden Schuljahre kann eine mehr persönliche und subjektive Einstellung durchaus noch im Vordergrund stehen; anschließend aber sollte eine mehr sachliche Beziehung zum Lernen und Leisten in den Mittelpunkt der Motivationen treten.

Wie erreicht man nun eine »normale« Absättigung dieses Grundmotivs nach Vertrauen? Im Elternhaus müßte man unter allen Umständen darauf bedacht sein, den persönlichen Bezug mit dem Kind auch dann aufrechtzuerhalten, wenn z. B. die Leistungen einmal schlechter sind oder wenn ein ernsthafter Anlaß zum Tadel vorliegt oder auch, wenn – etwa in der Pubertät – der junge Mensch so sehr mit seinen eigenen Problemen beschäftigt zu sein scheint, daß er den Kontakt mit seinen Eltern bewußt vernachlässigt! Das Kind und der Heranwachsende soll das Gefühl haben, daß er mit allem, was ihn bedrückt, zu seinen Eltern kommen kann! Das wichtigste dabei ist, daß man sich Zeit nimmt. Es kommt gar nicht so sehr darauf an, jeweils einen kompetenten Rat zu geben, sondern mehr darauf, zuzuhören. Man kann sich dabei der indirekten Gesprächsführung bedienen, indem man auf Aussagen des Kindes, auch auf seine Fragen, nicht direkt antwortet, sondern nur mit »mh« reagiert und dabei intensiv zuhört und nachdenkt. Gleichsam zögernd muß dieses »mh« kommen, so daß der Gesprächspartner den Eindruck haben kann, man denke nach und suche nach einer Antwort. Dies wird ihn meistens anregen, weiterzusprechen, vielleicht sein Problem schärfer zu formulieren – und bei dieser Gelegenheit nicht selten auch die Lösung seines Problems selbst zu entdecken. Bei dieser indirekten Gesprächsmethode hat das Kind den Eindruck, es habe sich wirklich um einen Dialog gehandelt, während es ja in Wirklichkeit nur ein Monolog war, bei dem wir allerdings intensiv zugehört haben! Gerade im Umgang mit Pubertierenden und noch etwas Älteren kann man mit dieser Methode sehr gute Ergebnisse erzielen, und man hat umgekehrt den Eindruck, daß viele Schwierigkeiten gerade bei jungen Leuten ihre Ursache darin haben, daß sie zu früh den Vertrauenskontakt mit den Eltern verloren haben. Viele jugendliche Kriminelle und sehr viele Terroristen stammen aus Elternhäusern, die zwar äußerlich in Ordnung zu sein scheinen, die aber keinen sonderlich intensiven Vertrauenskontakt zu ihren heranwachsenden Söhnen und Töchtern aufrechterhalten konnten, sei es aus Zeitmangel, sei es auch aus zu unterschiedlichen ideologischen oder politischen Auffassungen zwischen den Generationen! Jenseits all dieser Unterschiede und Konflikte sollte man in der Familie das Vertrauen zueinander aufrechterhalten, sozusagen um jeden Preis! Desto weniger wird der junge Mensch dann ein Opfer überzogener Zuwendung zu anderen Menschen, die solcher Zuwendung nicht immer würdig sind oder die sie sogar mißbrauchen können.

Störungen im Bereich der Gerechtigkeitsmotivation

Das Motiv der Selbstachtung hatten wir (s. oben) hauptsächlich in einem ausgeprägten Streben nach Gerechtigkeit erkannt, indem der Mensch seine Prinzipien höher schätzt als das Gebot der Anpassung an die Realität oder den Kompromiß. Ein Mensch, der übertrieben nach Gerechtigkeit strebt, wird zwangsläufig in seinen Kontakten zu Mitmenschen Schwierigkeiten entwickeln, die ihn schließlich isolieren werden und ihn intolerant, unnachgiebig und »stur« erscheinen lassen. Dadurch wird natürlich diese Haltung immer stärker, und die Schwierigkeiten werden sich immer mehr steigern, bis wir endlich einen Menschen vor uns haben, der unter massiven Anpassungsschwierigkeiten leidet, der sich z. B. fast prinzipiell widersetzt, immer »dagegen« ist und daher auch in der Schule sicherlich Lernstörungen entwickeln wird. Wichtig dabei ist, daß diese Widersetzlichkeit nicht nur dem Lehrer gegenüber geäußert wird, sondern auch den Eltern gegenüber und sogar den gleichaltrigen Mitschülern – kurz jedermann gegenüber. Das »Prinzip« gilt einem solchen Menschen weit mehr als eine zweckmäßige Lösung im Sinne eines Kompromisses. Weil nun das Zusammenleben auch schon im Kindesalter nicht ohne Kompromißbereitschaft möglich ist, wird dieses Kind zwangsläufig isoliert und frustriert werden, so daß es immer mehr in diese oppositionelle Einstellung hineingedrängt wird und in seiner Verkrampfung fast immer Lernstörungen entwickelt, weil die Erwartungen immer höher sein werden als die konkreten Leistungen und die Niederlagen nicht verarbeitet werden können. Ein perfektionistischer Schüler überträgt diese Tendenz indessen meistens auch auf sein Verhalten insgesamt, so daß häufig moralische (und ethische) Schuldvorstellungen zu den Lernstörungen und Leistungsversagenserlebnissen hinzukommen. Insbesondere während der Pubertät sind solche moralischen Schuldgefühle verbreitet bei Jugendlichen, die diese vierte Motivationseinstellung zu einseitig entwickelt haben.

Worin kann die Abhilfe in diesen Fällen gesehen werden? Zunächst wird es darum gehen, langsam und Schritt für Schritt von diesem Prinzipienrigorismus wegzuführen und eine etwas tolerantere Einstellung sich selbst und dann anderen gegenüber aufzubauen. Die Fähigkeit zu kleineren Kompromissen, die Bereitschaft Fehler anderer zu verzeihen und nachsichtig zu sein, sind wichtige Voraussetzungen für einen Abbau dieser hinderlichen Einstellung. Nimmt man hinzu, daß Kinder meistens dann zu einer übertriebenen Selbstachtungsmotivation neigen, wenn sie häufig erfahren haben, daß sie bestimmten Aufgaben gegenüber versagt haben, wenn sie also öfters frustriert worden sind, so ergibt sich hieraus die Notwendigkeit einer besonderen Ermutigungspädagogik, d. h. in diesen Fällen müssen Lehrer und auch Eltern darum bemüht sein, sachliche Erfolgserlebnisse dadurch zu begünstigen, daß die Aufgaben, die gestellt werden, nicht über die Kapazität des Kindes hinausgehen, sondern ziemlich gut an diese Fähigkeiten angepaßt sind. Eine individuelle Aufgabendosierung kann man z. B. durch die Anwendung programmierten Lernens erreichen, weil hier das Lerntempo absolut individuell bleibt und auch bei den einzelnen Programmsequenzen in der Regel individuelle Ansätze weitgehend berücksichtigt sind (vgl. z. B. W. Correll u. H. Schwarze »Einführung in die Psychologie-Programmiert« Auer-Verlag, Donauwörth, 1974).

Darüber hinaus muß erreicht werden, daß solche Kinder und Jugendliche erkennen, daß auch die Erwachsenen Prinzipien haben, daß sie ebenfalls nach Grundsätzen streben, daß sie diese aber nicht so rigoros formulieren wie er selbst und gerade dadurch in die Lage gesetzt sind, diese Prinzipien überhaupt zu praktizieren. Die rigorosesten Prinzipien sind sozusagen diejenigen, die sich nirgendwo verwirklichen lassen, auch wenn sie von theoretischer Gültigkeit sind!

Störungen im Bereich der Unabhängigkeitsmotivation

Normalerweise ist es durch die Unabhängigkeitsmotivation des Menschen möglich, daß er einerseits Hingabefreudigkeit an andere und auch an Aufgaben entwickelt und auf der anderen Seite doch ein Maß an Unabhängigkeit und Eigenständigkeit bewahrt, das ihm die Erhaltung seiner eigenen Integrität gewährleistet. Nun kann aber gelegentlich diese Unabhängigkeitsmotivation so sehr wuchern, daß es zu einseitigen Einstellungen kommt, die u. a. in Lern- und Leistungsstörungen münden. In diesem Fall stehen diese Lernstörungen im engen Zusammenhang mit einer Unfähigkeit des Kindes, sich soziale und andere Bindungen aufzuerlegen. Vielmehr kommt es zu einer Bindungslosigkeit aus einer unbewußten Furcht, in einer solchen Bindung aufzugehen. Einerseits kann ein solches Kind extrem konzentrationsschwach erscheinen, obwohl es andererseits sehr konzentrationsfähig erscheint, wenn es um ganz andere Aufgaben und Probleme geht, z. B. solche, die es sich selbst gesetzt hat. Sobald aber der Lehrer oder die Eltern Aufgaben stellen, erlahmt die Aufmerksamkeit schnell, und man hat überhaupt Schwierigkeiten, das Kind an solche Aufgaben generell heranzuführen. Sobald es aber gelingt, dieses Kind so anzusprechen, daß es sich selbst diese Aufgaben setzt und daß es sich dabei »unabhängig« von den anderen Mitschülern und auch von den Erwachsenen insgesamt fühlt, beobachtet man eine erstaunliche Konzentrations- und Leistungsfähigkeit. Hierin liegt auch schon der Schlüssel zur Behebung dieser Störungen: man muß die Selbsttätigkeit des Schülers (des Kindes im allgemeinen!) wecken und ansprechen, statt nur seine Bereitschaft, uns zuliebe etwas auszuführen, was es selbst gar nicht ohne weiteres einsehen und ausführen würde. Hierzu gehört auch die Bereitstellung von »freiwilligen« Arbeitsgemeinschaften in der Schule, von »Wahlfächern« usw., die vielleicht bei anderen Schülern fast unwichtig wären, bei denen aber, die nach der fünften Grundmotivation ausgerichtet sind, eine überragende Rolle spielen und gleichsam über das gesamte Lernklima entscheiden können.

Auch im häuslichen Umgang mit solchen Kindern empfiehlt es sich, alles zu vermeiden, was an eine enge Bindung von außen erinnern könnte: diese Kinder müssen das Bewußtsein haben, stets frei und selbständig, aber auch zunehmend eigenverantwortlich, zu leben und zu lernen. Der Akzent liegt freilich zunehmend auf der eigenen Verantwortung für diese eigenen Entscheidungen des jungen Menschen. Nimmt man ihm hiervon zuviel ab, so leitet man sicherlich eine neue Fehlentwicklung ein: es kommt dann zu einer Pseudoeigenständigkeit, die sich durch unrealistische Forderungen ohne wirkliches eigenes Engagement auszeichnet. In dem Maße, in dem das Kind schon sehr früh erlebt, daß es die Konsequenzen seines Handelns mehr und mehr selbst verantworten darf und kann, übernimmt es diese Forderung und überwindet seine Scheu vor der Übernahme echter Aufgaben. Dieses Training kann schon damit beginnen, daß man einem kleinen Kind den Wunsch nach einer Süßigkeit nicht einfach verwehrt, sondern ihm schon etwa mit 5 oder 6 Jahren ein kleines – vielleicht sogar selbst »verdientes« Taschengeld von ein paar Groschen in der Woche zubilligt, worüber es nun aber selbständig verfügen können sollte. Es kann also tatsächlich, ohne lange zu fragen, mit diesem Geld seine Bonbons oder seine Kaumgummis erwerben und sich damit vergnügen! Aber es muß erleben, daß das Geld dann »weg« ist. Man darf es dann unter keinen Umständen wieder sofort ersetzen. Vielmehr muß es dann andere Wünsche, die man durch andere Verwendung des Geldes hätte erfüllen können, zurückstellen, bis das neue Geld erworben ist! Eine gewisse Härte ist in solchen Fällen immer angebracht, denn das Kind will gleichsam an solchen Fällen erleben, daß es »Gesetzmäßigkeiten« gibt, auf die man sich auch dann verlassen kann, wenn es unbequem ist. Das Bewußtsein, in solchen gefügten Ordnungen zu leben, verleiht dem Kind (und auch dem Erwachsenen!) Stabilität und Sicherheit in seinem Verhalten und Planen. Ähnlich verhält man sich am besten, wenn es darum geht, in der Schule freiwillige Aufgaben entweder zu machen oder sie nicht zu machen: das Kind muß Gelegenheit haben, eine solche Aufgabe auch einmal nicht zu machen – aber es sollte dann irgendwelche Konsequenzen daraus ziehen dürfen oder müssen; es könnte vielleicht dann am nächsten Tag vielleicht nicht besonders gelobt werden (selbstverständlich dürfte es nicht getadelt werden, da es ja eine freiwillige Aufgabe war!), oder es könnte erleben, daß es eine Klassenarbeit, die auf dieser freiwilligen Übung aufbaut, nicht so gut hinter sich bekommt, als wenn es diese Übung gemacht hätte. Dies alles müßte ruhig und gleichsam emotionslos erklärt werden, so daß das Kind den Eindruck bekommt, man wolle es nicht künstlich zu einem bestimmten Verhalten »tricksen«, sondern man wolle ihm klarmachen, welche Folgen ein beliebiges Verhalten für es selbst hat.

b) Lernstörungen – eine Frage der Erziehungsform?

Haben wir nunmehr die wichtigsten Lernstörungen aus dem Bereich der fünf Grundmotivationen erörtert, so kommen wir nun zum Problem der Lernstörungen, wie sie aus einer Reihe *anderer* Ursachen heraus bedingt sein können. Hierher gehört z. B. und vor allem die *familiäre Umwelt* des Kindes. Insbesondere die verschiedenen *Erziehungsformen,* die in der Familie geübt werden, können sich höchst nachteilig auf die Entwicklung des Kindes und besonders auf sein Lernverhalten auswirken; umgekehrt aber kann man durch Beachtung der wichtigsten Zusammenhänge drohenden Schaden relativ leicht abwenden und echte Hilfen für das Kind bieten.

Die autoritäre Erziehungsform als Ursache für Lernstörungen

Bei dieser Erziehungsform fehlt der persönlich-warme Bezug zwischen Eltern und Kind. Man ist »sachlich«, »korrekt« und »konsequent«, geht aber nicht oder wenigstens zu wenig auf die Bedürfnisse und Motive des Kindes ein. Auch hat das Kind kaum die Möglichkeit, seine eigenen Wünsche und Neigungen durchzusetzen, weil alles von den Eltern – unter Umgehung der Kinder – entschieden und bestimmt wird.

Man unterscheidet nun zwischen der autoritären Erziehungsform, die nur von *einem* Elternteil (etwa dem Vater) ausgeübt wird und der, die von beiden Elternteilen gleichermaßen angewandt wird. Die gefährlichere ist die erstere, weil dabei das Kind leicht zwischen dem »strengen« Elternteil und dem weniger strengen hin und her gezogen wird und es leicht zu einer Gefühlsspaltung kommen kann. Dieses Kind zeigt dann meistens eine unstete Art des Umgangs mit anderen Menschen und wird daher leicht von seinen Mitschülern abgelehnt, eben weil es eine übertriebene Tendenz zur Anpassung aufweist, der aber auf der anderen Seite das Durchhaltevermögen und die Ausdauer fehlen. Seine Lernmotivation bleibt meistens »sekundär«, d. h. es lernt nur »für den Lehrer« und für seine Anerkennung, nicht aber um der Sache selbst willen. Sobald ihm diese persönliche Anerkennung versagt wird – und dazu muß es ja in einer Schulklasse zwangsläufig kommen – erlebt dies das Kind als Frustration und reagiert wiederum mit aggressiven Tendenzen oder auch mit dumpfer Resignation, jedenfalls aber mit einem Rückgang seiner Schulleistung, also mit Lernstörungen. Man sollte infolgedessen unbedingt auf einen gleichmäßigen Erziehungsstil in der Familie achten und den inegalen Stil vermeiden. Wenn irgend möglich, sollte aber auch der autoritäre Stil durch beide Eltern vermieden werden, weil sich dieser Stil ebenfalls lähmend auf die Initiative und das Durchhaltevermögen des Kindes auswirken muß. Wenn zu Hause grundsätzlich alles von den Eltern entschieden wird, ohne daß das Kind eine Möglichkeit bekommt, mitzuwirken und ohne daß es das Gefühl haben darf, seine Anliegen werden liebevoll berücksichtigt, dann überträgt das Kind fast selbstverständlich diese Erfahrungen auf die Schule und erwartet auch hier nur »Befehle«. In der modernen Schule bleiben aber eben diese eindeutigen Anordnungen aus, weil der Lehrer auf die Mitwirkung und die Initiative der Schüler wartet. Daher gerät ein solches Kind leicht ins Abseits, erhält weniger Erfolgserlebnisse und entwickelt wenigstens vorübergehende Lernstörungen, die leicht vermieden werden könnten, wenn der autoritäre Stil zu Hause durch einen integrativeren, auf das Kind mehr eingehenderen Stil, ersetzt worden wäre.

Häufig findet man den autoritären Erziehungsstil in Familien, die von einem besonders erfolgreichen Elternteil »geführt« werden, so daß sich alle diesem »unterwerfen« müssen. Wenn beispielsweise ein erfolgreicher Vater, der durch allerlei Anstrengungen während seiner eigenen Jugend zu einem Berufsstatus gekommen war, den seine eigenen Eltern nicht hatten, instinktiv einen ähnlichen Aufstieg von seinem eigenen Sohn erwartet, haben wir die Gefahr einer autoritären Überforderung dieses Kindes vor uns. Der Junge wird versuchen, es seinem Vater gleichzutun, wird aber sehr bald merken, daß er es nicht schafft, daß er unterlegen bleibt – und der Vater läßt ihn seine Enttäuschung nur allzu deutlich spüren! Aus seinen Vergleichen der »früheren Zeiten« mit den heutigen »laschen« Auffassungen spricht meistens Verachtung und die unausgesprochene Aufforderung, sich mehr anzustrengen, »tüchtiger« zu sein. Mancher selbständige Handwerker, mancher Akademiker und manche Führungskraft befindet sich in dieser Gefahr, durch zu hohe Anforderungen an das eigene Kind und durch einen autoritären Erziehungsstil mehr zu zerstören als zu nützen. Man möchte im Grunde, daß das Kind sich so »ähnlich« entwickelt wie man glaubt, sich selbst entwickelt zu haben (und sich meistens darüber im Nachhinein täuscht!). Das Kind soll es mindestens so weit bringen wie man es selbst gebracht hat oder eben weiter! Dies ist dann der beste Weg zu einer Überforderung des Kindes, das wiederum zu tiefsitzenden Frustrationen und Minderwertigkeitskomplexen auf seiten des Kindes führen muß. Wenn man sich stets mit einem Übermächtigen konfrontiert fühlt und dabei immer wieder die eigene Schwäche und Unfähigkeit bestätigt bekommt, ist es kein Wunder, wenn man schließlich zu gänzlicher Passivität und Resignation neigt, was sich in der Schule als Interesselosigkeit und Nachlässigkeit, Vergeßlichkeit und Unansprechbarkeit zeigen kann. Andererseits kann sich ein solcher junger Mensch auch gelegentlich zu unrealistischen Trotzhandlungen, sozusagen zu verzweifelten Ausbruchsversuchen aus seiner erdrückenden Lage aufschwingen. Dann kommt es zu Aggressionen gegen den übermächtigen Vater (oder die übermächtige Mutter), ja es kann sogar – und dies ist gerade bei Kindern unter einem autoritären Erziehungsstil nicht einmal so selten – zu Tätlichkeiten und kriminellen Handlungen gegen die Eltern und anderer »Autoritäten« kommen. Ein Junge, der jahrelang von einer übermäßig ehrgeizigen Mutter, die vor ihrer Ehe mit einem Hochschullehrer Lehrerin war, Tag für Tag mit zusätzlichen Schulaufgaben durch die Mutter geradezu gequält wurde und keine Möglichkeit hatte, sich in irgendeinem Gebiet den Eltern gegenüber durchzusetzen oder wenigstens zu behaupten, zog sich schließlich immer mehr in seine versponnene Innenwelt zurück. Er ging kaum unter andere Kinder, blieb zu Haus und war fast unansprechbar. Der Vater zwang ihn mehr oder weniger zu Reitstunden, die er ihm zunächst selbst verabreichte. Doch auch hierbei zeigte sich bald, daß das Kind zu schwächlich und insgesamt zu ungeschickt vorging, so daß es zweimal schwer stürzte. Das Gelächter des Vaters, der ein glänzender Reiter war, reizte den 14jährigen so, daß er mit einem Griff seine lederne Reithose zerfetzte und sich fortan weigerte, an dem Reitunterricht teilzunehmen. Derselbe Junge hat übrigens mit 16 seine Eltern in deren Wohnung in der Nähe von Gießen mit einem Beil umgebracht und sich anschließend der Polizei gestellt. Er befindet sich seither in psychiatrischer Sicherheitsverwahrung und Behandlung.

Die verwöhnende Erziehungsform

Mit dieser Erziehungsform ist die Situation gemeint, die sehr viel häufiger als die autoritäre Erziehungsform in unseren Familien geübt wird, wenn beispielsweise die Eltern in übertriebener Weise alle Schwierigkeiten, die sich dem Kinde in den Weg stellen könnten, wegräumen und überhaupt bemüht sind, jeden Wunsch und jede Laune des Kindes sofort und nachhaltig zu befriedigen. Oft genug steckt hinter einer solchen verwöhnenden Erziehung ein tiefsitzendes Schuldgefühl auf der Seite der Eltern. Man hat das Gefühl, man hätte sich nicht intensiv genug um das Kind gekümmert und versucht nun, dies durch ein Übermaß an Zuwendung wiedergutzumachen. Besonders tritt dies dann in den Vordergrund, wenn beide Elternteile etwa berufstätig sind und sich anschließend und am Wochenende besonders »intensiv« um das Kind kümmern zu müssen glauben, um das Versäumte wieder wettzumachen. Oder wenn das Kind mehr oder weniger von den Großeltern erzogen wird, die dann ihrerseits dazu neigen, dem »armen und vernachlässigten«

Kinde die »Liebe« zu ersetzen, die es von den eigenen Eltern nicht erhalten kann. Mit »Liebe« hat indessen diese Verwöhnung fast gar nichts zu tun. Im Gegenteil, durch die Verwöhnung entsteht zwangsläufig eine ähnliche Situation wie bei dem gegenteiligen Erziehungsstil des autoritären Vorgehens: in beiden Fällen ergeben sich tiefsitzende Frustrationen, aus denen nicht selten Aggressionen oder eben Resignationen entstehen. Der Verwöhnte erwartet nämlich immer mehr an Zuwendung, bis er schließlich notgedrungen und zumal außerhalb des Elternhauses enttäuscht werden muß! Während also der autoritär Erzogene von »außen« überfordert wird, überfordert sich der Verwöhnte selbst »von innen« – aber das Resultat ist dasselbe. In der Schule wird es in beiden Fällen zu Lernstörungen kommen, weil ein gesundes Durchhaltevermögen und sachliches Gruppeninteresse auf diesem Wege nicht entstehen können. Die Verwöhnung ist heute auch deshalb relativ häufig geworden, weil wir in der Mehrzahl Familien mit einem oder höchstens zwei Kindern haben, so daß der Geschwistereinfluß weitgehend ausgeschaltet bleibt. Die ganze Liebe und Fürsorge konzentriert sich auf den »Einzigen«, zumal dann, wenn auch ein gewisser wirtschaftlicher Wohlstand erreicht ist und man glaubt, eventuelle Entbehrungen der eigenen Kindheit am eigenen Kinde auf alle Fälle zu vermeiden: man kann es sich schließlich »leisten«!

In Wirklichkeit braucht das Kind einen gewissen Widerstand, es will Gelegenheiten sehen für seine Durchsetzung, für seinen Willen, und wir berauben das Kind dieser Gelegenheiten, wenn wir ihm alle Schwierigkeiten aus dem Weg räumen. Man sollte vielmehr darauf bedacht sein, ihm Aufgaben und Situationen vorzustellen, die er gerade noch zu bewältigen vermag, aber ohne unsere direkte Hilfe in Anspruch nehmen zu müssen! Dies wäre echte Zuwendung, während Verwöhnung in Wirklichkeit außerordentlich gefährlich wirken muß.

Viele hochbegabte Kinder, die in der Schule und auch später im Beruf versagen, sind in diese mißliche Lage in Wirklichkeit durch eine verwöhnende Erziehungsform im Elternhaus gekommen! Sie haben nie gelernt, sich durchzusetzen, Aufgaben selbständig und dauerhaft zu verfolgen und zu bewältigen und waren immer in der Lage, jeweils Hilfen auch für die kleinsten Probleme in Anspruch zu nehmen, so daß es kein Wunder ist, wenn am Schluß keinerlei Selbständigkeit und keinerlei Mut zur Eigenleistung mehr vorhanden sind. Pessimismus, Lebensüberdruß und nicht selten eine Flucht in Drogen- oder Alkoholmißbrauch sind – bereits im Schulalter – die Folgen: durch Alkohol und Drogen erfährt man schließlich dasselbe, was man immer wieder in der verwöhnenden Erziehung erfahren hat: eine einfache »Problemlösung«, eine Flucht aus der Wirklichkeit in eine Scheinwelt der Problemlosigkeit.

Besonders kraß tritt der Nachteil der Verwöhnung zutage, wenn es sich um eine inegale Erziehung handelt, die dem Kinde zuteil wird, indem es z. B. von einem Elternteil autoritär und vom anderen verwöhnend behandelt wird. Oder indem es von beiden Eltern bald autoritär und bald verwöhnend angesprochen wird, so daß es sich jedenfalls auf keinen einheitlichen Stil einzustellen vermag, sondern »hin und her gezogen« wird. Bekommt ein solches Kind sein »Recht« nicht vom Vater, so geht es deswegen zur Mutter und ist sicher, daß es sich dort durchsetzen wird. Es sucht auf diese Weise, den einen gegen den anderen auszuspielen und möchte auch in der Schule stets den Weg des geringsten Widerstands einschlagen, um sich um die eigentlichen Probleme herumzumogeln. Kein Wunder, daß dies der sicherste Weg zu Leistungsverlust ist!

Die vernachlässigende Erziehungsform
Sie ist gegenüber der verwöhnenden und der autoritären bzw. der inegalen Erziehungsform heute weniger wichtig geworden. Dennoch muß darauf hingewiesen werden, daß Vernachlässigung nicht nur in sog. Armut vorkommt, sondern es gibt auch die Form der Wohlstandsvernachlässigung, die etwa dann auftritt, wenn die Eltern sich so ausschließlich beruflichen Interessen zuwenden, daß das Kind fast ganz außerhalb der Beachtung liegt. Es wird vielleicht äußerlich »versorgt«, aber meistens fehlt ihm dann die innere Zuwendung und Wärme, die »Liebe«, die eben mit Zeit verbunden ist und mit Geduld. Geschenke und ein reich ausgestattetes Kinderzimmer tun es eben nicht – sie sind kein Ersatz für persönliche Zuwendung. Hierher gehören auch die vielen »Schlüsselkinder« unserer Tage, die ja keineswegs immer aus Kreisen stammen, die unter allen Umständen beruflich tätig sein müßten, sondern oft genug darunter zu leiden haben, daß die Eltern möglichst sofort alle Angebote unserer Konsumindustrie besitzen möchten, statt die Erziehung ihrer Kinder mindestens ebenso wichtig zu nehmen wie die Erweiterung des Einkommens!

Solchermaßen vernachlässigte Kinder entwickeln in der Schule einen übermäßigen Wunsch nach Anerkennung und Zuwendung. Hierdurch wird wiederum der Lehrer im allgemeinen ebenso überfordert wie die Mitschüler, so daß die Vernachlässigten frustriert und enttäuscht werden und sich mehr und mehr von der Schule abwenden, wodurch natürlich Lernstörungen fast unvermeidlich werden. Gelegentlich tritt auch ein ausgesprochen masochistischer Zug bei diesen Kindern auf, d. h. sie entwickeln eine Art Freude am eigenen Leid und beschwören solches Leid und allerlei Niederlagen geradezu genüßlich herauf. Ein solches Kind kann z. B. durch betonte Unaufmerksamkeit in der Schule den Lehrer so lange reizen, bis es bestraft wird. Statt nun diese Strafe als etwas Unangenehmes zu empfinden, wie es normal wäre, genießt ein solches Kind unter Umständen die Strafe, eben weil es ansatzweise eine masochistische Einstellung entwickelt hat. Selbstverständlich können sich diese Störungen sogar bis ins Erwachsenenalter hinein fortsetzen und erweitern, so daß es dann zu einem ausgewachsenen Masochismus kommen kann, der ebenso gefährlich wie für den einzelnen auch persönlichkeitszerstörend wirken muß. Gefährlich deshalb, weil es dadurch manchmal zu Handlungen kommen kann, die andere Menschen zu aggressivem Verhalten herausfordern, ohne daß diese Menschen eigentlich gewahr werden, daß sie lediglich als Werkzeug einer masochistischen Tendenz dienen; und persönlichkeitszerstörend deshalb, weil ein solcher Mensch immer mehr in eine perverse Zwangshaltung hineingerät, aus der er mit eigener Kraft kaum herauskommen kann. Auch seine Partnerschaftlichkeit wird selbstverständlich nicht mehr normal einsatzfähig sein, weil der andere hier vorwiegend die Funktion masochistischer Hilfsdienste übernehmen muß. Es handelt sich um das bekannte Bild eines Mannes oder auch einer Frau, die sich darin gefallen, immer wieder ihr »Unglück« zu erleben – und es natürlich jedem, der es hören will, ausführlich zu schildern.

Besondere Familienformen, die zu Lernstörungen führen können

Neben diesen Erziehungsformen, die zu Lernstörungen führen können, sind auch die *Familienformen* erwähnenswert, die zu solchen Lernstörungen beitragen: Hierbei handelt es sich um typische Abweichungen der Familienform von der Norm (Vater-Mutter-Kind(er)-), also etwa um die »vaterlose Familie«, die »mutterlose Familie«, die »Stiefvaterfamilie«, die »Stiefmutterfamilie«, die »Vollwaisensituation« und die »zerrüttete Familie«.

Bei der vaterlosen Familie vermißt das Kind den Einfluß des väterlichen Elements, dem man meistens eine gewisse Konsequenz zuschreibt, die den vorwiegend auf Liebe und Zuwendung ausgerichteten Einfluß der Mutter ergänzen kann. Selbstverständlich kann nun an die Stelle des eigentlichen Vaters auch eine andere männliche Bezugsperson treten, doch haben wir dann fast immer wieder die Schwierigkeit mit der emotionalen Zuwendung zwischen dieser Bezugsperson und dem Kind. Ist es nämlich nicht der Vater, dann wird auch nicht die vom Vater erwartete konsequent-liebevolle Zuwendung sein, die dieser Mann dem Kind entgegenbringt, und deshalb wird das Kind unter diesem Mangel unbewußt leiden. Auch ein häufigerer Wechsel der Bezugspersonen kann Schaden in der Persönlichkeitsentwicklung des Kindes bringen, wie wir das schon oben bei den Ausführungen über die ödipale Entwicklung des Kindes beschrieben haben.

Eine Mutter kann zwar versuchen, die Rolle des Vaters quasi mitzuübernehmen, doch gelingt dies nur selten total. Häufig genug sucht ein solches Kind in der Schule einen Ausgleich für den in der Familie erlittenen Mangel. Aber diesen Ausgleich kann der Lehrer und die Schülergruppe kaum gewähren, so daß das Kind eben von der Schule insgesamt enttäuscht sein wird, sich von dem Lernbetrieb insgesamt zurückzieht und dadurch Leistungsstörungen entwickelt. Auch später nach der Schulzeit kann ein solchermaßen aufgewachsener Mensch seine Mitwelt überfordern, indem er Zuwendungen erwartet, die – eben weil sie emotionaler Art sind – niemand zu geben vermag. Auch etwa der Ehepartner kann das Erlebnis des eigenen Vaters kaum auf die Dauer ersetzen, selbst wenn eine Frau vielleicht – unbewußt – gerade deshalb einen – älteren – Partner geheiratet hat! Irgendwann wird eine solche Partnerschaft zur Konfliktquelle, weil die Erwartungen der beiden Partner zu verschieden sind!

Ähnlich wird sich aber auch die mutterlose Familie auf das Kind negativ auswirken: ein solches Kind sucht sowohl in der Schule als auch später im Leben – etwa beim Partner – einen Ersatz für die nichterfahrene Mutterzuwendung während der häuslichen Erziehung und Entwicklung. Der Lehrer wird dabei ebenso enttäuschen müssen wie der Ehepartner: beide können kaum auf die Dauer Mutterersatz bieten!

Andererseits wird in der Praxis der Zustand der Mutterlosigkeit meistens relativ rasch überwunden, weil der Vater in einem solchen Falle vielleicht wieder heiraten wird oder eine weibliche Kinderbetreuerin engagieren wird. Dadurch geht dann die Mutterlosigkeit rasch über in die Stiefmuttersituation, die wiederum ihre eigenen Probleme mit sich bringt. Dabei sind vor allem wieder emotionale Schwierigkeiten im Vordergrund, die sich dadurch ergeben, daß die Stiefmutter in der Regel nicht leicht einen Ausgleich schaffen kann zwischen ihrem Bemühen, das Stiefkind besonders sorgfältig und auch liebevoll zu erziehen, ihre eigenen Kinder aber dadurch nicht zu vernachlässigen (bzw. wenn eigene Kinder nicht vorhanden sind, den Mann nicht zu vernachlässigen!). Sobald sie das Stiefkind z. B. für etwas bestraft hat oder sobald sie es etwas barsch zu einer bestimmten Leistung ermuntert hat, wird sie dies wieder als möglicherweise zu »streng« empfinden und sich einen Schuldvorwurf daraus machen, was wiederum zu einer inegalen Erziehung, wie wir sie schon als besonders gefährlich beschrieben haben, führen kann. Einmal zu »streng«, nachher wieder zu »nachgiebig« behandelt wird das Kind schließlich hin- und hergerissen und endlich dazu verführt, Vater und Stiefmutter gegeneinander auszuspielen und auch den Lehrer möglicherweise in dieses Spiel mit einzubeziehen. Wir haben dann eine Lernstörung vor uns, die nicht leicht zu beheben sein wird, weil eben die Familiensituation von außen her kaum korrigiert werden kann. Am ehesten gelingt die Bewältigung dieser Situation dadurch, daß sich beide Elternteile mit den psychologischen Grundlagen ihrer Situation bewußt auseinandersetzen und dadurch ein einheitliches und positives Verhältnis zum Kind aufbauen.

Zerrüttete Ehen sind nun der denkbar schlechteste Nährboden für das seelische Gedeihen der Kinder. Wenn sich die Eltern auseinandergelebt haben, wenn sie sich hauptsächlich nur noch streiten oder gar nicht mehr miteinander kommunizieren, es sei denn mit der Absicht, den anderen herabzusetzen, dann wird im Kind gerade das zerschlagen, was ihm die wichtigste Stütze in seiner Entwicklung sein sollte, die kindliche Geborgenheit in der Familie. Zwar raufen sich die zerstrittenen Eltern in der Regel um die Gunst des Kindes, doch diese Zuwendung ist keine positive Liebe, sondern schierer Egoismus des Menschen, der auch diesen Besitz dem anderen nicht gönnen mag! Das Kind spürt diese Sachverhalte instinktiv und wird versuchen, beide Elternteile wieder zusammenzubringen und sich selbst als Bindeglied zwischen beiden zu begreifen. Mit diesem Spiel sind die meisten seiner Kräfte so sehr gebunden, daß das Lernen in Mitleidenschaft gezogen werden wird. Das Kind neigt dann zu Tagträumereien, Unaufmerksamkeiten, es ist oft übertrieben schüchtern und gehemmt oder aber gelegentlich auch übermäßig aggressiv und trotzig. Jedenfalls ergeben sich Leistungsstörungen in der Schulzeit aber auch später oft noch massive Partnerbeziehungsstörungen. Hieraus ergibt sich eine sehr große Verpflichtung der Eheleute, sich, wenn Kinder vorhanden sind, bei Meinungsverschiedenheiten eben nicht so gehen zu lassen, wie es der Augenblick vielleicht nahelegen wird, sondern sich mehr zu beherrschen, Formen zu wahren und jedenfalls nicht in Gegenwart des Kindes solche Streitereien auszutragen, auch wenn dies den Anschein besonderer Ehrlichkeit und Aufrichtigkeit haben sollte! Daß Eltern auch nicht immer einer Meinung sein müssen, darf und soll ein Kind durchaus miterleben; daß sie sich aber ernsthaft und längere Zeit hassen und verachten, sollte ihm erspart bleiben. Das Streiten selbst kann durchaus »gelernt« werden, indem man sich konsequent an bestimmte verbale Ausdrucksformen gewöhnt und vor allem versucht, den Andern zu verstehen und auf ihn einzugehen. Das ungeduldige »Konsequentsein« und barsche »Hinwerfen« der ganzen Sache ist auf alle Fälle eine Kapitulation!

c) Spezielle Lernstörungen
Legasthenie

Neben diesen *allgemeinen* Lernstörungen, wie sie hauptsächlich durch häusliche Fehlformen der Erziehung, aber auch durch falsche methodische Maßnahmen in der Schule selbst entstehen können, sollten wir nun noch kurz erwähnen, daß es auch die *speziellen* Lernstörungen gibt. Hierher gehört

z. B. die *Lese-Rechtschreib-Schwäche* (Legasthenie). Hierbei handelt es sich um eine besondere Störung im Bereich des Lesens und Schreibens, während alle anderen Lernbereiche normal sind. Allerdings können durch die Niederlagen und Frustrationen, die durch das Versagen im Schreiben ausgelöst werden, auch – als Folgeerscheinungen – Störungen im Rechnen und in anderen Fächern entstehen, doch ist an sich zunächst bei der Legasthenie eben nur der Bereich des Lesens und Schreibens selbst gestört. Die Ursachen sind noch nicht bis ins Letzte geklärt, doch scheint es sich bei der *echten* Legasthenie durchaus um eine Erscheinung mit körperlichen, neurophysiologischen Grundlagen zu handeln. Man hat z. B. verschiedene Anhaltspunkte dafür, daß eine unzweckmäßig auf Rechtshändigkeit umgestellte Linkshändigkeit damit zusammen hängen könnte oder daß es sich insgesamt um eine Gestaltgliederungsschwäche handelt, bei der zwar ganze Gestalten, nicht aber Einzelheiten innerhalb derselben wahrgenommen werden. Die Therapie bezieht sich indessen hauptsächlich auf die Einübung eben dieser Wahrnehmung von Einzelheiten innerhalb ähnlich lautender Wörter bzw. Buchstaben und Silben, indem man in kleinen Schritten und mit häufigen Wiederholungen etwa den Unterschied zwischen dem Wort »Retter« und dem Wort »Ritter« oder zwischen »Schurz« und »Schutz« etc. herausarbeitet, was sich sowohl auf das richtige Lesen als auch auf das Schreiben dieser Wörter bezieht. Als besonders nützlich hat sich auch das Erlernen des *Schreibmaschinenschreibens* in diesen Fällen erwiesen, weil dadurch das konsequente Anschlagen der einzelnen Buchstaben geübt werden muß, was beim Handschreiben oft genug fast unbewußt und eben deshalb beim Legastheniker mit den charakteristischen Buchstabenvertauschungen (»Kanben« statt »Knaben« etc.) geschieht. (Das von uns selbst enwickelte Schreibmaschinenprogramm »Tipsi« ist in diesem Zusammenhang erwähnenswert, weil es sich auf kleine Kinder bezieht, die gerade dabei sind das Lesen und Schreiben zu lernen. Man kann mit diesem Programm einer evtl. vorhandenen legasthenischen Neigung gut zuvorkommen und dadurch verhindern, daß sie zum Ausbruch kommt. Ebenso eignet sich dieses Programm natürlich auch für therapeutische Maßnahmen, besonders bei pseudo-legasthenischen Erscheinungen.) Wichtig ist hierbei, daß sehr viele Störungen, die wie echte Legasthenie aussehen, in Wirklichkeit keine echte Legasthenie-Symptome sind, sondern lediglich Anzeichen dafür sind, daß das Kind nicht richtig lesen und schreiben gelernt hat, aus welchen Gründen auch immer. Spezielle Tests und andere Untersuchungsmethoden stehen dem (Schul-)Psychologen zur Verfügung, um die Frage, ob es sich um eine echte oder um eine Pseudo-Legasthenie handelt, zu klären. Eltern sollten, wenn diese Frage überhaupt auftaucht, den Rat des Fachmanns einholen und im übrigen gerade auf das sorgfältige Erlernen der Elemente des Lesens und Schreibens, nämlich der Buchstaben sehr großen Wert legen. Dies geschieht grundsätzlich unabhängig von der in der Schule verwendeten Methode des Lesens, man muß nämlich die Buchstaben auch sorgfältig erlernen, wenn man die »Ganzheitsmethode« anwendet, ebenso wie bei der »synthetischen« Methode; der Hauptunterschied liegt nur darin, daß man bei der ersteren, der »analytischen« Methode mit dem ganzen Wort oder dem ganzen Satz beginnt und erst später auf die Analyse der einzelnen Wörter und schließlich auf das Erlernen der Buchstaben kommt, während man bei der synthetischen Methode gleich von den Buchstaben ausgeht und sie nach und nach zu Wörtern zusammensetzt.

Rechenschwäche

Ähnliche Schwierigkeiten wie beim Lesen und Schreiben gibt es neuerdings auch häufiger beim Rechnen. Die *Rechenschwäche* war traditionellerweise gegenüber der Legasthenie sehr selten, wird aber neuerdings öfters beobachtet, so daß man annehmen darf, daß es sich bei vielen dieser Fälle vielleicht gar nicht um eine echte Rechenschwäche handelt, sondern eher um methodisch bedingte spezielle Störungen im Prozeß des Rechnenlernens, bzw. des Umgehens mit Zahlen. Beginnt man z. B. das Rechnen mit der Mengenlehre und achtet nicht darauf, daß die Schüler später einen organischen und logischen Übergang zum Umgang mit Zahlen und Zahlvorstellungen bekommen, so kann sich vorübergehend eine Quasi-Rechenschwäche zeigen, die aber dann wieder behoben ist, wenn man dem Kind geduldig und mit vielen Übungen eine echte Zahlvorstellung vermittelt, die sich natürlich nicht auf das Auswendiglernen von Einmaleinsreihen beschränken darf. Vielmehr muß das Zählen mit realen Gegenständen – die immer wieder ausgewechselt werden sollten – beginnen und ebenso muß das Addieren und Multiplizieren immer wieder mit verschiedenen realen Gegenständen und Situationen solange geübt werden, bis das Kind den schon oben erwähnten »Transfer« schafft und die Abstraktion zum Umgang mit den reinen Zahlen vollzogen werden kann.

Gedächtnisschwäche

Auch das *Gedächtnis* kann bei Kindern – und bei Erwachsenen – manchmal extrem schwach sein, ohne daß es in Wirklichkeit ein organisch bedingter Befund sein müßte. Wenn es ein solcher Befund ist, läßt sich dies allemal medizinisch-psychologisch feststellen und eine besondere Therapie müßte dann eingeleitet werden. Meistens jedoch handelt es sich dabei um die Folgen mangelnden Trainings. Das Gedächtnis muß nämlich schon im Kindesalter tatsächlich benutzt oder geübt werden, wenn es nicht verkümmern soll. Früher hatte man die manchmal etwas eintönigen Übungen zum Auswendiglernen ganzer Gedichte, doch stellte sich als Folge davon meistens ein recht gutes Gedächtnis ein, das heute meistens fehlt. Statt der Gedichte kann man natürlich auch sinnvollere Dinge und Zusammenhänge memorieren lassen, aber wenn gar nichts memoriert wird, ist es kein Wunder, wenn diese Fähigkeit weitgehend verkümmert. Der typische Erwachsene von heute scheint ja ebenfalls unter einer chronischen Gedächtnisschwäche zu leiden, weil er einfach alles vergißt, was er sich nicht aufschreibt. Man gewöhne sich einmal in kleinen Schritten daran, sich weniger aufzuschreiben – vielleicht zuerst nur die Anfangsbuchstaben der Wörter, die man sonst ganz aufgeschrieben hätte und dann diese auch nicht mehr – und sich die Dinge genau einzuprägen, und man wird bald sehen, daß das »verlorene« Gedächtnis wiederkehrt! Natürlich muß man sich »Gedächtnisbrücken« bauen, damit man die Dinge besser speichern kann. Man kann aber ein Wort sich dadurch genau so einprägen, daß man es wiederholt »innerlich« vor sich hinspricht als wenn man es wiederholt aufschreibt! Nur ist ersteres eine einfachere Methode! Im übrigen haben wir oben (s. Lernen) schon einiges über das Gedächtnis erwähnt, so daß wir es hier nicht mehr zu wiederholen brauchen.

Während nun die Psychologie im Bereich der Erziehung insgesamt schon weitgehend angewandt wird, was sich auch schon darin zeigt, daß es eine eigene »pädagogische Psychologie« mit eigenen Methoden und Forschungsrichtungen gibt, hat sich die Anwendung in anderen Bereichen des menschlichen Zusammenlebens weniger stürmisch entwickelt, obwohl es sich um z. T. sehr wichtige Bereiche des Lebens handelt. Es gibt praktisch wohl kaum einen Lehrer, der während seines Studiums nichts über Psychologie gehört hätte, aber es gibt sicherlich manchen Arzt oder manchen Juristen, dem dieses Wissensgebiet während des Studiums kaum vermittelt worden ist, obwohl es gerade diese Zusammenhänge sind, die er in seiner Praxis – neben seinen Fachkenntnissen – am häufigsten anwenden könnte! Ebenso steht es mit einer Reihe von Berufen und Aktivitäten, die alle aufs engste mit Psychologie verbunden sind, die aber nur wenig von der Psychologie Gebrauch machen. Wir wollen uns im folgenden einigen dieser Bereiche zuwenden.

IV. Psychologie in der ärztlichen und juristischen Praxis

1. Psychologische Aspekte der ärztlichen Praxis

Der Zusammenhang zwischen Psychologie und physiologischen Beschwerden, mit denen es der *Arzt* zu tun hat, ist bekannt, und wir haben oben schon auf die psychosomatischen Probleme unserer Zeit ausführlicher hingewiesen. Hier soll indessen darauf eingegangen werden, wie der Arzt in seiner Praxis, ohne seine Betrachtung der rein körperlichen Prozesse und Befunde zu vernachlässigen, durch psychologische Maßnahmen wirksamer sein kann als ohne diese Beachtungen.

a) Die Vorsorgeuntersuchung – warum so sehr gemieden?

Der erste Gesichtspunkt ist der der *Prophylaxe*, der vorbeugenden Maßnahmen, die sehr häufig ernstere Krankheiten verhindern können, weil diese im Anfangsstadium in aller Regel am ehesten zu behandeln sind. *Vorsorgeuntersuchungen* werden zwar allenthalben empfohlen, und doch ist es eine leidige Tatsache, daß immer noch sehr viele Menschen diese Gelegenheit nicht wahrnehmen. Als Ursache steht meistens ein psychologisches Phänomen im Hintergrund. Warum sollte jemand nicht zu einer Vorsorgeuntersuchung gehen, obwohl es ihn kaum etwas – außer der Zeit – kostet? Folgende psychologische Gegebenheiten können wir als die wichtigsten nennen.

b) Drei Patiententypen

Der mutige Patient. Wenn kein unmittelbar heftiger Schmerz empfunden wird, fühlt man sich auch nicht krank und geht daher nicht zum Arzt! Es ist eine bekannte Tatsache, daß man im allgemeinen erst dann von einer (eigentlichen) Krankheit bei sich spricht, wenn der Schmerz entsprechend stark ist. Sobald er da ist und dann aber mittels einer Tablette wieder vertrieben wird, fühlt man sich wieder »ganz in Ordnung«. Dies ist auch der Grund dafür, weshalb es vielen Menschen schwerfällt, sich an den Gedanken einer eigenen Krankheit oder gar des eigenen Todes zu gewöhnen. Viele Menschen weigern sich, ein Testament zu machen und eine Grabstätte zu erwerben – einfach weil sie sich nicht bereitfinden können, unabwendbare Tatsachen, die sie bei anderen akzeptieren, auch auf sich selbst anzuwenden. Erst wenn es wirklich »weh« tut, rafft man sich auf und geht zum Arzt – vorher versucht man es mit »Hausmitteln« und betrachtet den Gang zum Fachmann als Zeitverschwendung.

Der ängstliche Patient. Ein weiterer Grund liegt darin, daß der Mensch sich unbewußt vor Krankheit (und Tod) fürchtet, und er deshalb alles unternimmt, um die Wahrheit über eine solche Krankheit aus seinem Bewußtsein zu verbannen. Man will es einfach nicht so genau wissen, was man hat, man ist eher bereit, eine Lüge zu riskieren, den Arzt hinters Licht zu führen, um sich selbst ein besseres Gesundheitszeugnis zu erschwindeln. Wir wissen, daß der Patient, wenn er nüchtern zur Untersuchung kommen soll, auf die Frage des Arztes »Sind Sie wirklich nüchtern und haben Sie heute früh auch noch nichts gegessen?« meistens mit »Jawohl, absolut nüchtern!« antwortet, während er aber eher zuzugeben bereit ist, daß er doch schon etwas gegessen hat, wenn wir etwas anders fragen, indem wir sagen: »Haben Sie heute zum Frühstück Wurst oder Käse gegessen? Mit Ei oder ohne Ei? Haben Sie heute Kaffee oder Tee getrunken zum Frühstück?« Nach und nach wird herauskommen, daß es doch schon eine Tasse Kaffee mit Ei und etwas Käse war! –

Der Mensch neigt dazu, nicht eigentlich den Arzt hinters Licht zu führen, sondern – sich selbst! Man will nicht mit dem Bewußtsein einer Krankheit leben, sondern ist eher bereit, die Lüge völliger Gesundheit auf sich zu nehmen. Zwar hat der Arzt dennoch die Möglichkeit, eine objektive Diagnose zu stellen, aber das Verfahren wäre ungleich einfacher, wenn der Patient kooperieren würde.

Der unsichere Patient. Schließlich haben wir aber auch die vielen Patienten, die kleinere, ja unbedeutende Krankheitssymptome überbewerten, während das eigentliche Übel unterdrückt wird. Meistens sind es Menschen, die sich leicht beeinflussen lassen und die sich oft schon dadurch krank fühlen, daß jemand sagt: »Um Gottes willen, wie sehen Sie heute schlecht aus! Was haben Sie nur?« Manchmal handelt es sich dann um Anhänger extremer Therapierichtungen, um Nachfolger von »Gesundheitssekten« und dergleichen, die aber in Wirklichkeit lediglich der unbewußten Furcht des Menschen vor der Krankheit entgegenkommen und ihm so eine bessere Möglichkeit zur echten Behandlung indirekt rauben. In Wirklichkeit geht es also darum, durch eine entsprechende Aufklärungsarbeit den Menschen bereit zu machen, sich in regelmäßigen Abständen einer Vorsorgeuntersuchung zu unterziehen und mit einer gewissen Ehrlichkeit sich selbst gegenüber das zu akzeptieren, was der Fachmann entdeckt und rät. Entsprechendes gilt natürlich auch für die Zahnbehandlung, wo vielleicht die psychische Seite noch wichtiger sein kann, weil der Zahnschmerz und die Zahnbehandlung ziemlich unangenehm sind, und man deshalb schon von vornherein eine Abneigung hat, »sich anbohren« zu lassen! In Wirklichkeit könnte man dieses Bohren oft genug gerade dadurch vermeiden, daß man vorher und regelmäßig zu einer Kontrolluntersuchung ginge. In den letzten Jahren sind diese Gedanken staatlicherseits aber auch durch Versicherungsgesellschaften stark forciert worden, seit man erkannt hat, daß namhafte Beträge des Volksvermögens vergeudet werden, wenn diese psychologischen Gegebenheiten weiterhin vernachlässigt werden. Auch der Werbung kommt in diesem Zusammenhang eine durchaus positive Rolle zu, wenn man etwa an die massive Aufklärung denkt, die mit der Propagierung bestimmter Zahncremes, bestimmter Mundwässer oder auch bestimmter hygienischer Prozeduren (etwa mit einer bestimmten Seife) einhergeht. Natürlich versucht die Werbemaßnahme den Absatz eines bestimmten Produkts durch diese Aufklärung zu fördern, aber nebenbei fördert sie auch das Bewußtsein für solche elementaren Zusammenhänge!

c) Vertrauen zum Arzt – eine Frage psychologisch richtiger Behandlung

Abgesehen von diesen psychologischen Gegebenheiten im Zusammenhang mit Vorsorgeuntersuchungen und anderen prophylaktischen Maßnahmen ist nun die Psychologie von großer Bedeutung für den sinnvollen *Umgang des Arztes mit seinen Patienten*! Hier muß zuerst die uralte Bedeutung der Psychologie für das Entstehen eines Vertrauensverhältnisses zwischen Arzt und Patient und zwischen Patient und Medikament erwähnt werden. Manches Medikament ist sicherlich mehr wegen seiner psychologischen Wirkung so erfolgreich als wegen seiner physiologischen! Und mancher Arzt ist hauptsächlich wegen seiner guten Psychologie ein so erfolgreicher Arzt und weniger wegen seiner überlegenen Sachkenntnis (die er mit vielen anderen gemeinsam hätte)!

So genommen kommt es nicht darauf an, eine Krankheit zu therapieren, sondern immer, einen Menschen zu behandeln – und ein wesentlicher Teil am Menschen sind seine Ängste, seine Vertrauens- oder Mißtrauenseinstellungen und seine positiven Erwartungen, die den Heilerfolg wesentlich beeinflussen können, sowohl zum Positiven wie auch zum Negativen. Ein heftiger Schmerz im Rücken kann einerseits durch eine Röntgenaufnahme erklärt werden oder andererseits auch durch die Probleme mit einer unleidlichen Schwiegermutter! Magenschmerzen können von einem Geschwür herrühren, aber auch von der Angst, im Beruf zu versagen!

Im Grunde sollte der Arzt die Motivationslage seines Patienten möglichst erkennen – wie wir es oben schon mit den fünf Grundmotiven angedeutet haben – und ausgiebig darauf eingehen. Niemals kann es beispielsweise richtig sein, die Ängste eines Patienten lächerlich zu machen, selbst wenn man erkennt, daß sie in Wirklichkeit grundlos sind. Ein Mensch mit Angst muß mit dieser Angst ernst genommen werden. Allerdings kann man sie dadurch anschließend abbauen, daß man ihm die Einsichten in die wirkliche Situation vermittelt und so zu mehr Zuversicht und Optimismus hinführt. Aber selbst bei der Vermittlung solcher Einsichten gilt es, die Individualität des Patienten zu respektieren. Es gibt eigentlich keine zwei exakt gleiche Menschen, selbst dann nicht, wenn zwei Menschen eine fast gleiche Krankheit haben sollten! Jeder hat seine eigene, strikt individuelle Krankheit, und sie kann nur auf einem strikt individuellen Wege kuriert werden! Beim einen Patienten müssen wir uns die Zeit nehmen und ihm alle Details seiner Symptomatik und seiner Therapie erklären, wenn sie wirksam sein soll – beim anderen wiederum wäre dies völlig verkehrt, weil der nur in Andeutungen die Wahrheit seiner Situation wissen will, während ihn alles andere völlig erdrücken würde. Die meisten Menschen allerdings finden es sympathischer, eine schwere Krankheit zu haben und durch ihre besondere Vitalität relativ rasch wieder aus diesem Zustand herausgekommen zu sein. Jedenfalls wäre dies beim Erzählen vor Freunden und Verwandten besser, als wenn man zugeben müsse, daß man ziemlich lange mit einer Trivialkrankheit zugebracht hätte! Mancher ist sogar mächtig stolz auf die »allerschwerste« Krankheit, die er speziell durchgemacht – und sogar überwunden hat. Natürlich sind solche Schilderungen auch eine ausgezeichnete Empfehlung für den Arzt selbst – eine der besten Methoden, um einen neuen Arzt z. B. in einer Stadt überhaupt einzuführen und bekannt zu machen. Er wird sich über Zulauf dann kaum beklagen können.

Andererseits besteht auch immer eine gewisse Gefahr in der übetriebenen Betonung der Ernsthaftigkeit eines bestimmten Falles, weil nämlich der Patient u. U. dazu tendiert, diese Aussage des Arztes nochmals zu übertreiben und mit dieser dann als »hoffnungslos« geschilderten Krankheit zu einem Laientherapeuten zu gehen, der sich dann seinerseits rühmen kann, er habe einen Patienten, den der Arzt »aufgegeben« habe, auf Anhieb »geheilt«!

d) Spezielle Probleme der Behandlung weiblicher Patienten

Eine besondere Situation besteht nun zwischen dem Arzt und dem *weiblichen Patienten*. Weil schon in der Kindheit Krankheit mit Strafe und diese wieder mit den Eltern, besonders mit dem Vater, assoziiert wird, ist es nicht verwunderlich, daß das Mädchen und auch die Frau den Arzt, dem sie schließlich viel über ihre Krankheit und ihre intimen Probleme anvertraut, unbewußt mit dem Vater verbindet und sogar gleichsetzt, so daß weibliche

Patienten sehr häufig zum Arzt eine ähnliche Haltung einnehmen wie zum eigenen Vater: sie sind ihm ebenso ergeben, verehren und lieben ihn ähnlich, und sind ihm aber auch ähnlich »hörig«, empfinden seine Empfehlungen als ebenso bindend wie die Anordnungen des Vaters. Manchmal ergibt sich auf diese Weise sogar ein gewisser Konflikt zwischen der psychologischen Position des Ehemannes einer Patientin und der des Arztes: der Arzt weiß manchmal mehr über ihre intimen Probleme als der Gatte, so daß die Bindung zum Arzt auch als Mensch intensiver werden kann als die zum Ehepartner. In diesem Falle wird dies vielleicht der Patientin schließlich bewußt, so daß sie sich ihrer Gefühle regelrecht schämt und – als Reaktion darauf – sich gegen den Arzt stemmt, ihn ablehnt und schlecht macht. Sie entwickelt, mit anderen Worten, dieselben ambivalenten Gefühle (zweiwertigen Gefühle) zum Arzt, wie sie sie auch dem Vater gegenüber entwickelt hatte, als sie ihn – unbewußt – geliebt und ihn aber gleichzeitig auch gehaßt und abgelehnt hat, letzteres weil sie bemerkte, daß die Liebe zum Vater die eigentliche Ursache für ihre Ablehnung der Mutter gegenüber war! Wir haben bei der Erörterung des Ödipuskomplexes bereits über diese Schwierigkeit während der Kindheit des Menschen gesprochen.

Bereits dadurch, daß der Patient in voller Diskretion und Entspannung über seine Probleme, auch psychischer Art, mit dem Arzt sprechen kann, erreicht man sehr häufig schon eine Art »Therapie«, in all denjenigen Fällen nämlich, deren Ursache vornehmlich im psychischen Bereich liegen und die eigentlich weniger medikamentös als psychologisch bzw. psychiatrisch behandelt werden sollten. Der Anteil solcher Krankheiten in der normalen ärztlichen Praxis kann nur geschätzt werden. Man geht aber wahrscheinlich nicht fehl, wenn man – besonders auch bei weiblichen Patienten – von einem sehr hohen Prozentsatz, der möglicherweise bei mindestens 30–40% liegen könnte, ausgeht. Zeit zum Zuhören, unbedingtes Eingehen auf die Patientin, indirekte Gesprächsführung (»Mh-Technik«) sind Hinweise, die in diesem Zusammenhang sicherlich wichtig sind.

Gelegentlich aber kann es auch zu echten Konflikten zwischen Patientin und Arzt deshalb kommen, weil die Fixierung der Patientin auf den Arzt allerlei phantastische Reaktionen produzieren kann, die den Arzt u. U. in arge Verlegenheiten bringen kann. Gerüchte können auf diesem Wege entstehen, wonach es z. B. zu einem intimen Kontakt zwischen dem Arzt und seiner Patientin gekommen sei, wonach »ein Verhältnis« bestehe, während dies doch in Wirklichkeit nur eine Art von »Wunschphantasie« gewisser Patientinnen darstellt. Hier empfiehlt es sich für den Arzt, bei seinen Konsultationen immer eine Helferin, Assistentin oder Schwester in der Nähe zu haben, so daß er, namentlich bei solchen Patientinnen, kaum ganz allein mit ihr ist. Zum anderen empfiehlt sich manchmal auch ein relativ radikaler Abbruch der Vater-Fixierung, bevor es zu solchen Phantasien kommt, die natürlich einer Praxis mehr schaden als nützen.

e) Der ideale Arzt – Vorstellungen und Anregungen

Überhaupt ist ja der Arzt in einer schwierigen Lage, wenn er etwa als neu niedergelassener Arzt für sich bzw. seine Dienstleistungen »*werben*« möchte. Jede Art von Werbung, die andere Berufe ohne Schwierigkeiten in den üblichen Medien vornehmen dürfen, ist dem Arzt ja versagt. Er kann höchstens ankündigen, daß er zugezogen und niedergelassen sei, oder daß er umgezogen oder vom Urlaub zurück sei, aber eine regelrechte werbepsychologische Kampagne, die die Aufmerksamkeit auf seine Dienste lenken könnte, kann er nicht vornehmen. Wie also soll er vorgehen?

Das ziemlich einzige, was er wirklich in dieser Richtung unternehmen kann, ist eine psychologisch geschickte Behandlung seiner Patienten, damit diese ihre Zufriedenheit in ihrem Bekanntenkreise weitererzählen und auf diese Weise eine indirekte, sehr wirksame Werbung erreicht wird. Wer hierbei sein »Vaterimage« ausspielen kann, wer also gleich beim Betreten des Raumes ein absolutes Vertrauen ausstrahlt und gleichzeitig völlige Ruhe und sachliche Überlegenheit mit Freundlichkeit und Verstehensbereitschaft verbindet, hat hier einen gewaltigen Vorteil vor jenem Arzt, der unsicher, nervös, gehetzt und eher bescheiden wirkt! Gerade für den weiblichen Patienten ist der Arzt immer eine Art »Vater«, wie wir schon sagten, aber auch für den männlichen Patienten empfiehlt sich das Image der sachlich-ruhigen Überlegenheit und Autorität, aber ohne die geringste Tendenz zur Besserwisserei! Damit hängt es auch zusammen, daß man junge Leute heute ohne weiteres als Direktoren und Spitzenkräfte in der Wirtschaft nicht nur akzeptiert, sondern garadezu fordert, daß man aber dennoch seinen Arzt nur ungern unter den »ganz Jungen« wählt. Schließlich vermutet man beim Älteren mehr Erfahrung und »Reife«, vor allem aber – und das unbewußt – eine »Vaterfigur«. Als junger Arzt muß man daher genau diejenigen Persönlichkeitszüge zu entwickeln versuchen, die der Patient einem »Vater« normalerweise zuordnet – dies geht sogar bis ins Äußerliche hinein: die allerletzte Jugendmode trägt meistens nicht zum Vaterimage bei, sondern eher eine leichte Tendenz zum Konservativen.

So empfiehlt es sich denn für den Medizinstudenten mehr als für viele andere Fachrichtungen, während seiner Medizinstudien auch noch Vorlesungen oder Seminare in Psychologie zu hören, ist es doch vielleicht gerade die Psychologie, die im Beruf wesentlich zu seinem Erfolg beiträgt!

f) Aus der Sicht des Patienten: Wie behandle ich meinen Arzt?

Da sich Arzt und Patient in einem Partnerschaftsverhältnis befinden, ist es wichtig, dieses Verhältnis auch kurz aus der Sicht des Patienten zu betrachten. Wir haben gesehen, daß das Vertrauen des Patienten zu seinem Arzt eine entscheidende Voraussetzung für den Heilerfolg darstellt. Deswegen ist es unerläßlich, daß man sich als Patient einen Arzt aussucht, zu dem man ein solches Vertrauensverhältnis haben kann. Nicht jeder Mensch ist uns gleich »vertrauenswürdig«, genauso wie uns nicht jeder Mensch gleich sympathisch ist. Es hat keinen Sinn, sich zu einem Arzt zu begeben, den man innerlich ablehnt und den man nur aufsucht, weil er einem »empfohlen« wurde!

Hat man aber ein Vertrauensverhältnis zum Arzt aufgebaut, so gilt es vorbehaltlos die Krankheitssymptome möglichst exakt und realistisch zu schildern. Wichtig dabei scheint, daß wir nicht versuchen sollten, die Therapie gleichsam vorwegzunehmen, indem wir unsere eigene Deutung der Ursachen oder der Krankheitsbezeichnung mit in die Schilderung der eigentlichen Krankheitssymptome vermischen. Dies würde sicherlich dem Arzt wenig nützen und ihn sogar von seiner eigentlichen Arbeit ablenken. Er kann sich schließlich nur dann vorbehaltlos unserer Situation zuwenden, wenn wir ihm wirklich anvertrauen, was wir »haben«.

Es gibt nun eine Reihe von Leiden, die uns so peinlich sind, daß wir sie nicht eigentlich beim Namen nennen wollen. Beim Arzt aber sollen wir es tun. Schließlich steht er stets auch unter seiner ärztlichen Schweigepflicht! Und Eitelkeit wäre bestimmt immer falsch am Platz – schließlich wären wir dann die Dummen, wenn wir eine verkehrte Medikation erhalten.

Es schmeichelt auch meistens der Eitelkeit des Arztes, wenn wir ihn echt konsultieren, wenn wir ihn um seinen Rat fragen, anstatt diesen Rat jeweils schon selbst zu formulieren und ihm dadurch gleichsam »die Schau zu stehlen«. Es wäre dann kein Wunder, wenn wir weniger engagiert behandelt würden, als wenn wir sozusagen an den Ehrgeiz des Arztes als Menschen appellieren.

Darüber hinaus aber ist es sicherlich für die Arbeit des Arztes von großer Bedeutung, ihm nach der exakten Schilderung der eigentlichen Symptome auch Hinweise auf unsere psychische Befindlichkeit zu geben. Wir können ihm auch mit Vorteil unsere Vermutungen über die Zusammenhänge dieser Symptome mit eventuellen Ursachen sagen, aber man sollte dies vielleicht besser in der Form von Vermutungen tun, so daß der oben erwähnte Effekt einer Herabsetzung des Arztes unterbleibt.

Haben wir schließlich auf diesem Weg einen Arzt gewonnen, der uns kennt und zu dem wir Vertrauen haben, so sollten wir nicht ohne Grund wechseln, sondern wirklich bei diesem Arzt so lange wie möglich bleiben. Schließlich müßten wir dieselbe umständliche Prozedur des psychischen Bekanntwerdens von Mensch zu Mensch mit einem neuen Arzt wieder von vorne beginnen, ganz abgesehen davon, daß uns der neue Arzt wieder von Grund auf untersuchen müßte. –

Anders ist es selbstverständlich, wenn wir eine Krankheit haben, die in die Hand eines Facharztes gehört, zu dem wir dann wahrscheinlich auch durch unseren Hausarzt geschickt werden. In diesem Fall müssen wir uns natürlich wieder neu auf diesen Spezialisten einstellen, auch ohne daß es vielleicht zu einer Vertrauens-Dauerbindung kommt, weil wir nach Behandlung der speziellen Krankheit ja wieder bei unserem Hausarzt weiterversorgt werden.

Manchmal kommt man leider in die Situation, mehrere Fachärzte gleichzeitig aufsuchen zu müssen oder sich sogar in eine Klinik zu begeben. Auch in diesen Fällen sollten wir uns stets bewußt bleiben, daß das, was für uns vielleicht eine absolute Ausnahmesituation, eine Einmaligkeit ist, die uns außerordentlich beschäftigt und bedrückt, für die Ärzte und ihr Personal weiter nichts als eine Art »Routine« ist. Wir müssen versuchen, dies zu verstehen und uns an die Situation in der Klinik anzupassen, nicht Überempfindlichkeiten oder unberechtigte Essensforderungen etc. äußern. Je besser wir uns in den eingefahrenen Ablauf in einer Klinik oder in einer Facharztpraxis einordnen, desto engagierter wird auch die Behandlung sein, die wir erfahren. Man wende nicht ein, daß schließlich das Personal und auch der Arzt verpflichtet seien, alle gleich zu behandeln! Das ist zwar im Grunde richtig, aber in der Praxis spielen dennoch – und niemand wird es ernsthaft bestreiten können – sehr viele psychologische Momente eine erhebliche Rolle: es liegt also mit an uns, wenn wir den Eindruck haben, das Personal oder die Ärzte kümmerten sich zu wenig um uns. Kümmern wir uns denn wirklich um sie? Kommen wir ihnen so entgegen, daß wir erwarten könnten, daß sie sich über das normale Maß hinaus für uns interessieren?

Erst wenn wir diese Fragen positiv beantworten können, werden wir erfahren, daß sogar eine längere und ernsthafte Krankheit vielleicht sogar ein positives Erlebnis für uns werden kann: In Leid und Schmerz reift der Mensch zu seiner eigentlichen Persönlichkeit heran. Viele sagen sogar, daß uns das Schicksal begünstige, wenn es uns leiden ließe, weil wir dadurch innerlich stärker werden können. Wir können durch die Art, wie wir eine schwere Krankheit ertragen, für unsere Mitmenschen ein Beispiel geben, an das diese sich noch lange erinnern werden, wenn wir aus der Klinik und der Behandlung entlassen sind, ja auch dann, wenn wir vielleicht schon nicht mehr unter den Lebenden sein werden. Schließlich sind es besonders und gerade solche Eindrücke, die sich in einen Menschen gleichsam eingraben und zum bleibenden Bestand seines Gedächtnisses werden. Wir helfen vielleicht einem anderen Menschen mehr als wir denken, wenn wir selbst in diesen schwierigen Situationen Würde bewahren, Geduld üben und immer wieder zum Ausdruck bringen, daß wir die vielen auch kleinen Dienstleistungen des Arztes und seines Personals nicht als Selbstverständlichkeiten hinnehmen, sondern als dankenswerte Hilfen. Sprechen wir dies ruhig so oft wie möglich aus; »loben« wir einmal eine Schwester – und auch einen Arzt – und wir werden sehen, wie sich plötzlich aus einer Gleichgültigkeit eine sympathische Zuwendung entwickelt! Daß dadurch unter Umständen dem Arzt sogar schließlich besonders an unserer Genesung gelegen ist, ist dann mit eine Folge unserer eigenen psychologischen Behandlung des Arztes als Mensch – und wir können uns dies ohne weiteres zugute halten.

Bei einem längeren Kontakt mit dem Arzt wird es nicht ausbleiben, daß wir als Patienten in der Lage sind, die Grundmotivation des Arztes zu erkennen, so daß wir an eben dieser unbewußten Erwartungshaltung des Arztes anknüpfen können und unser Gespräch dementsprechend aufbauen. So wie uns der Arzt, wie wir schon gesehen haben, möglichst nach unseren unbewußten Grundmotiven behandeln sollte, so können wir umgekehrt auch den Arzt ebenso ansprechen, und wir werden dann sehen, daß die Verständigung reibunsloser funktioniert als vorher. Einen Prestige-Arzt, der das unbewußte Bedürfnis nach Bewunderung und sozialer Anerkennung an der Spitze seiner Motive hat, müssen wir sicherlich ganz anders ansprechen als einen Arzt, der nach Sicherheit strebt und in aller Unauffälligkeit, vielleicht sogar etwas gehemmt und übervorsichtig, seine zuverlässige Diagnose stellt. Auch den nach dem dritten Motiv (Vertrauen und persönlicher Kontakt) ausgerichteten Arzt werden wir unschwer erkennen und dementsprechend behandeln können. In diesem Falle ist es sogar wohl besonders leicht. Am schwierigsten wird wohl der Umgang mit dem nach dem vierten Grundmotiv (Normenorientiertheit) ausgerichteten Arzt sein, weil hier alles vermieden werden muß, was auch nur entfernt nach einer persönlichen Begünstigung, nach einer Art Ungerechtigkeit, aussehen könnte. Betonen wir aber hierbei unsere eigene Bemühung um Objektivität und Pünktlichkeit, so werden wir unter Umständen gerade bei diesem Menschen genau den Eindruck machen, den wir uns erwünscht haben. Entsprechend wäre auch der Umgang mit dem nach dem fünften Motiv ausgerichteten Arzt mehr von seiner Sachlichkeit und Nüchternheit her zu gestalten. Jede zu detaillierte Ausschmückung wäre in diesem Falle verkehrt. Man beschränke sich vielmehr auf das Notwendige und Faktische und versuche nicht, die unabhängige Entscheidung des Arztes durch eigene Kombinationen und Vermutungen einzuengen, strebt doch dieser Arzt vor allen Dingen nach Unabhängigkeit und nach Übernahme eigener Verantwortung!

Im Grunde geht es also darum, sozusagen das »Menschliche« im Arzt zu erkennen und darauf die »Behandlung« aufzubauen. Der Arzt behandelt nicht nur uns, sondern wir behandeln ihn ebenfalls, indem wir bei ihm vorhandene Erwartungen entweder beachten und möglichst befriedigen oder sie unbeachtet lassen. Im letzteren Falle hätten wir keinen Gebrauch von den psychologischen Erkenntnissen gemacht und lediglich so »getan«, als sei der Arzt durch seine Verpflichtung zum Helfen völlig frei von persönlichen Einstellungen, während doch in Wirklichkeit gerade diese persönlichen Einstellungen es sind, die sehr wesentlich zur positiven Bedeutung der Arzt-Patienten-Partnerschaft beitragen können.

2. Psychologische Aspekte der juristischen Praxis: Wandel des Rechts – Wandel der Richter?

Was wir für den Arzt festellen konnten, gilt übrigens in vollem Umfang auch für den Zahnarzt und auch, mit einigen Zusätzen für den Richter und *Rechtsanwalt*, worauf wir jetzt kurz eingehen wollen: Das Recht besteht im Grunde aus den kodifizierten Verhaltensformen der Menschheit und ist daher auch wesentlich mit Psychologie verbunden. Da sich aber Rechtsauffassungen ebenso wie die Verhaltensformen der Menschen, wenn auch nicht so rasch, verändern, muß auch der Jurist bei aller Bestrebung, das verbriefte Recht zu wahren, doch auch immer wieder Neuorientierungen und Innovationen der Gesetzgebung wie auch der Interpretation des Rechts aufgreifen. So hat sich in der Regulierung des menschlichen Verhaltens von einer ursprünglichen Betonung der Straffunktion (»Auge um Auge...«) eine zunehmende Hinwendung zur Abschreckung (öffentliche Hinrichtungen etc.) und schließlich zu vorbeugenden, »präventiven« juristischen Maßnahmen entwickelt. Damit aber ist der Jurist noch mehr in die Nähe des Psychologen gerückt. Als einer, der einem Verbrechen vorbeugen möchte, muß er bestrebt sein, die Motive des Menschen zu erkennen, die ihn möglicherweise zum Verbrecher werden lassen. Er wird damit auch gleichzeitig zum Erzieher, weil er ja auch bemüht sein muß, die Motivationen zum Positiven hin zu verändern. Auch spielt die Psychologie insofern beim Juristen in der Praxis eine Rolle, als der Unterschied zwischen den potentiellen Straftätern, insbesondere hinsichtlich ihres Alters und ihrer Herkunft und ihres Geschlechts, immer wichtiger wird, wenn es darum geht, ihre eigentlichen Motivationen zu gewichten. Auch die Intelligenz und vor allem die Intensität der Gefühle und Leidenschaften eines Menschen sind wichtig für die Beurteilung einer Tat. In wieweit ist ein Mensch mit verminderter Intelligenz dennoch verantwortlich für eine Tat, die nicht rechtskonform ist? Kann man überhaupt voraussetzen, daß angesichts der ungeheuren Flut von Gesetzen und Vorschriften jeder Mensch in der Lage ist zu wissen, was wirklich rechtens ist? Man denke nur an den Straßenverkehr und seine immer komplizierter werdende juristische Regelung: jeder Autofahrer ist ja eigentlich schon fast in einem Konflikt mit den Gesetzen, wenn er sich in sein Fahrzeug setzt, falls er nicht vorher genau kontrolliert hat, ob alle wesentlichen Funktionen zuverlässig ablaufen, einschließlich Rücklichter, Bremsen etc.!

a) Ursachen des Verbrechens – ist rechtmäßiges Verhalten erlernbar?

In Wirklichkeit aber hat richtiges Verhalten immer wesentlich etwas zu tun mit der Fähigkeit, richtiges Verhalten zu lernen. Angeboren ist zwar eine Art »Gefühl« für grundsätzlich »Richtiges und Falsches«, aber im Detail ist sicherlich diese angeborene Fähigkeit ungenügend. Oft genug sagen wir ja auch, daß Unwissenheit nicht vor Strafe schützt! Damit haben wir aber die Verbindung zwischen Lernpsychologie und der Rechtswissenschaft bzw. zwischen beider praktischer Anwendung. Die Ursachen für kriminelles Verhalten sind daher die gleichen wie für gesetzestreues Verhalten: sie kommen einmal aus der Umwelt in Form der Stimuli, die uns zu bestimmtem Handeln anregen, und zum andern kommen sie aus »dispositionellen Faktoren«, zu denen besonders die Art der seitherigen Erfahrungen – einschließlich unserer Erziehung gehören.

Nehmen wir beispielsweise ein 5jähriges Kind, das von seiner Mutter wiederholt dafür bestraft wurde, daß es in einem Supermarkt seine Taschen mit Bonbons gefüllt hat, um später mit diesen Schätzen vor seinen Spielkameraden zu prahlen, während dieselbe Mutter ihrem kleinen Sohn aber erlaubt hat, zu Hause jederzeit an die Familienkasse zu gehen und sich dort Geld zu nehmen, um sich nach Belieben kleine Wünsche wie Eiskrem, Schokoladen oder kleinere Spielsachen zu kaufen. Auf die letztere Erziehungsmaßnahme waren sowohl der Vater als auch die Mutter sogar besonders stolz, weil sie so progressiv sei und sozusagen das leidige Problem mit dem Taschengeld aus der Welt räume: dieses Kind kann von Anfang an mit Geld umgehen, und es wird auch nicht gerade einen Nachteil daraus für den späteren Rechenunterricht haben – so lautete die Meinung der Eltern. Aber für das Kind entstand schließlich gerade durch diese Besonderheit seiner Erziehung – über deren Wert hier noch gar nicht entschieden werden soll – eine Unfähigkeit, den Stimulierungen in den Auslagen des Supermarkts zu widerstehen: warum sollte man auch zu Hause sich bedienen dürfen und im Laden nicht?

Oder nehmen wir die zahllosen Verherrlichungen von kriminellen Taten durch unsere Zeitungen und vor allem durch Radio und Fernsehen! Kaum wird über »gute« Taten so viel gesprochen und geschrieben wie über kriminelle! Wenn man wirklich »berühmt« werden will, so könnte ein unbefangener Beobachter meinen, dann muß man doch Krimineller werden, denn eine ausgefallene und so richtig böse Handlung wird weit begieriger zur Kenntnis genommen als irgend eine gesetzeskonforme Verhaltensweise, zumal das letztere ja die Regel ist und zudem fast nur Mühe und Entbehrung mit sich bringt, während das Strafbare ohne zuviel Mühe zu materiellem Vorteil und sozialem Prestige hinführen kann – wenn auch mit dem Risiko der Strafe!

Man kommt zu dem Ergebnis, daß »rechtmäßiges« Verhalten ähnlich gelernt werden muß wie etwa schulisches Wissen auch: Wir lernen beides durch Verstärkungen, also durch positive Rückmeldungen und Erfolgserlebnisse. Wenn also die Verstärkung für rechtmäßiges Verhalten häufiger und intensiver war als für unrechtmäßiges Verhalten, dann wird eine Motivation für rechtmäßiges Verhalten entstehen, wenn die Eindrücke aber umgekehrt sind, dann wird sich der Mensch in der verkehrten Richtung entwickeln und um so tiefer in diese Sackgasse geraten, je mehr Verstärkungen er durch sein unerwünschtes Verhalten erhält, d. h. auch um so seltener er dabei ertappt und korrigiert wird. Ein Krimineller ist sich ja der Unrechtmäßigkeit seines Handelns durchaus bewußt – auch wenn er sich selbst eine Art Alibi dafür rational zurechtlegt –, wenn er aber nicht korrigiert wird, erfährt er eine Verstärkung für sein unrechtmäßiges Tun und entwickelt so eine Tendenz zur Wiederholung dieser Handlung, eine »Motivation«, die bald stärker sein wird als die zum rechtmäßigen Verhalten, die nur selten angewandt und noch seltener verstärkt wurde.

b) Muß Strafe sein? Zur Problematik des Strafens

Natürlich gibt es auch noch andere Möglichkeiten, sich die Ursachen der Kriminalität zu verdeutlichen. Vom psychologischen Aspekt her erscheinen die aufgeführten Zusammenhänge aber als besonders wichtig, weil sie gerade in der Erziehung, in der Partnerschaft und in der Familie leicht angewandt werden können. Besonders interessant ist in diesem Zusammenhang auch die Frage nach der Berechtigung und der Bedeutung der Strafe bei der prophylaktischen Behandlung des Straffälligen! Wir wollen hier nicht über den Wert der Todesstrafe diskutieren, weil dies nicht nur ein psychologisches, sondern wohl auch ein politisches und völkerpsychologisches Problem wäre. Aber die Bedeutung der Strafe insgesamt für die Vermeidung einer Straftat ist in Wirklichkeit sehr wohl ein psychologisches Problem. Kann das Zusehen bei der Verhängung einer Strafe einen potentiellen Täter von seiner Tat abhalten oder nicht?

Zunächst können wir aus den Erkenntnissen der pädagogischen Psychologie aussagen, daß Strafen durchaus sinnvoll sein können, es aber nicht immer sein müssen. Sie können sinnvoll sein, wenn sie im unmittelbaren Zusammenhang mit der zu bestrafenden Tat verabreicht werden. Sie sind aber unwirksam, wenn sie erst viel später oder jedenfalls so verabreicht werden, daß der Täter keinen direkten Zusammenhang zwischen Strafe und Handlung mehr erfahren kann. Besonders negativ wirkt schließlich die Strafe dann, wenn sie zwar ausgesprochen wird, aber nach Begehung der Tat nicht verabreicht wird; denn dann wirkt sie wie ein Verstärker, also wie ein Lob für die Untat, was die kriminelle Disposition erhöhen muß.

Als Konsequenz hieraus müßte man z. B. wünschen, daß nur das unter Strafe gestellt wird, was wirklich exakt kontrolliert oder überwacht werden kann. Sobald dann trotz des Verbots die betreffenden Handlungen gezeigt werden, muß die Strafe sofort und ohne Verzögerung vollzogen werden. Wenn sich eine Strafe nicht gleich vollziehen läßt (man denke an die langen Zeiten in der Untersuchungshaft!), ist dies psychologisch sehr bedenklich, weil der Betroffene kaum noch dieselbe Einstellung zu seiner Tat haben wird, wenn er bestraft wird und erst recht nicht, wenn er nach der langen Verhandlung wieder freigesprochen wird. Wenn beispielsweise die Mutter oder der Vater zu Hause eine bestimmte Verhaltensweise des Kindes unter Strafe stellt und betont, daß es einfach »verboten« sei, sich Geld aus der Kassette zu nehmen, dann muß er dafür sorgen, daß jedes Übertreten dieses Verbots tatsächlich auch entdeckt und möglichst sofort bestraft wird. Andernfalls sollte ein solches Verbot mit Strafandrohung gar nicht erst ausgesprochen werden. Man kann dann ja auf andere Weise versuchen, dem Kind klar zu machen, daß es das Geld nicht aus der Kassette nehmen soll, aber man dürfte keine direkte Strafe ankündigen für den Fall, daß es dennoch so handelt.

In ähnlicher Weise könnte man nun auch im Erwachsenenbereich auf zahllose Ungereimtheiten in unserem Zusammenleben hinweisen. Man denke etwa an die außerordentlich vielen *Verbote* besonders im Straßenverkehr, die ja alle in einem jedermann bekannten Katalog zusammengefaßt und mit bestimmten Strafpunkten versehen sind. Zwar ist es keineswegs »angeboren«, in der Stadt nur mit einer Geschwindigkeit von 50 km zu fahren, auch wenn die Stadt absolut menschenleer wäre, aber jeder Führerscheinbesitzer weiß, daß eine Geschwindigkeitsüberschreitung eine strafbare Handlung ist. Nun gibt es wahrscheinlich nur wenige Autofahrer, die nicht doch schon gelegentlich wider besseres Wissen dieses Verbot übertreten hätten und sei es auch nur nachts, als sie einmal noch spät auf dem Heimweg waren und so gut wie niemand auf der Straße war, so daß die Versuchung, schneller zu fahren, als 50 km einfach sehr groß war! Wenn man nun hierbei erwischt wurde – und das wird in der Tat bei sehr vielen Autofahrern so gewesen sein –, so ist auf diesem Weg bereits eine unerwünschte Konditionierung in Richtung auf häufigeres Übertreten dieses – und wohl auch anderer Straßenverkehrsverbote erfolgt. Am Schluß kann diese neue Motivation wesentlich stärker werden als die, sich an die Vorschriften zu halten. Im Grunde müßte man also auf alle jene Verbote (und Verbotsschilder!) verzichten, deren exakte, fast automatische Kontrolle man nicht garantieren kann. Diese Erkenntnis spielt natürlich auch im Wirtschaftsbereich eine bedeutende Rolle: die Neigung z. B. bei einer Abrechnung oder bei einer Steuererklärung nicht ganz pedantisch alles anzugeben, was erfragt wird, ist sehr weit verbreitet, wie man weiß. Dies ist aber dennoch ebenfalls »gelernt« worden, weil wir solches Verhalten zwar unter Strafe stellen, es aber selten zu kontrollieren in der Lage sind und noch seltener eine entsprechende Strafe wirklich verabreichen können oder wollen bzw. eine besonders lange Phase zwischen dem Entdecktwerden und dem Urteil verstreichen lassen.

c) Prophylaktische Maßnahmen gegen die Kriminalität

Die eigentliche Prophylaxe gegen kriminelle Neigungen liegt mithin in der Pädagogik, die die psychologischen Erkenntnisse verwerten kann. Allerdings gehört die richtige Art zu strafen und zu loben auch mit zu diesen pädagogischen Maßnahmen. Bereits während der Kindheit muß der Mensch lernen, Gebote und Verbote zu beachten; die Erziehung muß gültig aber konsequent sein, so daß die wenigen Verbote, die wirklich notwendig sind und deren Einhaltung kontrolliert wird, auch zu Strafen führen, wenn sie nicht beachtet werden, während die eingehaltenen Gebote so konsequent zu Lob und Anerkennung führen. Mehr und mehr sollten diese äußeren Hilfen zurückgenommen werden, und der Mensch sollte dann aus eigenem Antrieb heraus und ohne größere äußere Kontrolle das Richtige tun wollen! Auch religiöse Motive können sich hierbei außerordentlich förderlich auswirken.

Andererseits müssen wir bestrebt sein, die Ursachen für aggressives Verhalten zu beseitigen, also Frustrationen möglichst zu verhindern. Die Grundmotive des jungen Menschen müssen abgesättigt werden können, und die Welt, in der der Mensch leben soll, muß so beschaffen sein, daß diese Grunderwartungen ohne große Zugeständnisse befriedigt werden können, sonst ist das Leben nicht eigentlich lebenswert!

Die Sexualenergie muß sinnvoll sublimiert werden, indem Kinder und Jugendliche lernen, mit dem anderen Geschlecht spielerisch und sportlich umzugehen und sich gegenseitig zu tolerieren. Hierbei kann der Sportunterricht eine besondere Bedeutung haben. Auch müssen wir besondere Angebote und Methoden bereit halten, um der zunehmenden Freizeitprobleme des modernen Erwachsenen Herr zu werden. Dank moderner Maschinen und Produktionsmethoden wird ja der Freizeitanteil für die meisten Menschen immer größer. Es wäre verhängnisvoll, den Menschen mit den dadurch entstehenden Problemen einfach alleine zu lassen. Vielmehr müssen hierfür Kurse und Vorbereitungen angeboten werden, die eine ähnliche Funktion haben wie die Vorbereitung auf die Pensionierung, auf eine Krankheit oder auf einen sinnvollen Urlaub. Wenn wir dies nicht bewältigen, werden gerade hieraus neue Ursachen für kriminelle Handlungen entstehen. Schließlich dürfen wir nicht länger Kriminelle als Quasi-Helden unserer Zeit in den Massenmedien abbilden, sondern eher den ethischen, positiv eingestellten und ehrlichen Menschen. Dies gilt besonders für die Fernsehprogramme, aber auch natürlich für das Theater und den Film, sowie für die Zeitungsberichterstattung. Man kann positive Meldungen sicherlich ähnlich spannend aufmachen wie die negativen!

Zusammenfassend geht es also darum, Verbrechen dadurch zu verhindern, daß wir diejenigen Stimuli aufwerten, die positives Verhalten ermöglichen, und jene Stimuli vermeiden, die zu negativem Verhalten hinführen. Eine Zusammenarbeit zwischen Psychologen, Politikern, Industriellen (Arbeitsplatzgestaltung!) und Juristen ist zu diesem Zweck sehr zu begrüßen. Auch können sich selbstverständlich Mediziner und Geistliche noch hinzuzufinden, damit diese beiden Aspekte ebenfalls berücksichtigt werden können. Es handelt sich sozusagen um eine Art Therapie am Körper der Gesellschaft, die krank ist, wenn auch nur ein Teil Krankheitssymptome zeigt! Der ganze Körper muß behandelt werden, selbst wenn sich die Krankheit nur an der Niere zeigt, und die Gesellschaft insgesamt bedarf der Überholung, wenn das Verbrechen überhand nimmt.

V. Psychologie in der Personalführung

1. Vom Arbeiter zum Mitarbeiter

Eines der wichtigsten Charakteristika der modernen Arbeitswelt ist der Umstand, daß der »Arbeiter« von einst zum »Mitarbeiter« von heute geworden ist. Während früher der Mensch im Betrieb nur wenige Chancen hatte, sich zu entfalten, sich selbst zu verwirklichen und in eine bessere ökonomische und soziale Schicht aufzurücken, ist es für den Menschen im modernen Betrieb selbstverständlich geworden, auf dem Weg über seine Berufstätigkeit eine Selbstverwirklichung in seinem Leben schlechthin anzustreben. Befriedigung im Leben ist für den heutigen Menschen weitgehend identisch geworden mit Befriedigung im Beruf und am Arbeitsplatz. Während früher der Lohn mehr oder weniger gerade für das Existenzminimum reichte, ist die Entlohnung von heute oft nicht einmal mehr in erster Linie ein Mittel zur direkten Lebenserhaltung, sondern mehr ein Kriterium seines Prestiges im Betrieb. Damit sind aber auch die psychologischen Probleme der Personalführung vordringlich geworden: Während man früher als Vorgesetzter einen Befehl ausgeben konnte und darauf vertrauen konnte, daß dieser auch widerspruchslos ausgeführt wurde, weil sich der Mitarbeiter fast fatalistisch mit seiner Rolle als Befehlsempfänger identifiziert hatte, hat heute der Mitarbeiter direkt oder wenigstens indirekt über die Arbeitnehmerorganisationen ein wichtiges Mitspracherecht und einen gesetzlichen Anspruch auf Berücksichtigung seiner persönlichen Integrität. Außerdem ist dadurch der Mensch heute auch empfindlicher und »hellhöriger« für den »Ton« geworden, in dem ihm etwas gesagt wird. Er lehnt es ab, unpersönlich »benutzt« zu werden und erwartet ein Arbeitsklima, das seinen Grundmotiven entspricht (s. o.). So muß die Führungskraft heute verstärkt die Psychologie benutzen, schon um sich bei den Kollegen und verschiedenen Gremien, in welchen die Entscheidungen vorbereitet werden, durchsetzen zu können. Er muß nicht mehr nur – wie früher – selbst von einer Sache überzeugt sein, sondern er muß zu einem wesentlichen Teil andere von der Richtigkeit seines Standpunkts überzeugen. Erst dann kann er annehmen, daß seine Konzeptionen auch wirklich in die Tat umgesetzt werden. Führen wurde also immer mehr zum Überzeugen, d. h. zum Motivieren des Mitarbeiters (und der eigenen Person)!

2. Der richtige Mann am richtigen Platz – das humanistische Element in der Personalauswahl

Vor allem aber wurde durch die Entwicklung der Industrie zur Großindustrie – namentlich unter dem Einfluß der gewaltigen technischen Entwicklung des letzten Jahrhunderts und unter dem Eindruck der Datenverarbeitungstechniken in der neueren Zeit – die *Personalauswahl* und die Personalbeurteilung zu einem wesentlichen Teil der Personalführung. Konnte man früher davon ausgehen, daß ein bestimmter Arbeitsplatz gegeben war, an welchen sich ein bestimmter Mensch anzupassen hatte, der infolgedessen bestimmte Fertigkeiten mitbringen mußte, geht es heute viel differenzierter darum, Arbeitsplätze auch als veränderliche Faktoren zu sehen und sie mit den ebenso veränderlichen Persönlichkeitseigentümlichkeiten eines Mitarbeiters in Beziehung zu setzen! Der Mensch muß sich heute nicht mehr einseitig an einen Arbeitsplatz anpassen, sondern dieser paßt sich mehr und mehr den sich ändernden Bedürfnissen des Menschen an! Dies ist das *humanistische Element* in der modernen Betriebsführung vom Standpunkt der psychologischen Personalauswahl her betrachtet.

3. Kriterien für die Mitarbeiterauswahl

Dennoch muß auch bei der psychologischen Personalauswahl vermieden werden, daß einem Mitarbeiter ganz andere Fähigkeiten und Fertigkeiten abverlangt werden als die, die er wirklich besitzt. Daher muß zuerst festgestellt werden, welche Fähigkeiten der jeweilige Arbeitsplatz verlangt (Arbeitsplatzanalyse) und welche Fähigkeiten der Mitarbeiter, der sich um diesen Platz bewirbt, anbieten kann und wo er deshalb mit Vorteil für ihn selbst (Selbstverwirklichung) und für das Unternehmen eingesetzt werden kann, ohne daß Über- oder Unterforderungen eintreten. Läßt sich aber diese Fähigkeit des Mitarbeiters zuverlässig ermitteln, auch ohne daß der Mitarbeiter über eine mehrwöchige Beobachtungszeit hinweg »zur Probe« angestellt wird? Zwar scheint eine *Probezeit*, wo immer es sich arrangieren läßt, ein sehr gutes Mittel zum Kennenlernen eines Menschen zu sein, aber ganz zuverlässig ist es auch nicht, da der beobachtete Mensch ja weiß, daß er »zur Probe« angestellt ist, so daß er während dieser Phase vielleicht Verhaltensformen äußert, die er normalerweise überhaupt nicht zeigen würde. Außerdem ist nicht von vornherein sicher, daß der Vorgesetzte wirklich das beobachtet, was er beobachten sollte! Hält er sich nicht oft gerade an Äußerlichkeiten auf? Und beobachtet er nicht häufig das, was er zu beobachten geneigt war und was er bei einem anderen Mitarbeiter vielleicht übersehen hätte? Mit anderen Worten: die Beobachtungs- oder Probezeit steckt auch voller Subjektivismen, die man zwar grundsätzlich ziemlich ausschalten kann, wenn man psychologische Methoden verwenden kann, doch müssen wir auf diese erst noch im folgenden hinweisen.

Eine zweite Möglichkeit, Mitarbeiter auszuwählen, ist die nach den schriftlich eingereichten *Referenzen* und *Zeugnissen*. Selbstverständlich sind auch diese Hilfsmittel unerläßlich, da man schließlich über die schulische und berufliche Vergangenheit eines Menschen Bescheid wissen sollte, bevor man ihn übernimmt. Und doch: kann man aus der Art der seitherigen Bewährung eines Menschen auch auf die zukünftige Bewährung mit Sicherheit schließen? Und: kann man immer sicher sein, daß die Empfehlung, die jemand für einen Menschen schreibt, wirklich so gemeint ist, wie es da geschrieben steht? Oft genug scheut sich auch ein Personalleiter – schon auch weil er weiß, daß es verboten wäre, durch ein entsprechendes Urteil, die weitere berufliche Laufbahn eines ausscheidenden Mitarbeiters negativ zu beeinträchtigen, – ein eindeutiges negatives Votum abzugeben und drückt sich deshalb eher in vorsichtigen Andeutungen aus. Wenn es z. B. heißt »...hat sich im allgemeinen durchaus bemüht, die ihm zugeteilten Aufgaben fast immer voll zu erfüllen« so ist dies nicht, wie es zuerst den Anschein hat, ein positives Votum, sondern im allgemeinen sogar ein ziemlich vernichtendes Urteil, also gar eine Art »Warnung« vor diesem Bewerber! Es gilt also, die vorliegenden Referenzen wenn möglich durch ein pesönliches Gespräch mit dem Aussteller der Referenz zu ergänzen. In den meisten Fällen wird man auf diese Weise das erfahren, was für unsere Entscheidung wichtig ist.

Auch die *Schulzeugnisse* sind nicht ganz so objektiv wie es auf den ersten Blick erscheinen mag. Man weiß, daß es durchaus Unterschiede in der Notengebung verschiedener Schulen, verschiedener Länder und erst recht verschiedener Lehrer gibt! Sonst wäre ja auch die Versetzung eines Schülers von einer Schule zur anderen und von einem Land zum anderen keine solche Tragödie, wie das aber in Wirklichkeit bei uns der Fall ist, zumal wir ja eine Kulturhoheit der Bundesländer kennen! Ein Aufsatz, der von einem Lehrer mit der Note »sehr gut« bewertet wird, kann von einem anderen, ebenso kompetenten Lehrer durchaus mit »ausreichend« benotet werden! Jeder Lehrer wird sogar in der Lage sein, gewichtige pädagogische Argumente für seine Entscheidung anzuführen. Auch ist der Lehrer immer in der Gefahr, die Bewertung des einzelnen Schülers auf dem Hintergrund seiner jeweiligen Klasse vorzunehmen: ein durchschnittlicher Schüler muß einem Lehrer geradezu als »genial« erscheinen, wenn er von mehr oder weniger unterdurchschnittlichen Schülern umgeben ist. Dies wirkt sich sogar bei mündlichen

Examina negativ aus: wenn ein Kandidat nach einer Reihe von hervorragender Kandidaten zur Prüfung erscheint, sind die Prüfer eher geneigt, einen »schärferen« Maßstab anzulegen und also ein mäßigeres Urteil zu fällen, als wenn ein Kandidat nach einer Reihe von eher mittelmäßigen Vorgängern dieselbe Leistung präsentiert! Mit anderen Worten: auch die Zeugnisse sind nicht total objektiv, sondern zu einem nicht unwesentlichen Grad subjektiv, wenn sie auch eine sehr wichtige Aussagefunktion haben, da sie immerhin die Entwicklung eines Menschen über einen längeren Zeitraum widerspiegeln und da dieses Urteil von Fachleuten ausgestellt wurde.

a) Das persönliche Gespräch

Wie steht es nun mit dem Mittel der Personalauswahl, auf das sich die meisten Führungskräfte am meisten zugute halten, mit dem persönlichen Gespräch, dem *»Interview«*? Zunächst können wir feststellen, daß viele das Interview als eine zusätzliche Hilfe benutzen, um das Urteil, das sie bereits beim Studium des *Bewerbungsfotos* des Bewerbers getroffen haben, zu bestätigen. Es handelt sich hierbei um Anhänger der »Phrenologie«, die sich bemühen, aus bestimmten Schädelformen und Gesichtszügen auf den Charakter und generell auf die Fähigkeiten eines Menschen zu schließen. Wenn auch dem Kundigen gerade auch das Mienenspiel sehr viel sagen kann, dürfte es in Anbetracht der Erkenntnisse der psychologischen Diagnostik doch äußerst gefährlich sein, viel Gewicht auf die verschiedenen Lehren über den angeblichen Zusammenhang zwischen Schädelformen, Gesichtszügen und Charakter bzw. Fähigkeitspotential eines Menschen zu legen! Die Leistungsfähigkeit und der Charakter eines Menschen hängen offenbar sehr viel mehr von seiner Motivation und natürlich auch von seiner Intelligenz und einigen anderen Gegebenheiten ab als von der körperbaulichen Besonderheit seines Kopfes! So ist auch der Eindruck, den ein Bewerber auf den Personalleiter macht, wenn er sich zum Interview vorstellt, von sehr vielen Zufälligkeiten mitbestimmt. Es kommt darauf an, wie er an diesem Tag »aufgelegt« ist und wie der Bewerber die Nacht vorher geschlafen hat – um nur einen wichtigen Punkt zu nennen! Es spielt aber auch eine Rolle, an welche Wesenszüge anderer Menschen er erinnert wird, wenn er den Bewerber empfängt. Es kann beispielsweise eine Äußerlichkeit in der Frisur sein, die ihm an ein negatives – längst vergessenes – Erlebnis mit einem anderen Menschen erinnert und ihn so stimuliert, ein eher negatives Urteil zu bilden. Es kann auch ein Parfum (bei einer weiblichen Bewerberin etwa) sein, das ihn an ein anderes, positives Erlebnis erinnert – und schon ist er eher bereit, ein positives Urteil zu fällen etc. Die Zuverlässigkeit der Urteile, die auf der Basis des »gesunden Menschenverstandes« in dieser Beziehung zustande kommen, ist nur sehr gering!

b) Der Lebenslauf

Ähnlich wie beim Studium eines *Lebenslaufs*, bei dem es z. B. auf Lückenlosigkeit in der zeitlichen Abfolge und nicht so sehr auf die mehr oder weniger rosige Ausschmückung der einzelnen Stationen und Entscheidungen ankommt, kommt es also auch beim Interview darauf an, daß bestimmte Umstände besonders beachtet werden, wenn erreicht werden soll, daß das daraus abgeleitete Urteil zuverlässig ist. Vor allem sollte das Urteil nicht nur aus einem Interview heraus abgeleitet werden, sondern mindestens die schriftlichen Bewerbungsunterlagen hinzugenommen und außerdem noch – darauf werden wir noch eingehen – psychologische Tests hinzugezogen werden, wenn es vom Aufwand her gerechtfertigt erscheint. Sodann aber sollten beim Interview selbst drei verschiedene Interviewarten voneinander unterschieden und alle drei etwa in dieser Reihenfolge auch angewendet werden.

c) Vom unstrukturierten zum strukturierten Interview

Zunächst könnte man ein Bewerbergespräch mit einem unstrukturierten Interview beginnen, indem man nach der Begrüßung der Rede des Bewerbers freien Lauf läßt und fast gar nichts direkt fragt. Man kann auch die Technik der freien Assoziation anwenden, indem man bestimmte Reizwörter einstreut und beobachtet, in welcher Weise der Bewerber darauf reagiert. Auch die *indirekte Gesprächsführung* gehört hierher, bei der der Gesprächsleiter durch Mimik, Gestik oder durch ein kaum verständlich hingeworfenes »Mh« oder »So«, lediglich zum Ausdruck bringt, daß er zuhört, nicht aber, daß er zustimmt oder ablehnt! Der Bewerber wird auf diesem Weg dazu gebracht, immer mehr zu sprechen und seine Position immer deutlicher darzutun, so daß man um so mehr Erkenntnisse in kurzer Zeit sammeln kann. In der Regel formuliert dabei der Bewerber auch schon das, was ihm eigentlich am Herzen liegt, worauf seine eigentlichen Interessen und Erwartungen abzielen, so das der Gesprächsleiter gar nicht mehr viel zu fragen braucht.

Nach dieser ersten Phase des unstrukturierten Interviews könnte eine Phase mit einem halbstrukturierten Interview eingebaut werden, indem man einige gezielte, vielleicht vorher schon vorbereitete Fragen stellt, auf die man eine exakte Antwort erwartet, die vielleicht sogar schriftlich festgehalten wird, um der Strukturiertheit besonderen Nachdruck zu verleihen. An diese Phase schließlich kann sich ein vollstrukturiertes Interview anschließen, wo man einen ausgearbeiteten Fragenkatalog durchgeht, der schon fast eine Art Test sein könnte, wenn er normiert und standardisiert wäre.

Aus einem solchermaßen aufgebauten Interview kann man sehr viele zuverlässige Erkenntnisse über einen Bewerber ableiten, wenn auch erwähnt werden muß, daß auch das Interview als Ganzes nicht sehr viel objektiver sein wird als die anderen Stationen der Bewerbungsprozedur, die wir schon erwähnt haben.

d) Psychologische Testmethoden zur Personalauswahl

Deshalb bedient sich der psychologisch ausgebildete Personalverantwortliche zunehmend *psychologischer Testmethoden*, um seine Personalauswahl abzusichern und seinen persönlichen Eindruck zu objektivieren. Auch wenn mehrere verantwortliche Personen einen Bewerber beurteilen, bleibt dies immer noch weitgehend subjektiv, während man durch die Anwendung psychologischer Tests sehr viel objektivere Ergebnisse erhalten kann, wenn sie natürlich auch nicht absolut zuverlässig und absolut objektiv sein können. Der Mensch ist eben durch überhaupt keine Methode total berechenbar und durchschaubar – und eigentlich sollten wir dafür dankbar sein! Das Zuverlässigste, was nach dem heutigen Stand die Wissenschaft anzubieten hat, sind die psychologischen Tests bzw. eine entsprechende Kombination aus solchen Tests.

Natürlich kommt es wiederum darauf an, zuerst möglichst exakt ermittelt zu haben, welche Fähigkeiten die Firma für die Bewältigung einer bestimmten Aufgabe im Betrieb überhaupt erwarten muß. Auch dies läßt sich am besten durch die Anwendung entsprechender Testverfahren an den schon arbeitenden Mitarbeitern, die sich bewährt haben, ermitteln. Die Tests selbst müssen aber von einer mehr oder weniger zufälligen Aufgabensammlung deutlich verschieden sein, indem sie hauptsächlich den festgelegten *Testkriterien* genügen. Danach sollte ein Test »objektiv«, »reliabel« (zuverlässig) und »valide« (gültig) sein, und er muß diese Kriterien durch entsprechende Untersuchungsergebnisse bei seiner Standardisierung statistisch zuverlässig nachweisen. In der Regel wird einem psychologischen Test ein Testhandbuch mitgegeben, in welchem unter anderem gerade über diese Testkriterien berichtet wird. Man könnte auch einen Test für die besonderen Anliegen einer Personalauslese selbst konstruieren, doch ist dies eine besonders langwierige und anspruchsvolle Arbeit, so daß es sich eher empfehlen wird, unter den bereits vorhandenen Tests seine Auswahl zu treffen und allenfalls eine Kombination mehrerer solcher Tests anzuwenden, um alle zu prüfenden Fähigkeiten wirklich zuverlässig zu erfassen.

Unter den Tests, die der Personalleiter für die Personalauswahl aber auch für die Personalbeurteilung im allgemeinen anwenden kann, treten besonders die nichtprojektiven Tests in den Vordergrund, während die Anwendung projektiver Testverfahren lieber den Fachleuten der Diagnostik überlassen werden sollte. Die Fehlerquellen bei den projektiven Tests sind für den Nichtfachmann zu groß und die Folgen zu gravierend, als daß man etwa empfehlen könnte, den altbekannten »Rorschach-Test« – als Beispiel für einen projektiven Test – anzuwenden, wenn es darum geht, einen Bewerber auszuwählen oder einen Mitarbeiter zu beurteilen! Statt dessen aber kann man unter den nichtprojektiven Tests seine Wahl treffen. Hierbei unterscheidet man zwischen den Intelligenztests, den speziellen Leistungstests, den Berufsinteressentests und den sozialen Einstellungstests sowie den körperlichen Tests und den emotionalen Stabilitätstest, um nur diejenigen zu nennen, die für die Personalauswahl eine besondere Bedeutung haben können.

Die *Intelligenztests* versuchen mit bemerkenswerter Treffsicherheit die intellektuelle Fähigkeit eines Menschen zu erfassen. Es handelt sich also bei dieser Fähigkeit nicht um das Wissen oder um die Erfahrung, die ein Mensch haben kann, sondern um seine Fähigkeit, neuartige Probleme auf »intelligente« Weise zu lösen. Die verschiedenen Intelligenztests prüfen dabei die diversen intellektuellen Fähigkeiten teils verbal (sprachlich), teils aber auch nichtverbal; es werden die Fähigkeiten des räumlichen Vorstellens ebenso geprüft wie die der Ausdrucksfähigkeit, des Analogiedenkens, die rechnerischen Fähigkeiten ebenso wie die Kombinationsfähigkeiten etc. Bei den einzelnen beruflichen Tätigkeiten kann nun bald die eine, bald die andere intellektuelle Fähigkeit von Wichtigkeit sein und oft natürlich auch die ganze Skala der im vollständigen Intelligenztest erfaßten Fähigkeiten. Man erhält dann den »Intelligenzquotienten«, der das standardisierte Intelligenzniveau eines Menschen ausdrückt, der aber für sich allein meistens wenig aussagt, bezüglich der beruflichen Leistungsfähigkeit, weil eben die Intelligenz allein und für sich genommen nur einen Teil der Fähigkeiten darstellt, die in Wirklichkeit für berufliche Leistungen gebraucht werden.

Die speziellen *Leistungstests* können für die einzelnen zu erfassenden beruflichen Fertigkeiten speziell entwickelt werden. Beispielsweise gibt es verschiedene Tests, die die Fähigkeit messen, Fremdsprachen zu lernen, wie das etwa für die Berufslaufbahn einer Fremdsprachenkorrespondentin sinnvoll wäre. Oder es gibt solche Tests für feinmechanische Tätigkeiten, bei denen es besonders auf Präzision und Griffsicherheit ankommt. Im Grunde kann man solche Tests sowohl im motorisch-manuellen Bereich wie auch in allen kaufmännischen und verwaltungsorientierten Bereichen benutzen. Für die weitaus meisten Gebiete sind auch schon fertig entwickelte Tests vorhanden. Ähnlich wie die Intelligenztests kann man diese Fertigkeits- und Leistungstests über einen Verlag für Psychologie und Testverfahren erhalten.

Die *Berufsinteressentests* spielen eine besondere Rolle bei der Berufsberatung. In der Regel weiß der (junge) Mensch nämlich nicht zuverlässig, wo seine eigentlichen beruflichen Interessen liegen. Man denke nur an Berufswünsche, »Pilot« oder »Taxifahrer« oder »Lokomotivführer« zu werden –

Berufswünsche, die wohl die meisten Kinder irgendwann im Leben einmal hatten. Wie gut, daß sie sich nicht erfüllen ließen, denn die meisten Menschen entwickelten ja später ganz andere und vielleicht treffendere Interessen! Weil aber die Interessen eines Menschen nicht immer identisch sind mit seinen Fähigkeiten, ist neben der Testung der Fähigkeiten (Leistungs- und Intelligenztests etc.) auch die objektive Ermittlung der Interessen selbst erforderlich, um eine zuverlässige Berufswahl vorzuschlagen. Bei diesen Berufsinteressentests geht man meistens so vor, daß die einzelnen elementaren Interessen, die in den verschiedenen Berufsarten enthalten sind, in verschiedenen Vorlieben abgefragt und so erfaßt werden, daß am Schluß wenigstens die Berufsrichtung, oft sogar der spezielle Beruf, für den echte Interessen vorliegen, ermittelt werden kann. Es wird z. B. gefragt, ob man lieber »Bildröhren in Fernsehgeräte« einsetzen würde oder »indische Gewürze zur Einfuhr auswählen« möchte, ob man lieber »elegante Möbel tischlern« möchte oder »Bäume zum Fällen aussuchen« würde usw. Nach einem bestimmten standardisierten Verfahren erkennt man bei der Auswertung schließlich, in welchen Bereichen die eigentlichen Interessen und Neigungen liegen und welche Berufsart daher am geeignetsten wäre, wenn zu den festgestellten Interessen auch noch die entsprechende Fähigkeit und Fertigkeit und manchmal die nötige körperliche Konstitution kommt.

Bei den *Einstellungstests* geht es darum, eine bestimmte »Attitüde« bei einem Menschen möglichst zuverlässig zu erkennen, weil gerade diese es sind, die eine bestimmte erwartete Leistung begünstigen oder auch verhindern können. Die Einstellung eines »Außendienstlers« zum Leben, also seine »Attitüde« zu den Problemen des Alltags, muß sicherlich anders sein als die eines »Innendienstlers«. Man könnte nun diese Einstellungen direkt abfragen, würde dabei aber sicherlich eine nur wenig zuverlässige Antwort erhalten, wenn sie jemand um eine bestimmte Stelle bewirbt. Denn in diesem Fall wird er immer erklären, daß er sich auch für diese Tätigkeit interessieren würde. Alles andere wäre sicherlich unlogisch. Deshalb fragt man die eigentlich vorhandenen Einstellungen ähnlich indirekt ab, wie auch die Interessen, indem man beispielsweise Alternativtätigkeiten aufzeigt und um Ankreuzung derjenigen Tätigkeit bittet, die einem am meisten zusagt. Ein Beispiel: »In meiner Freizeit gehe ich am liebsten unter die Leute und versuche, mich so gut es geht zu amüsieren, um am anderen Tag wieder fit zu sein.« Oder: »In meiner Freizeit bleibe ich am liebsten zu Hause für mich, lese etwas oder entspanne mich beim Fernsehen. Auf diese Weise erholt man sich überhaupt besser, als wenn man immer unter Leuten ist.« Entsprechend könnte man beispielsweise fragen: »In meinem zukünftigen Beruf möchte ich am liebsten mit einem festen Kundenstamm arbeiten, bzw. immer mit denselben Menschen vertrauensvoll zusammenarbeiten und etwas Beständiges aufbauen.« Oder: »In meinem zukünftigen Beruf möchte ich am liebsten mit möglichst vielen Menschen und mit immer neuen Menschen zusammenkommen. Es käme mir auf dynamische Ausweitung meiner mitmenschlichen Beziehungen an.« Selbstverständlich spricht man durch diese Fragen die Einstellung der »Introversion« und die der »Extraversion« an, d. h. man versucht an jeweils positiv klingenden Aussagen zu ermitteln, ob jemand mehr »in sich gekehrt« ist oder mehr »nach außen orientiert« ist. Von einem Außendienstler würde man eher die letztere Einstellung voraussetzen, während man für einen Bewerber für den Innendienst mehr die erstere, also die introvertierte Einstellung wünschen würde, um spätere Konflikte und Unzufriedenheiten zu vermeiden. In dieser Weise lassen sich spezielle Einstellungstests für bestimmte Berufsarten und Tätigkeitsbereiche entwickeln, wobei natürlich wieder die erwähnten Testkriterien der Objektivität, Reliabilität und Validität zu berücksichtigen sind. Außerdem wird man auch die Ergebnisse eines Einstellungstests selten für sich allein zur Grundlage einer Entscheidung machen, sondern man wird in der Regel die anderen Testergebnisse mit hinzunehmen, insbesondere die Resultate der Leistungs- und Intelligenztests.

Bei den *körperlichen Tests* geht es um Feststellung spezieller körperlicher Fähigkeiten und Eigentümlichkeiten, wie sie für manche Berufstätigkeiten von Wichtigkeit sein können. Hierher gehören die körperliche Belastbarkeit ebenso wie die Kontrolle der Farbunterscheidungsfähigkeit, der Reaktionsgenauigkeit und auch der Grob- und Feinmotorik, also der Fähigkeit, größere Gewichte und Hebel zu bewegen bzw. kleine Drähtchen durch winzige Ösen zu schieben etc. Die Menschen unterscheiden sich schon von diesen körperlichen Fähigkeiten her erheblich von einander, obzwar die meisten Menschen die gewünschten Fähigkeiten auch erlernen können, aber eben mit einem mehr oder weniger großen zeitlichen und kräftemäßigen Aufwand. Gerade etwa in der Elektroindustrie ist für einige Fertigungsbereiche eine ausgeprägte feinmotorische Fähigkeit die Voraussetzung für eine erfolgreiche und befriedigende Tätigkeit. Wenn jemand mit einer mehr zur Grobmotorik neigenden Konstitution gezwungenermaßen längere Zeit solche Tätigkeiten ausübt, kommt es nicht nur zu Minderleistungen, sondern auch zu Unzufriedenheiten und nicht selten zu körperlichen Erschöpfungs- und Krankheitszuständen. Ähnlich ist es natürlich mit der Seh- und Hörtüchtigkeit bei einigen Berufen.

Schließlich erwähnten wir die Tests für die *emotionalen Stabilitätsgrade* eines Menschen. Damit sind diejenigen Tests gemeint, die die relative Sensibilität, die gefühlsmäßige Belastbarkeit oder auch das Maß des Selbstvertrauens eines Menschen festzustellen versuchen, indem sie indirekte Fragen stellen, aus deren Beantwortung der psychologisch Geschulte mit ziemlicher Zuverlässigkeit auf die Stabilität oder Labilität schließen kann. Dies wiederum ist von großer Bedeutung, wenn es darum geht, die Beständigkeit, Zuverlässigkeit und Belastbarkeit eines Menschen auch in Konfliktsituationen zu ermitteln. Wird jemand in der Lage sein, trotz vieler Niederlagen, die er wahrscheinlich erleben wird, weiterzumachen oder wird er wahrscheinlich nach 1–2 Jahren wieder aus einem bestimmten Beruf ausscheiden wollen, weil er einen bestimmten Streß nicht aushalten wird, der mit der betreffenden Tätigkeit verbunden ist? Wenn man bedenkt, daß allein die Einarbeitung beispielsweise eines Mitarbeiters im Außendienst einer Versicherungsgesellschaft ca. 40000,– DM kostet, so erkennt man die Bedeutung solcher Aussagen über die emotionale Stabilität eines Menschen. Es gibt durchaus Berufstätigkeiten, bei denen der Arbeitgeber weit höhere Aufwendungen machen muß, um einen brauchbaren Mitarbeiter zu bekommen. Diese Summen sind verloren, wenn der Betreffende nach kurzer Zeit wieder ausscheidet oder eben später doch nicht das bringt, was man erwartet hat, weil er psychisch überfordert oder nicht ausgelastet ist. – Auch die oben schon erwähnte Tendenz zu neurotischen Einstellungen hängt eng mit der emotionalen Stabilität zusammen und kann durchaus mittels eines solchen emotionalen Stabilitätstests festgestellt werden. Bei den besseren dieser Tests wird auch darauf geachtet, daß jeweils bestimmte Kontrollfragen eingebaut werden, aus deren Beantwortung man sofort erkennen kann, ob der Proband überhaupt bereit war, wahrheitsgetreu zu antworten oder ob er vielleicht dazu neigte, zu simulieren oder auch allzu bereitwillig etwas zuzugeben, was vielleicht in Wirklichkeit für ihn gar nicht zutrifft. Bei der Auswertung achtet man dann zuerst auf diese Kontrollfragen und wertet erst anschließend die eigentlichen Fragen aus, damit sichergestellt ist, daß die Antworten auch der eigentlichen subjektiven Situation der betreffenden Person entsprechen.

Aufbau und Bedeutung der Tests – eine Erläuterung

Neben diesen Tests können selbstverständlich, wie schon erwähnt, auch neue, eigens zu erstellende Testbatterien eingesetzt werden, in denen dann die besonderen Umstände der betreffenden Arbeitsanforderungen noch exakter berücksichtigt werden können als bei Verwendung schon vorliegender Tests oder Teile von ihnen. In jedem Fall aber ist eine sorgfältige Arbeitsplatzanalyse oder Arbeitsplatzbeschreibung unerläßlich, weil auf den Ergebnissen dieser Untersuchungen erst die Tests aufgebaut werden können. Am besten untersucht man zu diesem Zweck zuerst eine Gruppe von besonders erfolgreichen Mitarbeitern mit einer Reihe von Tests, von denen man annehmen darf, daß sie in etwa das messen, was von diesen Mitarbeitern erwartet wird. Anschließend vergleicht man diese Ergebnisse mit den Leistungen einer Gruppe weniger guter Mitarbeiter, die aber in demselben Gebiet tätig sind. Diejenigen Testpartien, die deutlich unterschiedliche Ergebnisse zugunsten der ersteren Gruppe erbringen, sind dann brauchbare Testitems zur praktischen Anwendung! Selbstverständlich müssen diese Untersuchungen jeweils mit den gebräuchlichen statistischen Verfahren abgesichert werden, auf die wir hier nicht weiter einzugehen brauchen, weil sie an anderen Stellen leicht nachgelesen werden können.

Zusammenfassend kann herausgestellt werden, daß die Anwendung psychologischer Verfahren und Techniken bei der Mitarbeiterauswahl und - Beurteilung nicht nur dem Mitarbeiter selbst dient, sondern auch in erheblichem Maße dem Unternehmen. Denn einerseits wird dadurch in hohem Maße gewährleistet, daß der Mitarbeiter sich an seinem Arbeitsplatz selbst verwirklichen kann, daß er also weder über- noch unterfordert wird, und zum anderen kann dadurch auch erwartet werden, daß die primäre Motivation zur Arbeit zunimmt und der Mitarbeiter nicht nur wegen der Bezahlung seine Arbeit verrichtet, sondern auch und eigentlich vor allem aus echtem Engagement für die jeweilige Sache selbst. Der Mensch im Betrieb ist dann in dem Maße glücklich und erfüllt, in dem gewährleistet ist, daß seine eigentlichen Interessen im Betrieb auch befriedigt werden, und er interessiert sich gleichzeitig für die sachliche Seite seiner Arbeitsleistung, wendet sich ihr direkt zu, indem er sich nicht selbst »entfremden« muß, wenn er arbeitet, sondern sich verwirklicht. Insbesondere im Hinblick auf die Intelligenz gilt diese Erkenntnis in dem Sinne, daß z. B. ein zu hoher IQ nicht unbedingt von Vorteil für das persönliche Glück eines Menschen an seinem Arbeitsplatz sein muß. Namentlich dann nicht, wenn dieser Arbeitsplatz nur einen relativ geringen IQ erfordert. In diesem Fall entsteht dann sehr bald das Bild eines rastlos vorwärts strebenden und unzufriedenen Mitarbeiters, der jede Gelegenheit benutzen wird, um sich nach »oben« zu verändern, eben weil er an seinem derzeitigen Arbeitsplatz nicht ausgefüllt sein kann. Etwa im Hinblick auf die Möglichkeit, Akademiker für die Besetzung von Stellen in Erwägung zu ziehen, für die eine akademische Ausbildung nicht unbedingt nötig ist, gilt das Gesagte im ganzen Umfang: man wird wahrscheinlich diesen Bewerber nicht auf die Dauer halten können, und man wird vor allem auf die Dauer keinen zufriedenen und voll einsatzwilligen Mitarbeiter an ihm haben. Auf diesem Weg entstehen nicht selten Konflikte im Umgang mit Kollegen, Intrigen und negative Motivationen, die sich sogar auf das private Familienleben auswirken können!

4. Ein Mitarbeiter verläßt den Betrieb

Überhaupt sind es gerade diese psychologischen Umstände, die schließlich zum *Ausscheiden* eines Mitarbeiters aus seiner Position – entweder aus eigenem Antrieb oder auch auf Betreiben seines Vorgesetzten – führen. Meistens wird zwar offiziell ein Grund angegeben, der mehr in der sachlichen Sphäre liegt, aber in Wirklichkeit liegt der wahre Grund dafür meistens im mehr psychologischen Sektor. Es wird beispielsweise angegeben, Herr X sei entlassen worden, weil er auf seinem Gebiet zu wenig sachliche Kompetenz gezeigt habe, zu langsam gewesen oder auch physisch der Aufgabe nicht ganz gewachsen sei. In Wirklichkeit mag aber der Grund in mangelnder Motivation und in zu geringem Engagement (auf Grund einer Über- oder Unterforderung beispielsweise) gelegen haben. Wenn jemand zu langsam arbeitet, arbeitet er meistens aus geringerer Motivation oder aus einer Überforderung heraus. Auch die kritisierte mangelhafte Sachkompetenz hätte man vielleicht in den meisten Fällen schon bei der Einstellungsuntersuchung feststellen können, wodurch man dem betreffenden Menschen einen Mißerfolg erspart hätte und dem Unternehmen viel Geld! Weit häufiger als solche Gründe für das Scheitern einer beruflichen Laufbahn sind aber Schwierigkeiten mit dem Vorgesetzten, eben weil sich der Mitarbeiter von ihm falsch behandelt fühlt (über- oder unterfordert!), weil er sich zu autoritär und unpersönlich angesprochen fühlt und sich an seinem Platz nicht »zu Hause« fühlt. Eine allgemeine Unzuverlässigkeit kann aus einer solchen Situation resultieren. Auch häufiges entschuldigtes und auch unentschuldigtes Fehlen oder Zuspätkommen kann aus solchen psychologischen Umständen heraus erklärt werden. Unachtsamkeit und sogar Fahrlässigkeit ist sehr eng verbunden mit der Arbeitsmotivation eines Menschen. Je geringer die Motivation, desto größer die Neigung zu unbewußt verursachten Unfällen, Fehlleistungen und sogar Fehlzeiten!

5. Ein wichtiges Stimmungsbarometer – die Betriebszeitung

In diesem Zusammenhang steht auch die Erwähnung der Bedeutung einer Art *»Betriebszeitung«* für das psychologische »Klima« im Betrieb. Man könnte es fast nicht für möglich halten, wie bedeutsam es für sehr viele Menschen ist, einmal oder auch öfter ihren Namen »offiziell« gedruckt in einer solchen Veröffentlichung zu lesen! Viele Familien bewahren solche Ausgaben der Zeitung jahre- und jahrzehntelang auf, als wäre es fast so wichtig wie das Foto von der Hochzeitsreise! Eine gewisse Eitelkeit kann im einen Fall dahinterstecken, das Gefühl, wirklich gebraucht und für wichtig genommen zu werden, gehört aber auch hierher. Außerdem kann sich über ein solches Medium der Vorgesetzte sozusagen direkt an die Mitarbeiter wenden, kann bestimmte Probleme aufgreifen und sie breit erörtern, ohne daß dies viel Zeit in Anspruch nehmen würde, und er kann zudem in einer Spalte der »Zuschriften« die Mitarbeiter gleich zu Wort kommen lassen, was die Atmosphäre von vornherein reinigen helfen kann. Ein solches Organ braucht keineswegs immer sehr aufwendig zu sein. Oft genügen durchaus hektographierte »Infos«, um den psychologischen Effekt zu erzielen. Im Laufe der Zeit kann auf diesem Weg ein gewisser »Familiensinn« bei den Lesern der Zeitung entstehen, was natürlich die Solidaritätsempfindungen einer Belegschaft beträchtlich steigert.

Darüber hinaus ist eine Betriebszeitung aber auch eine Möglichkeit, die vielfältigen Gelegenheiten zur Fortbildung zu propagieren. Ein moderner Betrieb hat sicherlich neben seinen reinen betriebswirtschaftlichen Aufgaben auch eine erhebliche pädagogische Verantwortung gegenüber seinen Mitarbeitern: die meisten Bürger unseres Staates sind nach Abschluß ihrer Schulzeit durchaus auf die Weiter- und Fortbildungsmöglichkeiten angewiesen, die sie durch ihren Betrieb (oder ihre Behörde) angeboten bekommen. Weiterbildungsmaßnahmen müssen dabei nicht immer nur im Bereich der unmittelbaren fachlichen Bildung verstanden werden, sondern sollten daneben und darüber hinaus auch die Sektoren der Allgemeinbildung, einschließlich psychologische, pädagogische, soziologische und politische Fragen in Betracht ziehen.

6. Der »Chef« – immer das Vorbild

Neben den formellen Fortbildungsmaßnahmen kommt der Führungskraft aber auch eine Art Vorbildsfunktion zu, der sie sich kaum entziehen kann. Schließlich besteht eine besonders intensiv empfundene Verbindung oder gar Abhängigkeitssituation zwischen dem Mitarbeiter und seiner Führungskraft! Nicht nur für die Menschen, die nach dem Motivationstyp Nr. 3 ausgerichtet sind, sondern – wenn auch weniger ausgeprägt – für alle schlechthin gilt in gewissem Umfang eine psychische Ausrichtung auf das Verhalten des Vorgesetzten. Unbewußt wird also die Persönlichkeit der Führungskraft in weiten Bereichen geradezu kopiert. Wie der »Chef« sich in Konfliktsituationen verhält, wie er sich äußert, welche Hobbys er pflegt und wie er insgesamt auftritt, ob er liebenswürdig, höflich oder autoritär oder nervös, ob er egozentrisch oder offensichtlich auf das Gemeinwohl ausgerichtet in Erscheinung tritt, dies alles hat einen außerordentlichen Einfluß auf die Mitarbeiter und natürlich auch auf sein »Image«! Im allgemeinen ist es für den Chef vorteilhaft, sich der Zusammenhänge um den IDQ zu bedienen, wie wir sie schon an derer Stelle ausführlicher berichtet und darstellen konten.*

7. Aus der Sicht des Mitarbeiters: Wie behandle ich meinen »Chef«?

Alles, was wir bisher über Personalführung und Personalauswahl sagten, könnte vielleicht den Eindruck erwecken, als sei die Psychologie, wie wir sie hier beschrieben, hauptsächlich oder gar ausschließlich eine Sache der Führungskraft, die mit ihrer Hilfe die Mitarbeiter besser behandeln kann, während der Mitarbeiter seinerseits »wehrlos« ausgeliefert sei! Dies ist aber in Wirklichkeit überhaupt nicht der Fall. Vielmehr kann man auch aus der Sicht des Mitarbeiters im Grunde dieselben Erkenntnisse anwenden, um sich gegen seinen Chef zu behaupten bzw. um sich im Betrieb durchzusetzen und seinen guten Argumenten Gehör zu verschaffen.

Man könnte sogar behaupten, daß die Anwendung psychologischer Erkenntnisse gerade für den Mitarbeiter von existenzieller Bedeutung sein können, weil der Mitarbeiter eigentlich keine andere als eine psychologische Chance hat, sich gegen sonst von »Amts« wegen übermächtige Vorgesetzte durchzusetzen.

Andererseits sollte man nicht von vornherein immer von einer Art »feindseligem« Verhältnis zwischen Vorgesetztem und Mitarbeiter ausgehen. Vielmehr handelt es sich eigentlich ja um ein Partnerschaftsverhältnis, das ganz ähnlich funktioniert wie das Partnerschaftsverhältnis zwischen Arzt und Patient und das zwischen Verkäufer und Kunde: beide Seiten sind letztlich aufeinander angewiesen!

Die Behandlung des Chefs durch den Mitarbeiter beginnt schon bei der Auswahl des richtigen Arbeitsplatzes. Nicht jeder freie Platz ist auch der richtige! Man sollte sich, wenn irgend möglich, Zeit lassen und nicht nur vom Anforderungskatalog her, sondern auch vom menschlichen »Klima« her seine Wahl treffen: ein dürftiges, kaltes oder gar feindseliges Verhältnis zum Vorgesetzten und zu den Kollegen ist nicht selten Schuld an tiefsitzenden neurotischen Störungen, wie wir sie schon oben erwähnt haben. Der Aspekt der guten Bezahlung oder der Sicherheit des Arbeitsplatzes allein stellen hierbei

---

* (Vgl. »Motivation und Überzeugung in Führung und Verkauf...« München 1977, 2. A.).

kein genügend starkes Gegengewicht dar. Freilich kann man sich schließlich auch an bestimmte mitmenschliche Situationen anpassen und sich selbst entsprechend verändern. Aber wenn grundsätzlich keine Verträglichkeit vorhanden ist, läßt sich hierbei später auch nur wenig korrigieren, und wir haben – das wäre dann das wenigste – unsere Zeit vertan. Deshalb sollte man bereits beim Vorstellungsgespräch nicht nur dem neuen Chef eine faire Chance geben, uns kennenzulernen – mit und ohne psychologische Tests –, sondern wir sollten ebenso den Chef und seine Mitarbeiter »testen«. Natürlich haben wir dafür keine Tests im engeren Sinne zur Verfügung, aber wir können beobachten, und wir können auch fragen. Fragen wir z. B. wie es im Betrieb um die Gesundheit an den Arbeitsplätzen steht, wie die Angebote auf dem sozialen Sektor einschließlich Mittagessen und Krankenbeihilfe oder Alterszuschüsse stehen und fragen wir auch, an wen sich die Mitarbeiter wenden könnten, wenn sie dienstliche oder persönliche Probleme haben. Was und wie uns hierbei geantwortet wird, dürfte bereits einen entscheidenden Einblick in die Einstellung des Chefs zu seinen Mitarbeitern ermöglichen.

Wir können durch gezielte Fragen und Beobachtungen (etwa der Art, wie der Chef mit Kollegen und anderen Mitarbeitern umgeht) auch feststellen, wie es mit seiner Grundmotivation steht und wir sind ohne weiteres in der Lage, dann entsprechend den bereits beschriebenen Möglichkeiten des Anknüpfens an diesen Grundmotiven unsere eigenen Wünsche verständlicher und vielleicht sogar attraktiver vorzubringen.

Warnen möchten wir indessen vor den vielfältig angepriesenen Versuchen, sich auf die persönliche Vorstellung und besonders auf die psychologischen Tests speziell so vorzubereiten, daß man etwa einen »Testknacker« zu Rate zieht! Manchmal nämlich ist der negative Effekt solcher Vorbereitungen größer als der erwartete positive. Man wird zu voreingenommen, man antwortet typisch und der aufmerksame Personalleiter wird möglicherweise seine Schlüsse daraus ziehen. Außerdem: welchen Vorteil hätte es eigentlich, wenn wir versuchten, jemanden über unsere eigene Situation hinters Licht zu führen und uns selbst sowie anderen diesbezüglich etwas vorzumachen? Gesetzt den Fall, wir würden damit durchkommen, was immerhin möglich sein soll, dann wären wir mit der Position doch höchstwahrscheinlich ein Leben lang überfordert, wenn wir sie ohne unsere »Mogelei« nicht erhalten hätten! Die Folgen wären auf die Dauer, daß wir mit der Stelle doch unglücklich wären. Was wir suchen ist schließlich nichts anderes als das, was der Chef auch sucht: eine Stelle, der wir gewachsen sind und die uns glücklich werden läßt, weil wir uns an ihr und durch sie selbst verwirklichen können! Bei Überforderungen legen wir uns aber selbst den Stein in den Weg, über den wir schließlich stolpern werden.

Bei den Tests sollte man also völlig normal reagieren. Selbst eine gewisse Aufgeregtheit gehört mit dazu und ist bei guten Tests durchaus einkalkuliert.

Eine gute Vorbereitung ist es allerdings, wenn man den einen oder anderen psychologischen Test schon vorher einmal unter kundiger Anleitung durchgemacht hat, weil man dadurch mit der Fragestellung und besonders mit der Technik der Beantwortung solcher Fragen besser vertraut wird und insofern einen gewissen Vorteil gegenüber einem Bewerber hat, der bei der Prüfung zum ersten Mal mit Tests überhaupt in Berührung kommt. Es ist auch für eine realistische Selbsteinschätzung eines Menschen nützlich, wenn nicht gar unerläßlich, z. B. über seinen Intelligenzquotienten Bescheid zu wissen. Warum legt man z. B. größten Wert darauf, seine Hemdengröße, seine Schuhgröße oder auch seine Blutgruppe zu kennen, während sich doch viele Menschen davor scheuen, ihren IQ zur Kenntnis zu nehmen? In Wirklichkeit ist diese letztere Kenntnis vielleicht für die Lebensführung noch wichtiger als die meisten anderen Daten, die wir so sorgfältig gespeichert haben. Deshalb plädieren wir dafür, daß man zu gegebener Zeit – vielleicht gegen Ende der Schul- und Hochschulzeit – seinen IQ einmal durch einen Fachmann feststellen läßt. Wir erfahren dadurch gleichzeitig, daß wir uns die ganze Zeit über eher unterschätzt haben (oder – nur selten – auch überfordert haben) und erhalten zur gleichen Zeit wertvolle Einblicke und Übungen im Bestehen von Tests, die rein formal gesehen immer wieder gewisse Ähnlichkeiten aufweisen.

Natürlich ist der IQ nicht allein für unsere Leistungsfähigkeit verantwortlich. Darauf wurde schon eingangs hingewiesen. Hinzu muß für gute Dauerleistungen ein erhebliches Maß an Motivation, an Ausdauer, an »Fleiß« kommen, und wir müssen auch ein gewisses Geschick im Umgang mit Menschen besitzen, wenn wir zu höheren Leistungen kommen wollen. Es wird unten noch weiter auf diese Zusammenhänge eingegangen werden, so wie wir oben schon über Motivation ausführlicher gesprochen haben. Gerade diese Fähigkeiten sind aber in hohem Maße übbar und damit umweltabhängig, während ja die Intelligenz selbst weitgehend anlagebedingt zu sein scheint.

Ein »Durchsetzungsgespräch bei einer Bewerbung« muß also ähnlich aufgebaut werden wie ein »Durchsetzungsgespräch« – etwa ein »Verkaufsgespräch« – von der anderen Seite her.

Haben wir erst die Stelle, dann gilt es, sie auch auszufüllen! Wir kennen schließlich die formalen und auch die psychologischen Erwartungen unserer Vorgesetzten (z. B. die Grundmotivationspräferenzen); wir kennen andererseits unsere eigenen Fähigkeiten und Fertigkeiten und können uns nun bemühen, Enttäuschungen zu vermeiden und Erfolgserlebnisse auf unserer und auf der Seite der Vorgesetzten herbeizuführen! Darauf kommt es letztlich auch an: machen wir unseren Vorgesetzten »zufrieden«, denn »zufriedene

Chefs sind bessere Chefs«! Damit aber machen wir uns selbst auch wieder »glücklich«, indem wir uns am Arbeitsplatz verwirklichen und nicht gegen unsere eigentlichen Erwartungen und Bedürfnisse ankämpfen!

Es wäre aber sicherlich verkehrt, würden wir diese Bemühungen so weit treiben, daß wir uns selbst völlig verleugnen würden, nur um anderen Menschen zu gefallen und dienlich zu sein! Die Anpassung muß also innerlich akzeptiert werden, wenn es keine kognitiven Dissonanzen geben soll. Setzen wir aber eine innere Bejahung voraus, so werden sich quasi von selbst zahllose Gelegenheiten anbieten, bei denen wir dem Vorgesetzten zeigen können, daß wir uns für ihn und das Unternehmen nicht nur interessieren, sondern daß wir voll und ganz motiviert sind, die jeweilige »Sache«, also die Arbeit voranzutreiben. Solches Bemühen wird auf die Dauer immer seine Belohnung in gerechter Anerkennung finden.

Alles in allem geht es bei der richtigen Behandlung des Chefs um nichts Anderes als bei der richtigen Behandlung des Mitarbeiters, des Partners und des »Menschen« schlechthin: Wir behandeln diesen Menschen dann richtig, wenn wir ihn so ansprechen wie wir selbst angesprochen werden möchten, d. h. motivationsadäquat. Finden wir also heraus, welches die eigentlichen Ziele, Wünsche oder Anliegen der jeweiligen Gesprächspartner sind und bemühen wir uns, diese Anliegen so zu erfüllen, daß wir gleichzeitig unsere Ziele ebenfalls verwirklichen und seien wir dabei möglichst flexibel, so wird sich mit mehr Toleranz manches Mißverständnis und sicherlich sehr viel Unglück unter den Menschen vermeiden lassen.

VI. Psychologie und die Kunst der Rede

1. Die Rede – ein wesentliches Instrument in der Demokratie

Einer der wichtigsten Einflüsse des Menschen auf den Menschen vollzieht sich in unserer auf die »Rede« (und das Parlament!) ausgerichteten Demokratie durch das Medium der Ansprache, der Rede und des Gesprächs. Ein Mensch äußert sich gegenüber einem oder mehreren Zuhörern und erreicht neben der Informationsvermittlung auch eine besondere Form der Motivation, der Aktivitätsbereitschaft auf der Seite der Zuhörer. Seit sich der Redner nicht nur an einem bestimmten Ort äußern kann, sondern mittels Radio und Fernsehen gleichzeitig an den verschiedensten Orten gehört und auch gesehen werden kann, ist die Bedeutung der Rede noch größer geworden als sie es immer schon war. Wir wollen im folgenden versuchen, einige wichtige Anwendungsaspekte aus dem Bereich der Psychologie für die Steigerung der Wirkung der Rede aufzuzeigen ohne dadurch einen Abriß oder auch nur Überblick über die großen Gebiete der Rhetorik geben zu wollen.

2. Psychologische Steigerung der Rede – Effizienz

Wenn der Redner vor sein Publikum tritt, kann er annehmen, daß die Anwesenden, so verschiedene Gedanken sie im Moment auch haben mögen, doch alle gekommen sind, um ihn zu hören. Allerdings sind ihre Gedanken zunächst noch ganz woanders: vielleicht überlegt der eine oder andere, ob er richtig geparkt hat und ob er sein Auto abgeschlossen hat; oder ob er zu Hause das Wasser abgedreht hat bevor er gegangen ist; oder was er am nächsten Tag in geschäftlicher Hinsicht entscheiden soll beim Problem X, das ansteht usw. Das Publikum verhält sich also in etwa so wie Menschen, die einen Gutschein aus einer Annonce zurückgesandt haben, um ihr Interesse an einer bestimmten Sache zu bekunden, die aber noch nicht sicher sind, ob sie wirklich das Angebot nehmen werden. Da jeder zuerst noch an andere Dinge denken wird, geht es zuerst darum, aus dieser uneinheitlich eingestellten »Masse« eine »Zuhörergruppe« zu machen, die auf nichts andres mehr ausgerichtet ist als auf seine Worte! Folgende Maßnahmen sind hierfür von Bedeutung:

a) Die Beleuchtung

Die Beleuchtung des Raums und des Gebäudes muß Großzügigkeit und Freundlichkeit austrahlen. Ein schlecht beleuchteter Raum und ein kaum erhelltes Gebäude erwecken eher den Eindruck von Sparsamkeit, Ängstlichkeit und suggerieren daher, daß vielleicht nur wenige Menschen da sein würden, so daß man selbst kaum richtig geborgen als einer unter vielen sitzen kann! Wenn durch gute Beleuchtung dagegen suggeriert wird, daß »Viele« schon da sind oder noch kommen, entsteht gleich am Anfang der Eindruck, daß man – wenn so viele kommen – durchaus richtig ist und mit »dazugehört«. Dunkelheit stimuliert den Menschen mehr zur Introversion, während Helligkeit mehr zur Extraversion hinführt. Bei einer Rede ist der Redner allemal auf Extraversion angewiesen, während etwa eine spiritistische Sitzung oder auch ein Gottesdienst mehr auf Introversion der Zuhörer angewiesen sind, so daß in diesen Fällen ein nur spärlich erleuchteter Raum bessere Dienste tun würde.

Sobald nun die Rede selbst beginnt, kann das Licht im Auditorium durchaus abgedunkelt werden, wenn der Redner selbst beleuchtet bleibt oder wenn er etwa Bilder oder Darstellungen mit dem Tageslichtprojektor an die Leinwand projiziert. Dies hat sogar den Vorteil, daß das Auditorium noch stärker einheitlich auf seine Person oder auf seine Dabietung ausgerichtet wird, während alles andere im Raum dunkel bleibt. Es ist vorteilhaft, wenn der Redner nicht sofort auftritt, sondern sich gleichsam durch die Veränderung der Beleuchtung »ankündigen« läßt. Es entsteht ein Augenblick der Spannung, in dem man eine Stecknadel fallen hören könnte, und genau in diesem spannungsgeladenen Moment tritt der Redner ans Pult!

b) Die Sitzordnung

Neben der Beleuchtung ist die Sitzordnung von Bedeutung. Sitzen die Zuhörer so, daß größere nichtbesetzte Räume oder auch ganze Freiräume zwischen den einzelnen Teilnehmern entstehen, so erreicht man, daß der Einzelne sich seiner Isoliertheit bewußt wird. Der Einzelne bleibt dann auch in höherem Maße verantwortungsbewußt, kontrolliert sich besser in seinen Äußerungen und auch in seinen Gedanken und ist nicht so leicht bereit, sich einer alle mitreißenden Begeisterung, auf die vielleicht der Redner abzielt, hinzugeben als wenn die Zuhörer »dicht an dicht« sitzen und sich nicht so sehr als Individuen, sondern mehr als Teil einer größeren Gruppe fühlen, in der man auch als Einzelner keine besondere Verantwortung übernehmen muß!

Unbewußt empfinden wir uns fast immer im Recht, wenn »alle« oder wenigstens »viele« es mit uns tun. Manches würden wir sicherlich unterlassen, wenn wir es als Einzelne unterschreiben müßten, wenn es aber »massenhaft« (so der schon sprichwörtliche Aufruf mancher Studentengruppen zum Besuch bestimmter Veranstaltungen oder Demonstrationen: »kommt massenhaft«!) getan wird, haben wir das Gefühl, daß sich die Masse auch nicht täuschen kann und unser Handeln gerechtfertigt sein muß. Beim Eintreten in den Versammlungssaal sollte also schon ein Ordner oder »Diener« zur Hand sein, der mit jedem möglichst nach vorne geht, so daß diese Reihen dicht besetzt sind. Ohne eine solche Eskorte würden viele lieber in der Nähe des Ausgangs bleiben und nicht so dicht in der Masse!

In diesem Zusammenhang steht auch die Beobachtung aus der pädagogischen Psychologie, daß meistens die Schüler in den mittleren Reihen, statistisch gesehen, die besseren Noten bekommen im Vergleich zu den ganz vorne oder ganz hinten sitzenden Kindern oder Studenten. Es läßt sich dies ebenso erklären wie den Umstand, daß in den mittleren und dicht besetzten Reihen die Aufmerksamkeit am intensivsten ist: die hinten und die ganz vorne Sitzenden fühlen sich weit weniger durch die Macht der Rede angesprochen, fühlen weniger den Einfluß der Gruppe als die in der Mitte Sitzenden!

Übrigens spielt auch die *Höhe des Raumes* eine Rolle für das Gefühl der Isolation bzw. Zusammengehörigkeit der Zuhörer: handelt es sich um einen sehr hohen und großen Raum, so fühlt sich der Einzelne eher »verloren« und isoliert, als wenn es sich um einen niedrigen und nicht zu großen Raum handelt, in dem fast alle Plätze besetzt sind. Eine relativ niedrige Decke ist daher ebenso wichtig wie die Wahl der richtigen Größe des Versammlungsraums, was sich natürlich nach der zu erwartenden Zahl von Zuhörern richten muß. Für den rhetorischen Erfolg ist ein nur halb besetztes Auditorium maximum schlechter als der voll besetzte »kleine Hörsaal«!

Das Gefühl, in einer »Masse« zu sein, wird auch dadurch noch verstärkt, daß man am Beginn der Rede zuerst noch eine *Art ritueller Handlung* vollziehen läßt, wozu etwa das Absingen populärer Lieder, das gemeinsame Hochrufen oder Klatschen nach einem »Eingangswitz« oder das feierliche Aufstehen der Versammlung beim Eintreten des Hauptrednrs gehören! In diesen Situationen entsteht häufig geradezu das Zusammengehörigkeitsgefühl der Anwesenden, weil alle »dasselbe« tun und der einzelne sich nicht länger isoliert fühlen muß.

Im kirchlichen Gottesdienst, aber auch in gut organisierten politischen Veranstaltungen finden wir sehr viele Beispiele für die geplante Wirkung solcher Maßnahmen. –

In der Regel wird nun eine Rede nicht vom Redner selbst eingeleitet, sondern dies beso·gt meistens ein Vorsitzender oder eben jemand, der eingeladen hat. Welches sind nun – psychologisch betrachtet – die Hauptaufgaben dieses

Vorsitzenden? Wir wollen im folgenden kurz die wichtigsten dieser Funktionen aufführen, da gerade von der richtigen Eröffnung auch die Wirkung der Rede selbst abhängt.

c) Der Vorsitzende

Die Aufgaben des Vorsitzenden, der eine Rede nicht selbst halten soll, sondern sie nur eröffnet und den Redner einführt, sind im wesentlichen folgende:
Erweckung der Aufmerksamkeit der Zuhörer für das Thema des Redners und Einführung des Redners als jemand, der besonders wichtig bzw. kompetent ist. Hierbei sollte der Vorsitzende nicht versuchen, die Pointen des Redners vorweg zu nehmen, sondern seine Eröffnung so kurz und präzise wie irgend möglich zu halten. Es ist nichts schlimmer als ein Vorsitzender, der sich selbst am liebsten reden hört und seine Zuhörer langweilt, bevor der eigentliche Redner das Wort ergreifen kann! Gut ist daher vielleicht eine witzige Bemerkung des Vorsitzenden am Anfang, die »zündet« und also die Zuhörer fesselt und auf das neue Thema vorbereitet. Gerade wenn es sich um ein ernstes Thema handelt, das dargestellt werden soll, muß am Anfang mit »leichter Hand« eine nicht zu ernste Eröffnung gefunden werden.

Wenn es sich bei dem Redner um einen Menschen handelt, der Bücher geschrieben hat oder der sich durch seine Erfahrung auf einem bestimmten Gebiet einen Namen gemacht hat, muß dies vom Vorsitzenden zu Anfang erwähnt werden, weil sich dadurch die Erwartungshaltung der Zuhörer besser steigern läßt, als wenn man z. B. den Eindruck gewinnen würde, daß der Vorsitzende selbst im Grunde der Berufenere für dieses Thema sei! Je mehr positive Fakten oder Umstände über den Redner am Anfang bekannt werden, desto leichter hat es dieser bei seiner Rede selbst. Sollte nun ausnahmsweise kein Vorsitzender zur Hand sein, der diese Funktion übernehmen kann, so muß eben der Redner selbst diese Aufgaben wahrnehmen, indem er sich gleichsam selbst eingeführt, die Aufmerksamkeit der Zuhörer auf sich und sein Thema lenkt und die Situation vielleicht durch eine witzige oder schockierende Bemerkung auflockert bzw. auf das eigentliche Thema zentriert.

Handelt es sich um *widerstreitende Auffassungen* auf der Seite des Publikums und auf der des Redners, so muß der Vorsitzende am Anfang eine Art Mittlerrolle spielen und die gegensätzlichen Auffassungen wie etwa zwei faire Spielmannschaften vorstellen, so daß der Geist der Fairness aufgebaut wird und nicht zuviele vorgefaßte Meinungen bestehen bleiben. Man kann dabei auch an die wissenschaftliche Qualifikation der Zuhörer appellieren, indem man herausstellt, daß gleichsam wissenschaftliche Neutralität und Sachlichkeit die Voraussetzung sind, daß dieser Vortrag überhaupt durchgeführt werden könne etc.

Dies gilt auch in vollem Umfang für die Abhaltung von wissenschaftlichen oder geschäftlichen *Konferenzen,* weil ja hier gerade widerstreitende Auffassungen von verschiedenen Teilnehmern vertreten werden und oft genug auch geäußert werden sollen. Hierbei muß der Vorsitzende möglichst wenig persönliche Emotionen zeigen und sich demonstrativ auf die Seite der Sachlichkeit schlagen. Wenn sich die Standpunkte offen gegenübersehen, kann der Vorsitzende die verfahrene Situation durch eine humoristische Bemerkung wieder auflockern und auf jeden Fall verhindern, daß sich ein Teilnehmer nach dem anderen zu Wort meldet, ohne daß ein sinnvoller Ablauf der Diskussion vom Vorsitzenden her indirekt gesteuert würde. Sinnvoll ist es natürlich in vielen Situationen, wenn sich der Vorsitzende vorher schon vergewissert hat, welche Standpunkte die einzelnen Repräsentanten zu besonders wichtigen Punkten vertreten werden, so daß keine unliebsamen Überraschungen aufkommen können.

Gerade gegenwärtig, wo wichtige Entscheidungen im Unternehmen wie auch in der Verwaltung und auch in der Hochschule fast ausschließlich in Konferenzen bzw. Ausschüssen, getroffen werden müssen, kommt dem Geschick des Konferenzleiters eine außerordentliche Bedeutung zu. Eine schädliche, wenn auch psychologisch durchaus verständliche Neigung des Vorsitzenden in einer Konferenz ist beispielsweise die sofortige Korrektur eines verkehrt oder ungeschickt vorgetragenen Standpunkts durch einen Konferenzteilnehmer oder durch den Vorsitzenden selbst. Man erreicht dadurch fast immer, daß sich der so Kritisierte natürlich verteidigt und dadurch eine eigentliche Versteifung der Situation erfolgt. Vielmehr hat man weit mehr Erfolg, wenn man in einem solchen Fall die Bemerkung oder den Antrag aufgreift, ihn als besonders interessant charakterisiert und evtl. feststellt, daß die dadurch angeschnittene Materie so komplex ist und voller neuer Details steckt, daß es am besten ist, einen Ausschuß mit der weiteren Durcharbeitung damit zu beauftragen. Dadurch ist das Problem erstmal »aufgeschoben«, und der Antragsteller erspart sich eine Blamage, die ihn vielleicht zu aggressiven Verhaltensformen verführt hätte. Selbstverständlich kann man dieses gute Prinzip auch übertreiben und eben zu viele Ausschüsse einrichten, ohne daß irgend etwas entschieden würde.

Gerade im Bereich der Hochschulen ist möglicherweise in den letzten Jahren sehr viel teure Zeit fast nutzlos vergeudet worden, weil endlose Ausschußsitzungen die Teilnehmer eher zermürbt haben als daß sie die schöpferische Energie der Teilnehmer entfaltet hätten. Wenn es sich deshalb um leichter zu vermeidende Konflikte handelt, so muß der Konferenzleiter durch seine eigene Initiative versuchen, diesen Weg zu beschreiten. Ein solcher kürzerer Ausweg ist die Abstimmung oder die Alternativ-Abstimmung, bei der es dann darauf ankommt, die neutralen Stimmen im Auditorium zu gewinnen, d. h. eine Mehrheit für eine vernünftige Lösung zustandezubekommen. Diese »neutrale Mehrheit« wird sich in der Regel für die jeweils zuerst vorgestellte Lösung entscheiden, weshalb man gut daran tut, diejenige Lösung, die man für die vernünftigere hält, jeweils zuerst zur Abstimmung zu bringen und die andere erst später. Zusätzlich kann man ja in der Diskussion der einzelnen Möglichkeiten darauf achten, daß die Positiva für die gewünschte Lösung auch wirklich mit Vehemenz erörtert werden, ohne daß jedoch irgend einer der Teilnehmer persönlich oder sachlich angegriffen wird, denn wenn dies geschehen würde, muß man natürlich erneut mit einer Verteidigung dieser Position rechnen, was auf jeden Fall mindestens viel Zeit kostet!

Kommt es zur *Abstimmung,* so kann der Vorsitzende durch sein eigenes eindeutiges Beispiel für viele Unentschlossene ein Signal setzen, indem er selbst rasch und deutlich seine Hand zum Zeichen der Zustimmung erhebt. Gerade bei den neutralen Teilnehmern, die ja meistens die Mehrheit darstellen, wird dies oft bewirken, daß man sich ebenfalls anschließt.

Manchmal kann der Vorsitzende auch die mögliche Position seiner Opposition formulieren, bevor die Opposition dies selbst tun kann, um zu erreichen, daß sich sofort eine Widerlegungsdebatte anschließt. Dabei ist es leichter einen Gesichtspunkt zu widerlegen, als wenn man wartet, bis die Opposition selbst mit vielleicht besserer Vorbereitung diesen Punkt aufgreift und man selbst in die Lage des Verteidigers gedrängt wird. Die neutrale Mehrheit wird sich eher mit dem Angreifer als mit dem Verteidiger solidarisieren, weil dieser meistens die größere Sicherheit ausstrahlen wird.

Es mag der Eindruck entstehen, als sei die Psychologie bei der Konferenzleitung im wesentlichen eine Sammlung von Methoden, um »trotzdem« zum Ziel zu kommen! Dies täuscht indessen über den wahren Sachverhalt hinweg. Wir haben lediglich diese mehr praktischen Gesichtspunkte in den Vordergrund gedrückt, weil angenommen werden darf, daß der Leser gerade an solchen praktikablen Strategien interessiert sein wird. Darüber hinaus braucht eigentlich gar nicht eigens erneut betont zu werden, daß natürlich die sachliche unvoreingenommene Erörterung der verschiedenen Sachverhalte die nobelste Aufgabe des Vorsitzenden und Konferenzleiters ist. Leider nur kommt man in der Praxis nicht immer zu dieser Sachlichkeit, weil es eben Menschen sind, die an einer Konferenz teilnehmen, und Menschen sind nicht »sachlich«, sondern »persönlich«, sie haben ihre persönlichen Motive und Empfindlichkeiten und auf diese gilt es eben Rücksicht zu nehmen, wenn man sich durchsetzen will ohne Domination und Gewalt zu gebrauchen.

3. Das Aufrechterhalten der Aufmerksamkeit durch den Redner

Wie kann nun der Redner selbst die Aufmerksamkeit, die er durch den Vorsitzenden übertragen bekommen hat, aufrecht erhalten? Sehen wir zunächst einmal von seiner rednerischen Aussage selbst ab und wenden uns zuerst den äußeren Umständen zu, denn diese sind durchaus »Aufmerksamkeitserreger«, wenn sie richtig eingesetzt werden. Hierher gehören alle Arten von *Veranschaulichungsmittel*, die z. B. per Projektor an die Wand projiziert werden, per Dias gezeigt oder auch als Schemata an die Tafel skizziert werden können. Manche dieser Veranschaulichungsmittel können auch schon vor Beginn der Rede an die Wände geklebt worden sein – etwa gewisse Zahlenreihen, Kurven und dergl. Sobald der Redner seine Position leicht verändert, den Stift aufnimmt und zum Projektor geht, erhöht sich die Aufmerksamkeit der Zuhörer, weil etwas erwartet wird, was die Worte selbst unterstreicht. Häufig genügt zur Unterstützung der Worte selbst, wenn man ein Schema skizziert, in welchem praktisch das eben Gesagte mit Pfeilen, Kreisen und Abkürzungen nochmals veranschaulicht wird, um zu erreichen, daß die Zuhörer den Sachverhalt wesentlich besser verstehen und jedenfalls mit größerer Aufmerksamkeit dabei sind. Jeder Lehrer macht davon Gebrauch, wenn er das Ziel seiner Unterrichtsstunde zuerst in Form eines kleinen kommentierten Schemas an die Tafel malt!

Selbstverständlich kann ein gutes Thema auch ohne all diese Veranschaulichungsmethoden zündend vorgetragen werden. Aber einmal ist nicht jedes Thema so aufregend, daß man es spannend machen könnte, und zum andern gewinnt eigentlich so gut wie jede Darstellung durch die zusätzliche Verwendung solcher Hilfen.

a) Die Rolle der Uhr

Ein Hinweis auf eine häufig zu beobachtende, aber negative Angewohnheit vieler Redner sei hier angebracht: wenn der Redner wissen will, wieviel Uhr es ist, sollte er möglichst nicht auf seine Uhr blicken. Denn diese Bewegung, so geringfügig sie auch sein mag, wird automatisch dieselbe Bewegung bei einem sehr großen Teil seiner Zuhörer auslösen. Auch sie werden automatisch auf ihre Uhren blicken und dadurch aufs höchste abgelenkt. Jetzt erst wird einem wieder bewußt, was man eigentlich an diesem Vormittag hätte tun wollen, daß man eigentlich jetzt irgendwo anrufen müßte, daß zu Hause hoffentlich alles in Ordnung ist usw.! Man kann als Redner am besten seine Uhr vorher so vor sich hinlegen, daß man sie jederzeit im Auge behalten kann oder man muß – etwa auf eine Armbanduhr – einen so raschen Blick trainieren, daß er wirklich absolut unbemerkt vorgenommen werden kann.

»Ankündigungen«!
Ähnlich ablenkend sind auch die notorischen Ankündigungen, daß man jetzt »zum Schluß« käme, während man aber in Wirklichkeit erst mitten in der Abhandlung steckt. Fast mit Zwang wird sich jeder Zuhörer auf diese Ankündigung wieder mit den Problemen des Nachhausegehens gedanklich befassen, er wird überlegen, wie er zum Parkplatz kommt etc., und all diese Gedanken werden gleichsam die Aufmerksamkeit vom Vortrag ablenken!

Der »Hustenanfall«
Ähnlich lenkt natürlich jeder Hustenanfall und jedes Räuspern des Redners ab, weil sich viele Zuhörer unbewußt dadurch angeregt fühlen, ebenfalls zu husten oder sich zu räuspern! Selbst eine unbewußte Schluckbewegung des Redners wird von einer ganzen Reihe von Zuhörern unbewußt übernommen: sie schlucken auch – und werden dadurch wieder abgelenkt!

b) Die Stimme

Was aber kann der Redner unternehmen, wenn er keine Möglichkeit hat, Veranschaulichungsmaterial zu benutzen, wie das etwa bei einer Radio-Rede der Fall ist (nicht beim TV!) oder bei manchen Ansprachen in einem Kreis, wo keine Veranschaulichungsmittel gezeigt werden können, wie das etwa bei Festreden der Fall ist? Hier kommen wir – abgesehen vom Inhalt selbst, auf dessen Anordnung wir unten noch eingehen werden – vor allem auf das Medium der *Stimme* des Redners. Veränderungen in der Stimmlage und – Stärke sind durchaus in der Lage, die Aufmerksamkeit zu fesseln, selbst wenn der Inhalt fast belanglos sein sollte. Umgekehrt empfindet man auch den interessantesten Inhalt einer Rede fast als langweilig, wenn er mit monotoner Stimme und entweder gleichmäßig laut oder ebenso gleichbleibend leise vorgetragen wird. Was eine Stimme am allermeisten »mitreißend« macht, ist ihre *Emotionsgeladenheit*. Gerade solche Emotionen in der Stimme zu haben wird uns zivilisierten Menschen schon von der Schule an regelrecht ausgetrieben. Man zwingt sich und sieht auch fast nur solche Vorbilder und hört nur solche Redner – etwa am Radio – die völlig unberührt mit gleichbleibender Stimme über einen tragischen Unglücksfall oder über einen Geburtstag einer hochgestellten Persönlichkeit berichten; dadurch zwingt man sozusagen die Gefühle aus der Sprache heraus – aber man erreicht damit nicht etwa mehr Sachlichkeit, sondern lediglich den Eindruck der Unbeteiligtheit, was sich prompt auf die Zuhörer überträgt, die solche Nachrichten oft genug fast völlig ungerührt anhören und sofort wieder vergessen haben! Wenn man einem Studenten sagt, er solle mehr »Gefühl« in seine Stimme legen, dann spricht er allenfalls lauter – doch das Gefühl bleibt unhörbar! Ein geübter und psychologisch geschulter Redner jedoch könnte, das machen wir öfters auch in speziellen Übungen, sinnlose Silben aneinanderreihen, etwa »Rhabarber, Rhabarber, Rhabarber...!« sagen, und damit doch für den Zuhörer ausdrücken, daß er sich fürchtet, daß er traurig ist oder daß er sich außerordentlich freut; während der Ungeübte zehnmal sagen könnte »Ich freue mich!« und doch nichts anderes ausdrückt als wenn er sagt »Das Buch ist umfangreich!« Dies macht den eigentlichen Unterschied aus. Und wenn man ihn nicht beachtet, dann wirkt die Rede nicht viel anders als wenn man sie gedruckt verteilen würde.

c) Die beste Art, Emotionen zu üben – sie zu haben!

Selbstverständlich ist dies alles durchaus übbar: man muß sich nur vornehmen, durch einen bestimmten Satz und durch die dazugehörende *Mimik* Freude, Trauer, Langeweile, Teilnahme, Zorn u. a. Gefühlszustände deutlich darzustellen. In der Regel ist jeder Mensch von sich aus in der Lage, diese Ausdrucksformen in sich zu aktivieren, weil sie nämlich ursprünglich in ihm verankert sind, während wir nur durch einen zu großen Nachdruck auf Selbstbeherrschung im Laufe der Zeit dazu gekommen sind, diese Ausdrucksformen zu unterdrücken. Wer traut sich heute schon noch, laut zu schreien? Wer schimpft noch laut vor sich hin? Meistens sagen wir doch nur höfliche, aber eben nichtssagende Floskeln, während wir im Grunde ganz anders empfinden – oder ist der eine oder der andere schon so weit vom natürlichen Empfinden entfernt, daß er sogar am Ende nichts mehr als »Sachlichkeit« empfindet – das wäre dann das Ende der »Menschlichkeit«, die eigentlich hauptsächlich aus dem Gefühl der Herzlichkeit heraus lebt. Hier entsteht der Funke der sich überträgt, der die Zuhörer mitreißt und begeistert, von der emotionslosen Sachlichkeit geht dagegen nur Langeweile aus!

Die beste Art, Emotionen in der Stimme auszudrücken, ist die, sich zuerst in echte Emotionen hineinzusteigern! Sie wirklich und echt zu empfinden ist die beste Art, sich für den echten Ausdruck vorzubereiten. Man wende nicht ein, das sei zu anstrengend! Denn anstrengend ist in Wirklichkeit die dauernde Neigung, sich und anderen etwas vorzumachen. Jeder normale Mensch hat Emotionen – man erlaube es ihm, sie auszudrücken! Der Erfolg bei einem Verkäufer, der wirklich von seinem Produkt echt überzeugt ist, geht meistens von seiner dadurch veränderten Stimme aus und nicht von seiner »Verkaufsstrategie« (obwohl die Bedeutung derselben natürlich nicht herabgesetzt werden soll!)! Wenn man nicht von seiner Sache selbst durchdrungen ist, kann man mit »Engelszungen« reden und doch nicht an die Herzen der Zuhörer rühren. Deshalb ist der Erfolg wirklich erfolgreicher Redner – gerade auch im politischen Sektor – meistens der »Übertragungserfolg«, der von der eigenen Begeisterung ausgig. Wir wissen, daß sowohl Winston Churchill als auch Joseph Goebbels im zweiten Weltkrieg außerordentlich einflußreiche und mitreißende Reden gehalten haben, aber wir wissen inzwischen auch, daß beide sich jeweils vorher echt mit ihrer jeweiligen Materie identifiziert haben – mit »Technik« allein ließe sich ein solcher Erfolg anders nicht erklären!

d) Mimik und Gestik

Schließlich soll erwähnt werden, daß natürlich auch die *Gestik* und die *Mimik* wichtige Ausdrucksmittel in der Rede sein können. Alles, was wir über die »Gefühle« in der Stimme sagten, gilt in vollem Umfang auch für Mimik und Gestik. Wir müssen wieder lernen, unsere Hände und auch unsere Augenbrauen zu gebrauchen, um etwas auszudrücken! Die emphatisch erhobene Hand – oder gar beide Hände, die hoch über den Kopf gehoben werden – bewirkt fast durch hypnotischen Zwang, daß der Zuhörer aufmerksamer wird, daß er etwas Besonderes erwartet, denn das Beschwörende in dieser Gestik ist vom Unbewußten her jedem Menschen direkt zugänglich. Nur muß natürlich auch der Inhalt einer Aussage zu der jeweiligen Gestik passen, sonst wirkt diese übertrieben und man erreicht, daß der Zuhörer auf diese Besonderheiten mehr achtet als auf die Rede selbst.

4. Der richtige Aufbau der Rede

Schließlich aber muß die Rede selbst packend, motivierend aufgebaut und inhaltlich entsprechend strukturiert sein, sonst nützt die ganze beschriebene Technik auf die Dauer doch nichts. Man muß sich, als Redner, beispielsweise die Frage stellen, was die Zuhörer bewegt haben könnte, immerhin eine oder zwei Stunden zu opfern, um zuzuhören? Was mag sie bewogen haben, die Schwierigkeiten mit der Anfahrt auf sich genommen zu haben? Mit anderen Worten: es handelt sich eigentlich um eine ähnliche Situation wie die, die wir bei einem Kunden haben, der Geld ausgeben soll, um unser Produkt zu erwerben! Wir müssen die Rede »verkaufen«, und daher müssen wir die verkaufspsychologischen Erkenntnisse über den Aufbau einer Argumentation berücksichtigen:

a) Die Eröffnung der Rede durch Motivierung und Überblick

Die erste Phase der Rede sollte möglichst erreichen, daß die Motivation der Zuhörer auf das abzuhandelnde Thema gerichtet wird. Da es sich nun aber nicht um einen einzelnen Zuhörer alleine handelt, sondern um eine größere Anzahl von mehr oder weniger anonym bleibenden Zuhörern, muß der Redner gleich in der ersten Phase seiner Darstellung möglichst alle fünf Grundmotivationen ansprechen. Er wird dadurch erreichen, daß jeder Zuhörer die Passage heraushört, die seiner jeweiligen Motivation Nummer 1 am weitesten entgegenkommt. Die Reihenfolge der anzusprechenden motivationalen Gesichtspunkte ist dabei meistens nicht von Bedeutung. Es sei denn, man hätte zuverlässige Hinweise darauf, daß eine Grundmotivation besonders häufig repräsentiert wäre. In diesem Falle müßte man selbstverständlich auf diese Motivation zuerst eingehen. Ansonsten empfiehlt sich zunächst eine Bemerkung, die die *Kompetenz* oder *das Prestige* der Zuhörer betont, indem man z. B. zum Ausdruck bringt, daß man es als eine besondere Freude, Genugtuung oder auch Ehre empfindet, in diesem Kreise zu sprechen. Fast jeder Zuhörer fühlt sich dadurch in seinem Prestigebedürfnis angesprochen, während sich andererseits so gut wie niemand freiwillig belehren läßt. Gerade wenn der Redner selbst als Fachmann auf einem bestimmten Gebiet hinlänglich bekannt ist, steht es ihm sehr gut an, wenn er diese seine Kompetenz eher niedriger veranschlagt als die Kompetenz seiner Zuhörer. Im Laufe der Rede selbst wird er seine Überlegenheit dennoch zeigen werden, wenn man sie aber gleich am Anfang herausstellt, erreicht man, daß der Zuhörer eine Art unbewußten Widerstand gegen die Akzeptanz seiner eigenen Unterlegenheit mobilisiert.

Andererseits muß eine solche Eröffnung natürlich auch zu dem Publikum passen. Handelt es sich beispielsweise nicht um einen bestimmten Kreis von eingeladenen Gästen, sondern um ein bunt zusammengewürfeltes Gremium mit unterschiedlicher Qualifikation, so könnte man die erste Motivation immerhin dadurch ansprechen, daß man sich dafür bedankt, daß die Zuhörer zu dieser Veranstaltung gekommen sind. Bereits durch einen solchen Dank impliziert man nämlich, daß man es akzeptiert, auf die Gunst der Zuhörer angewiesen zu sein. Auch eine Bemerkung über den Ort der Versammlung – sei es nun ein besonders attraktiver Ort, oder sei es auch ein Raum in einer besonders interessanten Stadt und dergleichen – empfiehlt sich in diesem Zusammenhang.

Anknüpfung an das Sicherheitsmotiv

Die Berücksichtigung des zweiten Grundmotivs ist am Anfang der Rede von besonderer Bedeutung. Wissen wir jedoch, daß das Motiv der *Sicherheit* und *Geborgenheit* unter den fünf Grundmotiven dasjenige ist, das am häufigsten an der ersten Stelle der Bedürfnispyramide besteht. Der Mensch möchte – unter dem Aspekt dieses zweiten Grundmotivs betrachtet – vor allen Dingen am Anfang der Rede möglichst detailliert wissen, worum es bei dieser Rede gehen soll. Man empfindet eine Art unbewußter Scheu und sogar eine Art Aversion gegen eine Rede, von der man außer der Überschrift nichts weiß.

So wie in einem Buch in der Regel am Anfang ein Inhaltsverzeichnis abgedruck ist, wo einigermaßen übersichtlich die logische Abfolge der einzelnen Kapitel in ihrer Untergliederung dargestellt ist, muß auch am Anfang der Rede eine Art *Aufriß* der wichtigsten Probleme oder Gedanken oder Informationen, die später nacheinander dargestellt und aufgegriffen werden sollen, gegeben werden. Man kann dazu als zusätzliche Veranschaulichungshilfe zum Beispiel ein *Schema* an die Leinwand projizieren oder an die Tafel schreiben, das in übersichtlicher Darstellung zeigt, wie die einzelnen zu behandelnden Probleme auseinander hervorgehen. Bei der Erwähnung dieser Probleme müßte natürlich jeweils die besondere Aktualität oder die große Bedeutung derselben für die Zuhörer herausgestellt werden.

Ein nach Sicherheit und Geborgenheit verlangender Mensch wird immer direkt angesprochen werden, wenn er hört, daß die meisten Menschen heute mit großer Sorge die Entwicklungen im Bereich »XY« verfolgen, denn gerade dadurch fühlt er sich wieder sicherer und geborgen, weiß er doch nun, daß nicht nur er, sondern offenbar viele, diese Sorge teilen. Auch fühlt sich der Mensch immer dann unsicher, wenn er eine Situation nicht zu überschauen vermag, und umgekehrt fühlt er sich geborgen, wenn er etwa am Beginn einer Rede die wichtigsten Strukturmomente des gedachten Inhalts anschaulich und logisch geordnet dargestellt findet. Schließlich fühlt sich niemand so recht wohl, wenn er nicht weiß, was ihm bevorsteht!

Eigentlich ist es also ein Akt der Fairneß, dem Zuhörer gleich am Anfang übersichtlich zu sagen, worum es bei der betreffenden Rede bzw. bei der Veranstaltung gehen soll.

Anknüpfung an das Vertrauensmotiv

Das dritte Grundmotiv, *Vertrauen,* sprechen wir am Anfang am besten dadurch an, daß wir die besondere persönliche Verbundenheit mit dem Zuhörerkreise betonen, soweit dies überhaupt angängig ist. Wenn man natürlich den Zuhörerkreis überhaupt nicht kennt oder keinerlei persönliche Beziehung glaubwürdig herausstellen kann, dann kann man immerhin eine persönliche Verbundenheit mit dem Tagungsort oder mit dem Veranstalter etc. betonen. Sodann sprechen wir dieses Grundmotiv auch dadurch an, daß wir bei inhaltlichem Aufriß, den wir sozusagen zugunsten der zweiten Grundmotivation geben, schon deutlich unterstreichen, daß die einzelnen Punkte jeden von uns in gleicher Weise angehen, daß wir zur Lösung bestimmter Probleme gemeinsam aufgerufen seien, daß wir sozusagen »alle in einem Boot« sitzen usw.

Alle Ausdrucksformen, die die Gemeinsamkeit betonen (etwa die Verwendung von »wir« statt »ich«), sind in diesem Sinne angebracht. Man kann in diesem Zusammenhang auch bedenken, daß Gefühle oder Leidenschaften die Menschen verbinden, während gedankliche Analysen den einzelnen eher auf sich selber zurückwerfen. Aus diesem Grunde ist es zweckmäßig, am Anfang der Rede einen Appell an eben diese Gefühle oder Leidenschaften so vorzunehmen, daß eine gemeinsame Ausrichtung auf bestimmte Ziele bei den Zuhörern entsteht.

Eine völlig harmlose, aber doch im allgemeinen wirksame Art dieses Appells, ist die schon fast sprichwörtlich gewordene *humorvolle Eröffnung* einer Rede, indem man eine harmlose humorvolle Geschichte erzählt, die auf den Hauptinhalt der Rede abzielt und bei den Zuhörern eine gewisse spontane und gemeinsame positive Reaktion auslöst. Eine solche humorvolle Eröffnung soll natürlich keinerlei Gefühle verletzen, sondern eine heitere und aufgeschlossene Atmosphäre erzeugen. Weil der Mensch, der nach der dritten Grundmotivation ausgerichtet ist, ohnehin keinen Zugang zu Formalismen kennt, sondern mehr den direkten, persönlichen und unkomplizierten Kontakt zu Menschen und Dingen sucht, ist es wichtig, am Anfang der Rede nicht zu viele lediglich formelle Äußerlichkeiten zu betonen. Hinweise auf Statistiken, auf Tagungsordnungspunkte und Satzungen sind für den nach Nummer 3 Motivierten eher hinderlich als förderlich, so daß man, von hierher gesehen, eher an dieser Seelle wenigstens auf solche Hinweise verzichten sollte. Wenn sie dennoch wichtig sind oder unumgänglich sein sollten, so könnte man vielleicht erreichen, daß der Vorredner (der Vorsitzende) diese Äußerlichkeiten schon erledigt hat, bevor der eigentliche Redner mit seiner Darstellung beginnen kann.

Jede Bemerkung also, die das auf unkomplizierte Weise ausdrückt, was die nach Nummer 3 motivierten Zuhörer im Augenblick empfinden mögen, ist in diesem Zusammenhang nützlich: Es kann sich beispielsweise um eine Bemerkung zur Raumtemperatur (wenn diese ungewöhnlich hoch oder ungewöhnlich niedrig ist) handeln, oder es kann sich auch um eine Bemerkung über das Wetter handeln, oder über irgend eine aktuelle Situation, an die jeder denkt, denn dadurch wird wiederum Gemeinsamkeit zwischen Zuhörer und Redner betont.

Unterstreicht man die Aussage dann noch durch eine weit ausladende Gestik, so schafft man genau das Klima des Vertrauens und des »An-einem-Strang-Ziehens«, das für den nach Nummer 3 Motivierten so typisch ist.

Anknüpfung an das Exaktheitsmotiv

Die vierte Grundmotivation – das Streben nach *Normen, Prinzipien* und nach Übereinstimmung mit den Grundsätzen im Sinne der Selbstachtung – sprechen wir am Anfang am besten dadurch an, daß wir Bemerkungen über die wissenschaftliche bzw. sachliche Korrektheit oder Abgesichertheit der nachfolgenden Aussagen bringen.

Man muß sich dabei vergegenwärtigen, daß der nach Nummer 4 motivierte Mensch eine Neigung zur außerordentlichen Exaktheit und Korrektheit besitzt und deswegen alles ablehnt, was nach Improvisation und Zufälligkeit aussieht. Er liebt die logische Stringenz einer Aussage und erwartet von der Rede, daß dieses Bedürfnis befriedigt wird. Auch wenn wir also mit Leichtigkeit und gespielter Lässigkeit die Aktualität unseres Themas am Beginn der Rede herausstellen, sollten wir doch nicht versäumen, deutlich zu machen, daß die einzelnen zu behandelnden Punkte tatsächlich in einer zwingenden logischen Abfolge aufeinander aufgebaut sind. Darüber hinaus wird diesen Motivationstyp alles Positive ansprechen, was die innere und äußere Korrektheit unseres Vorhabens, sozusagen seine Rechtmäßigkeit betont. Hierher gehört auch die Einhaltung eines pünktlichen Beginns der Veranstaltung, ohne daß dies aber einen verkrampften Eindruck machen soll, was sonst die nach Nummer 1 und 3 motivierten Zuhörer eher stutzig machen würde.

Auch das äußere Auftreten und die Kleidung des Redners müßten in Anbetracht der stark vertretenen Vierermotivation korrekt und »normengemäß« sein, ohne übertrieben zu wirken. Den nach Nummer 1 motivierten Zuhörern könnte zwar ein Redner in einen ausgefallenen gelben Hemd mit lila Krawatte einen besonderen Eindruck machen, aber die zahlreicheren nach Nummer 4 motivierten Zuhörer würden sicherlich daran Anstoß nehmen, so daß der relativ geringe Vorteil der Sympathien der nach Nummer 1 Motivierten dadurch längst wieder zunichte gemacht würde.

Nimmt man hinzu, daß die nach Nummer 1 motivierten Zuhörer durch die erwähnten anderen Maßnahmen positiv gestimmt werden können, so leuchtet ein, daß wir gerade von der äußeren Aufmachung her hauptsächlich an die nach Nummer 4 motivierten Zuhörer denken sollten. Wir bekunden dadurch gleichsam unseren Respekt vor den Zuhörern, daß wir korrekt und nicht zu übertrieben auffällig gekleidet sind. Den nach Nummer 4 motivierten Zuhörern kommen wir auch entgegen, wenn wir an passender Stelle ein korrekt wiedergegebenes Zitat mit Hinweis auf die exakten Quellen einschieben. Ein solches Zitat kann gerade am Anfang einer Rede den Boden für die Sympathiezuwendung der nach Nummer 4 Motivierten bereiten, ohne die anders Motivierten zu verletzen. Kommt dies doch der zitierenden Redegewohnheit des nach Nummer 4 motivierten Menschen weitgehend entgegen.

Anknüpfung an das Unabhängigkeitsmotiv

Den nach Nummer 5 motivierten Zuhörern, die also nach *Unabhängigkeit*, Eigenständigkeit und eigener *Verantwortung* ausgerichtet sind, kommen wir am Beginn unserer Ausführungen am besten dadurch entgegen, daß wir die Bedeutung unserer Sache für jeden einzelnen verantwortlichen Zuhörer herausstellen, und indem wir betonen, daß wir keinerlei Zwang oder Überredung oder dergleichen anzuwenden im Begriff seien, sondern daß wir unabhängigen Menschen eine möglichst realistische und objektive Filterung bestimmter wichtiger Gegebenheiten vortragen möchten.

Die Entscheidung bezüglich zu treffender Konsequenzen sei dabei mit Sicherheit jedem Einzelnen zugestanden. Gerade diese Betonung der realistischen, nüchternen Aspekte unserer Darstellung kommen dem nach Nummer 5 motivierten Menschen entgegen. So sehr wir also unter der Motivation Nummer 3 dem subjektiven und dem persönlichen Aspekt Gewicht verleihen sollen, so sehr müssen wir uns doch wieder hüten, nur diesen Aspekt in den Vordergrund zu stellen, weil wir dadurch die nüchternen und sachlich-fachlich interessierten nach Nummer 5 Motivierten vor den Kopf stoßen würden.

Eine gewisse Nüchternheit und Realitätsbezogenheit sollte deswegen gleich am Anfang unserer Darstellung mitbetont werden. Dies schafft auch eine gewisse sachliche Überlegenheit, die schließlich allen Zuhörern entgegenkommen dürfte. Auch eine Bemerkung, die herausstellt, daß wir selbstverständlich zwischendurch oder wenigstens am Ende unserer Rede zu Gesprächen über zusätzliche Probleme, Fragen und Diskussionspunkte bereit seien, daß wir also jederzeit ein offenes Ohr für Fragen und auch kritische Bemerkungen aus dem Zuhörerkreis hätten, soweit wir diese Punkte nicht schon in der Rede selber ansprechen, kommt dem nach Nummer 5 motivierten Menschen weitgehend entgegen. Ist er doch derjenige, der seiner eigenen kritischen Distanz mehr vertraut als emotionalen Appellen, so daß er entweder zwischendurch oder auch am Ende der Rede mit Sicherheit kritische oder auch klärende Fragen stellen wird.

Besonders nützlich ist es in diesem Zusammenhang natürlich, wenn wir solche Fragen bereits während des Vortrags aufwerfen, ohne sie selbst zu beantworten, so daß wir dadurch dem nach Nummer 5 motivierten Zuhörer gleichsam eine Chance geben, diese Fragen hinterher zu stellen, während gleichzeitig wir selbst dadurch Gelegenheit haben, diese Fragen einigermaßen ausführlich und ohne die formelle Redezeit zu belasten, zu beantworten.

b) Die Darstellung der Rede und Vorwegnahme möglicher Einwände samt ihrer Entkräftung

Haben wir so zunächst alle fünf Motivationen angesprochen und gleichzeitig das Ziel unserer Rede motivationsspezifisch umschrieben, so soll jetzt die Darstellung selbst erfolgen, und zwar so, daß entsprechend der *dritten Stufe* des Lern- oder Überzeugungsprozesses zugleich mögliche *spontane Einwände* oder Fragen gegen den dargestellten Inhalt zur Sprache kommen.

So wie die Darstellung selbst motivationsspezifisch erfolgen muß, sollen auch die möglichen Einwendungen *motivationsspezifisch* durch uns selbst formuliert werden, so daß der betreffende Zuhörerkreis sich ohne Schwierigkeiten mit diesen Einwänden identifizieren kann. Wenn wir diese Einwände selbst formulieren, muß gleichsam ein unsichtbares Kopfnicken durch die entsprechenden Zuhörerreihen gehen; der Zuhörer muß empfinden, daß er dies selbst auch so formuliert hätte. Es gibt nämlich im Grunde genommen keine Aussage, gegen die man nicht spontan eine motivationsspezifische Einwendung bringen könnte und eigentlich auch müßte, wenn das Ziel eine vollkommene Überzeugung ist. Schon bei der Vorbereitung der Rede muß man überlegen, welche motivationsspezifischen Einwendungen zu den einzelnen Aussagen möglicherweise kommen könnten und wie man dieselben formulieren kann, damit die Zuhörer keine Schwierigkeiten haben, sich in diesen Aussagen und Einwändungen selber wieder zu erkennen.

So genommen ist die Rede nichts anderes als ein Gespräch, wobei der Redner gleichzeitig auch die Rolle des Gesprächspartners ins Spiel nimmt, indem er sich zum Beispiel zum Sprecher der vom Zuhörer in aller Wahrscheinlichkeit empfundenen Einwendungen zu seinen eigenen Aussagen macht. Unterbleiben nun solche formulierten Einwendungen, so werden diese Empfindungen vom Zuhörer unterdrückt oder verdrängt, und man muß sich nicht wundern, wenn hinterher eine durch diese Verdrängung begründete Aversion gegen die vorgetragenen Thesen entseht.

Hat man dagegen die Einwendungen rational einleuchtend formuliert, so ist es in der Regel auch nicht schwer, diese Einwendungen anschließend in der Rede selbst zu widerlegen. Auch bei der Widerlegung der selbst vorgebrachten Einwände sollte man selbstverständlich motivationsspezifisch vorgehen, denn eine rein sachliche Widerlegung von Einwänden entspräche lediglich dem 5. Motivationstyp, während die anderen Einstellungstypen ihre

Einwände spezifischer widerlegt sehen müßten. Jedenfalls wäre es immer verkehrt, Widerlegungen in Form von plumper Kritik an der Denkweise des Betroffenen vorzunehmen. Man würde dadurch lediglich erreichen, daß der so Kritisierte sich zwangsläufig angegriffen fühlt und seine Position um so stärker verteidigt.

c) Der Abschluß und Höhepunkt der Rede

Schließlich soll die Rede auf der letzten, der 5. Übergangsstufe, ihren eigentlichen Höhepunkt und ihren Abschluß zugleich finden. Es geht darum, in dieser Schlußphase in einer alle 5 Grundmotivationen ansprechenden Form die wichtigsten Ergebnisse oder Thesen, die die Rede getragen haben, so herauszustellen, daß sie die Erwartungen der Zuhörer von ihren jeweiligen Ausgangspositionen her befriedigen. Eine zusätzliche Unterstreichung dieser Thesen erreicht man oft dadurch, daß man ihr Gegenteil verneint und das mit Engagement, wenn es der Inhalt ermöglicht (»Niemals könnten wir also zustimmen, daß...,sondern wir fordern!«). Wenn es vom Inhalt her angemessen erscheint, kann man zum Abschluß auch Gereimtes zitieren, am besten von einem unangefochtenen Klassiker. Allerdings muß darauf geachtet werden, daß der Redner sich nicht durch zuviel Pathos eher lächerlich macht, denn das würde den ganzen Effekt wieder zunichte machen. Vielmehr ist es vorteilhaft, wenn der Redner als solcher seine Emotionen mit sichtlicher Mühe beherrscht, diese aber bei seinen Zuhörern aufs höchste erregt.

d) Ein Paradebeispiel: Shakespeare!

Ein ausgezeichnetes Beispiel für eine solchermaßen aufgebaute und dargebotene Rede ist die berühmte Ansprache des Antonius in Shakespeares Drama Julius Cäsar (3. Akt, 2. Szene). Wobei erschwerend hinzukommt, daß Mark Anton es mit einem feindseligen Zuhörerkreis zu tun hat, den er mit seiner besonderen Redetechnik zu begeisternden Anhängern seiner Person macht. Man kann diese Rede sowohl als Musterbeispiel für diesen stufenweisen Aufbau einer Rede als auch als Paradestück für die instinktsichere Anwendung der Prinzipien des IDQ (vgl. W. Correll, Motivation und Überzeugung in Führung und Verkauf, München, 2. Auflage 1977), wonach in einer überzeugenden Rede annähernd doppelt so viele Aussagen enthalten sein sollen, die den Motivationen der Zuhörer entsprechen (integrative Aussagen) und halbmal so viele Aussagen, die sachlicher Natur sein können und den Motivationen der Zuhörer auch widersprechen dürfen (dominative Aussagen). Zur besseren Veranschaulichung dieser Aussage soll im folgenden diese Stelle aus Shakespeares Meisterdrama wiedergegeben werden:

BRUTUS. Dann habe ich niemand beleidigt. Ich tat Cäsarn nichts, als was ihr dem Brutus tun würdet. Die Untersuchung über seinen Tod ist im Kapitol aufgezeichnet; sein Ruhm nicht geschmälert, wo er Verdienste hatte; seine Vergehen nicht übertrieben, für die er den Tod gelitten.
(Antonius und andre treten auf mit Cäsars Leiche.)
Hier kommt seine Leiche, vom Mark Anton betrauert, der, ob er schon keinen Teil an seinem Tode hatte, die Wohltat seines Sterbens, einen Platz im Gemeinen Wesen, genießen wird. Wer von euch wird es nicht? Hiermit trete ich ab: Wie ich meinen besten Freund für das Wohl Roms erschlug, so habe ich denselben Dolch für mich selbst, wenn es dem Vaterlande gefällt, meines Todes zu bedürfen.

BÜRGER. Lebe, Brutus! Lebe, lebe!

ERSTER BÜRGER.
Begleitet mit Triumph ihn in sein Haus.

ZWEITER BÜRGER. Stellt ihm ein Bildnis auf bei seinen Ahnen.

DRITTER BÜRGER. Er werde Cäsar!

VIERTER BÜRGER. Im Brutus krönt ihr Cäsars beßre Gaben.

ERSTER BÜRGER.
Wir bringen ihn nach Haus mit lautem Jubel.

BRUTUS. Mitbürger –!

ZWEITER BÜRGER. Schweigt doch! Stille! Brutus spricht.

ERSTER BÜRGER. Still da!

BRUTUS. Ihr guten Bürger, laßt allein mich gehn:
Bleibt mir zuliebe hier beim Mark Anton.
Ehrt Cäsars Leiche, ehret seine Rede,
Die Cäsars Ruhm verherrlicht: Dem Antonius
Gab unser Will' Erlaubnis, sie zu halten.
Ich bitt' euch, keiner gehe fort von hier
Als ich allein, bis Mark Anton gesprochen. *(Ab.)*

ERSTER BÜRGER. He, bleibt doch! Hören wir den Mark Anton.

DRITTER BÜRGER. Laßt ihn hinaufgehn auf die Rednerbühne.
Ja, hört ihn! Edler Mark Anton, hinauf!

ANTONIUS. Um Brutus' willen bin ich euch verpflichtet.

VIERTER BÜRGER. Was sagt er da vom Brutus?

DRITTER BÜRGER. Er sagt, um Brutus' willen find' er sich
Uns insgesamt verpflichtet.

VIERTER BÜRGER. Er täte wohl,
Dem Brutus hier nichts Übles nachzureden.

ERSTER BÜRGER. Der Cäsar war ein Tyrann.

DRITTER BÜRGER. Ja, das ist sicher.

Es ist ein Glück für uns, daß Rom ihn los ward.
ZWEITER BÜRGER. Still! Hört doch, was Antonius sagen kann!
ANTONIUS. Ihr edlen Römer –
BÜRGER. Still da, hört ihn doch!
ANTONIUS.
>   Mitbürger! Freunde! Römer! Hört mich an:
>   Begraben will ich Cäsarn, nicht ihn preisen.
>   Was Menschen Übles tun, das überlebt sie,
>   Das Gute wird mit ihnen oft begraben.
>   So sei es auch mit Cäsarn! Der edle Brutus
>   Hat euch gesagt, daß er voll Herrschsucht war;
>   Und war er das, so war's ein schwer Vergehen,
>   Und schwer hat Cäsar auch dafür gebüßt.
>   Hier, mit des Brutus Willen und der andern
>   (Denn Brutus ist ein ehrenwerter Mann,
>   Das sind sie alle, alle ehrenwert!)
>   Komm' ich, bei Cäsars Leichenzug zu reden.
>   Er war mein Freund, war mir gerecht und treu:
>   Doch Brutus sagt, daß er voll Herrschsucht war,
>   Und Brutus ist ein ehrenwerter Mann.
>   Er brachte viel Gefangne heim nach Rom,
>   Wofür das Lösegeld den Schatz gefüllt.
>   Sah das der Herrschsucht wohl am Cäsar gleich?
>   Wenn Arme zu ihm schrien, so weinte Cäsar:
>   Die Herrschsucht sollt' aus härterm Stoff bestehn.
>   Doch Brutus sagt, daß er voll Herrschsucht war,
>   Und Brutus ist ein ehrenwerter Mann.
>   Ihr alle saht, wie am Luperkus-Fest
>   Ich dreimal ihm die Königskrone bot,
>   Die dreimal er geweigert. War das Herrschsucht?
>   Doch Brutus sagt, daß er voll Herrschsucht war,
>   Und ist gewiß ein ehrenwerter Mann.
>   Ich will, was Brutus sprach, nicht widerlegen,
>   Ich spreche hier von dem nur, was ich weiß.
>   Ihr liebtet all' ihn einst nicht ohne Grund:
>   Was für ein Grund wehrt euch, um ihn zu trauern?
>   O Urteil, du entflohst zum blöden Vieh,
>   Der Mensch ward unvernünftig! – Habt Geduld!
>   Mein Herz ist in dem Sarge hier beim Cäsar,
>   Und ich muß schweigen, bis es mir zurückkommt.

ERSTER BÜRGER. Mich dünkt, in seinen Reden ist viel Grund.
ZWEITER BÜRGER. Wenn man die Sache recht erwägt, ist Cäsarn
  Groß Unrecht widerfahren.
DRITTER BÜRGER. Meint ihr, Bürger?
  Ich fürcht', ein Schlimmrer kommt an seine Stelle.
VIERTER BÜRGER.
  Habt ihr gehört? Er nahm die Krone nicht,
  Da sieht man, daß er nicht herrschsüchtig war.
ERSTER BÜRGER. Wenn dem so ist, so wird es manchem teuer
  Zu stehen kommen.
ZWEITER BÜRGER. Ach, der arme Mann!
  Die Augen sind ihm feuerrot vom Weinen.
DRITTER BÜRGER. Antonius ist der bravste Mann in Rom.
VIERTER BÜRGER. Gebt acht, er fängt von neuem an zu reden.
ANTONIUS. Noch gestern hätt' umsonst dem Worte Cäsars
  Die Welt sich widersetzt: nun liegt er da,
  Und der Geringste neigt sich nicht vor ihm.
  O Bürger! Strebt' ich, Herz und Mut in euch
  Zur Wut und zur Empörung zu entflammen,
  So tät' ich Cassius und Brutus Unrecht,
  Die ihr als ehrenwerte Männer kennt.
  Ich will nicht ihnen Unrecht tun, will lieber
  Dem Toten Unrecht tun, mir selbst und euch,
  Als ehrenwerten Männern, wie sie sind.
  Doch seht dies Pergament mit Cäsars Siegel;
  Ich fand's bei ihm, es ist sein Letzter Wille.
  Vernähme nur das Volk dies Testament
  (Das ich, verzeiht mir, nicht zu lesen denke),
  Sie gingen hin und küßten Cäsars Wunden
  Und tauchten Tücher in sein heil'ges Blut,
  Ja bäten um ein Haar zum Angedenken,
  Und sterbend nannten sie's im Testament
  Und hinterließen's ihres Leibes Erben
  Zum köstlichen Vermächtnis.
VIERTER BÜRGER. Wir wollen's hören: Lest das Testament.
  Lest, Mark Anton.
BÜRGER. Jaja, das Testament!
  Laßt Cäsars Testament uns hören.
ANTONIUS. Seid ruhig, liebe Freund'! Ich darf's nicht lesen;
  Ihr müßt nicht wissen, wie euch Cäsar liebte.

Ihr seid nicht Holz, nicht Stein, ihr seid ja Menschen,
Drum wenn ihr Cäsars Testament erführt,
Es setzt' in Flammen euch, es macht' euch rasend.
Ihr dürft nicht wissen, daß ihr ihn beerbt;
Denn wüßtet ihr's, was würde draus entstehn?
BÜRGER. Lest das Testament! Wir wollen's hören, Mark Anton!
Lest das Testament! Cäsars Testament!
ANTONIUS. Wollt ihr euch wohl gedulden? Wollt ihr warten?
Ich übereilte mich, da ich's euch sagte.
Ich fürcht', ich tu' den ehrenwerten Männern
Zu nah, durch deren Dolche Cäsar fiel;
Ich fürcht' es.
VIERTER BÜRGER. Sie sind Verräter: ehrenwerte Männer!
BÜRGER. Das Testament! Das Testament!
ZWEITER BÜRGER. Sie waren Bösewichter, Mörder! Das Testament!
Lest das Testament!
ANTONIUS. So zwingt ihr mich, das Testament zu lesen?
Schließt einen Kreis um Cäsars Leiche denn,
Ich zeig' euch den, der euch zu Erben machte.
Erlaubt ihr mir's? Soll ich hinuntersteigen?
BÜRGER. Ja, kommt nur!
ZWEITER BÜRGER. Steigt herab!
(Antonius verläßt die Rednerbühne.)
DRITTER BÜRGER. Es ist Euch gern erlaubt.
VIERTER BÜRGER. Schließt einen Kreis herum!
ERSTER BÜRGER. Zurück vom Sarge! Von der Leiche weg!
ZWEITER BÜRGER. Platz für Antonius! Für den edlen Antonius!
ANTONIUS. Nein, drängt nicht so heran! Steht weiter weg!
BÜRGER. Zurück! Platz da! Zurück!
ANTONIUS. Wofern ihr Tränen habt, bereitet euch,
Sie jetzo zu vergießen. Diesen Mantel,
Ihr kennt ihn alle; noch erinnr' ich mich
Des ersten Males, daß ihn Cäsar trug,
In seinem Zelt, an einem Sommerabend –
Er überwand den Tag die Nervier –.
Hier, schauet, fuhr des Cassius Dolch herein;
Seht, welchen Riß der tück'sche Casca machte!
Hier stieß der vielgeliebte Brutus durch.
Und als er den verfluchten Stahl hinwegriß,
Schaut her, wie ihm das Blut des Cäsars folgte,

Als stürzt' es vor die Tür, um zu erfahren,
Ob wirklich Brutus so unfreundlich klopfte.
Denn Brutus, wie ihr wißt, war Cäsars Engel. –
Ihr Götter, urteilt, wie ihn Cäsar liebte!
Kein Stich von allen schmerzte so wie der.
Denn als der edle Cäsar Brutus sah,
Warf Undank, stärker als Verräterwaffen,
Ganz nieder ihn: da brach sein großes Herz,
Und in den Mantel sein Gesicht verhüllend,
Grad' am Gestell der Säule des Pompejus,
Von der das Blut rann, fiel der große Cäsar.
O meine Bürger, welch ein Fall war das!
Da fielet ihr und ich; wir alle fielen,
Und über uns frohlockte blut'ge Tücke.
O ja! Nun weint ihr, und ich merk', ihr fühlt
Den Drang des Mitleids: dies sind milde Tropfen.
Wie? Weint ihr, gute Herzen, seht ihr gleich
Nur unsers Cäsars Kleid verletzt? Schaut her!
Hier ist er selbst, geschändet von Verrätern.

ERSTER BÜRGER. O kläglich Schauspiel!
ZWEITER BÜRGER. O edler Cäsar!
DRITTER BÜRGER. O jammervoller Tag!
VIERTER BÜRGER. O Buben und Verräter!
ERSTER BÜRGER. O blut'ger Anblick!
ZWEITER BÜRGER. Wir wollen Rache!
ALLE BÜRGER. Rache! Auf und sucht! Sengt! Brennt! Schlagt!
  Mordet! Laßt nicht einen leben!
ANTONIUS. Seid ruhig, meine Bürger!
ERSTER BÜRGER. Still da! Hört den edlen Antonius!
ZWEITER BÜRGER. Wir wollen ihn hören, wir wollen ihm folgen, wir wollen
  für ihn sterben.
ANTONIUS. Ihr guten, lieben Freund', ich muß euch nicht
  Hinreißen zu des Aufruhrs wildem Sturm.
  Die diese Tat getan, sind ehrenwert.
  Was für Beschwerden sie persönlich führen,
  Warum sie's taten, ach, das weiß ich nicht.
  Doch sind sie weis' und ehrenwert und werden
  Euch sicherlich mit Gründen Rede stehn.
  Nicht euer Herz zu stehlen komm' ich, Freunde:
  Ich bin kein Redner, wie es Brutus ist,

Nur, wie ihr alle wißt, ein schlichter Mann,
Dem Freund ergeben, und das wußten die
Gar wohl, die mir gestattet, hier zu reden.
Ich habe weder Witz noch Wort, noch Gaben,
Noch Kunst des Vortrags, noch die Macht der Rede,
Der Menschen Blut zu reizen; nein, ich spreche
Nur gradezu, und sag' euch, was ihr wißt.
Ich zeig' euch des geliebten Cäsars Wunden,
Die armen stummen Munde, heiße die
Statt meiner reden. Aber wär' ich Brutus
Und Brutus Mark Anton, dann gäb' es einen
Der eure Geister schürt' und jeder Wunde
Des Cäsar eine Zunge lieh', die selbst
Die Steine Roms zum Aufstand würd' empören.

ALLE. Empörung!
ERSTER BÜRGER. Steckt des Brutus Haus in Brand!
DRITTER BÜRGER.
Hinweg denn! Kommt, sucht die Verschwornen auf!
ANTONIUS. Noch hört mich, meine Bürger, hört mich an!
BÜRGER. Still da! Hört Mark Anton, den edlen Mark Anton!
ANTONIUS. Nun, Freunde, wißt ihr selbst auch, was ihr tut?
Wodurch verdiente Cäsar eure Liebe?
Ach nein! Ihr wißt nicht. – Hört es denn! Vergessen
Habt ihr das Testament, wovon ich sprach.
BÜRGER. Wohl wahr! Das Testament! Bleibt, hört das Testament!
ANTONIUS. Hier ist das Testament mit Cäsars Siegel.
Darin vermacht er jedem Bürger Roms,
Auf jeden Kopf euch fünfundsiebzig Drachmen.
ZWEITER BÜRGER. O edler Cäsar! – Kommt, rächt seinen Tod!
DRITTER BÜRGER. O königlicher Cäsar!
ANTONIUS. Hört mich mit Geduld!
BÜRGER. Still da!
ANTONIUS. Auch läßt er alle seine Lustgehege,
Verschloßne Lauben, neugepflanzte Gärten,
Diesseits der Tiber, euch und euren Erben
Auf ew'ge Zeit; damit ihr euch ergehen
Und euch gemeinsam dort ergötzen könnt.
Das war ein Cäsar! Wann kommt seinesgleichen?
ERSTER BÜRGER. Nimmer! Nimmer! – Kommt! Hinweg, hinweg!
Verbrennt den Leichnam auf dem heil'gen Platze

Und mit den Bränden zündet den Verrätern
Die Häuser an. Nehmt denn die Leiche auf!
ZWEITER BÜRGER. Geht! Holt Feuer!
DRITTER BÜRGER. Reißt Bänke ein!
VIERTER BÜRGER. Reißt Sitze, Läden, alles ein!
(Die Bürger mit Cäsars Leiche ab.)
ANTONIUS. Nun wirk' es fort. Unheil, du bist im Zuge:
Nimm, welchen Lauf du willst! –
(Ein Diener kommt.)
Was bringst du, Bursch?
DIENER. Herr, Octavius ist schon nach Rom gekommen.
ANTONIUS. Wo ist er?
DIENER. Er und Lepidus sind in Cäsars Hause.
ANTONIUS. Ich will sofort dahin, ihn zu besuchen.
Er kommt erwünscht. Das Glück ist aufgeräumt
Und wird in dieser Laun' uns nichts versagen.
DIENER. Ich hört ihn sagen, Cassius und Brutus
Sei'n durch die Tore Roms wie toll geritten.
ANTONIUS. Vielleicht vernahmen sie vom Volke Kundschaft,
Wie ich es aufgewiegelt. Führ indes
Mich zu Octavius.
(Beide ab.)

VII. Psychologische Aspekte in Kunst und Literatur

1. Mehr Spannung in Geschriebenem und Gemaltem!

Ähnlich wie die Rede und das Gespräch einen wichtigen psychologischen Aspekt hat, sich aber darin keineswegs erschöpft, so können wir auch in der Kunst und in der Literatur wesentliche psychologische Aspekte entdecken, wenngleich feststeht, daß der psychologische Gehalt noch lange nicht das Wesen der Kunst oder gar das Wesen der Literatur insgesamt ausmachen würde.

Wir wollen im folgenden nur diejenigen psychologischen Gesichtspunkte beschreiben, die sich für die unmittelbare Anwendung in der Literatur und auch in der Kunst, wie etwa in der Malerei, anbieten. Durch die Anwendung solcher psychologischer Aspekte in der Literatur und in der Kunst im allgemeinen zwingen wir selbstverständlich noch keine genialen Ideen aufs Papier oder auf die Leinwand, aber wir erreichen, daß unsere Produkte mit größerer Spannung aufgenommen werden und daß mehr Erwartungen und geheime Wünsche beim Leser oder dem Partner befriedigt werden. Dies sind bereits wesentliche Ziele erfolgreichen Schreibens und einer erfolgreichen Kunstproduktion schlechthin. Notorisch langweilige und nichtssagende Kunst wird niemals erfolgreiche Kunst sein, während umgekehrt spannende Literatur von einem orthodoxen Standpunkt aus betrachtet, nicht ohne weiteres automatisch ein großes Kunstwerk sein muß.

Ein psychologisch relevantes Kriterium für ein Kunstwerk wäre jedenfalls der Umstand, daß uns das Kunstwerk immer wieder etwas »sagt«. Wir können ein Gemälde von Rembrandt immer wieder betrachten, ohne Überdruß zu empfinden, und Goethes Faust können wir immer wieder lesen, ohne Langeweile zu empfinden, weil uns diese Darstellung je nach unserer Gemütslage und geistigen Verfassung immer wieder etwas Neues gibt, sei es, daß wir uns mit Faust, oder sei es auch, daß wir uns mit Mephisto oder mit Gretchen identifizieren.

So betrachtet, muß ein echtes Kunstwerk immer auch die psychologische Identifikation der Persönlichkeit mitberücksichtigen; es müssen Charaktere geschaffen werden oder Wahrheiten ausgedrückt werden, die im Leben eines jeden Menschen eine gewaltige Rolle spielen; die Urkonflikte des Menschen müssen in dieser oder jener Form angeschnitten werden, so daß sich von solchen Konflikten geplagte Menschen im Kunstwerk wiederfindet, um die Konfliktlösung, die das Kunstwerk bietet, bei sich selber nachzuvollziehen. So kann das Kunstwerk zum Trostspender, zum Vorbild oder auch zum begeisterten Impuls für einen Neubeginn werden.

2. Mehr Effizienz durch Psychologie: Eine Frage der Spannung

An dieser Stelle erhebt sich nun aber die Frage, ob wir durch die Anwendung psychologischer Erkenntnisse im Bereich des Schreibens und auch anderer Künste zielstrebig zu größerer Effizienz kommen können. Dahinter steckt also das Problem, ob eine erfolgreiche Geschichte, wie sie etwa in einer Zeitschrift abgedruckt ist, auf ihre Weise nicht auch Kriterien eines echten kleinen Kunstwerkes erfüllen kann und ob sie nichtsdestoweniger von jemand verfaßt worden ist, der lediglich einige Übung in der Anwendung psychologischer Erkenntnis auf diesem Gebiet besaß. Die Frage ist um so wichtiger geworden, als heute immerhin tausende von Menschen bei uns, ob sie sich nun als Künstler fühlen oder nicht, ihren Lebensunterhalt hauptsächlich durch Schreiben verdienen, sei es nun, daß sie Bücher schreiben und als selbständige Schriftsteller leben, oder sei es, daß sie für die eine oder andere der unzähligen Zeitschriften und Magazine, für Zeitungen oder Werbeagenturen, für weltliche oder geistliche Verlage schreiben oder zeichnen und dies neben- oder auch hauptberuflich tun. Vom Erfolg solcher geschriebener Geschichten hängt schließlich der berufliche Erfolg und eben auch der materielle Wohlstand dieser Profession ab.

Eines der wichtigsten Kriterien für diese Art des Erfolgs ist das Erzeugen von Spannung durch die Geschichte oder die grafische Darstellung bzw. den sonstigen künstlerischen Ausdruck. Eine spannende Geschichte wird gern abgedruckt und gern gelesen. Darüber hinaus fragt man nach dem Autor einer spannenden Geschichte, um nach Möglichkeiten weitere solche Abhandlungen vom selben Autor zu lesen. Für den Leser ist ein guter Autor dann wie ein Markenzeichen. Um so erstaunlicher ist es, daß wir im Grunde bisher wenig oder nichts lesen können über die Gesetzmäßigkeiten, denen eine solche spannende Geschichte unterliegt. Auch aus psychologischer Sicht heraus ist speziell hierzu wenig beigetragen worden. Dabei ist natürlich Spannung, besonders in der Literatur, durchaus der psychologischen Analyse zugänglich.

Wir können von hierher zum Beispiel feststellen, daß Spannung immer dann entsteht, wenn wir aus einer bestimmten Darstellung eine bestimmte Handlung erwarten können, aber noch nicht ganz sicher sind, ob diese auch wirklich eintreten wird. Wenn wir z. B. erleben, wie der Held unserer Geschichte in einem düsteren Waldwinkel gefesselt wird und an einen Baum gelehnt zwei auf ihn gerichteten Gewehrläufen entgegenblickt, dann steigt in uns die Spannung, ob durch die kleine Bewegung der beiden Zeigefinger die zwei Schurken tatsächlich das blühende Leben unseres Helden auslöschen werden! Oder ob vielleicht doch noch eine wundersame Rettung zustandekommt! Wenn jetzt auch noch von einem dritten Schurken befohlen wird »legt an, gebt Feuer!«, und die Schurken tatsächlich ihre Waffen abdrücken, es auch tatsächlich zu einem ohrenbetäubenden kurzen Doppelknall kommt, der aber – o Wunder – unseren Helden nicht niederstreckt, sondern ihn offensichtlich ungerührt läßt, so arbeitet unsere Phantasie fieberhaft weiter, bis sie entdeckt, daß ein listiger Freund unseres Helden kurz vorher die scharfe Munition gegen unschädliche Platzpatronen ausgetauscht hat! In diesem Moment ist die Spannung gelöst, wir atmen auf.

Es wird daraus auch klar, daß Spannung immer mit einer emotionalen Beteiligung zusammenhängt, die sich aufgrund unseres eigenen Erfahrungshintergrunds ergibt. Wenn wir Erschießungsszenen, wie die geschilderte, noch nie gesehen hätten, wenn wir also z. B. noch nie im Fernsehen oder auf historischen Abbildungen solche oder ähnliche Szenen beobachtet hätten und nicht wüßten, daß diese Szenen im allgemeinen tatsächlich tödlich endeten, dann hätte die oben geschilderte Szene für uns nichts sonderlich Spannendes. Ganz ähnlich könnte auch ein Kind, das vom Ernst dieser Sache nichts weiß, die Szene lediglich als eine Art Spiel betrachten und keinerlei vitale Spannung dabei erleben.

3. Die psychologischen Voraussetzungen der Spannung

Folgende Faktoren müssen also gegeben sein, damit eine Spannung entstehen kann:

1. Beim Leser müssen Verhaltensformen sein, die eine Beziehung zu der geschilderten Situation begründen.
2. Beim Leser müssen Vermutungen wach werden, wie sich diese Verhaltensformen auf zukünftige Handlungen auswirken.
3. Der Leser muß die Möglichkeit empfinden, daß diese zukünftige Handlung vielleicht doch nicht eintritt.

Gerade diese letztere Hoffnung auf einen ungewöhnlichen Ausgang der an sich als unangenehm antizipierten Problemlösung ist ein wesentliches Element in der literarisch erzeugten psychologischen Spannung: Der Leser identifiziert sich mit einer Situation, die er in ähnlicher Weise schon selbst erlebt oder nachempfunden hat. Er kennt einen bestimmten unangenehmen Ausgang der Situation, aber er hofft doch gleichzeitig, daß sich dieses Unheil noch abwenden lassen würde. Zwischen Furcht und Hoffnung wird er nun hin- und hergerissen, und eine ganze Skala von Gefühlen und Leidenschaften kann entstehen.

Wenn nun dieses Moment der Unsicherheit und Ungewißheit bezüglich des Ausgangs einer Situation fehlt und eine »Action« nach der anderen geschildert wird, wobei überhaupt kein Zweifel am Ausgang der jeweiligen Handlung gelassen wird, wird im Grunde genommen keinerlei Spannung im psychologischen Sinne des Wortes erzeugt, sondern man wird als Leser von einer Turbulenz in die andere gezerrt; man wird also eher verwirrt als emotional engagiert, so daß man schließlich eine Gelegenheit benutzt, um sich von einer solchen eher aufregenden als erregenden Schilderung, die in Wirklichkeit nicht spannend ist, zu distanzieren. Die Schilderung z. B., daß jemand am Abend eine Schlaftablette nimmt und am anderen morgen tot aufgefunden wird, ist überhaupt nicht spannend, weil der Leser hier vor eine vollendete Tatsache gestellt wird und keinerlei möglicher anderer Ausgang noch in Betracht gezogen wird. Wenn dieselbe Situation aber so geschildert wird, daß wir Zeuge werden, wie die eifersüchtige Geliebte unserem Helden schon am Nachmittag Giftpillen unter die Schlaftabletten mischt, die man kaum voneinander unterscheiden kann, so entsteht in uns eine außerordentliche Spannung, ob unser Held am Abend überhaupt eine Schlaftablette nimmt und wenn ja, ob er die vergiftete oder die richtige Tablette erwischt. Man möchte ihm sozusagen zurufen aufzupassen bzw. lieber eine andere Packung zu benutzen, ähnlich wie beim Kasperletheater bei kleinen Kindern, wo die Zuhörer immer wieder einen Wissensvorsprung haben und dem bedrohten Kasper durch lautes Zurufen allerlei Gefahren deutlich machen wollen.

4. Spannung und Grundmotive

Zum anderen ist dadurch angedeutet, daß wir eine Spannung umso intensiver empfinden, je direkter eine unserer Grundmotivationen durch die Schilderung tangiert wird. Wenn wir z. B. lesen, wie ein Huhn einen Wurm verzehrt, so wird sich normalerweise kaum irgendein Gefühl des Mitleids in uns regen, noch werden wir eine besondere Spannung dabei empfinden. Handelt es sich dabei aber um einen ganz besonderen Wurm, dessen Schicksal wir über viele Seiten hinweg verfolgt haben, ein Wurm also, der personifiziert wurde und zu dem wir eine ganz enge Beziehung aufgebaut haben, so empfinden wir das Huhn fast wie eine persönliche Bedrohung; wir leiden mit dem Wurm und krümmen uns gleichsam mit ihm in seinem Schmerz.

So müssen wir uns also mit unseren Vitalmotiven (Existenzerhaltung, Hunger, Durst, Sexualität) oder mit unserem jeweiligen psychischen Motiv Nummer 1 (Prestige, Geborgenheit, Sicherheit, Vertrauen, Selbstachtung bzw. Gerechtigkeit, Unabhängigkeit und Eigenverantwortung) angesprochen fühlen, bevor wir mit psychischer Spannung reagieren können. Jede Befriedigung dieser Grundmotive wird als angenehm empfunden und alles, was solche angenehmen Gefühle in uns erweckt, möchten wir in unserer Nähe behalten; wir wehren uns gegen den Verlust einer solchen Person oder auch eines solchen Tieres. Wird uns z. B. ein Haustier so vertraut, daß wir in ihm charakteristische Verhaltenszüge entdecken, die uns bestimmte Grundbedürfnisse, z. B. das der Geborgenheit, der Liebe befriedigen, so identifizieren wir dieses Haustier – etwa eine Katze – mit diesen Gefühlen und wehren uns gegen eine mögliche Bedrohung, die schließlich einen Verlust desselben für uns mitbringen könnte. Am leichtesten fällt uns eine solche Identifikation natürlich mit einem Menschen, der Verhaltenszüge entwickelt, die wir bei uns selber wieder entdecken.

5. Was »gefällt« eigentlich?

Was uns also bei einem guten Roman oder auch bei einem Film oder einer Kurzgeschichte so fasziniert, ist der gelungene Versuch des Schriftstellers, uns einen Helden zu präsentieren, in dem wir mit Leichtigkeit unsere eigenen Wunschbilder entdecken können, so daß wir uns identifizieren. Alles, was diesem Helden widerfährt, beziehen wir unbewußt auf uns selbst. Dies ist auch der Grund, warum wir eine Schilderung dann interessant finden, wenn wir die Charaktere, die auftreten, mit Interesse verfolgen können. Wenn sie uns dagegen gleichgültig sind, kann sich in der Geschichte selbst noch so viel abspielen, wir finden sie nicht spannend und auch nicht ansprechend.

Hier sehen wir wieder eine Parallele zwischen der schon geschilderten »Rede« und der geschriebenen »Geschichte«: Wir wollen uns sowohl mit dem Redner und seinem Standpunkt als auch mit den Charakteren der geschriebenen Geschichte identifizieren können, sonst entsteht in beiden Fällen keine Zuwendung und der Überzeugungserfolg einerseits und der Unterhaltungserfolg andererseits bleibt aus. Wenn wir oben festgestellt haben, daß der wirklich erfolgreiche Redner erst dann erfolgreich ist, wenn er sich mit dem Inhalt seiner Rede selber identifiziert, dann können wir jetzt ergänzen, daß diese Selbstidentifikation des Redners bewirkt, daß sich seine Zuhörer fast automatisch ebenfalls mit den Aussagen identifizieren können. Übertragen auf die Literatur bedeutet dies, daß der Schriftsteller sich so sehr mit seinen Inhalten und Charakteren befassen muß, daß er nicht bloß in dürren Worten beschreibt was geschieht, sondern die vielen Einzelheiten erwähnt, die mit dem jeweiligen Geschehen verbunden sind. Eben durch diese vielen Einzelheiten, durch Beobachtung der Kleidung, des Stirnrunzelns, des Augenaufschlags, der geballten Faust oder auch der blutig rot untergehenden Sonne etc. entstehen »Identifikationsbrücken«, die wir brauchen, um uns mit den Geschehnissen in der Schilderung wirklich identifizieren zu können. Psychologisch besteht ein gewaltiger Unterschied zwischen der Aussage: »Der junge Herzog war entschlossen, die Tat zu begehen. Noch in derselben Nacht begab er sich ins Försterhaus und tat, was seiner Meinung nach getan werden mußte.« Oder: »Es war stockfinstere Nacht. Vorsichtig löschte der junge Herzog sämtliche Lichter, zog seinen dunkel glänzenden Ledermantel an und stürmte, den Revolver griffbereit in der Brusttasche, in den Park hinaus. Die dunklen Tannen schwiegen – nur manchmal ächzte es in den Wipfeln, oder ein aufgescheuchter Vogel flatterte schlaftrunken auf. Bleich lugte der Mond durch die Waldschneise, als ob er zögerte, sein Licht auf das zu werfen, was in dieser Nacht geschehen sollte. Noch war das Försterhaus nicht in Sicht, aber mit jedem Schritt, der ihn nähertrug, festigte sich in ihm der Entschluß: Heute Nacht muß es geschehen. Die Tat ist reif, zuviel war geschehen...«

Im ersteren Falle haben wir eine dürre Schilderung der betreffenden bevorstehenden Handlung, ohne Identifikationsbrücken, die sich auf den Szenenzustand oder auf die Umgebung beziehen könnten, von der aus wir einen Charakter ebenfalls manchmal besser verstehen können. Im letzteren Fall dagegen haben wir eine einigermaßen plastische Schilderung, weil der Mensch in einer Einheit mit seiner Naturumwelt abgebildet wird, in der auch wir uns wiederfinden könnten. Wir ahnen, was geschehen wird, und wissen doch noch nicht genau, ob es geschehen wird. Vielleicht ergibt sich noch eine überraschende Wendung?

Dabei darf die detaillierte Charakterisierung einer Situation nicht mit Ausschweifigkeit verwechselt werden. Aus der scheinbar belanglosen Naturbeschreibung soll eine bestimmte Stimmung erwachsen, auf deren Hintergrund das charakteristische Geschehen besser verständlich wird. Man kann den Gemütszustand eines Menschen manchmal dadurch beschreiben, daß man erzählt, wie dieser Mensch im Augenblick die ihn umgebende Natur empfindet! Zu einer düsteren Stimmung paßt also der düster schweigende Tannenwald, dessen Wipfeln nur gelegentlich ächzen, während zu einer fröhlichen Stimmung, die etwa den Hintergrund einer Liebesgeschichte darstellen könnte, der blaue Himmel über einer Frühlingslandschaft passen würde, wo Forsythien und Jasmin blühen und selbst die Vögel zu jubilieren scheinen.

6. Das Problem des rhythmischen Wechsels

So wie nun niemand pausenlos aktiv sein kann, so sehnen wir uns auch im Anschluß an einen aufregenden Boxkampf oder an ein Fußballspiel nach Ruhe und beschaulichem Ausklang, d. h. im Verlaufe der schriftstellerischen Schilderung sollte auf einen gewissen rhythmischen Wechsel von Aktivität und Beschaulichkeit von Anstrengung und Erholung Wert gelegt werden, weil der Leser gleichsam durch seine Identifikation mit dem Helden dessen Aufregungen und Abenteuer quasi miterlebt und dieselbe Erschöpfung im Anschluß daran bei sich selber feststellt. Wir würden einen Leser überfordern, wenn wir ihn dazu zwingen wollten, dauernd in Hochstimmung oder dauernder Aktivität zu sein. Zwischendurch muß er sich ausruhen dürfen, das ist ein ganz natürliches rhythmisches Bedürfnis in uns. Der gute Schriftsteller macht davon Gebrauch und führt seinen Leser in rhythmischen Wellenbewegungen gleichsam von einem Tal auf die Höhe und umgekehrt. Hervorragende Beispiele für diesen rhythmischen Wechsel von Aktion und Passivität von Anstrengung und Erholung finden wir etwa in den Prosaerzählungen von Thomas Mann, aber natürlich auch in fast allen gelungenen Werken der internationalen Literatur.

7. Aufmerksamkeit wecken und erhalten

Wie kann man nun die Aufmerksamkeit des Lesers für eine bestimmte Geschichte wecken und wie kann man sie über längere Zeit hinweg aufrechterhalten? Aufmerksamkeit wecken heißt in erster Linie wieder anknüpfen an vorhandene Grunderwartungen und Grundmotive des Lesers. Hier können wir durch eine geschickte Überschriftsformulierung oder durch Benutzung eines Bildes, eines Fotos oder auch schon durch die Benutzung eines bestimmten Farbdrucks auf einem entsprechend farbigen Hintergrund sehr viel erreichen.

Wenn bereits in der Überschrift ein Hauch von Neugier erweckender Sexualität enthalten ist, wird man z. B. die Aufmerksamkeit eines potentiellen Lesers eher ansprechen als wenn eine mehr sachlich nüchterne Überschrift auch einen entsprechenden Inhalt in Aussicht stellt. Ein gutes Beispiel hier ist die Erfahrung eines Verlages, der von einem Taschenbuch mit dem Titel

»Die Beichte« knapp 9000 Exemplare im Jahr verkauft hatte. Als man den Titel neuformulierte zu »Die Lebensbeichte einer französischen Prostituierten« stieg die jährliche Verkaufsziffer auf über 56 000 Exemplare. Am Inhalt selber war überhaupt nichts verändert worden.

Selbstverständlich ist Sexualität nicht das einzige, womit wir Aufmerksamkeit erwecken können. Auch Überschriften, die einen Gewinn an Wissen oder Fähigkeiten versprechen, Titel die einen Zuwachs an Menschenkenntnis, an nützlichen Fähigkeiten und Fertigkeiten in Aussicht stellen, appelieren ebenso an Grundmotive und erzeugen in uns eine Zuwendungsmotivation. Andererseits soll auch alles vermieden werden, was Erwartungen weckt, die anschließend nicht befriedigt werden, die Enttäuschung wäre sonst doppelt groß. Um aber die Aufmerksamkeit des Lesers über eine Abhandlung hinweg aufrecht zu erhalten, können wir durchaus folgende psychologische Regeln beachten:

1. Den Text in kurze und jeweils mit einer entsprechenden Überschrift versehene *Abschnitte* einteilen! Auf jeder Seite sollen 3 bis 4 Abschnitte entstehen, die etwa von einer Überschrift zusammengehalten werden könnten. Spätestens nach zwei Seiten müßte eine neue Überschrift kommen, denn eine Seite ohne Abschnitte verleitet den Leser, diese Seite einfach zu überblättern. Insbesondere jüngere Leser und Kinder tendieren dahin, die Aufmerksamkeit erst dort wieder aufflammen zu lassen, wo kleinere übersichtliche Abschnitte vorhanden sind. Wahrscheinlich hängt dies damit zusammen, daß das Auge schon überfordert ist, wenn es ohne rhythmische Unterbrechung eine Zeile nach der anderen streng durchlesen soll. Ein Abschnitt ist sozusagen wie eine kleine Ruhepause oder wie eine »Belohnung« dafür, daß man einen einzigen Abschnitt aufgenommen hat.

Außerdem gehören zu den kurzen Abschnitten auch *kurze Sätze*. Je länger der Satz, auch wenn er durch Kommas untergliedert ist, desto schwerer ist es, die Aufmerksamkeit über längere Zeit zu erhalten. Das »Drama« mit sehr vielen Lehrbüchern besteht in erster Linie darin, daß hier zu lange und zu komplizierte Sätze in zu wenig untergliederten Abhandlungen dargeboten werden und so eine rechte psychologische Zumutung darstellen. Viele unserer Magazine haben in dieser Richtung in den letzten Jahren sehr viel gelernt und verbessert. Es gibt andererseits aber auch schon Lehrbücher, die von dieser Erkenntnis durchdrungen sind und dadurch auch meistens recht erfolgreich geworden sind, während viele andere Lehrbücher, deren Inhalt vielleicht sogar überlegen sein kann, über eine bescheidene Startauflage kaum hinauskommen. Im vorliegenden Buch haben wir versucht, ebenfalls von dieser Regel der kleinen Abschnitte mit jeweils

neuen Überschriften Gebrauch zu machen, so daß der Leser eigentlich auf jeder zweiten oder dritten Seite spätestens wieder eine neue Überschrift in neuen überschaubaren Abschnitten präsentiert bekommt.
2. Der Gebrauch von *Anführungszeichen* ist ein weiteres Mittel, um die Aufmerksamkeit neu zu wecken. Beim Auftauchen eines solchen Zeichens erwarten wir sofort eine mehr oder weniger wichtige Äußerung eines Menschen und schließlich sind es immer Menschen, die unsere Interessen am meisten wecken. Wenn es geht, sollte man also anstatt der indirekten Rede die direkte Rede benutzen, weil dadurch der Aufmerksamkeitswert der Abhandlung beträchtlich gesteigert wird.

In der Konversation wird dieser Grundsatz in der Regel automatisch berücksichtigt, weil hier die meisten Aussagen sich auf die Wiedergabe von wörtlichen Reden beziehen. Auch Kinder schmücken ihre Berichte in der Regel mit vielen Zitaten von direkten Aussagen, die sie selbst vorgenommen hätten oder die jemand anders ihnen gegenüber geäußert hätte. Denn schon Kinder merken, daß dadurch ihre Aussage interessanter und auch glaubwürdiger wird. Die indirekte Rede ist sozusagen abstrakt und die direkte konkret. Man kann sich mit der direkten Rede, die in Anführungszeichen steht, leichter identifizieren als mit einem lediglich abstrakt dargestellten Redeinhalt, den man aufs umständlichste zuerst wieder in eine Gesprächssituation zurückversetzen muß, wenn er lebendig werden soll.
3. Der Gebrauch von *Illustrationen* ist ein weiteres Mittel, um die Aufmerksamkeit des Lesers zu fesseln. Bilder, seien es nun Photographien oder auch Skizzen und sogar Schemata, erleichtern uns außerordentlich das Verständnis einer Abhandlung und ziehen unsere Aufmerksamkeit an. Außerdem lockern sie das sonst eintönige Schriftbild auf. Illustrierte Zeitungen, aber auch Nachrichtenmagazine mit zahlreichen Fotos und Grafiken, machen weitgehend Gebrauch von dieser Erkenntnis. Allerdings muß man nun bei der Wahl der Illustrationen so vorgehen, daß die Erwartungen der angesprochenen Leserkreise nicht enttäuscht werden. Man sollte z. B. keine zu modernistischen Illustrationen benutzen, wenn man sich an ein mehr konservatives Leserpublikum wendet und umgekehrt. Bei Kindergeschichten ist es sehr viel nützlicher, Kinderzeichnungen als Illustrationen zu benutzen als etwa Fotografien. Auch Federzeichnungen, die die jeweiligen Dinge und Personen nur andeuten und nicht total bis ins Detail hinein abbilden, sind der fotografischen Abbildung überlegen, weil die Fantasie des Kindes nicht korrigiert werden muß, sondern sich frei entfalten kann. Das Schneewittchen, das sich ein Kind aufgrund der Märchenschilderung vorstellt, sieht meistens viel schöner aus, als das Mädchen, das in einer entsprechenden Abbildung als Schneewittchen abge-

druckt ist! Und der Wolf, den sich ein Kind im Märchen vorstellt, ist wahrscheinlich sehr viel unheimlicher und größer, als daß man das mit der Darstellung eines wirklichen Wolfes wiedergeben könnte.

Dies gilt selbstverständlich auch für die Gestaltung von Anzeigentexten, die an Attraktivität in dem Maße gewinnen, indem sie den beschriebenen bzw. beworbenen Artikel schematisch oder per Foto abbilden. Wenn das Haus, das zum Verkauf ansteht, auch gleich als Foto abgebildet ist (nicht nur als Grundriß), so wird diese Anzeige auf jeden Fall intensiver gelesen als wenn nur in dürren Worten davon die Rede ist, daß ein Haus zu verkaufen sei.

Was nun in der Unterhaltungsliteratur die Illustration ist, das ist bei wissenschaftlicher Literatur der Gebrauch von *Kurven, Tabellen und Grafiken*. Allerdings muß dabei beachtet werden, daß nicht jede Kurve und nicht jede Tabelle wirklich leicht verständlich ist, vielmehr müssen die meisten solchen Abbildungen wieder mehr oder weniger umständlich erklärt werden, wodurch die Darstellung häufig recht spröde werden kann. Es kommt infolgedessen gerade bei populärwissenschaftlichen Abhandlungen sehr darauf an, ob man im Detail informieren muß, oder mehr überblicksartige Darstellungen über die wichtigsten Erkenntnisse formulieren möchte. Im letzteren Fall würde der Gebrauch von vielen Kurven und Statistiken lediglich vom Aufnehmen des wesentlichen Inhalts ablenken. Hier sollte man eher die wichtigsten Aussagen so hervorheben, daß man sie in einem anderen Druck bringt, daß man sie unterstreicht oder, wie schon erwähnt, in entsprechenden Überschriften hervorhebt.

4. Ein besonders wichtiges Kriterium für ein ansprechendes Schriftstück ist der *Schreibstil*. Der Schreibstil besteht im wesentlichen aus der Kunst des Autors, die richtigen Wörter in der richtigen Weise zu benutzen! Damit ist bereits angedeutet, daß die Wahl der richtigen Wörter allein den guten Stil noch nicht ausmacht. Es kommt vielmehr darauf an, sie auch in der richtigen Weise zu setzen. So wie zum Beispiel ein Maurer seine Backsteine mit großem Geschick aufeinandersetzen kann und doch dadurch allein noch kein kunstvolles Bauwerk entsteht, wenn nicht ein planender Architekt genau vorher festgelegt hat, wo welcher Backstein einzufügen sei. Zu einer guten Geschichte gehört auch ein guter Stil, wenn es ein erfolgreiches Schriftstück sein soll. Die Psychologie kann nun eine Reihe von Regeln geben, die geeignet sind, den Stil zu verbessern. Dazu gehört folgendes:

a) Eines der wichtigsten Mittel ist die *abwechslungsvolle Bezeichnung* ein und derselben Situation durch verschiedene Wörter. Es ist ein psychologisch wichtiges Merkmal guten Stils ein und dieselbe Sache mit ganz verschiedenen Wörtern in verschiedenen Situationen zum Ausdruck bringen zu können, anstatt immer nur ein Wort für die gemeinte Situation wiederholt zur Anwendung zu bringen. Der Grund für diese Forderung ist darin zu sehen, daß wir uns bei der wiederholten Lektüre desselben Wortes leicht in eine Monotonie versetzt fühlen, die der Aufmerksamkeit abträglich sein muß. Wenn aber immer wieder neue Wörter für auch ein und denselben Zusammenhang benutzt werden, entsteht Abwechslung und Abwechslung hält unser Interesse wach. Das Training von Synonymen ist also eine wichtige Maßnahme für jeden, der sich im Schreiben versuchen will.

b) Unsere Aufmerksamkeit erlahmt auch, wenn wir *überflüssige Wörter* lesen sollen, d. h. wenn wir etwas aufnehmen müssen, was wir bereits zu wissen glauben. Man vermeide also Tautologien (der »weiße Schimmel«, der »scharze Rabe«), aber auch die oft zu sehenden nichtssagenden umständlichen Beschreibungen von Handlungen, Bewegungen, die man sozusagen mit einem Wort schon genügend charakterisieren könnte. Der Grund für diese Forderung liegt vornehmlich darin, daß unsere Aufmerksamkeit immer dann abschaltet, wenn sie nicht gebraucht wird, und sie wird nicht gebraucht, wenn nichts Neues, nichts Wichtiges geschildert wird, sondern etwas, was wir längst gespeichert haben, zum wiederholtenmale aufgetischt wird.

Damit soll übrigens nicht gesagt werden, daß gelegentlich Wiederholungen und Anknüpfungen an früher Gesagtes nicht sinnvoll sein könnten. Vielmehr ist nur gemeint, daß die reine Redundanz tatsächlich wie ein Schlafmittel für die Aufmerksamkeit wirken kann. So benutzt man ja auch zur Einleitung von hypnotischen Zuständen formenhafte Wiederholungen bestimmter Aussagen mit immer gleichbleibender Stimme, die bewirken, daß das Bewußtsein (die Aufmerksamkeit) schließlich schwindet und der erwünschte unbewußte Zustand eintritt. Bei der Lektüre soll natürlich das Gegenteil entstehen: das Bewußtsein soll immer wieder neu ausgerichtet werden, indem in jedem Satz tatsächlich etwas Neues auf eine neue Art und Weise ausgedrückt wird. Wenn es nur eine Wiederholung sein sollte, kann es genausogut wegbleiben. Als Regel sollte man sich sozusagen vornehmen, nichts eigens auszuführen, was der Leser bereits an anderer Stelle – wenn diese nicht zu weit zurückliegt – aufgenommen hat.

c) Eine dritte Regel für guten Stil bezieht sich – vom Standpunkt der Psychologie her gesehen – auf die Vermeidung. von *abgedroschenen Ausdrucksformen,* Bildern und Vergleichen. Denn durch die Benutzung solcher abgedroschener Ausdrucksformen erreichen wir wiederum, daß die Aufmerksamkeit entweder erlischt oder gar nicht erst anspringt. Man kennt das alles schon und deswegen überliest man es. Dagegen sollte der Autor originelle, von der Norm der Dinge abweichende Ausdrucksformen benutzen, denn gerade dadurch wird er erreichen, daß der Leser sozusagen wach bleibt und den einen oder anderen Ausdruck sogar zweimal liest. Allerdings sollte man dieses Prinzip auch nicht übertreiben und nun mit Gewalt originell sein wollen, denn dadurch würde man den Leser auch wieder in gewisser Hinsicht überfordern. Schließlich soll nicht alles neu und originell sein, sondern das eine oder andere darf auch schon nach Bekanntem aussehen! Wenn in jeder Kurzgeschichte zum Beispiel ein neuer origineller Ausdruck erscheint, kann das schon genügen, um von hierher gesehen den Stil immerhin als ungewöhnlich erscheinen zu lassen.

d) Wenn es sich nicht um ausgesprochene Mundartabhandlungen handeln soll, muß der Stil auch möglichst *frei von nicht allgemeinverständlichen dialekt-abhängigen Ausdrucksformen* sein. Dies gilt sowohl für die schriftliche als auch für die mündliche Darstellung eines Sachverhaltes. Zwar kann man durch eine mundartliche Schilderung eines Sachverhalts unter Umständen eine Art vertraulichen Tonfall erreichen, der einem die Durchsetzung einer bestimmten Sache erleichtert. Es kann aber auch sehr wohl genau das Gegenteil der Fall sein, daß nämlich unser Gesprächspartner bzw. unser Leser überhaupt nicht richtig versteht, was wir meinen, wenn wir eine mundartliche Redewendung benutzen.

Während wir aber bei der mündlichen Darstellung usw. korrigieren können, wenn wir merken, daß wir nicht verstanden werden, fehlt bei der schriftlichen Darstellung diese Rückkoppelung, so daß es hier um so wichtiger ist, sich allgemein verständlich auszudrücken. Man sollte infolgedessen von vornherein festlegen, an welchen Adressatenkreis man sich mit seiner Darstellung vorwiegend wendet. Man sollte sich dann im Ausdrucksniveau ziemlich exakt an den Wortschatz und die Lesegewohnheit dieses Leserkreises anpassen. Ein häufiger Wechsel dieses Schreibniveaus innerhalb ein und derselben Darstellung ist sehr schlecht, weil es die Aufmerksamkeit des Lesers unnötigerweise von der Sache selbst auf eine Nebensächlichkeit ablenkt. Insofern können die oben erwähnten originellen Ausdrucksformen sehr leicht auch zu Gefahren werden, wenn sie so ungewöhnlich sind, daß sie nicht mehr verstanden werden.

Ein gutes Mittel, diese Stilforderung zu erfüllen ist es, sein Produkt von einem Menschen lesen zu lassen, den man als einigermaßen typisch für den gemeinten Adressatenkreis kennt. Schon bei dieser Gelegenheit wird sich zeigen, ob wirklich alles verstanden wird, was geschrieben wurde, oder ob es sich vielleicht empfiehlt, den einen oder anderen Ausdruck durch einen gebräuchlicheren oder jedenfalls leichter verständlichen zu ersetzen. Im allgemeinen empfiehlt es sich immerhin, den Leser durch seine Art zu schreiben auf jeden Fall nicht zu überfordern. Die Gefahr der Unterforderung des Lesers ist weit geringer, weil wir ja den Stil niemals als Selbstzweck, sondern eben als Mittel zum Zweck einer Vermittlung bestimmter Informationen oder Unterhaltungsinhalte verwenden. Nichts ist schlimmer als wenn ein trivialer Inhalt mit einem besonders gestelzten Stil vorgetragen wird. Der Leser merkt dann sozusagen relativ rasch, daß sich der Aufwand seiner Aufmerksamkeit überhaupt nicht lohnt, daß es kein rechtes Verhältnis zwischen Aufwand und Inhalt gibt und legt das Schreibwerk beiseite. Andererseits wird er bei einer zu leicht verständlichen Ausdrucksform aber einem anspruchsvollen Inhalt kaum unangenehm berührt sein.

Dies gilt insbesondere auch wieder für wissenschaftliche und populärwissenschaftliche Darstellungen, die meistens sehr viel einfacher und leichter geschrieben sein könnten, in Wirklichkeit aber ihre Leser sehr oft dadurch abstoßen, daß sie mit einem außerordentlichen Aufwand von Fachtermini und zum Teil auch unnötigen Fremdwörtern belastet sind und dadurch den Zugang zu der betreffenden Fachdisziplin eher verwehren, als ihn zu eröffnen.

e) In der Beschreibung einzelner Sachverhalte möglichst *spezifisch* zu sein, hatten wir bereits oben erwähnt. Hier soll es indessen noch einmal unter dem Aspekt der stilistischen Verbesserung betont werden, daß wir jedem Beschreibungsobjekt eine möglichst sinnlich wahrnehmbare Qualität geben sollten, denn nur dadurch entsteht die Möglichkeit, daß sich der Leser die betreffende Sachlage wirklich vorstellen kann. Wenn wir indessen unspezifisch bleiben und mit veralteten, schon überall benutzten Begriffen und Umschreibungen arbeiten, erreichen wir, daß das Interesse gar nicht erst entsteht und daß sich letzten Endes niemand etwas Besonderes unter dem betreffenden Gegenstand oder unter der betreffenden Situation vorstellen kann. Machen wir uns dies an einem kleinen Beispiel klar: Wir alle haben schon sehr oft gelesen, wie der Wind »durch die Bäume heult«. Dies ist eine so gängige Ausdrucksweise, daß wir einen solchen Satz kaum mehr bewußt wahrnehmen, sondern wir neigen dazu, ihn einfach zu überlesen. An und für sich ist der Ausdruck, daß der Wind »heult«, durchaus bildhaft und sinnlich konkret gewesen, aber das war seinerzeit als ein solcher Ausdruck vielleicht zum ersten Mal benutzt worden war. Inzwischen aber ist er so unspezifisch geworden, wie ein Pullover, der allzu oft getragen wurde: er wird fadenscheinig und verliert die Fasson. Stattdessen könnte man den Wind und seine Geräusch auch einmal anders umschreiben, etwa so, daß man die Geräusche mit einem Harfenton vergleicht, oder mit einem Cello, oder auch mit einer Flöte, jedenfalls wären diese Vergleiche besser, weil sie noch nicht so gewöhnlich sind, als daß man sie einfach überlesen könnte. Man kann sich eine Stimmung vorstellen, wenn der Wind nicht einfach durch die Bäume heult, sondern wenn er einen Ton erzeugt, der einen an einen einsamen Geiger in einem verlassenen Dom erinnert!

In ähnlichem Zusammenhang stehen auch die *Vergleiche*, die wir stets aus der *Erlebniswelt* unserer Leser nehmen sollten. Es ist zum Beispiel ein schlechtes Stilmerkmal, wenn wir unsere Beispiele und Vergleiche betont aus ländlichem Milieu nehmen, während unsere Leser vornehmlich städtische Menschen sind. Einen typischen Städter spricht es einfach nicht an, wenn wir ihm als Beispiel für einen planvollen Lebensstil sagen, man müsse, wenn man im Herbst ernten will, im Frühjahr den Boden bestellen und säen! Denn Städter sind oft ihrer bäuerlichen Basis so weit entfremdet, daß sie selten einen Garten haben und infolgedessen mit Säen und Ernten kaum in Berührung kommen. Früchte werden in der Stadt, nicht vom Baum geholt, sondern im Supermarkt eingekauft, und zwar pfundweise verpackt. Auf diese Dinge gilt es zu achten, wenn wir verhindern wollen, daß durch unspezifische Darstellung die Aufmerksamkeit wieder von der eigentlichen Sache eher abgelenkt wird, als daß sie durch unsere Stilmittel zugunsten einer intensiveren Zuwendung gestärkt würde.

8. Der Erfolg des Kunstwerks

Zusammenfassend können wir also sagen, daß die Aufmerksamkeit des Lesers dann anspringt, wenn wir in der schriftlichen Abhandlung etwas anbieten können, was einem wesentlichen Bedürfnis des Lesers entspricht.

Für Psychologie an sich wird sich wahrscheinlich selten ein Leser interessieren, wohl aber interessiert sich fast jeder Mensch irgendwann in seinem Leben für die zwischenmenschlichen Probleme – und das ist schließlich Psychologie! Man fängt an, nach Psychologie zu fragen, wenn man das erste Mal über eine unvorhergesehene Reaktion eines Mitmenschen gestolpert ist, wenn man glaubt, sich selber und andere nicht mehr zu verstehen. Deswegen müßte in einem solchen Fall Psychologie als »Lebenshilfe« oder als Weg zum besseren Verständnis des eigenen Selbst und des anderen Menschen eher angeboten werden, als wenn man sie bloß als »Abriß der Psychologie« ankündigt. Im Grunde genommen wäre Psychologie von diesem Standpunkt her immer angewandte Psychologie, wobei die Richtung der Anwendung sich an den jeweiligen Bedürfnissen des Lesers orientieren könnte.

Gut ist dabei, wenn man diese Richtung auch nicht nur allgemein und abstrakt ausdrückt, sondern möglichst konkret und anschaulich in der Überschrift zum Ausdruck bringt, worum es sich handeln soll. Aus der Werbepsychologie z. B. kann man die direkte Fragetechnik in diesem Zusammenhang übernehmen: »Wann werden *Sie* hinter einem gepflegten Mahagonischreibtisch sitzen?« Diese Frage ist besser als die Formulierung »Tips für den beruflichen Aufstieg«. Der Grund liegt daran, daß die »Tips für einen beruflichen Aufstieg« schon derart abgedroschen klingen, daß sie unsere Aufmerksamkeit kaum erwecken könnten. Die konkrete Vorstellung des gepflegten Mahagonischreibtisches indessen weckt unser Interesse, namentlich dann, wenn wir noch nicht hinter einem solchen Schreibtisch sitzen.

Anschließend muß geschildert werden, wie wir als Autor das so angesprochene *Bedürfnis* zu befriedigen in der Lage sind. Nun entsteht ein zielgerichtetes Interesse im Leser, das ihn zwingt, die Lektüre aufzunehmen, daß sie ihm einen Gewinn für seine Situation (Befriedigung eines seiner Bedürfnisse) verspricht.

Alle oben aufgeführten *Techniken* und Hinweise können jetzt vom Autor berücksichtigt werden, um den Stil und die Darstellungsweise so zu gestalten, daß das Interesse des Lesers wachbleibt bis zum Schluß. Immer muß dabei aber der Bezug zur prinzipiellen Bedürfnissituation, zur Motivationsstruktur, des Lesers aufrechterhalten bleiben.

Der Aufbau unserer Darstellung soll den bereits bei der Analyse der Rede geschilderten *Stufen* folgen, wenn es sich um eine einfache Form der Informationsvermittlung handelt. Dadurch bleibt auch die Spannung für die Aufmerksamkeit bzw. für das Interesse auf der Seite des Lesers erhalten. Er kann sich vielfältig mit den dargestellten Charakteren identifizieren und er erlebt infolgedessen deren Freuden und Leiden mit bzw. folgt unserer Argumentation, wenn es sich um wissenschaftliche oder quasi wissenschaftliche Abhandlungen handelt.

Diese Zusammenhänge lassen sich auch ohne Schwierigkeiten auf andere Gebiete der *Kunst* anwenden. Auch etwa das *Drama* kann vom psychologischen Standpunkt her diese Grundsätze unserer Regeln übernehmen. Auch im Drama geht es darum, Spannung auf der Seite des Zuschauers aufrecht zu erhalten, so daß die Lösung des Konflikts erst gegen Ende erfahren werden sollte, und die Spieler im Drama möglichst die Charakterzüge verkörpern sollten, die die Zuschauer bei sich selber entdecken können, so daß eine Identifikation mit dem Helden möglich ist.

Selbst in der *Malerei* und auch in der Musik gelten diese psychologischen Gesetzmäßigkeiten, denn auch dort kommt es auf Identifikation bzw. auf eine subjektive Interpretation an. Das Gesetz von Spannung, Spannungsaufrechterhaltung und Spannungslösung beherrscht auch ein gutes Musikwerk, eine gute Plastik, aber auch einen gut inszenierten Ballettanz.

Der Erfolg eines Kunstwerks insgesamt hängt selbstverständlich nicht nur von der Anwendung psychologischer Einsichten ab, aber er wird zu einem wesentlichen Teil von diesen Gesichtspunkten mitverursacht. Man muß sich sozusagen in jeder Phase der Kunstwerksproduktion klar machen, daß man Menschen anspricht, die ganz bestimmte Erwartungen haben werden und nach ganz bestimmten psychologisch bekannten Gesetzmäßigkeiten diese Erwartungen befriedigt sehen wollen.

VIII. Psychologie und Musik

1. Musik als Teil spezifisch menschlicher Welt

Es gibt viele Anzeichen dafür, daß Musik, wenn auch in anderer oder primitiverer Form als heute, immer schon zum menschlichen Leben gehört hat. Selbst vorgeschichtliche Funde deuten darauf hin, daß einfache Musikinstrumente benutzt worden sind.

Zwar steht fest, daß z. B. in der Antike der besonders wirksame Effekt des gleichzeitigen Erklingens mehrerer Noten, der Akkord, unbekannt war, daß also nur einfache Melodien ohne Berücksichtigung der Harmoniegesetze, die wir heute haben, gesungen oder gespielt wurden, doch benutzten ja auch unsere Kleinkinder heute zunächst pentatonisch aufgebaute einfache Melodien, sozusagen Sprechreime. Diese werden gesungen, um bestimmte Gefühlszustände auszudrücken. So wie sich das Musikverständnis und die musikalische Fähigkeit im einzelnen Kind entwickelt bis hin zum Erwachsenen, so scheint sich auch das Musikverständnis der Menschheit über die Jahrtausende hinweg entwickelt zu haben.

Musikalischer Ausdruck und musikalisches Verständnis aber liegt vielleicht schon vor, wenn der Säugling zum erstenmal nach seiner Rassel greift, oder wenn er seine Lallmonologe quasi musikalisch ausbaut. Jedenfalls ist Musik der weitaus am wenigsten materiell erfaßbare Stimulus, der unsere Sinnesorgane so ansprechen kann, daß gewaltige Wirkungen auf unser Verhalten davon ausgehen können.

2. Musik und Gemütszustände

Auch wenn Musik, im Gegensatz zu einem mehr materiellen Stimulus wie einem Bild oder einer Statue, nach ihrem Ertönen sozusagen wieder verschwunden ist, ist sie doch, wie kaum ein anderer Reiz, in der Lage, höchste Leidenschaften in uns entstehen zu lassen. Ja, man kann sogar sagen, daß fast alle Gemütszustände, deren der Mensch fähig ist, in ihrer intensivsten Ausprägung zu Musik werden.

Ein extrem begeisterter Mensch fängt an zu singen und zu trommeln, und ein extrem trauriger Mensch ertränkt seine Tränen in einem Trauermarsch. Es gibt bei uns kaum ein Begräbnis, ohne die obligate Kirchen- und Trauermusik. Aber es gibt auch keine Hochzeit ohne Tanzmusik, keine Feier und keine Festivität ohne musikalische Umrahmung, und die meisten Menschen können sich ihren beruflichen Alltag schon kaum ohne Musikberieselung vorstellen. Im Zeitalter der Tonbänder und der Kassettenrekorder, aber auch der allgegenwärtigen Transistorradios, sowie der Stereophonie sind die meisten Hotels und auch die meisten Wohnungen in der zivilisierten Welt so mit Musik angefüllt, daß es kaum einen Raum gibt, der nicht »berieselt« wird. Wir betreten einen Supermarkt und nehmen dabei mehr unbewußt als bewußt eine einschmeichelnde Melodie oder einen wohlbekannten Schlager wahr, der uns in eine sorglose Stimmung versetzt und uns das Einkaufen leichter macht, weil er uns vergessen läßt, wie hart man schließlich für das Geld hat arbeiten müssen.

Durch Musik entstehen Assoziationen in uns, die uns an zurückliegende Ferien, an schönes Wetter, an ein Stranderlebnis, oder überhaupt an nette Menschen und angenehme Umgebungen erinnern und uns ganz vergessen lassen, daß wir im Grunde genommen dabei sind, ein alltägliches Geschäft zu absolvieren. Selbst beim Zahnarzt tönen uns Melodien in die Ohren und helfen uns, den Zahnschmerz zu vergessen bzw. erleichtern uns die Entspannung, die der Zahnarzt braucht, um in Ruhe diagnostizieren und therapieren zu können. Selbst Montagehallen und Fertigungsanlagen werden musikalisch untermalt und tragen dazu bei, daß manchmal stumpfsinnige Routinearbeit unter dem Einfluß eines bestimmten Rhythmus oder einer bestimmten Melodie nicht mehr als solche empfunden wird, weil überschüssige Gedanken und Vorstellungskraft der Arbeiter gleichsam auf dem Gefährt der Musik gebunden wird.

Auch im Straßenverkehr ist die Musik allgegenwärtig. Es gibt kaum ein Auto ohne eingebautes Radio, die meisten davon in Stereophonie, so daß nicht nur das eigene Fahr- und Motorgeräusch übertönt wird, sondern auch die nichtbeschäftigten Gedanken und Aktivitätsimpulse des an sich passiv sitzenden Fahrers, fortwährend auf assioziative Weise gebunden werden. Unter dem Einfluß einer liebenswürdigen Melodie, die uns auf eine ferne Südseeinsel mit langen Sandstränden entführt, kommt uns eine miserable Straße voller Regenlöcher und Schneematsch schon fast vor, wie die Anfahrt zu einem langersehnten Urlaubsort. Wir reagieren gelassener und vielleicht sogar weniger aggressiv, als wenn wir ohne musikalischen Schutz den vielfältigen Frustrationen des Straßenverkehrs ausgesetzt wären. Ja, die meisten Menschen haben heute bereits auf dem Nachttisch sogenannte Uhrenradios, die sie abends vor dem Einschlafen benutzen, weil sie sich selber abschalten, und die sich morgens zu einer bestimmten Zeit automatisch einschalten, sodaß das Erste und das Letzte, was ein Mensch am Tag hört, Musik sein dürfte.

3. Psychologischer Einfluß der Musik auf unsere Befindlichkeit

Das Besondere an der Musik ist, wie schon angedeutet, ihre Fähigkeit, als Stimulus einen bestimmten Gemütszustand assoziativ hervorzurufen. Weil nun unser Leben fast immer von Rhythmen und Melodien begleitet ist – selbst dann, wenn in Wirklichkeit keine Musik ertönt, empfinden wir vielleicht Musik, weil wir die Vorstellung an eine bestimmte Melodie oder einen bestimmten Rhythmus nicht aus dem Kopf verdrängen können –, sind mit dieser Musik also immer auch schon bestimmte Gemütszustände, psychische Befindlichkeiten, verknüpft.

Im Grunde genommen folgt dieses Schema dem bereits beschriebenen Wirkungsablauf der bedingten Reaktionen: Jemand singt uns z. B. im Kindesalter eine bestimmte Kindermelodie vor und lehrt uns das Kinderlied »Fuchs du hast die Gans gestohlen«. Eine ganz bestimmte Stimmung der Geborgenheit, der Sorglosigkeit, des Aufgehens im Augenblick, wie es eben spezifisch ist für das kindliche In-der-Welt-sein, wird nun mit diesem Lied verknüpft. Wenn wir viele Jahre später, als Erwachsene, diese Melodie in leichter Abwandlung und in anderer orchestraler Besetzung wiederhören, ist es kein Wunder, daß wir fast automatisch wieder in diese kindliche Stimmung der Geborgenheit zurückversetzt werden.

So kommt es, daß wir beim Anhören bestimmter Melodien und bestimmter Rhythmen jeweils an etwas ganz Bestimmtes denken müssen, daß uns Gemütszustände und zum Teil weit zurückliegende Erlebnisse wieder ins Gedächtnis kommen, daß wir dann anfangen zu träumen und nicht selten in eine wehmütige oder auch in eine besonders begeisterte Stimmung verfallen.

Warum sind Kassetten mit Volksliedern so beliebt? Man kann leicht einen harmlosen Selbstversuch damit unternehmen, indem man sich aus einer solchen Volksliederkassette oder einer entsprechenden Schallplatte einige bekannte Kinder- und Volkslieder vorspielt. Mit ziemlicher Sicherheit wird sich dann jeder an irgendeine bestimmte Szene seiner eigenen Kindheit wieder erinnern. Man wird an Menschen und Situationen denken, an die man Tage oder Jahre lang nicht mehr gedacht hat. Es ist, als würde man mit einer alten Photographie konfrontiert werden, auf der man sich selber als Kind wiederfindet. Nur ist der Eindruck der Musik noch intensiver als der einer solchen Familienphotographie.

Wahrscheinlich hängt dies damit zusammen, daß noch weniger Rationalität beim Wahrnehmen der Musik im Spiel ist als beim Betrachten eines Fotos oder beim Lesen einer bestimmten Geschichte. Man vergleiche nun diese Stimmung, die einem beim Anhören von alten Volksliedern und Kinderliedern befällt mit der Stimmung die man, wahrscheinlich ebenso automatisch, erhält beim Anhören der Nationalhymne. Mehr oder weniger automatisch wird man hier in eine mehr feierliche Stimmung versetzt, und man wird auch fast automatisch wieder an die Situation denken müssen, in der man die Nationalhymne selbst gelernt hat oder sie besonders intensiv gesungen und aufgenommen hat. Die älteren unter uns werden vielleicht nicht umhin können, sogar den Text der ersten Strophe des Deutschlandsliedes zu erinnern, statt des eigentlich befohlenen Textes der zweiten oder dritten Strophe. Dies mag seinen Grund einfach darin haben, daß seinerzeit tatsächlich die erste Strophe noch zuerst gelernt wurde!

4. Musik – Gefühle – Leistung

In dem Maße, indem nun *Gefühle* und *Stimmungen* zum Wesen des Menschen gehören, ist es auch verständlich, daß uns ein Mensch mit Musikverständnis, mit Freude an der Musik, »menschlicher« vorkommt, als jemand, der diese Fähigkeit nicht besitzt und also einen Anschein von Gefühlsarmut hat. In diesem Sinne mag auch hier zitiert werden »Wo man singt, da laß Dich ruhig nieder – böse Menschen haben keine Lieder!«. Der böse Mensch, das ist der Mensch ohne Gefühle, ohne Liebe, ohne Mitleid, also der kalte und unberechenbare Mensch, der sich durch Melodien und Rhythmen, eben durch Musik, nicht in eine allgemein menschliche Gefühlswelt versetzen lassen kann, weil er vielleicht solche Assoziationen in seiner eigenen Kindheit nicht hat erfahren können, sondern musik- und gefühllos aufgewachsen ist.

Musik kann aber auch auf dem Weg über die gefühlsartige Steuerung der endokrinen Drüsen zu gewaltigen Veränderungen der physisch-psychischen *Leistungsfähigkeit* des Menschen beitragen. Unter den Klängen eines martialischen Marsches mit schmetternden Fanfarenklängen und rhythmischen Trommelschlägen entstehen in den meisten Menschen emotionale Zustände, die mit Kampf bzw. Verteidigung in Verbindung gebracht werden müssen. Es wird mehr Adrenalin abgesondert, und der Blutzuckergehalt nimmt entsprechend zu, so daß wir auch objektiv und meßbar mehr körperliche Energie zur Verfügung haben.

Die tatsächliche Leistungsfähigkeit wird aber auch noch dadurch beeinflußt, daß wir psychisch auf das jeweilige Kampfziel mehr konzentriert werden, daß wir dadurch Hemmungen abbauen und Gedanken, die der Ausführung der Tat entgegenstehen würden, nicht mehr empfinden können.

So sind neben den *Arbeitsgesängen* die *Kriegs-* und *Schlachtenmusiken* wahrscheinich die besten Beispiele für den direkten Einfluß von Musik auf

Leistungsfähigkeit im psychischen und physischen Bereich. Bei den Arbeitsgesängen geht es darum, daß eine vielleicht monotone und sogar ermüdende Arbeit nicht mehr als solche empfunden wird, wenn sie durch bestimmte Rhythmen getragen wird, so wie wir sie etwa in den Liedern der amerikanischen Neger beim Baumwollpflücken aus der Zeit vor der Negerbefreiung kennen. So genommen, sind unsere Stimmungen und Gemütszustände, wie sie durch musikalische Erlebnisse hervorgerufen werden können, einflußreicher auf unser Verhalten als man zunächst annehmen sollte. Gerade im militärischen Gebiet ist altbekannt, daß die sogenannte »Moral der Truppe« wesentlich auch von der inneren Stimmung der Mannschaft abhängig ist, und nicht nur so sehr von der Schlagkraft der vorhandenen Waffen.

Auch eine zahlenmäßig und ausrüstungsmäßig unterlegene Mannschaft konnte in kriegerischen Verwicklungen schon entschiedene Siege erringen. Um kein Beispiel aus der engeren Geschichte nehmen zu müssen, die aber ebenfalls voll von solchen Situationen ist, greifen wir zu der bekannten Geschichte aus dem klassischen Griechenland, wo Sparta sich unter dem Druck seiner Feinde hilfeflehend an die Athener wandte. Die Athener ihrerseits wollten jedoch, daß Sparta in diesem Kampf nicht als Sieger hervorging, weil dann die eigene Konkurrenzlosigkeit durch das mächtiger gewordene Sparta bedroht worden wäre. Andererseits wollten die Athener auch ihre Hilfe nicht direkt versagen, weil das abermals zu neuen Feindseligkeiten mit Sparta geführt hätte. Also entsandten sie statt der erbetenen Krieger lediglich den Poeten Tyrtaeus, der sich nicht aufs Kämpfen verstand, wohl aber auf Musik und Dichtung. Zur allgemeinen Überraschung siegten die Spartaner über ihre Feinde unter dem Einfluß der von Tyrtaeus komponierten Schlachtengesänge über ihre materiell weitüberlegenen Feinde.

Musik läßt Gefühle entstehen

Jedermann kennt die Erfahrung, daß beim Anhören einer bestimmten Melodie oder eines bestimmten Rhythmus automatisch bestimmte Erinnerungen wieder auftauchen. Hören wir zum Beispiel einen Marsch, dann denken wir an die Situation, in der wir diesen oder einen ähnlichen Marsch zum ersten Mal gehört haben. Ertönt aber ein Kinderlied, so fühlen wir uns fast automatisch zurückversetzt in die Tage unserer Kindheit, wir sehen uns vielleicht wieder in unserem Elternhaus, umgeben von den vertrauten Personen unserer Kindheit. Beim Anhören einer bestimmten Ballade dagegen tauchen Erinnerungen an die Schulzeit und an unseren Musiklehrer wieder auf usw.

Einer der wichtigsten Unterschiede zwischen Sprache und Musik ist der Umstand, daß Wörter eine ganz bestimmte Bedeutung haben und daß diese Bedeutung sofort in uns anklingt, wenn wir das betreffende Wort vernehmen, und zwar unabhängig von der Situation, unter der wir dieses Wort zum erstenmal gelernt haben. Ganz anders ist es bei Musik! Sie erweckt in uns zwar bestimmte Gefühle oder Erinnerungen, aber diese Gefühle und Erinnerungen sind nicht so spezifisch und nicht so fixiert wie die der Wörter. Hören wir z. B. das Wort »Blumenkohlsuppe«, so wissen wir ganz ganz genau, was damit gemeint ist, ja wir könnten sogar bei geschlossenen Augen fast den spezifischen Geschmack dieser Blumenkohlsuppe nachempfinden. Dabei ist es gleichgültig, unter welchen Umständen oder Bedingungen wir zum erstenmal Blumenkohlsuppe gegessen hätten.

Wenn wir dagegen »Am Brunnen vor dem Tore« hören, denken wir vielleicht an bestimmte Erlebnisse in unserer Kindheit, an unsere Schulzeit oder auch an eine Landschaft, die wir auf irgendeinem Weg mit diesem Liede in Verbindung gebracht haben. Vor allem aber empfinden wir eine bestimmte Gefühlslage, wir lehnen uns vielleicht zurück, schließen die Augen und fangen an zu träumen von längst vergangenen Zeit, wir sehnen uns nach Ruhe und Frieden.

Wenn nun eine bestimmte Melodie von Wörtern begleitet wird, unterstützen diese natürlich das Entstehen bestimmter assoziativer Erinnerungen. Es könnten dann auch beim erstmaligen Anhören der Melodie schon bestimmte Vorstellungen vermittelt werden, weil die Wörter des Liedes solche Vorstellungen vermitteln. Später kann man die Wörter weglassen und nur noch die Melodie zu Gehör bringen, um zu erreichen, daß ähnliche Vorstellungen oder Erinnerungen aufs neue entstehen.

Auf diesem Weg kann man also eine fast beliebige Melodie und auch einen beliebigen Rhythmus mit Hilfe entsprechender Wörter konditionieren und erreichen, daß am Schluß die Melodie bzw. der Rhythmus allein schon die entsprechenden Erinnerungen oder Assoziationen entstehen läßt.

Es handelt sich also um eine ganz ähnliche Art von Konditionierung, wie sie auch vor sich geht, wenn wir bei einem Kleinkind eine bestimmte Speisevorliebe oder Speiseabscheu konditionieren: Nehmen wir an, wir servieren einem Kleinkind zum erstenmal Spinat und alle am Tisch äußern sich begeistert über dieses Gericht. Auf eine ganz selbstverständliche Art und Weise wird das Kind dazu kommen, Spinat ebenfalls zu mögen, sich sogar über seine grüne Farbe zu freuen, und beim nächsten Mal, wenn die Mutter ankündigt, es gäbe Spinat, wird dieses Kind sich freuen und einen gewaltigen Spinatappetit entfalten. Umgekehrt können wir erreichen, daß das Kind auch eine ausgesprochene Abneigung gegen Spinat entwickelt, indem wir seine Geschwister dazu anhalten, auf Spinat mit allen Zeichen des Abscheus zu reagieren, wenn dieses Gericht zum erstenmal für das kleine Kind serviert wird. Automatisch wird dieses Kind ebenfalls negativ auf Spinat reagieren und bei der nächsten Ankündigung, daß es wieder Spinat gäbe, fast automatisch mit Abneigung und Appetitlosigkeit reagieren.

Wir wissen z. B., daß auf diesem Weg oft genug jahrelang anhaltende Speisevorlieben und auch Speiseabscheu-Einstellungen beim erwachsenen Menschen konditioniert worden sind. Wenn jemand etwa keine Milch trinken kann oder keinen Fisch mag, dann geht das in der Regel auf solche negativen Eindrücke zurück, die bei der ersten und entscheidenden Begegnung mit diesen Speisen oder Getränken verbunden wurden, auch wenn diese Eindrücke als solche später gar nicht mehr erinnert werden können.

Wir können also nicht im voraus sagen, welche Empfindungen eine, den Zuhörern völlig unbekannte Musik vermitteln wird. Lediglich, wenn es eine bereits bekannte Musik ist, oder eine Musik, die von Wörtern begleitet wird (Choräle und ähnliches), können wir mit einiger Sicherheit im voraus annehmen, welche Empfindungen, Gefühle und sogar welche Erinnerungen beim Zuhörer entstehen werden.

Wenn es mithin darauf ankommt, eine Zuhörergruppe zu relativ einheitlichen Gefühleinstellungen durch Musik zu bewegen, müssen wir allgemein bekannte Lieder oder wenigstens solche Melodien darbieten, die mit entsprechenden Emotionen assoziiert werden können. Die Einführung neuer Melodien oder neuer Lieder dagegen sollte man dem Lehrer oder dem Chorleiter überlassen. Auch im Bereich der Werbung wäre es im allgemeinen viel zu riskant, unbekannte Melodien zu benutzen, weil dadurch oft genug eine gegenteilige Gefühlslage entstehen kann als die, die man beabsichtigt.

5. Pädagogische Möglichkeiten der Musik

Wir haben gesehen, daß durch Musik ganz bestimmte Gefühle entstehen können, wenn darauf geachtet wurde, daß während des ersten Bekanntwerdens mit der betreffenden Melodie oder mit dem entsprechenden Rhythmus eine einigermaßen gleichbleibende Gefühlslage vorherrschte. In diesem Fall entsteht dieselbe Gefühlslage immer wieder, so oft die sprechende Musik gehört wird. Weil nun bei den meisten Menschen heute hauptsächlich der rhythmische Teil der Musik im Vordergrund des Erlebens steht, weil er mit bestimmten Bewegungen in Verbindung gebracht wird, ist für sie Musik im wesentlichen Tanzmusik geworden. Unwillkürlich beginnen diese Menschen beim Hören der Rhythmen auch entsprechende Bewegungen auszuführen, und sei es auch nur mit den Händen.

So wichtig nun diese Art einfacher Konditionierungen von körperlichen Bewegungen mit rhythmischen Elementen ist, so sehr muß doch auch betont werden, daß es sich dabei nur um eine erste und sozusagen fast elementare und primitive Ebene der Musik und des Musikerlebens handelt. Die eigentlichen pädagogischen Möglichkeiten der Musik erschließen sich demjenigen, der die emotionalen Feinheiten jenseits des rein rhythmischen Erlebens nachempfinden kann, wenn er zum Beispiel in einer Beethovensymphonie nach dem ungetrübten Selbstvertrauen des jeweils ersten Satzes, die Trauer, ja die zornige Depression des zweiten Satzes als Kontrast erfahren kann und im dritten Satz schließlich wieder zu einem neuen stabilen Selbstvertrauen emporgehoben wird!

Wenn Kinder frühzeitig mit diesen Möglichkeiten des Musikerlebens vertraut gemacht werden – und im Grunde genommen handelt es sich um eine sehr einfache Art der Konditionierung bestimmter Gefühle mit dem Erfahren der Musik – haben sie unter Umständen zeitlebens eine hervorragende Möglichkeit, ihre emotionalen Zustände durch Musik positiv zu beeinflussen, sich selber besser zu beherrschen und ihre Gefühlslage auch besser auszudrücken.

Am allerbesten ist es selbstverständlich, wenn man einem Kind Gelegenheit gibt, selbst ein Instrument zu spielen und dadurch Gefühle mehr oder weniger kreativ abreagieren zu lassen. In den Fällen, wo dies jedoch nicht ohne Schwierigkeiten möglich ist, genügt auch schon eine Einführung in das einfache Musikverständnis, indem das Kind durch Anhören entsprechender Schallplatten oder Tonbänder in die jeweilige Gemütslage des Musikstückes versetzt wird, um zu erreichen, daß das Kind seine momentane Trauer durch das Anhören eines Trauermarsches geistig überhöht oder auch seinen Zorn abreagiert durch ein entsprechendes Musikstück. Es kommt dann zu einer Art Identifikation des Menschen mit der Gemütslage, die die betreffende Musik suggeriert und dadurch gleichzeitig zu einer Abreaktion subjektiver Konflikte.

So wie z. B. manche Arten von Schlafstörungen durch entsprechende Melodien und Rhythmen therapeutisch positiv beeinflußt werden können, könnte man alle Arten von psychischen Erregungszuständen auch musikalisch-therapeutisch unterstützen. Man denke z. B. an die therapeutische Wirkung bestimmter Musikarten auf Depressionen oder Manien, aber auch auf allgemeine Erregungszustände!

Nervosität beim Autofahren beispielsweise kann auf eine einfache Weise dadurch gesenkt werden, daß man wiederholt beruhigend wirkende Melodien während des Fahrens abspielt (Kassetten) und dabei berücksichtigt, daß dieselben Melodien und Rhythmen gelegentlich auch außerhalb des Autos in einer besonders ruhigen Atmosphäre gehört werden. In Situationen, in denen man normalerweise erregt worden wäre und vielleicht sogar zu Kurzschlußhandlungen geneigt hätte, bleibt man auf diese Weise ruhig und gelassen.

In ähnlicher Weise könnte aber Musik auch die Konzentrationsbereitschaft des Menschen wesentlich und positiv beeinflussen, indem man entsprechende, vielleicht relativ kurze Musikstücke auswählt und sie des öfteren abspielt, wenn man mit äußerster Konzentration bei einer Problemlösung ist. Nach einigen Wiederholungen könnte man sich mit einiger Sicherheit darauf verlassen, daß der konzentrative Zustand auch entsteht, wenn man lediglich die entsprechende Musik wieder ertönen läßt.

In ähnlicher Weise wird ja auch im Bereich der politischen Propaganda Musik sehr häufig zweckgerichtet eingesetzt. Dies geschieht etwa dann, wenn man vor dem Auftritt eines politischen Redners eine Art Erkennungsmelodie, meistens einen Erkennungsmarsch, abspielt, der z. B. vaterländische Gefühle erweckt oder den Zusammenhalt der Anwesenden beschwören kann.

Auch das Fernsehen macht von dieser bekannten Wirkung der Musik weitgehend Gebrauch, indem es etwa jeweils eine gleichbleibende Serieneinleitungsmelodie einsetzt und diese Melodie meistens während der ersten Serien mit bestimmten Erwartungshaltungen konditioniert. Beim bloßen Ertönen der Erkennungsmelodie wird der Zuschauer sofort in eine bestimmte Erwartungshaltung versetzt, die identisch ist mit derjenigen, die er während der ersten beiden Sendungen entwickelt hat. Eine bestimmte Krimiserie z. B. braucht praktisch mit Worten kaum mehr angekündigt zu werden. Es genügt, die entsprechende Erkennungsmelodie ertönen zu lassen, und jedermann weiß, was ihn in der nächsten Stunde erwarten wird.

So sind auch unsere Feste und Feiertage fest mit bestimmten Erkennungsmelodien verbunden. Weihnachten ohne »Stille Nacht, heilige Nacht« ist schon kaum mehr vorstellbar. Es ist aber auch nicht vorstellbar, daß jemand dieses Lied hört, ohne gleichzeitig an Weihnachten, vielleicht an eine ganz bestimmte weihnachtliche Situation in seinem Elternhaus oder im Gebirge oder auf einem Bauernhof zu denken.

Auch die Geburtstage werden in den meisten Familien mit einer ganz bestimmten Melodie bzw. einem bestimmten Lied eingeleitet. Sobald nun dieses Lied wieder ertönt, fühlt man sich fast automatisch in die entsprechende Stimmung zurückversetzt.

In ähnlicher Weise kann man auch erotische Zustände, die mit bestimmtem Musikerleben in Verbindung gebracht wurden, in kreative Zustände überführen. Es ist bekannt, daß viele kreative Menschen ihre interessanten Ideen immer dann bekommen, wenn sie eine bestimmte Musik hören, die sie allerdings vorher mit entsprechend starken, meistens erotischen Gefühlssituationen konditioniert haben.

Weil nun die Art und Weise, wie eine bestimmte Musik zum erstenmal erfahren wurde, von langanhaltender Wirkung auf das betreffende Individuum ist, kommt der Einführung der Musik im Kindesalter eine besondere Bedeutung zu. Der Musikunterricht muß daher mehr und mehr ergänzt werden durch eine Art Einführung in das Musikverständnis, wobei der Musiklehrer besonderen Wert auf die Erzeugung bestimmter gefühlsgeladener Situationen legen müßte, während er entsprechende Musik abhören läßt.

Ähnlich wie z. B. das Erleben eines lyrischen Gedichtes nur möglich ist in Verbindung mit einer bestimmten vorher erzeugten Stimmungslage, so ist auch beispielsweise ein Wiegenlied mit einer bestimmten Stimmungslage verbunden, die man leichter etwa am Nachmittag oder am Abend herbeiführen kann als etwa an einem Vormittag, weil schon die Beleuchtung und ein bestimmter Grad von physischer Ermüdung für diese Gemütslage förderlich sein werden.

Man kann sich leicht vorstellen, daß in dieser Beziehung die Möglichkeiten, die gerade der Musikunterricht bietet, bei weitem noch nicht ausgeschöpft sind. Ähnlich sind aber auch die Anwendungen der Musik im Bereich der Psychotherapie erst in den letzten Jahren mehr in den Vordergrund gerückt worden. Wie sehr aber auch der einzelne Mensch durch entsprechende Konditionierungen in seinem privaten Leben die Musik in den Dienst seiner eigenen Lebensbereicherung stellen kann, geht aus dem hervor, was wir bereits erwähnt haben.

6. Musik in Propaganda und Werbung

Wir haben schon angedeutet, daß durch die enge Verbindung von Musik und emotionalen Zuständen die Anwendung der Musik im Bereich der Menschenführung, einschließlich der Erziehung, von großer Bedeutung sein kann. Namentlich im Sektor der Propaganda bietet sich der Einsatz der Musik an, wenn man unter Propaganda die Beeinflussung der Verhaltensformen der Menschen versteht, ohne daß dem Beeinflussen die Tatsache seines Beeinflußtwerdens bewußt werden würde.

Propaganda und auch *Manipulation* hängen infolgedessen engstens miteinander zusammen, und beide Vorgänge lassen sich bestens durch den Einsatz von Musik beschleunigen. Man will ja in der Propaganda, wie in der Manipulation, gerade rationelle Vorgänge weitgehend ausschalten, um direkt an die Verhaltensänderung heranzukommen. Was aber wäre leichter als eine Verhaltensänderung dadurch zu erreichen, daß eine mit dem gewünschten Endverhalten verbundene Stimmungslage zielsicher herbeigeführt wird, ohne daß der Beeinflußte diesen Vorgang bewußt erleben würde! Es kommt bei der Propaganda darauf an, nicht konkrete Vorstellungen, sondern irrationale Gefühle zu erwecken, die mit einem entsprechenden Verhalten in Verbindung gebracht werden.

So wie nun keine Gefühle, sondern rationale Vorstellungen in uns entstehen, wenn wir das Wort »Haus« hören, während aber beim Anhören des Wortes »Elternhaus« oder »Heim« unwillkürlich Gefühle entstehen, die in uns mit entsprechenden Verhaltensformen verbunden werden, so entstehen auch unmittelbar Gefühle und Verhaltensbereitschaften, wenn wir entsprechende Melodien, Rhythmen oder Lieder hören, die mit bestimmten Gefühlszuständen konditioniert worden sind.

Mit Worten können wir also gegen die Wirkung der Musik kaum ankämpfen. Die einzige Möglichkeit, die Wirkung der Musik zu unterlaufen, ist eine entsprechend andere Musik zu präsentieren, so daß gegenteilige Gefühlszustände erweckt werden. Im Zustand der Musikberieselung ist nämlich der Betroffene so gut wie hilflos. Er entwickelt die entsprechenden Gefühlszustände, ohne daß er merken würde, warum dies so ist, und infolgedessen kann er sich auch nicht dagegen zur Wehr setzen.

Der kürzeste Weg zu einer unbewußt vorgenommenen Handlung ist also der über die Musik und nicht der über einen rationalen Diskurs. Debatten und Diskussionen können einen Sachverhalt rational klar machen; Musik dagegen läßt einen Sachverhalt im Dunkel des Unbewußten, führt aber direkt zu einer entsprechenden Handlungsbereitschaft.

Will man infolgedessen den Einfluß z. B. der militärischen Propaganda auf die Jugend unterbinden, so nützt es wenig, darüber zu debattieren. Der einzige und schnellste Weg wäre der, Musik mit intensiven Gefühlszuständen der Friedfertigkeit, der Verträglichkeit, der Kooperation mit anderen Menschen zu konditionieren. Diese Musik müßte man dann ähnlich intensiv auf den Menschen einwirken lassen wie die militärischen Rhythmen und insbesondere Märsche.

Der begeisternden Wirkung eines militärischen Marsches kann sich ein Mensch kaum entziehen, wenn er in seiner Kindheit und Jugend Märsche immer im Zusammenhang mit Begeisterungsstürmen gehört hat. Gelänge es dagegen eine andere Art von Musik in Verbindung mit friedlichen Gefühlen zu konditionieren, so wäre der Einfluß der militärischen Märsche entsprechend verringert.

Theoretisch könnte man also erreichen, daß die Macht der Marschmusik nicht nur deutlich reduziert wird, sondern daß Marschmusik schließlich sogar das Gegenteil von dem bewirkt, was sie im Augenblick im allgemeinen bei den meisten Menschen auslöst: Man könnte durch entsprechende Konditionierungen ohne allzu große Schwierigkeit erreichen, daß Menschen sich nicht mehr marschmäßig bewegen, wenn sie einen Marsch hören, sondern daß sie z. B. auf diesen Marsch zu tanzen anfangen oder sich umarmen etc. Fast beliebige emotionale Zustände kann man mit beliebigen Musikarten in Verbindung bringen. Es handelt sich jeweils um psychologisch durchaus erfaßbare Konditionierungsvorgänge.

Es ist infolgedessen auch nicht verwunderlich, wenn Musik intensiv benutzt wird, um bestimmte Artikel werbemäßig positiv an den Mann zu bringen. Selbst im Bereich des Werbefernsehens können wir beobachten, wie durch die Verwendung von Musik ein bestimmter Artikel mit einer bestimmten Gefühlsqualität verbunden wird. Durch die Verwendung von Kindermelodien, von traditionellen Hochzeitsmärschen oder auch von Liedern, die durch ihre Worte eine bestimmte Gefühlsqualität erzeugen, läßt sich ein bestimmtes Angebot ähnlich geradlinig an einen potentiellen Kunden herantragen, wie in der Propaganda eine bestimmte Aktivitätsbereitschaft durch Musik vermittelt wird.

Während nun Propaganda bei uns einen sehr negativen Klang hat, so daß man fast nicht mehr über diesen Begriff sprechen kann, ohne sofort angegriffen zu werden, läßt sich über den Bereich der Werbung leichter sprechen. Im Grunde genommen sind aber beide, wenn sie die Musik benutzen – und sie tun es ja – im Grunde genommen ein und derselbe psychologische Vorgang, der übrigens sowohl negativ (manipulativ) als auch positiv wirken kann, je nach dem Ziel, auf das Propaganda oder Werbung gerichtet sind. Man kann eine Propaganda, z. B. – und das war ja auch der ursprüngliche Sinn der Propaganda, wie sie etwa Papst Gregor XI gesehen hat – durchaus auch positiv einsetzen, indem man sie verwendet, um das Christentum zum Segen der Betroffenen zu verbreiten.

Man benutzt dann diese Methode an der Stelle der gewaltsamen Bekehrung, und niemand kann bestreiten, daß dies immerhin humaner ist, als wenn man Menschen mit Waffengewalt zwingt, eine bestimmte Glaubenseinstellung zu übernehmen und die seitherige aufzugeben.

Schließlich kann man Werbung nicht nur für Verbrauchsartikel, sondern für bestimmte positive Ideen betreiben, man kann Werbung für ein friedfertiges Leben betreiben, oder man kann für ein besseres Familienleben werben, ja man kann werben für die Idee, seinem Leben einen neuen Sinn zu geben! Dann wird auch niemand bestreiten, daß diese Art von Werbung eher positiv als negativ einzusetzen ist. Die Tatsache, daß wir Werbung und Propaganda in der Regel negativ sehen müssen, liegt wahrscheinlich nur daran, daß wir beide Prozesse hauptsächlich politisch bzw. kommerziell verwenden, was aber nicht unbedingt so bleiben müßte.

Nach allem, was wir bisher über die Psychologie im Bereich von Musik, Werbung und Propaganda gesagt haben, könnten wir folgende Grundsätze notieren, die man beachten sollte, wenn eine Maßnahme werbepsychologisch und propagandistisch im Sinne dieser Erkenntnis positive Wirkung haben soll:

a) Die zu vermittelnde Idee oder Vorstellung muß wiederholt über eine längere Zeit lautstark vertreten werden. Eine einmalige Präsentation nützt in der Regel nichts, weil dadurch keine Konditionierung entstehen kann.

b) Rationale Argumentation muß entweder ganz vermieden werden oder auch eindeutig in den Dienst der propagierten Ziele gestellt werden. Es darf z. B. überhaupt nicht erwähnt werden, daß es auch einen »anderen« Standpunkt oder eine »andere« Seite der Argumentation geben kann. Man erreicht dies am besten dadurch, daß man seine Idee von vornherein mit einem bestimmten Gefühlszustand verbindet, was wiederum am leichtesten durch Verwendung von Musik bzw. von Liedern mit entsprechend konditionierter Wirkung erreicht werden kann. Hat man solche Lieder oder solche Musik nicht zur Verfügung, so ist es am zweckmäßigsten, diese systematisch zu konditionieren. Eine neue Melodie in Verbindung mit einem entsprechend einleuchtenden und genügend einfachen (elementaren) Text, der genügend oft wiederholt wird, dürfte seinen Zweck nicht verfehlen!

c) Die zu vermittelnde Idee oder Vorstellung muß unter allen Umständen mit den bekannten Bedürfnissen der Zuhörer verbunden werden, so daß der Zuhörer seine Urbedürfnisse – seine Grundmotive – durch Übernahme der propagierten Idee befriedigen kann. Jede beworbene Idee muß das Bedürfnis nach Prestige, nach Sicherheit, nach Vertrauen und Vorbild, nach Gerechtigkeit und Normentreue sowie nach Unabhängigkeit befriedigen können oder jedenfalls den Anschein dieser Befriedigung erwecken. Es besteht sonst kein Grund, warum ein Zuhörer sich einer Idee überhaupt zuwenden sollte. Die meisten Artikel und fast alle Ideen lassen sich aber ohne große Schwierigkeiten in dieser Weise aufbereiten.

d) Die Idee muß so einfach sein, daß sie jeder ohne Schwierigkeit nacherzählen kann. Je einfacher und elementarer, desto besser! Am besten haben sich dabei Zusammenhänge bewährt, die bereits von Kindern erkannt werden können.

Jede Anstrengung in Richtung auf kognitive Durchdringung eines Sachverhalts wird von vielen Erwachsenen bereits als eine Art Zumutung empfunden, so daß eine Breitenwirkung der entsprechenden Idee schon aus diesem Grunde nicht erwartet werden kann, wenn das Gebot nach elementarer Präsentation nicht beachtet wird. Die Wirkung eines Waschmittels muß so augenfällig und handgreiflich demonstriert werden, daß es einem Kind einleuchtet. Eine 1 km lange Wäscheleine mit verschiedenen Wäschestücken darauf wäre z. B. eine gute Veranschaulichung für die Aussage, daß man soundsoviel Wäschestücke mit einem einzigen Paket des Waschmittels XY säubern kann.

Es kommt dabei auch nicht darauf an, besonders wissenschaftlich sorgfältige Argumente in der Werbung bzw. bei der Propaganda in den Vordergrund zu rücken, weil diese zu rational in ihrer Wirkung bleiben müßten. Daß ein Waschmittel aber einen »Grauschleier« »raus« und »strahlend weißen Glanz« »hineinzwingt«, ist so einfach und elementar ausgedrückt, daß es ein Kind nachplappern kann. Infolgedessen appelliert es, wenn es oft genug wiederholt wird, und auch noch mit entsprechenden Melodien und liedlichen Aussagen verbunden wird, auch an den Erwachsenen.

e) Die dauerhaftesten Wirkungen der Werbung und der Propaganda wird man erwarten dürfen, wenn man sich von vornherein nicht so sehr an den Erwachsenen, sondern mehr an Kinder wendet. Kinder als Beispiele für Menschen, die einen bestimmten Artikel oder eine bestimmte Idee akzeptieren, sich ihm zuwenden, sind gleichzeitig Signale für die meisten Erwachsenen, es ebenso zu tun. Man ahmt der Naivität eines Kindes eher etwas nach als einem Erwachsenen, dem man bereits wieder egoistische oder kommerzielle Interessen unterstellen könnte.

f) Bei all dem muß darüber hinaus beachtet werden, daß die Sprache bzw. auch die verwendete Musik möglichst jeweils dem gewünschten Zustand des Publikums entsprechen sollte. Wie man nun nicht erwarten darf, daß jeder Zuhörer automatisch schon von vornherein die Einstellung des Propagandisten oder Werbers teilt, so wäre es auch unangepaßt, gleich mit Ausdrücken der definitiven Begeisterung, mit Superlativem zum Beispiel, zu arbeiten. Besser ist es, am Anfang überhaupt nichts an Zustimmung vorauszusetzen und diese erst allmählich durch die Verwendung der beschriebenen Techniken entstehen zu lassen. Erst wenn man sicher sein kann, daß die entsprechende positive Stimmung eingetreten ist, sollte man auch mit treffenden Ausdrücken, auch mit Superlativen, nicht sparen, um die gewünschte Aktivitätsbereitschaft herbeizuführen.

Wenn man dagegen umgekehrt verfährt, erreicht man eher Skepsis und das Einschalten der Ratio, die eine entsprechende Aktivitätsbereitschaft von vornherein unterbindet, weil sie zu viele andere Aspekte in die Waagschale werfen würde. Musik kann dabei am Anfang die Rolle des »Aufweichers« übernehmen. Am Ende eingesetzt, kann sie erreichen, daß die letzten Reste von Skrupel oder Zweifel und Bedenken mit einer Welle von Begeisterung weggeschwemmt werden und unmittelbare Aktivitätsbereitschaft entsteht.

Wie man sich gegen Werbung und Propaganda zur Wehr setzen kann

Es drängt sich an dieser Stelle die Frage auf, ob man einer psychologisch geschickt aufgemachten Werbung und Propaganda im Grunde genommen also schutzlos ausgeliefert ist, so wie man sich im Grunde genommen auch nicht gegen die emotionale Wirkung der Musik zur Wehr setzen kann!

In Wirklichkeit aber ist es mit der Wirkung von Werbung und Propaganda ähnlich wie mit der Wirkung der bekannten Zauberertricks: Je mehr man sich selbst als Zauberer betätigt und die einzelnen Tricks kennt, desto weniger wird man über ihre Wirkung erstaunt sein, wenn sie ein anderer anwendet.

Indem wir uns also mit dem psychologischen Hintergrund wirksamer Propaganda und effizienter Werbung befassen, können wir uns gleichzeitig zu einem gewissen Grad gegen ihre Wirkung immunisieren. Aus diesem Grund sind die oben angeführten Grundregeln für effiziente Werbung und Propaganda auf der einen Seite zwar Anregungen für denjenigen, der in diesem Felde aktiv tätig ist, gleichzeitig aber sind es Regeln, die uns helfen können, uns gegen die Wirkung entsprechender Maßnahmen zu schützen.

Die Schwierigkeit dabei ist nur, daß man in der Regel gar nicht merkt, wenn es sich um eine Propaganda oder um eine Werbemaßnahme handelt, oder höchstens wenn es bereits zu spät ist.

Würden wir vorher gewarnt werden, etwa durch die Ankündigung »jetzt kommt eine gezielte Werbemaßnahme oder eine gezielte Propagandamaßnahme«, dann könnten wir uns dieser psychologischen Grundsätze bewußt werden und uns entsprechend kritisch mit der Darbietung auseinandersetzen. Dadurch aber, daß wir diese Ankündigungen in der Regel gar nicht immer bekommen, namentlich wenn es sich um Propagandamaßnahmen handelt, sondern den Eindruck haben, es handle sich um eine einigermaßen objektive Information, nützen in den meisten Fällen diese erwähnten Grundsätze weniger zur Immunisierung und die volle Wirkung der Propaganda trifft trotzdem ins Ziel.

Dies gilt insbesondere für den Teil unserer Zeitungen, der nicht als Annoncenteil gekennzeichnet ist. Sogenannte Kurzinformationen können sehr wohl außerordentlich wirksame Propaganda oder Werbemaßnahmen enthalten, gerade deswegen, weil sie nicht als Reklame oder Anzeige gekennzeichnet sind. Das gilt aber auch für viele Fernsehstücke, für sehr viele Reden und sogar für manche wissenschaftliche Darstellungen.

Natürliche Grenzen der Werbungs- und Propagandawirkung
So hat Propaganda und Werbung eine ganz *natürliche Begrenzung* bezüglich ihrer Wirkung. Die erste dieser Begrenzungen liegt darin, daß die Gefühle der Angesprochenen gelegentlich in ihr Gegenteil umschlagen. Damit ist der allgemein bekannte Tatbestand angedeutet, daß wir oft genug dann, wenn man uns eindeutig und sehr häufig einzuprägen versucht, daß dies oder jenes besonders schlecht und verwerflich sei, dazu neigen, gerade dieses als besonders erstrebenswert oder wenigstens als interessant zu erachten.

Gerade bei Kindern kommt dies oft zum Ausdruck, weil sie sich mit Vorliebe den Bereichen zuzuwenden scheinen, die man ihnen am meisten vorenthält. Wieviele Jugendliche haben zum Beispiel aus reiner Neugier das Rauchen angefangen, und zwar insbesondere dann, wenn die Eltern und Lehrer keine Gelegenheit ausließen, die negativen Folgen des Rauchens herauszustellen!

Auch im erotischen und sexuellen Gebiet braucht man schließlich etwas nur genügend intensiv zu verbieten, um es erst recht interessant zu machen. Dies gilt natürlich auch für den politischen Bereich, wo wir eine bestimmte Gruppe oder Partei nur zu verbieten brauchen, um zu erreichen, daß sich viele Menschen exakt dieser Gruppe und dieser Partei zumindest mit Sympathie zuwenden. Unsere Neugier scheint insgesamt hauptsächlich dann anzuspringen, wenn etwas mit ganz besonderer Intensität verboten worden ist – gerade das Lüften eines verbotenen Schleiers gereicht uns dann zur besonderen Verstärkung!

Eine zweite natürliche Begrenzung in der Wirkung der Werbung und Propaganda ist die Abnutzung der Motivation, an die sich die Werbung oder Propaganda wendet. Wir haben schon erwähnt, daß unsere Grundmotive nur so lange an der größten Dringlichkeitsstufe unserer Motivationspyramide sind, wie sie nicht befriedigt sind. In dem Augenblick, in dem sie saturiert sind, findet ein Wechsel in der Struktur der Grundmotivationshierarchie in dem Sinne statt, daß ein anderes Motiv an die Stelle des nunmehr saturierten und nach unten weggedrückten Motivs rückt. Richtet sich nun eine Werbemaßnahme an ein bestimmtes Grundmotiv, das aber inzwischen saturiert wurde, dann verliert diese Strategie an Wirksamkeit. Wir werden skeptisch, mißtrauisch und wenden uns von der betreffenden beworbenen Aktivität ab.

Die dritte natürliche Begrenzung in der Wirkung von Werbung und Propaganda liegt in unserer negativen Verteidigungsreaktion, die dann einsetzt, wenn mit einer gewissen Einseitigkeit – und das war ja das Wesen der effizienten Propaganda – argumentiert wird.

Unser geistiger Organismus wehrt sich sozusagen gegen die unbewußt erkannte Gefahr, durch völlig einseitige Darstellung der Dinge in eine Sackgasse, manövriert zu werden. Wir fordern sozusagen eine Gegendarstellung, wenn wir den Eindruck bekommen, daß wir allzu einseitig informiert werden, und neigen dann dazu, das Gehörte als »Lüge« abzuwerten. Dies kann natürlich auch dann geschehen, wenn wir in Wirklichkeit einer neuen Lüge aufgesessen sind!

Die *Musik* spielt auch bezüglich der natürlichen Begrenzungen von Werbung und Propaganda eine ganz große Rolle. Die Konsequenz daraus kann hauptsächlich darin gesehen werden, daß wir nach einer gewissen Zeit der Anwendung eine bestimmte Melodie wechseln müssen, um zu verhindern, daß ein emotionaler Rückschlag oder eine gefühlsmäßige Abwendung entsteht.

So wie sich jedes Motiv abnutzen kann im Laufe der Zeit, so nutzt sich auch die assoziative Wirksamkeit einer bestimmten Melodie oder eines Liedes nach einer gewissen Zeit ab. Es ist in diesem Zusammenhang nicht ohne weiteres möglich, ein Zeitintervall zu fixieren, weil diese Angaben gar zu sehr von bestimmten subjektiven Gegebenheiten her bestimmt sind.

Immerhin ist es für den Werbefachmann notwendig, von Zeit zu Zeit zu überprüfen, ob die verwendete Musik tatsächlich noch die gleiche Wirkung zeigt wie am Beginn der Werbemaßnahme. Sobald die ersten Anzeichen einer Abnutzung erkennbar werden, muß die Melodie ausgewechselt werden oder wenigstens eine andere Reihenfolge der benutzten Melodien oder Lieder eingeleitet werden. Schon der Wechsel in der Reihenfolge bringt oft genug den gewünschten Neuheitseffekt: Man setze die Erkennungsmelodie einmal an den Schluß und die Schlußmelodie an den Anfang, um zu erreichen, daß die Assoziationen wieder wie neu funktionieren!

Zusammenfassend können wir also feststellen, daß Musik, unter psychologischem Aspekt betrachtet, ein wesentlicher Bestandteil von Werbung und Propaganda, aber auch von Manipulationen darstellen kann.

Andererseits kann sich der Mensch auch gegen die Wirkung dieser Maßnahmen zur Wehr setzen. Dies geschieht hauptsächlich dadurch, daß er sich der Wirkmechanismen bewußt wird und die natürlichen Grenzen in der Wirksamkeit von Werbung und Propaganda beachtet.

Zum andern können wir feststellen, daß der Mensch in seinem Verhalten außerordentlich stark von seinem Bewußtsein und namentlich von seinem Selbstbewußtsein abhängig ist, so daß ein direkter Zusammenhang zwischen Leistungsfähigkeit und innerer Einstellung zu einem bestimmten Leistungsziel besteht. Wenn man jemand mit genügender Intensität, sozusagen unter werbepsychologischen Gesichtspunkten deutlich macht, daß er ohne weiteres in der Lage sei, diese oder jene Tat zu vollbringen, dann ist er mit sehr großer Wahrscheinlichkeit auch in der Lage, sich entsprechend zu verhalten, auch wenn er unter anderen Bedingungen eine solche Tat nicht vollbracht hätte.

Umgekehrt kann man werbemäßig jemand in die Lage versetzen, echt zu glauben, daß er eine bestimmte Verhaltensform nicht ausüben könne. Er neigt dann dazu, diese Verhaltensform auch nicht zu äußern, selbst wenn er sie in Wirklichkeit äußern könnte.

Auch hierzu liegen sehr viele Experimente vor, die übereinstimmend zu diesem Resultat geführt haben, obwohl natürlich gewisse organische Grenzen für den Einfluß der Überzeugungen und inneren Einstellungen beachtet werden müssen. Jedermann weiß aber vielleicht sogar aus eigener Erfahrung, zu welch gewaltigen Leistungen er in der Lage ist, wenn er wirklich etwas will, wenn er beispielsweise unter dem Einfluß einer Prüfungssituation in drei Stunden eine bestimmte Klausurarbeit niederschreiben soll! Unter normalen, Nicht-Prüfungsbedingungen, hätte er wenigstens doppelt so viel Zeit benötigt, um den entsprechenden Inhalt zu Papier zu bringen.

So genommen ist eine Zeit der Gefahr und eine Phase des Streß für uns immer auch eine Phase der Leistungssteigerung. Allerdings nur unter der Voraussetzung, daß wir uns – wenigstens vorübergehend – mit dem Ziel unserer Verhaltensformen total identifizieren, d. h., daß wir primär motiviert sind für das, was wir tun. Anders ausgedrückt: wir müßten wirklich das wollen, was wir sollen!

Wiederum erkennen wir in diesem Zusammenhang die außerordentliche auch positiv anzuwendende Bedeutung von Musik für die Verhaltensformung, namentlich im Bereich der Erziehung, aber auch im Sektor der industriellen Leistungsmodifikation: Eine richtige Musik zum richtigen Zeitpunkt kann das Verhalten entscheidender prägen und beeinflussen als sehr viele Reden und noch mehr Druckschriften es könnten. Im modernen Wirtschaftsleben finden infolgedessen auch diese psychologischen Mittel der Musik ihre sinnvolle Anwendung.

IX. Suggestion, Werbung und Freunde gewinnen

1. Suggestion

Wir haben bereits gesehen, daß das Erleben einer bestimmten Musik in der Regel verknüpft ist mit einem ganz bestimmten Gefühlszustand. Wir sprachen bei der Klärung dieses Sachverhaltes von einer *assoziativen Verknüpfung* oder auch von einer *Konditionierung* in dem Sinne, daß der bei der ersten Erfahrung der betreffenden Musik entstandene Gefühlszustand automatisch erneut hervorgerufen wird, sobald diese Musik später wieder gehört wird.

In ganz ähnlicher Weise wirkt nun die *Suggestion*, bei der ein Stimulus eine bestimmte angewöhnte Reaktioin auslöst, auch wenn dieser Stimulus nicht direkt bewußt wahrgenommen wird.

Ein einfaches Beispiel für eine solche Suggestion können wir leicht selbst erzeugen, indem wir unseren Besuchern, die sich am Abend verabschieden, in dem Augenblick, in dem sie damit beschäftigt sind, sich die Mäntel anzuziehen und sich bei der Gastgeberin zu bedanken, schnell irgendeinen Gegenstand »suggestiv« hinhalten. Sie werden ihn dann sozusagen gedankenlos an sich nehmen, auch wenn es sich um ein Buch, einen Kleiderbügel oder um eine Brieftasche handelt, die ihnen überhaupt nicht gehört. Wenn dann die Gäste das Haus verlassen, kann man sich eine Art Scherz daraus machen, wenn man fragt, ob sie eigentlich öfters anderer Leute Bücher, Brieftaschen oder Kleiderbügel mit nach Hause nehmen! Erst jetzt kommt in der Regel die Handlung selbst ins Bewußtsein.

Es handelt sich bei unserem Scherz um eine mehr oder weniger unbewußte Aktivität, die durch einen bestimmten Stimulus ausgelöst worden ist. Eine völlig neuartige Verhaltensform, die noch niemals vorher geäußert worden ist, könnte also auf dem Weg einer Suggestion *nicht* entstehen. Vielmehr muß die Verhaltensform mechanisiert oder automatisiert in uns vorhanden sein, so daß sie durch einen bestimmten Reiz lediglich ausgelöst wird.

So ist es eine wohlbekannte Erfahrung, die man in jedem Hotel machen kann, daß Gäste, die vor einem sehr reichhaltig gedeckten Frühstückstisch stehen, sehr viel mehr zum Frühstück essen, als wenn sie jede Frühstückszutat eigens bestellen müßten. Die meisten Menschen würden sich bei einer individuellen Bestellung mit einem Ei begnügen und vielleicht mit einem oder zwei Scheiben Wurst zum normalen Brötchen mit Kaffee oder Tee. Liegt aber auf dem Frühstückstisch nicht nur reichhaltig Schinken, verschiedene Wurstsorten und Käsescheiben, sondern auch warmes Rührei, frische Spiegeleier, ein Körbchen mit gekochten Eiern, diverse Brote und so weiter, so kann man leicht beobachten, daß die allermeisten Gäste anstatt einem Ei mindestens zwei Eier oder eine gehörige Portion Rührei nehmen. Kaum einer begnügt sich mit nur einer Scheibe Schinken, sondern man nimmt instinktiv mehr davon.

Interessant ist aber, daß sogar Tiere sich ähnlich verhalten, wenn man z. B. einem hungrigen Huhn 100 Gramm Weizenkörner vorsetzt, dann frißt es in der Regel etwa 50 Gramm und läßt die andere Hälfte, also weitere ca. 50 Gramm, unberührt. Das Huhn ist satt. Wenn man aber vor demselben hungrigen Huhn anstatt 100 Gramm ein ganzes Kilogramm Weizen hinschüttet, dann frißt es in der Regel mindestens 80–90 Gramm Weizen und läßt den Rest liegen. Die 30–40 Gramm Weizen, die es mehr gefressen hat, gehen also auf das Konto der Suggestion, die von dem großen Haufen Weizen ausgegangen war. Mensch und Tier scheinen also in dieser Beziehung vieles gemeinsam zu haben.

2. Positive und negative Suggestionen

Ein bestimmter Reiz, der in uns eine Verhaltensform auslöst, die auf ein bestimmtes Ziel zustrebt, ist eine *positive* Suggestion. Ein Reiz, der eine gegenteilige Wirkung, also eine Abwendung von einem bestimmen Ziel, auslöst, ist eine *negative* Suggestion.

Wenn wir z. B. einem Hund einen duftenden Knochen vor die Nase halten, wird er dies als eine positive Suggestion aufnehmen und auf den Knochen zugehen. Halten wir ihm aber eine Flasche mit ätzend riechender Flüssigkeit vor die Nase, so wird er sich abwenden und dies als eine negative Suggestion empfinden. Wenn wir aber den Knochen gleichzeitig mit der übelriechenden Flüssigkeit darbieten, indem wir etwa den Knochen auf die Flasche selber legen, so wird der Hund teils positiv und teils negativ angemutet. Diejenige Suggestion wird sich dann durchsetzen, die den größeren Einfluß auf das Verhalten des Hundes hat, d. h. der Hund wird sich zuwenden, wenn sein Hunger größer ist als seine Angst vor der übelriechenden Flüssigkeit. Umgekehrt wird er sich abwenden, wenn sein Hunger geringer ist als seine Angst vor der Flüssigkeit. Wenn beide Reize dieselbe Stärke haben, wird der Hund unentschlossen und passiv verweilen.

Positive und negative Suggestion spielt eine große Rolle in der *Werbung*.

In der Regel handelt es sich um eine positive Suggestion, wenn wir z. B. aufgefordert werden, einen bestimmten Artikel zu kaufen oder uns einer bestimmten Dienstleistung zu bedienen. Eine Aufforderng kann aber auch darin bestehen, daß wir eine negative Verhaltensform vermeiden sollen, indem etwa gesagt wird, daß wir durch eine bestimmte Autobatterie vor unliebsamen Überraschungen im Winter geschützt wären. In einem solchen Fall geht man davon aus, daß die positive Suggestion stärker sei als die negative (unliebsame Überraschung im Winter).

Gerade diese Voraussetzung aber kann man nicht unter allen Umständen als erfüllt betrachten, denn der eine oder andere Betrachter hat in der Tat das negative Erlebnis mit einer nicht mehr funktionierenden Batterie, gleich welcher Bauart, so stark in Erinnerung, daß er nicht positiv sondern negativ auf eine solche Annonce reagieren wird.

Es ist daher jedenfalls unproblematischer, nur mit positiven Suggestionen zu werben, statt mit negativen oder mit positiven und negativen gemischt.

Negative Suggestionen sollen möglichst in der Werbung auch deswegen unterlassen werden, weil man nie dafür garantieren kann, daß sich eine solche negative Suggestion nicht intensiver im Gedächtnis festsetzt und sich mit dem beworbenen Artikel assoziativ verbindet, als die positiven Suggestionen. Das heißt, es kann ohne weiteres unversehens dazu kommen, daß der Betrachter das Angebot der Autobatterie mit dem negativen Erlebnis der unliebsamen Überraschung im Winter so assoziiert, daß er beim Anblick der Batterie sofort an eben dieses unliebsame überraschende Erlebnis im Winter denkt, anstatt an dessen Vermeidung!

Eine ähnliche Wirkung hat übrigens fast jede Werbung mit einem zugegebenen Fehler oder Irrtum. Jeweils besteht die Gefahr, daß sich das an sich gut gemeinte Zugeben eines Fehlers oder Irrtums bei Adressaten mit der betreffenden Firma oder mit dem betreffenden Produkt verbindet, so daß am Schluß nicht die Ehrlichkeit oder die Genauigkeit der Überprüfung etwa eines Autoteils im Gedächtnis bleibt, sondern der Umstand, daß dieser Wagentyp gewisse Mängel hat und gelegentlich in die Werkstatt zurückgerufen wird. Notwendige Serienreparaturen oder Auswechslungen sollte man infolgedessen möglichst diskret vornehmen und nicht als Werbekampagne aufziehen. Die Gefahr einer unerwünschten Assoziation im Sinne einer negativen Suggestion ist zu groß.

Umgekehrt kann in diesem Zusammenhang die Macht der positiven Suggestion noch einmal unterstrichen werden durch eine kleine Begebenheit, die sich in der Nähe Gießens im ländlichen Bereich abgespielt hat: Ein Gartenliebhaber beschwerte sich bei seinen Nachbarn, daß dessen Hühner des öfteren durch die Gartenzäune auf sein Grundstück kamen und hier bei den Blumenbeeten und auch bei den Tomatenpflanzen größeren Schaden anrichteten. Alle diese Beschwerden hatten jedoch keinen rechten Erfolg, die Hühner kamen nach wie vor auf sein Grundstück, und der Gartenzaun blieb undicht. Schließlich ersann der Gartenliebhaber eine kleine psychologisch fundierte und sehr wirksame List. Er kaufte 2 Dutzend Eier und legte diese am Abend heimlich in seinen Garten in der Nähe des Gartenzauns zum Nachbarn an deutlich sichtbaren Punkten aus. Am anderen Morgen begab er sich mit einem Körbchen in den Garten und sammelte diese Eier ein, nachdem er sich selbstverständlich vergewissert hatte, daß die Nachbarin auch hinter den Geranien heraus zugesehen hatte. Er bemühte sich, ein sehr selbstverständliches Gesicht zu machen, als ob er täglich diese Eier bei sich einsammeln könnte. Schon am nächsten Tag begann der Nachbar den Gartenzaun absolut abzudichten und seine Hühner auf seinem Grundstück zu halten!

Die suggestive Wirkung des positiven Effekts beim einen Nachbarn stimulierte offenbar den anderen Nachbarn, etwas zu unternehmen, um weitere Verluste an Eiern zu verhindern. Es handelt sich also um eine ähnliche Reaktion, wie wir sie vorhin schon unter dem Aspekt des »Futterneids« erwähnt haben.

3. Die Rolle des Unbewußten bei der suggestiven Werbung

Nach allem, was wir bereits dargestellt haben, ist ersichtlich, daß eine Suggestion mit um so größerer Zuverlässigkeit eine bestimmte Reaktion hervorruft, je geringer der Widerstand gegen diese Reaktion ist. Dies wiederum ist immer dann der Fall, wenn wir unter Umgehung des Bewußtseins direkt das Unbewußte des Menschen ansprechen können. Appellieren wir dagegen an sein Bewußtsein und namentlich an seinen kritischen Verstand, so werden fast automatisch Einwände oder jedenfalls kritische Erwägungen stattfinden, die den Erfolg der Suggestion in Frage stellen können.

Appelliert man dagegen an das Unbewußte, so daß das Bewußtsein fast ganz ausgeschaltet bleibt, so kann die vorher konditionierte Verhaltensform ohne nennenswerten Widerstand hervorgerufen werden. Darauf beruht z. B. der schon erwähnte Einfluß bestimmter Melodien oder Rhythmen auf unser Verhalten, wenn diese musikalischen Stimuli nebenbei und deshalb quasi unbewußt aufgenommen werden. Die Musikberieselung im Supermarkt erleichtert den Kaufentschluß, wenn sie vom Unbewußten her angenehme Assoziationen oder Erinnerungen beim Kunden hervorruft.

In ähnlicher Weise nun ist bekannt, daß gewisse physiologische Eigentümlichkeiten des menschlichen Auges die Vertikalbewegung des Auges als etwas anstrengender empfinden lassen als etwa die Horizontalbewegungen des Auges. Dies ist der Grund dafür, daß wir in der Regel vertikale Entfernungen überschätzen, während wir Horizontalentfernungen eher unterschätzen.

Wenn z. B. zwei Konservendosen mit je einem Liter Inhalt so gestaltet werden, daß die eine Dose besonders schmal und hoch gestaltet wird und die andere besonders breit und niedrig, dann erscheint uns automatisch die erstere als wesentlich größer als die letztere.

Auch hinsichtlich der Anordnung von Waren im Schaufenster oder im Supermarktregal lassen sich hieraus interessante Konsequenzen ableiten, die mehr oder weniger darauf hinauslaufen, daß wir ein und dasselbe Angebot nach Möglichkeit vertikal übereinander anordnen sollten, um zu erreichen, daß ein besonders intensiver Eindruck entsteht.

In ähnlicher Weise kann man von dem unbewußten Einfluß der »größeren Zahl« sprechen: Die Gewichtsangabe auf einer Packung in Gramm wird fast automatisch der Angabe in Kilogramm oder Pfund überlegen sein. Wenn die Aufschrift z. B. heißt 1000 Gramm anstatt etwa 1 Kilogramm Suppe, bewirkt die Wahrnehmung der 3 Nullen bei der ersteren Angabe allein schon eine unbewußte Suggestion in Richtung auf »mehr« und in Richtung auf Überlegenheit.

Ein ähnlicher Effekt liegt vor, wenn wir spezifisch an eines der erwähnten fünf Grundmotive des Menchen anknüpfen und uns dabei weitgehend unbewußt bleibender Wege bedienen.

Wenn in der Fernsehwerbung beispielsweise fast beliebige Artikel von allgemein bekannten Sportlern, Filmschauspielern oder Quizmaster angeboten werden, so geht unbewußt zusammen mit der eigentlichen Aussage über das Produkt der Eindruck auf den Zuhörer über, daß der betreffende prominente Sportler, Quizmaster oder Filmschauspieler das betreffende Produkt auch benutzt oder mindestens empfiehlt und daß man es infolgedessen getrost auch benutzen könnte. Der Erfolg bei dieser Art der Werbung wird namentlich bei der ersten und der dritten Grundmotivation (Prestige und Vertrauen) größer sein als bei den anderen Grundmotivationen. Immerhin spricht man damit bereits etwa 50% der Bevölkerung an. Die Vorbildswirkung wird noch dadurch gesteigert, daß man im Film oder auch auf der Annonce zeigt, wie sich ein entsprechend ausgestattetes Vorbild (bekannte Persönlichkeit oder mit entsprechenden Statussymbolen ausgestattete neutrale Person) sich des beworbenen Artikels bedient. Gerade dadurch, daß gewisse vorbildartige Persönlichkeiten dies oder jenes tun, bewirkt man im Betrachter, es ihm gleichtun zu wollen – und dies unbewußt.

Für den Motivationstyp Nummer 2 (Sicherheit) und den Motivationstyp

4 (Normenorientiertheit) wird man zweckmäßigerweise eine detaillierte Beschreibung und eine möglichst ins einzelne gehende Abbildung, die fast den Anschein des Pedantischen erweckt, wählen, um auf diesen Weg eine unbewußte Zuwendung zu diesem Artikel zu erreichen. Allerdings muß man damit rechnen, daß diese Art der Werbung den Motivationstyp 1 und auch den Motivationstyp Nummer 3 wahrscheinlich weniger anspricht oder sogar abstößt. Immerhin würde man mit dieser detaillierten und pedantischen Darstellung abermals etwa 50% der Bevölkerung erreichen, insbesondere, wenn dabei noch von Garantie, Kundendienst und irgendwelchen anderen mehr oder weniger formellen Rechten und Vorteilen die Rede ist.

Über die Bedeutung der Farbe bei der suggestiven Werbung braucht an dieser Stelle nicht besonders gesprochen zu werden, doch möchten wir darauf hinweisen, daß die Verwendung von Farben einmal die Aufmerksamkeit des Zuschauers wesentlich besser anspricht als eine schwarz-weiß-Mitteilung, daß aber zum anderen die Farbe fast immer auch die unbewußte Suggestion von Luxus, Prestige und Saturiertheit mit sich bringt, während die schwarzweiß-Darstellung eher nüchtern unterkühlt und infolgedessen sparsam wirkt.

Wenn es sich also um Gegenstände des *gehobenen Bedarfs*, um Möbel, Elektrogeräte, persönliche Artikel und Kleidungsstücke, um nur einige zu nennen, handelt, so ist die Verwendung von Farben auf entsprechendem Papier bei Prospektwerbung fast unerläßlich. Auch *Autos* müssen selbstverständlich in diese Kategorie eingeordnet werden, da sie namentlich bei uns immer noch nicht nur als Fortbewegungsmittel, sondern wesentlich auch als Statussymbole benutzt werden. So kommt es darauf an, welcher Hintergrund dem Autoprospekt beigegeben ist, ob es sich um eine ärmliche Umgebung in einer Kleingärtnersiedlung z. B. handelt oder um einen luxuriösen Park mit der Andeutung eines englisch anmutenden Landhauses im Hintergrund. Ein und dasselbe Auto wird vor dem einen oder dem anderen Hintergrund ganz verschiedene Suggestivwirkung auf den Leser ausüben.

In vollem Umfang gilt dies auch für *Kleidung* und *Mode*: Man orientiertsich an den entsprechend typischen Vorbildern, die das meiste Prestige bzw. die größte Überlegenheit ausstrahlen. Damenmode muß selbstverständlich in irgendeiner Weise mit Paris verknüpft sein, während Herrenmode wohl eher mit England und speziell mit London in Verbindung gebracht wird.

Gerade bei der Damenmode muß also das spezifisch französische Flair, der Charme und die Unwiderstehlichkeit, ja die Neigung zum Verführerischen und Grazilen, angesprochen werden. Aber auch eine gewisse Leichtigkeit und sogar Oberflächlichkeit kann dabei suggeriert werden. Ganz anders bei der Herrenmode, wo eine gewisse konservative Einstellung, die aber dennoch den neuesten Stil mitverarbeitet, dominiert, so wie man es traditionellerweise mit dem gepflegten aber konservativen Engländer und seinem weltmännischen Format in Verbindung bringt.

4. Die Suggestion im Verkauf

Wir haben schon gesehen, daß die Wahrscheinlichkeit, daß der Kunde Einwände gegen unser Angebot bringt, um so geringer ist, je größer der Anteil unserer unbewußten Suggestionen im Angebot ist.

Die Anwendung solcher Suggestionen, die auf das Unbewußte wirken, ist während eines Verkaufsgesprächs ungleich schwieriger als im Rahmen einer Werbepräsentation durch eine Annonce zum Beispiel. Bei der letzteren kann man durch Farben, durch Formen und durch verbale Äußerungen unbewußt vorberechnete Verhaltensformen auslösen, wenn entsprechende Konditionierungen vorliegen. Im Falle des Verkaufsgesprächs jedoch muß die Suggestion in der Weise unbewußt wirken, daß ein bestimmter Stimulus auf indirektem Wege eine vorher konditionierte Verhaltensform auslöst, ohne daß dies dem Gesprächspartner bewußt werden müßte.

Gerade solche Gedanken, die aus uns selbst kommen und die uns nicht von außen entgegengetragen werden, scheinen uns in der Regel glaubwürdiger zu sein als die anderen.

Machen wir uns dies an einem Beispiel klar: »548 Haushaltungen von Ärzten benutzen diesen Staubsauger!« Hierbei handelt es sich zwar um eine direkte Aussage, aber gleichzeitig um eine indirekte Suggestion zu dem Gedanken: »Wenn in Ärztehaushalten dieser Staubsauger benutzt wird, so wird er sicherlich ganz besondere Vorteile in bezug auf Staubleistung haben.« D. h.: »Dieser Staubsauger ist leistungsfähiger als die anderen.«

Zwar hat der Verkäufer diese Aussage nicht direkt gemacht, aber er hat diesen Gedanken auf indirektem Wege im Gesprächspartner entstehen lassen. Gerade deswegen erscheint er dem Gesprächspartner sehr viel glaubwürdiger, als wenn der Verkäufer ihn direkt gemacht hätte. Im letzteren Falle hätte man sicherlich mit einer entsprechenden Einwendung oder mindestens mit einem entsprechenden Zweifel geantwortet. Während eines guten Verkaufsgesprächs sollte der Verkäufer also immer darauf bedacht sein, die entscheidenden Kaufargumente durch den Kunden selber erahnen zu lassen, indem er diese Gedanken durch entsprechende Suggestionen vorbereitet.

Wenn er sie dagegen selber ausspricht, muß er damit rechnen, daß Gegenargumente kommen, die einer Widerlegung bedürfen. Mit anderen Worten, die Anzahl der natürlichen Kaufwiderstände nimmt mit der Anzahl der unbewußten Suggestionen ab.

Solche unbewußten Suggestionen können im Gespräch auch in Form einer *Frage* gesetzt werden. Dies empfiehlt sich namentlich dann, wenn der Gesprächspartner durch seine Zurückhaltung Rätsel bezüglich seiner inneren Einstellung zum Angebot aufgibt. Man kann in einem solchen Falle motivationsspezifische Einwendungen selber formulieren und kann dann darauf zählen, daß der Gesprächspartner wenigstens durch ein Kopfnicken seine Zustimmung bekundet, wenn man etwa sagt »viele meiner Kunden wenden an dieser Stelle ... ein«, so wird der Kunde immer dann mit Kopfnicken antworten, wenn wir seine Motivationslage damit getroffen haben, und gelegentlich hören wir sogar einen ähnlichen Einwand im Anschluß an den von uns vorgetragenen. In diesem Fall haben wir es nicht schwer, eine motivationsspezifische Widerlegung zu formulieren, indem wir die Berechtigung dieses Einwands herausstellen, aber mit entsprechenden Argumenten dartun, daß in diesem Zusammenhang dieser Einwand nicht angebracht ist. Voraussetzung für eine solche Argumentation ist natürlich der Einblick in die Motivationslage des Gesprächspartners. Wenn wir nämlich eine Einwendung formulieren, die der Motivationslage des Gesprächspartners nicht entspricht, dann haben wir damit keinen Erfolg.

5. Die Frage im Verkaufsgespräch

Häufig werden in Verkaufsgesprächen aber auch *direkte Fragen* gestellt, um zu erreichen, daß der Kunde seinerseits aktiviert wird und eine Antwort gibt, aus der der Verkäufer wiederum den Erfolg seiner seitherigen Argumentation ablesen kann. Solche direkten Fragen sind indessen, psychologisch betrachtet, fast immer problematisch. Sie enthalten stets einen dominativen Aufforderungscharakter, der je nach Motivationslage des Gesprächspartners vielleicht sogar geradezu als abstoßend empfunden wird, so daß nach wiederholten direkten Fragen unter Umständen das Gespräch von Seiten des Kunden abgebrochen wird (man läßt sich schließlich nicht ausfragen!).

Besser und in jedem Fall unproblematischer sind indessen die suggestiven *indirekten Fragen*, soweit sie der Kunde mit »ja« beantworten muß. Immerhin aber steckt auch in einer solchen Suggestivfrage immer ein gewisses Wagnis, weil der Kunde gelegentlich auch mit »nein« oder mit »weiß ich nicht« antworten kann, so daß unsere Strategie unbrauchbar wird.

Wenn z. B. gefragt wird: »Glauben Sie nicht auch, daß dieser Staubsauger eine starke Saugkraft hat?«, so kann der Kunde zwar mit »ja« antworten, aber er kann auch genausogut »nein« oder »weiß ich nicht« oder »vielleicht« antworten. Es handelt sich also um eine 50 zu 50 Chance, daß er mit »ja« antwortet. Wenn aber mit »nein« oder »vielleicht« geantwortet wird, war unsere Strategie umsonst, weil wir erneut einen dominativen Impuls gesetzt haben und gegen die ursprüngliche Motivation des Gesprächspartners angegangen sind.

Besser ist es infolgedessen, in einer solchen Situation die Frage folgendermaßen zu stellen: »Dieser Staubsauger hat eine enorme Saugkraft, nicht wahr?« Oder wenn der Staubsauger gerade ausprobiert und vorgeführt wird: »Hat er nicht eine außergewöhnliche Saugkraft?« In diesem Falle wäre eine negative Antwort des Gesprächspartners schon ein offener Widerspruch, der wahrscheinlich höchst selten geäußert werden wird.

Es kann allerdings passieren, daß der Kunde überhaupt nicht antwortet, was aber dann den Gesprächverlauf nicht weiter belastet, weil wir nicht unbedingt eine ausgesprochene Antwort erwarten; es genügt, wenn der Kunde positiv antwortet und »denkt« und z. B. mit dem Kopf nickt. Aus der Fragestellung selbst muß sozusagen die positive Reaktion schon unbewußt abgeleitet werden, selbst wenn diese Reaktion keine direkte Antwort ist.

6. Allgemeine und spezifische Beschreibungen im Verkauf

In diesem Zusammenhang ist es auch interessant festzulegen, wie man in einem Verkaufsgespräch einen Gegenstand oder eine Dienstleistung beschreiben soll: *allgemein* oder *spezifisch*? Benutzt man die allgemeine Beschreibung eines nicht konkret wahrnehmbaren Gegenstands oder einer solchen Dienstleistung, so regen wir damit die Phantasie oder die Eigenaktivität des Gesprächspartners zwar an, aber wir können nicht ganz sicher sein, ob der Kunde nicht ein sehr viel perfekteres Bild des Gegenstands in seiner Phantasie entwickelt, als es unser Angebot dann tatsächlich ist.

In diesem Falle hätten wir es am Schluß mit einem unzufriedenen Kunden zu tun, wenn der Verkauf überhaupt zustandekommt. Es handelt sich dabei um einen ähnlichen Vorgang wie den, den wir sehr häufig bei Kindern beobachten können, wenn wir ihnen etwa ein Märchen erzählen und dabei die Figuren so ausmalen, daß noch genügend Raum für die eigene Phantasie bleibt. Zwangsläufig entwickelt das Kind eine Vorstellung von den einzelnen Märchenfiguren, die aber in irgendeiner Weise mit konkret erlebten oder erdachten Figuren zusammenhängen. Nicht selten weicht dieses Phantasieprodukt erheblich von dem ab, was das Kind vielleicht später in einem Film oder in einem Puppentheater an konkreten Darstellungen erlebt: Die Enttäuschung ist meistens sehr groß.

Weil es nun beim Verkauf in der Regel auch um langfristige Kontakte geht, die man mit zufriedenen Kunden haben möchte, kommt es darauf an, solche Enttäuschungen durch zu allgemeine Schilderungen zu vermeiden und statt dessen möglichst spezifische Produktbeschreibungen vorzunehmen.

Handelt es sich z. B. um Pralinen, so wäre es zu allgemein, wenn man lediglich auf hervorragende Geschmacksqualität, auf die hohe Qualität der Zutaten und auf die fachmännische Art der Zubereitung verweist, weil dadurch unter Umständen Erwartungen entstehen, die hinterher durch das Produkt selbst nicht ganz erfüllt werden. Statt dessen müßte man gleich von vornherein z. B. erwähnen, daß es sich um frisch importierte, garantiert ungespritzte Orangen handelt, die verarbeitet werden und daß die Vanillecreme mit reiner Landbutter und frischer Sahne, sowie frisch geröstetem Zucker hergestellt wird in einer Spezialküche, in der der Küchenchef persönlich die Herstellung leitet usw. Superlative sollte man hierbei möglichst vermeiden, weil sie in der Regel keine spezifischen Reaktionen auslösen, sondern lediglich allgemeine Erwartungen erwecken, die dann hinterher selten erfüllt werden können. Als Suggestionsformen sind infolgedessen Superlative meistens weniger wirksam.

Suggestion ist auch im Spiel, wenn die *Preisangaben* keine geraden sondern ungerade Zahlen enthalten. »1,95 DM« scheint uns wesentlich billiger als »2,00 DM«, und doch suggeriert uns »1,95 DM« den Wert von »2,00 DM«. Außerdem suggerieren die ungeraden Zahlen im Preis, daß dieser exakt kalkuliert sei und z. B. ein äußerstes Entgegenkommen dem Kunden gegenüber enthalte.

Auch der *Name* des Artikels und das im Zusammenhang mit dem Artikel benutzte Bildmaterial sind von suggestiver Bedeutung im Verkauf. Ein Rasierwasser beispielsweise, das öfters im Zusammenhang mit einer unberührten Naturlandschaft und einem Wasserfall (alles in Farbe) gezeigt wurde und auch den Namen einer solchen unberührten Naturlandschaft trägt, wird gewiß beim Kunden leichter in einen Zusammenhang mit Frische und Natürlichkeit, aber auch mit Entspannung gebracht werden können als wenn das Rasierwasser einfach als »Rasierwasser« angeboten würde. Oft genügt auch schon ein französischer oder englischer Name für ein bestimmtes Produkt, um den Wert desselben in unserer Vorstellung steigen zu lassen.

7. Die Aktivierung des Kunden

Von großer Bedeutung ist in diesem Zusammenhang auch die *Aktivierung des Gesprächspartners* als Kunde: Wo immer es möglich ist, sollte der Kunde während des Verkaufsgesprächs Gebrauch von der angebotenen Ware machen, sie sozusagen benutzen und dadurch wenigstens symbolisch Besitz von ihr ergreifen. Es ist zwar gut, z. B. den schon erwähnten Staubsauger vorzuführen und entsprechende Fragen dabei zu stellen, aber es ist wesentlich besser, das Gerät unversehens der Kundin in die Hand zu drücken und sie selbst diese Erfahrung machen zu lassen. Dadurch, daß sie das Gerät ausprobiert, hat sie bereits fast Besitz davon ergriffen. Dies gilt beispielsweise auch für den Autokauf mit der Probefahrt oder sogar für den Kauf von Parfüms, wobei der Verkäufer kleine Proben verschiedener Marken auf dem Handrücken des Kunden verreibt und die verschiedenen Duftnoten an sich selbst erriechen läßt. Wenn bei dieser Gelegenheit auch noch betont wird, daß diese oder jene Duftnote ganz besonders zu dem Persönlichkeitstyp des Kunden paßt, während andere, und namentlich billigere, sicherlich nicht zu ihm passen würden, so erleichtert dies die suggestive Wirkung der Angebotspräsentation.

8. Motivationsspezifische Aussagen machen

Hierbei muß darauf geachtet werden, daß die jeweilige Aussage nach Möglichkeit so vorgenommen wird, daß sie das wiedergibt, was der Kunde empfindet. Am allerbesten wäre es freilich, wenn der Kunde selber zu solchen Äußerungen gebracht werden könnte, weil, wie wir schon gesagt haben, immer diejenige Aussage am glaubhaftesten wirkt, die der Betreffende selber aktiv hervorbringt, während er sich oft genug gegen alles wendet, was vom Gesprächspartner an ihn herangetragen wird.

Im Grunde können wir also erneut darauf hinweisen, daß in einer Aussage immer dasjenige von uns selbst zu kommen scheint, was unsere jeweilige Grundmotivation anspricht und befriedigt. Weil nun alle Menschen jederzeit alle fünf Grundmotivationen in sich haben, wiewohl immer nur eine davon an der Spitze steht, können wir immer damit rechnen, daß spezifische Aussagen, die eine exakte Zahl beinhalten, den Eindruck größerer Zuverlässigkeit und Überzeugungskraft haben als mehr allgemeine Angaben, die den Eindruck der Oberflächlichkeit erwecken. So ist es beispielsweise wirksamer anzugeben, daß 15 649 Ärzte den Autotyp XY bevorzugen, als wenn wir sagen würden, 20 000 Ärzte bevorzugten den Autotyp XY. Die letztere Angabe suggeriert automatisch eine mehr oberflächliche Angabe, selbst wenn es sich um eine größere Zahl handelt, während die erstere Präzision, Exaktheit und Zuverlässigkeit suggeriert, die gegebenenfalls auch belegt werden könnte.

So spezifisch man in seiner Aussage sein sollte, so sehr sollte man im Verkauf alles vermeiden, was der Gesprächspartner als Befehl oder dominative Aufforderung interpretieren muß. Alle Sätze, die mit »Sie müssen...« oder

»Sie sollten...« oder »Jedermann muß...« sollten tunlichst vermieden werden, weil sie zwangsläufig eine Art negativen Protest hervorrufen. Dieselbe Aussage kann zwar gemacht werden, aber sie sollte möglichst integrativ formuliert werden, d. h. so, daß eine Befriedigung des jeweiligen Grundmotives des Kunden suggeriert wird.

Aus diesem Grunde ist es auch verkehrt, viel Zeit darauf zu verwenden, die angeblichen Vorzüge eines bestimmten Artikels zu preisen, während es sehr viel schneller ginge, den Artikel selbst vorzustellen und ihn erproben zu lassen oder ihn jedenfalls konkret begutachten zu lassen. Man kann sich diesen Sachverhalt am besten klar machen, wenn man sich vorstellt, wie seltsam es schließlich wirken würde, wenn jemand, bevor er eine Geschichte erzählt, längere Ausführungen darüber macht, daß es sich um eine ganz kuriose, außerordentlich scharfsinnige Situation handle, die jedermann zum Lachen zwinge. Denn gerade dadurch suggeriert er eine negative Reaktion im Zuhörer, der sich durch eine solche überschwengliche Ankündigung eher aufgerufen fühlt, sich gegen eine solche Wirkung zur Wehr zu setzen, um sich quasi nicht manipulieren zu lassen. Es gibt aber im Verkauf unendlich viele Beispiele dafür, wie eben dieser Fehler wieder und wieder gemacht wird, während es doch sehr viel leichter und ungleich wirksamer wäre, ihn zu vermeiden.

9. Einige Methoden der Werbeforschung

Ohne zu sehr in die Details der Werbeforschung selbst eingehen zu wollen, müssen wir doch die Frage erörtern, mit welchen Methoden die wichtigsten Erkenntnisse in der Werbelehre gewonnen werden. Diese Frage ist um so wichtiger, als in kaum einem anderen Gebiet so viele Meinungen und nicht weiter belegbare Behauptungen, von Fachleuten und Laien gleichermaßen, geäußert werden wie gerade in der Werbung. Eigentlich fühlt sich so gut wie jeder zuständig, Aussagen über Werbemaßnahmen und Werbewirksamkeiten zu machen, weil jeder von der Werbung in irgendeiner Weise betroffen ist. Dies hat die Werbung interessanterweise gemeinsam mit Erziehung und Pädagogik, wo auch jeder teils aktiv und teils passiv betroffen ist und infolgedessen sich jeder mehr oder weniger aufgerufen fühlt, »fachmännisch« zu urteilen. Um so wichtiger ist es also, folgende vier wichtigen Methoden wenigstens kurz zu erwähnen.

a) Die historische Methode

Diese Methode versucht, durch die Aufzeigung geschichtlicher Entwicklungsperspektiven Einfluß und Bedeutung verschiedener Werbestrategien auf den wirtschaftlichen Erfolg verschiedener Firmen, die sie verwendet haben offensichtlich zu machen. Die Resultate sind meistens sehr einleuchtend, aber nicht ohne weiteres ebenso zuverlässig! Schließlich kann der Erfolg einer Unternehmung nicht nur nach der in Anspruch genommenen Werbestrategie beurteilt werden. Zuviele andere Faktoren sind dabei mit im Spiele und können durch die rein historische Deskription kaum voll berücksichtigt werden. Immerhin aber kann durch die historische Methode das Interesse auf bestimmte werbewirksame Faktoren gelenkt werden.

b) Die statistische Methode

Mit dieser Methode wird versucht, durch Datensammlung und systematische Datenauswertung möglichst exakte Zusammenhänge zwischen Werbemaßnahmen, Kundenbedürfnissen, Werbemedien etc. zu ermitteln. Im Grunde genommen kann man mit Hilfe der statistischen Methode zu sehr viel exakteren Ergebnissen und Schlüssen kommen als mit irgendeiner anderen Methode. Deswegen hat sich die Anwendung der Werbestatistik universell durchgesetzt. Im Grunde genommen wird heute kaum irgendwo eine Werbestrategie angewandt ohne eine sorgfältige statistische Marktanalyse, die aber auch von einer Medienanalyse, von einer Kundenanalyse und nicht zuletzt von betriebswirtschaftlichen Analysen her getragen wird.

c) Die Befragung

Darunter versteht man die Versuche, im voraus herauszufinden, was bestimmte Bevölkerungskreise von einem bestimmten Angebot möglicherweise erwarten werden. Zu diesem Zweck benutzt man spezielle Fragebögen oder Interviewanweisungen, die nicht zuletzt auch nach statistischen Gesichtspunkten zusammengestellt sind. Es kommt z. B. darauf an, daß die befragte Gruppe repräsentativ für die letztendlich gemeinte Adressatengruppe stehen kann, wobei es aus ökonomischen Gründen wichtig ist, diese Repräsentativgruppe so klein wie möglich zu halten. Aus den Antworten und Reaktionen der Repräsentativgruppe muß dann sehr sorgfältig auf die Reaktion der nichtbefragten, aber durch die Werbemaßnahme später anzusprechenden Adressaten geschlossen werden.

Mit Hilfe dieser Befragungsmethoden werden nicht nur die Werbeinhalte, sondern auch die Form der zu benutzenden Werbemaßnahmen und viele andere Dimensionen festgelegt.

d) Die Labormethode

Sie versucht, durch konkrete *Erprobungen* die Wirksamkeit einer Werbemaßnahme herauszufinden. Zunächst kann es sich um den Versuch handeln, durch die Rückläufe auf eine schriftliche Befragung die Aktualität einer bestimmten Fragestellung festzustellen. Insbesondere bei Zeitungsannoncen, aber auch bei der Fernsehwerbung und auch bei der Radiowerbung oder bei der Werbung durch Handzettel spielt dieser Test eine große Rolle, kann man doch durch die Anzahl der Rücksendungen eines Kupons z. B. erkennen, wie groß der Aufmerksamkeitswert einer bestimmten Aussage oder einer bestimmten Frage ist.

Zum anderen haben wir innerhalb der Labormethode das werbewissenschaftliche *Experiment* aufzuführen. Hierbei wird mit wissenschaftlichen Methoden danach gestrebt, möglichst zuverlässige Aussagen über die Qualität einer Werbestrategie oder auch über die *Wirksamkeit* eines einzelnen Werbetextes zu machen. Zunächst kann es sich beispielsweise darum handeln, daß man eine Expertenbefragung durchführt und durch Fachleute eine Reihe von Werbeentwürfen begutachten läßt. Die Entwürfe werden dann in Bezug auf spezielle Effizienz etwa in Richtung auf Aufmerksamkeitswert, Überzeugungskraft, motivationsspezifische Aufmachung usw. beurteilt, und es entsteht eine Reihenfolge der Qualität dieser Entwürfe durch die Fachleute. Dieses Verfahren wird auch in vielen anderen psychologischen Bereichen mit Erfolg angewandt, so etwa in einem bestimmten Abschnitt der Testkonstruktion.

Im einzelnen ist hierbei zu berücksichtigen:

Der *Gedächtniswert* verschiedener Illustrationen oder Schrifttypen einer Werbeaussage wird meistens dadurch ermittelt, daß die verschiedenen Entwürfe einer ausgewählten Adressatengruppe kurze Zeit vorgelegt werden, so daß man später nach einigen Tagen oder auch Wochen durch einen Gedächtnistest ermitteln kann, wieviel von dem aufgenommenen Material noch erinnert werden kann.

Während die Ermittlung des Gedächtniswertes verschiedener Entwürfe meistens durch eine Aufforderung zur freien Reproduktion des wahrgenommenen Inhalts geschieht, kann man auch den *Wiedererkennungswert* eines Entwurfes dadurch ermitteln, daß man die kurze Zeit wahrgenommen Entwürfe später unter einer größeren Anzahl von ähnlichen Entwürfen wiedererkennen läßt. Meistens bekommt man bei diesem Verfahren höhere Gedächtniswerte als bei dem Reproduktionsverfahren. Dies hängt damit zusammen, daß uns das Wiedererkennen in der Regel leichter fällt als das freie Reproduzieren, weil der passive Wortschatz im allgemeinen größer ist als der aktive.

e) Assoziationsmethode

Mit der Assoziationsmethode kann man ermitteln, welche Vorstellungen, bewußter oder unbewußter Art, eine Repräsentativgruppe mit einer Annonce oder mit der sonstigen Werbeaussage verbindet. So kann z. B. ermittelt werden, welche Aussagen (Wortkonstruktionen, Phantasiebezeichnungen, Bilder etc.) mit angenehmen Gefühlen verbunden werden und welche Aussagen eher mit unangenehmen Gefühlen einhergehen.

Die Überprüfung der *Augenbewegungen* stellt fest, mit welcher Intensität und zeitlichen Ausdauer eine ausgewählte Gruppe verschiedene Entwürfe und Teile dieser Entwürfe visuell aufnehmen kann. Hierbei kommt z. B. der relative Vorteil von einfarbigen bzw. mehrfarbigen Darstellungen zum Ausdruck, aber auch die Schriftgröße und die Schriftart sowie der verschiedene Aufmerksamkeitswert von Bildern wird auf diesem Weg gut ermittelt.

Besonders schwierig ist selbstverständlich die Ermittlung des tatsächlichen *Werts* einer Werbemaßnahme in Bezug auf den Absatz eines bestimmten Angebots. Im Grunde genommen ist es bis jetzt kaum möglich, eindeutige Aussagen mit irgendeiner Methode zu machen, da neben der Werbemaßnahme immer noch eine ganze Reihe von nicht ohne weiteres kontrollierbaren anderen Faktoren den Absatz beeinflussen können. Hierzu gehört z. B. die Mund-zu-Mund-Propaganda, die an Wirksamkeit kaum zu übertreffen ist und die nicht nur durch die aktuelle Werbung selber ausgelöst worden sein muß. Es gehört aber auch der durch völlig andere Stimulierungen erzeugte aktuelle Bedarf nach dem Angebot hierher. Selbst das Klima und die Wetterlage können einen Einfluß auf den Absatz nehmen, wie auch politische, währungspolitische oder bestimmte kulturelle Begebenheiten können einen bedeutenden Einfluß auf diese Bewegungen am Markt haben. Immerhin gelangt man unter Verwendung der empirischen Methoden in der Werbeforschung zu relativ zuverlässigen Konzeptionen.

In diesem Zusammenhang steht auch die Frage nach dem relativen Wert verschiedener Werbeträger oder Werbemedien.

10. Die Bedeutung verschiedener Werbeträger

Die meist benutzten Werbeträger oder Werbemedien sind die Tageszeitung, die Zeitschrift, der Rundfunk und das Fernsehen, neben Handzettelwerbung und Plakatwerbung. Die größte Bedeutung hat nach wie vor die Zeitungswerbung und die Zeitschriftenwerbung. Ihr gegenüber ist die Bedeutung der Fernseh- und Rundfunkwerbung etwas geringer, wenn sie auch vielleicht, zeitlich gesehen, umfangreicher sein mag. Insbesondere die Fernsehwerbung nimmt an Bedeutung zu, wenigstens im Sektor der Konsumartikelwerbung. Investitionsgüterwerbung wird im Fernsehen wohl kaum eine größere Bedeutung einnehmen können, weil der typische Fernsehzuschauer in dieser Funktion wohl kaum erreicht werden kann. Bei den Investitionsgütern wird die Spezialannonce in Fachzeitschriften, aber auch im Wirtschaftsteil größerer Tageszeitungen und besonders der Werbebrief in Betracht kommen.

Erklärungsbedürftige Artikel werden zweckmäßigerweise durch gedruckte Werbung evtl. mit entsprechender Bebilderung besser beworben als im Medium des Fernsehens oder des Radios. In den letzteren Medien sind nämlich die Eindrücke eher kurzfristig, so daß zwar ein hoher Aufmerksamkeitswert entstehen kann, aber meistens keine Dauerwirkung in Bezug auf die zu beachtenden Einzelheiten eines stark erklärungsbedürftigen Artikels.

Man kann nun zwar durch häufige Wiederholung ein und derselben Werbemaßnahme, etwa im Fernsehen, auch den Effekt einer Dauerwirkung erzielen, aber im allgemeinen erreicht man in diesem Sektor bei der gedruckten Werbung entweder in größeren Zeitungen oder auch in Magazinen und besonders mit direkt versandten Briefwerbungen und Prospekten mehr. Ausgesprochene Konsumartikel dagegen lassen sich sehr wohl in der Fernseh- und Radiowerbung vorstellen, weil dadurch ein sehr hoher Grad an Aufmerksamkeit erweckt wird.

Die jeweilige Maßnahme in allen Medien wird verstärkt durch einen *Aktivitätsappell* an den Adressaten. Dies kann grundsätzlich sowohl bei gedruckter als auch bei akustischer und audio-visueller Werbung durchgeführt werden. Man kann dies etwa in Form von Kupons, den man einsenden muß, oder in Form von Fragen (Preisausschreiben!), die zu beantworten sind und wieder zurückzuschicken sind, erreichen. Je mehr Aktivität der potentielle Kunde in Bezug auf das Produkt oder die Firma entwickelt, desto größer ist seine Motivation und eine um so größere Wahrscheinlichkeit haben wir für das Zustandekommen des Kaufes.

Im Grunde genommen haben wir hier wiederum eine Anwendung *lernpsychologischer* Erkenntnisse auf die Werbung, wiewohl sich die Erkenntnisse der Lernpsychologie auch noch in anderer Hinsicht im Bereich der Werbung anwenden lassen. Zum Beispiel können wir bei der Planung von Werbemaßnahmen durchaus auch die Lerntypen berücksichtigen, die ähnlich wie die Motivationstypen gesondert angesprochen werden können, und zwar auch medienspezifisch. Auch der Gedanke der *Wiederholung* eines Lehrstoffes bis zur völligen Vermittlung ist ohne Einschränkung im Bereich der Werbung ein wichtiger Grundsatz: Wenn wir Wirkungen in Bezug auf den Absatz eines Artikels oder einer Dienstleistung erreichen wollen, genügt eine einmalige Präsentation, auch wenn sie noch so geschickt vorgenommen ist, kaum; vielmehr geht es darum, so lange zu wiederholen, bis die Botschaft zum inneren Besitz des Adressaten geworden ist und sich da in Aktivitätsbereitschaft umsetzen kann (»Konditionierung«).

Bei Postaussendungen empfiehlt es sich, im unmittelbaren Anschluß an die versandte Botschaft beim Adressaten telefonisch nachzufragen, wenn es sich um einen größeren Kauf oder eine Investition von nennenswertem Umfang handelt. Gerade durch die *Kombination* von *Telefonverkaufsgespräch* und *gedrucktem Werbematerial*, vielleicht auch noch in Kombination mit *Fernseh- und Radiowerbung*, lassen sich die besten Ergebnisse erzielen. Dies gilt insgesamt auch für die Medienwerbung: Je mehr Medien wir innerhalb einer Werbekampagne benutzen, desto größer wird der Erfolg sein, vor allem dann, wenn wir die medienspezifische Darbietung unserer Botschaft berücksichtigen, d. h. wenn wir zwar denselben Inhalt, aber in jeweils abgewandelter Form im Fernsehen, im Radio und in der gedruckten Werbung wiederbringen (»Überlernen«).

Nicht zu ersetzen ist offenbar das *Verkaufsgespräch*, weil das Medium einer Begegnung von Mensch zu Mensch bisher durch keine nichtpersonale Darbietung einer Werbemaßnahme an Effizienz eingeholt werden kann. Wahrscheinlich hängt dies damit zusammen, daß der geschulte Verkäufer sich noch direkter und individuell auf die jeweilige Motivationslage des Gesprächspartners einstellen kann, daß er sogar Äußerungen, die sich offensichtlich nicht bewährt haben, sofort wieder korrigieren und durch bessere ersetzen kann, was ja bei der nichtpersonalen Werbung nicht möglich ist. Außerdem spielt bei der persönlichen Gesprächssituation auch all das eine Rolle, was wir bereits oben unter dem Aspekt der Rede geschildert haben: Der von seiner Sache überzeugte Redner hat auch die größere Chance, seine Zuhörer zu überzeugen, und der von seinem Angebot wirklich begeisterte Verkäufer wird zusätzlich zu seinem psychologischen Repertoire automatisch fast die richtigen Worte und vor allem die richtige nichtverbale Kommunikationstechnik finden, um seinen Gesprächspartner ebenfalls zu begeistern, ihn sozusagen »mitzureißen«.

Der berühmte »Funke«, der von einem begeisterten zu einem noch nicht begeisterten Menschen überspringt und ihn ebenfalls für eine bestimmte Sache entflammen kann, ist wahrscheinlich die Summe aller verbalen und nichtverbalen Äußerungen eines Menschen, wobei es bisher nicht ganz möglich zu sein scheint, die spezifische Wirkung z. B. der Mimik, der Gestik und auch der gesprochenen Worte selbst voneinander abzugrenzen.

Schließlich soll erwähnt werden, daß, welches Medium wir für eine Werbemaßnahme auch benutzen und besonders wenn wir ein multimediales

Werbekonzept verwirklichen, stets der *Humor* seinen Platz in der Werbung haben muß. Eine todernste Werbung ist fast ein Widerspruch in sich selbst, oder sollte es sein! Gerade die Werbung, in der eine ernste Botschaft mit leichter Hand dargeboten wird und den Adressaten zu einem Lächeln oder wenigstens zu einem Schmunzeln verleitet, hat die beste Aussicht, eine langfristige Wirkung zu haben. Damit ist übrigens nicht gemeint, daß die Botschaft unbedingt infantil und »lächerlich« sein soll!

Humorvolle Präsentation ist grundsätzlich nicht gleichzusetzen mit Primitivität und Lächerlichkeit. Letzteres wirkt abstoßend, Humor aber wirkt anziehend. Er kann durch Worte oder auch durch Bilder, am besten auch durch Zeichnungen und Trickzeichnungen, etwa auch in Form von Trickfilmen, dargestellt werden. Einige der bekannten Fernsehwerbefilme sind ein sehr gutes Beispiel für diese Seite der Werbung. Was indessen noch weitgehend unberücksichtigt bleibt, ist eine mehr humorvolle Präsentation von gedrucktem Werbematerial.

Bei der Gestaltung der gedruckten Werbebotschaft kann fast alles wieder berücksichtigt werden, was wir bereits oben unter dem Aspekt der Suggestion und der Werbung, sowie unter der Überschrift der lernpsychologischen Zusammenhänge gesagt haben: die Darbietung der Botschaft muß lernpsychologischen Prinzipien entsprechen, sie kann aber auch mit Erfolg die Suggestionszusammenhänge nutzen, indem beispielsweise eine Annonce in Kurzzeilen und dafür schmal und hoch angeordnet wird, statt z. B. über die ganze Breite einer Seite zu reichen (wir haben erwähnt, daß die vertikale Anordnung der horizontalen in der Regel überlegen ist und die Suggestion der Größe mit sich bringt).

Schließlich kommt es darauf an, in den verschiedenen Medien möglichst in der betreffenden Werbebotschaft aufeinander Bezug zu nehmen. Je verknüpfter die in verschiedenen Medien vorgetragenen Aussagen miteinander sind, desto größer wird die Wirkung sein. Man kann beispielsweise in der Zeitungsannonce auf die gerade laufende Fernsehwerbung Bezug nehmen und umgekehrt, und auch die Radiowerbung oder Handzettelwerbung durch ein bestimmtes Symbol (Markenzeichen oder das Gesicht eines bestimmten, immer wieder auftretenden Menschen etc.) miteinander verbinden.

Besonders wirksam wäre endlich eine Werbebotschaft, die nicht als solche ohne weiteres zu erkennen wäre, indem sie z. B. in einer Zeitung nicht im Werbeteil, sondern zwischen allerlei objektiven Darstellungen zur politischen Lage oder zum lokalen Geschehen eingeschoben wäre. In diesem Zusammenhang ist der besondere Wert von *public-relations-Maßnahmen* erwähnenswert, die man am zweckmäßigsten so publiziert, daß z. B. ein Forschungsergebnis, das objektiv vorliegt, berichtet wird und dabei der zu bewerbende Artikel in ein möglichst positives Licht gerückt wird. Gerade unter dem Aspekt einer objektiven Untersuchung erhält dann eine solche Aussage ein um so größeres Gewicht.

Ähnlich wäre die in einen Fernsehunterhaltungsfilm *eingestreute Werbemaßnahme* zu werten: sie würde nicht direkt als solche erkannt werden und gerade deshalb umso objektiver und direkter wirken. Ob z. B. der Filmheld in dem Film Milch oder Whisky trinkt, wenn er in sein komfortables Appartement kommt, beeinflußt den Zuschauer vielleicht mehr, als wenn im Werbefernsehen von der Qualität des Whiskys Marke XY oder von der gesundheitlichen Wirkung der Milch Marke XY gesprochen wird. Auch die in Unterhaltungssendungen eingestreuten Werbebotschaften, die aber als solche gekennzeichnet sind, wie das etwa im amerikanischen Fernsehen weitgehend der Fall ist, scheinen der Werbebotschaft im Rahmen eines zeitlich begrenzten eigenen Fernsehwerbeteils überlegen zu sein.

Allerdings muß auch in diesem Zusammenhang auf die Gefahr der *Manipulation* des Zuschauers durch solche massiven Werbemaßnahmen hingewiesen werden. Dies ist wahrscheinlich auch mit ein Grund, warum in Deutschland diese Art der Werbung bislang nicht betrieben wird. Ganz auszuschalten ist es kaum, weil schließlich bei jeder Darbietung eines Filmes und selbst bei einer Sportveranstaltung in irgendeiner Weise neben dem spannenden Geschehen am Rande irgendwelche Werbestimuli fast zwangsläufig eingeblendet werden, und sei es auch nur ein Blick auf die Turnschuhe die der Sportler trägt oder ein Blick auf die Wanddekoration des Fußballfeldes.

So genommen ist Werbung letzten Endes allgegenwärtig, und wir können sie eigentlich aus unserem Leben kaum mehr wegdenken. Es kommt nur darauf an, sie in der geeigneten Weise einzusetzen und gleichzeitig allerdings auch den potentiellen Konsumenten über die Wirkungsmechanismen der Werbemaßnahmen so aufzuklären, daß er ihr nicht schutzlos ausgeliefert ist.

11. Werbung noch einmal anders: Wie man sich beliebt macht

Eine der wichtigsten Werbemaßnahmen, von deren Gelingen das persönliche Wohlbefinden fast eines jeden Menschen heutzutage abhängt, ist die Werbung in ureigenster Sache, d. h. die Werbung für die eigene Person. Schließlich ist es ein Grundbedürfnis des Menschen, mit anderen zusammenzuleben und das setzt voraus, daß diese anderen nicht feindlich, sondern möglichst freundlich zu einem selbst eingestellt sind, daß sie einen akzeptieren und vielleicht sogar »mögen«.

Wir haben bereits gesehen, wieviel von der persönlichen Sympathie, die etwa ein Verkäufer bei seinem Kunden hat, für den Verkaufserfolg abhängt, und im weitesten Sinne des Wortes ist schließlich jeder, der einen anderen Menschen in irgendeiner Weise anleiten, führen, erziehen oder ihm eine Idee vermitteln soll, ein »Verkäufer«, weil dieses Vermitteln von Ideen und Überzeugungen im Grunde nach denselben Prinzipien verläuft, wie der Verkauf eines Produktes oder einer Dienstleistung.

Insofern wir also miteinander kommunizieren, sind wir fast immer schon Verkäufer unserer eigenen Person, d. h. wir möchten uns möglichst beliebt machen und doch unseren Willen, d. h. unser Anliegen durchsetzen. Je auffälliger und direkter wir dies aber versuchen, desto größer wird der Widerstand und sogar die Ablehnung gegen unsere Person werden. Man empfindet uns dann als aufdringlich und das ist schließlich einer der wichtigsten Gründe für soziale Ablehnung. Wer dagegen die bereits in anderem Zusammenhang hier besprochenen Grundsätze der Werbung auf das taktvolle Verkaufen der eigenen Person anwendet, wird bald als beliebt, charmant und sogar begehrenswert gelten. Die Frage ist nur, durch welche psychologische Anwendung wir dies erreichen können!

Wie im Verkauf und in der Werbung kommt es auch bei dem Bemühen um Beliebtheit darauf an, zunächst auf eine möglichst taktvolle, unauffällige Weise die Vorteile des Angebots, also die positiven Eigenschaften der eigenen Person herauszustellen. Diese positiven Merkmale sind indessen selbstverständlich abhängig von den *Erwartungen* der Gesprächspartner, was der eine als besonders positiv empfinden mag, kann den anderen fast gleichgültig lassen oder sogar von ihm unter Umständen als Negativum aufgefaßt werden. Außerdem muß darauf geachtet werden, daß diese eigenen Vorzüge möglichst indirekt und unter Verwendung der suggestiven Techniken dargestellt werden, so daß der Eindruck einer Aufdringlichkeit nicht entstehen kann. Wenn dies der Fall wäre, würde man mit einiger Sicherheit Widersprüche, d. h. Ablehnungen provozieren.

Mit indirekter Darbietung kann z. B. gemeint sein, daß wir bei Gelegenheit das positive Urteil eines anderen wichtigen Menschen über uns zitieren oder z. B. allein schon durch unsere Zeiteinteilung zum Ausdruck geben, daß wir gefragt und insofern auch wichtig sind, oder wir geben mehr oder weniger fachmännische und positive Urteile über Kunst, Literatur, über geografische Zusammenhänge und wirtschaftliche Probleme ab, um dadurch jeweils zu suggerieren, daß wir die entsprechenden Gebiete mit Interesse verfolgen oder sie sogar mehr oder weniger perfekt überblicken.

Dieser erste Weg führt aber nur zum halben Ziel. Denn unser Prestige nützt uns wenig, wenn unsere Gesprächspartner uns dieses Prestige mißgönnen. Deswegen muß nach dem Aufbau des eigenen Prestiges und der eigenen Vorzüge eine Reihe von Aussagen oder Maßnahmen erfolgen, die den Gesprächspartner in seinem Prestige, in seinen Verdiensten und in seinem gesamten Persönlichkeitswert steigern. In dem Maße, in dem es uns gelingt, unseren jeweiligen Gesprächspartner zufrieden mit sich selbst und stolz auf seine eigene Person zu machen, wird er unbewußt uns mit dieser persönlich erfahrenen Wertsteigerung in Zusammenhang bringen: Er wird uns sympathisch finden und uns mögen.

Wir stellen sozusagen einen »Wert« für andere immer dann dar, wenn es uns gelungen ist, das Selbstwertgefühl des anderen Menschen zu steigern.

Auch Liebe ist letzten Endes eine solche Form intensiver Zuwendung zu einem anderen Menschen. Dieser andere Mensch kann für uns selbst einen Wert insofern darstellen, als unsere eigene Person durch diesen Partner so aufgewertet wird, daß wir vielleicht sogar – das wäre die höchste Ausdrucksform der Liebe – ohne den anderen nicht mehr glauben leben zu können. Wenn also ein anderer Mensch durch unsere Art, ihn zu behandeln mit sich selbst zufriedener wird als vorher, können wir damit rechnen, daß er sich uns zuwendet. Umgekehrt aber wird sich ein Mensch von uns abwenden, wenn wir es des öfteren sind, der ihm unangenehme Dinge eröffnet und seine persönlichen Erwartungen eher unerfüllt lassen.

So ist es auch erklärlich, daß introvertierte Menschen oft weniger beliebt sind als extravertierte. Schließlich haben sie, als mehr in-sich-hinein-lebende Menschen, weniger Fähigkeiten, auf den anderen einzugehen, während der Extravertierte fast instinktiv solche Äußerungen und Maßnahmen ergreift, die auf die Belange des anderen gerichtet sind. Der Introvertierte erwartet sozusagen mehr, daß sein Partner auf ihn eingeht, als daß er in der Lage wäre, umgekehrt auf den anderen einzugehen. Dies läßt dann schließlich diesen anderen eher unzufrieden, so daß die Sympathie erkaltet und der Introvertierte wieder letzten Endes allein ist. Eine Freundschaft muß schließlich zerbrechen, wenn immer nur der eine gibt und der andere nimmt. Sie kann aber sehr stabil bleiben, wenn beide in etwa demselben Umfang geben und nehmen, d. h. wenn das Zusammensein beider Freunde das Selbstgefühl eines jeden erhöht und jeder den anderen für diese angenehme Erfahrung verantwortlich weiß.

Weil aber nun der Wert eines Kompliments sozusagen vom Gewicht dessen abhängt, der das Kompliment macht, besteht der erste Schritt immer darin, unsere eigene Persönlichkeit aufzuwerten, um anschließend den Gesprächspartner unsererseits in einen Zustand zu versetzen, indem er sich selber als wertvoller und zufriedener empfinden kann als vorher. Das Kompliment, das wir von einem für uns völlig unbedeutenden Menschen erhalten, zählt sozusagen subjektiv für uns weniger, als wenn wir dieses Kompliment von einer uns besonders wichtig erscheinenden Persönlichkeit erhalten.

Diese zwei Wege zur Beliebtheit sind psychologisch gesehen gleich wichtig, obwohl die meisten Menschen lediglich den ersten Weg, nämlich den der Selbstaufwertung beschreiten, sich aber dann scheuen, in ähnlicher Weise den Gesprächspartner aufzuwerten! Wir müssen aber das Gewicht, das wir selber für uns in Anspruch genommen haben im vollen Umfang anschließend an den jeweiligen Mitmenschen weitergeben, um zu erreichen, daß dieser uns mit besonderer Sympathie entgegekommt.

Ein triviales Beispiel kann dies veranschaulichen: Nehmen wir an, jemand macht uns ein Kompliment über unseren neuen Anzug. Wenn wir nur den ersten unserer beiden Beliebtheitswege einschlagen, dann könnten wir antworten, daß wir das Kleidungsstück für viel Geld in London erworben hatten, so daß wir annähmen, es müsse hervorragend sein. Eine solche Erwiderung wird zwar geeignet sein, unser Prestige in den Augen des Gesprächspartners zu erhöhen, aber es wird nicht sonderlich dazu beitragen, Sympathien zu erwerben. Deshalb könnten wir den zweiten Weg zur Beliebtheit gleich mitbenutzen und zum Ausdruck bringen, daß wir diese Feststellung gerade aus seinem Munde besonders schätzen, da er ja gerade auf diesem Gebiet bekanntermaßen ein Experte sei und selbst immer so geschmackvoll gekleidet sei. Wir hätten sozusagen versucht, es ihm in etwa gleich zu tun. In diesem Falle hätten wir das erhaltene Kompliment in vollem Umfange zurückgegeben, so daß wir annehmen können, daß unser Gesprächspartner sich durch unsere Bemerkung aufgewertet fühlt und wir in dem Maße Sympathie erzeugt haben.

Im einzelnen sind es besonders folgende Umstände, die wir bei der Werbung in »eigener Sache« beachten sollten:

Unsere *äußere Erscheinung* muß situationsadäquat sein und möglichst den Erwartungen des betreffenden Gesprächspartners entgegenkommen. Dazu gehört aber nicht nur die Kleidung, sondern auch die Körperhaltung und sogar Äußerlichkeiten wie die Frisur, der Körpergeruch und insbesondere die gepflegten Zähne und die sauberen Fingernägel. Insbesondere die Zähne werden von sehr vielen Menschen als Symbole für Gesundheit oder Krankheit bzw. sogar für Aufrichtigkeit oder Verschlagenheit genommen. Durch ungepflegte Zähne erwecken wir, ohne daß wir sonst etwas dafür könnten, einen eher negativen ersten Eindruck bei unserem Gesprächspartner. Wahrscheinlich überträgt man unbewußt die relative Ungepflegtheit von schlechten Zähnen auf die sonstige Lebensweise eines Menschen, obwohl das in keiner Weise berechtigt sein muß. Das Weiß gepflegter Zähne suggeriert, wie auch das Weiß gepflegter Fingernägel, Sauberkeit und Geradlinigkeit in der gesamten Lebensführung, obwohl auch dies nicht miteinander in Zusammenhang stehen muß.

Komplimente, die wir unseren Gesprächspartnern machen, sind zwar immer besser als keine Komplimente dennoch wir beachten, daß solche Äußerungen nicht den Eindruck der Oberflächlichkeit erwecken, weil sie sonst mindestens nicht »ankommen«. Ein direktes Kompliment muß z. B. spontan und den Eindruck der Unreflektiertheit machen, wenn es überzeugen soll. Indirekte Komplimente dagegen können sich eher in wohlgesetzten Worten der suggestiven Methoden bedienen, von denen wir schon gesprochen haben. Hierzu gehört auch die Bereitschaft, uns von unseren Partnern beraten zu lassen, weil gerade darin unser Respekt vor der Überlegenheit des anderen zum Ausdruck kommt. Die Kunst besteht hierbei darin, die jeweilige Frage so zu stellen, daß der andere sie mit Sicherheit positiv beantworten kann und auch beantworten will. Überhaupt kann es sich um eine rhetorische Frage oder auch um eine beliebige Äußerung handeln, die den anderen in seiner Überlegenheit oder in seiner Erfahrenheit bestätigt. Merkwürdigerweise sind wir so gut wie unfähig, jemand abzulehnen oder auch nur feindlich gegenüberzutreten, der uns in diesem Sinne aufwertet.

Unsere positiven Bemerkungen brauchen sich indessen nicht nur auf die Persönlichkeit des Gesprächspartners selbst zu beziehen, sondern können sich ohne weiteres auch auf ihren Besitz oder auf ihre sonstige Umgebung beziehen. Eine positive Bemerkung z. B. über die Kinder, über das Haus, über den Garten und auch über die Haustiere des Gesprächspartners haben eine ähnliche persönlichkeitsaufwertende Wirkung wie eine Bemerkung, die sich direkt auf die Person selbst bezieht. Dies hängt damit zusammen, daß der Mensch sich mit den Dingen und Personen seiner näheren Umgebung quasi identifiziert. Wenn jemand negative Bemerkungen über den ungepflegten Rasen eines Hausbesitzers macht, dann beleidigt er unter Umständen diesen Menschen selber. Umgekehrt wirkt es wie ein Kompliment, wenn man selbst den ungepflegten Garten als originellen, »natürlich belassenen« Rasen bezeichnet und ihn als besonders sympathisch schildert, indem man erwähnt, daß etwa die übertrieben gepflegten Rasen immer etwas »Manieriertes« hätten!

Ganz allgemein gesagt, wirkt eben ein Kompliment dann echt, wenn es etwas ausdrückt, was wir selbst durchaus so empfinden, wie wir es sagen. Es handelt sich um einen ähnlichen Zusammenhang wie den, den wir bereits bei der Wirkung rhetorischer Maßnahmen beschrieben haben: Ein Redner wirkt auch erst dann überzeugend, wenn er voll hinter dem steht, was er sagt. Und der Zuhörer hat ein feines Gespür dafür, ob ein Redner wirklich hinter dem steht, was er sagt!

12. Die Notwendigkeit für den Kunden, die Absicht und die Strategie des Werbers zu durchschauen

Unsere Darstellung der wichtigsten Gegebenheiten um Werbung, Verkauf und Freunde gewinnen wäre unvollständig, wenn wir nicht auch ein Wort über diesen Zusammenhang aus der Perspektive des Kunden bzw. des Adressaten dieser Maßnahmen hinzufügen würden. Schließlich ist jeder, der etwas verkauft und der für etwas wirbt, gleichzeitig auch wieder Gegenstand und Ziel der Verkaufs- und Werbemaßnahmen anderer! Es gibt im Grunde niemanden, der nichts verkaufen würde und der nicht zugleich als Kunde umworben würde – und es sei es auch nur, daß er »sich selbst« verkaufen würde, indem er bemüht wäre, auf Menschen einen möglichst positiven Eindruck zu machen!

So genommen ist es die Hauptaufgabe des Menschen, einmal als »Aktiver« und dann auch als »Passiver« die beschriebenen Erkenntnisse anzuwenden und nicht »blind« das bloße Opfer einer Maßnahme eines anderen zu werden. Überhaupt sollte man das Verkäufer-Kunden-Verhältnis weniger unter dem Aspekt des »Kampfes« oder des »Überlistens« sehen, als vielmehr unter dem Aspekt der Partnerschaft, bei der beide Seiten einander brauchen und zu einer fairen Auseinandersetzung bereit sein müssen, wenn auf die Dauer die Partnerschaft nicht unter einer übermäßigen Einseitigkeit auseinanderbrechen soll. Diese Einseitigkeit wäre gegeben, wenn nur die eine Seite – etwa die des Verkäufers – von psychologischen Erkenntnissen Gebrauch machen könnte, während die andere diesen Techniken schutzlos ausgeliefert wäre. Beide Seiten auf den gleichen Informationsstand zu bringen, ist ja gerade mit ein Anliegen dieses Buches. Denn wenn beide Seiten mit dem gleichen Kenntnisstand ausgerüstet wären, würden sich endlich die besseren Argumente durchsetzen und nicht diejenigen Darlegungen, die nur mit der besseren Psychologie vorgebracht werden!

Für den Kunden (oder den »Beworbenen«) ist es also wichtig, zunächst das Ausgangsmotiv des Verkäufers bzw. Werbers zu erkennen. Dies ist im allgemeinen immer dasselbe: er möchte uns etwas verkaufen und dazu in uns ein entsprechendes Kaufmotiv erwecken und an ein in uns vorhandenes Interesse anknüpfen. Man sollte also immer dann besonders vorsichtig werden, wenn wir plötzlich durch ein Inserat oder durch ein Gespräch plötzlich den Wunsch verspüren, etwas haben oder machen zu müssen, was wir vorher noch gar nicht haben oder machen wollten. Denn dies ist die Situation, in der ein Motiv – ein »Kaufmotiv« – in uns entsteht, und zwar wahrscheinlich durch die geschickte Präsentation in diesem Inserat oder während dieses Gesprächs. Wir sollten prüfen, ob wir wirklich und auf die Dauer diesen

Wunsch haben werden oder ob es sich nur um eine »Eintagsfliege« unter unseren Wünschen handelt, deren wir schon nächstens überdrüssig sein werden.

Am besten ist es sogar, wir machen es uns zur Regel, zwar immer aufgeschlossen für Neues zu sein, aber mindestens eine Nacht über einen neuen Kaufwunsch zu schlafen. Wir werden uns häufig erst nach einer solchen Schlafpause richtig bewußt, ob wir das Angebot wirklich wollen oder ob wir nur gleichsam das Opfer einer in uns aufsteigenden Laune waren. Besondere Vorsicht ist also anzuwenden, wenn uns jemand offen dazu drängt, »sofort« zu einer Entscheidung zu kommen, weil es nur noch »wenige Stücke« gibt oder weil nur noch heute eine so günstige Gelegenheit bestünde! In diesen Fällen handelt es sich vielleicht gerade um einen »Trick« des Verkäufers, der uns diese Überschlafenspause nicht gestatten möchte, weil er befürchten muß, wir würden hinterher wieder absagen oder jedenfalls kritischer sein. Weil ein solches Vorgehen psychologisch unfair ist, müssen wir auf unserer Hut sein und uns klar darüber sein, daß ein wirklich gutes Angebot selten »nur heute« auf dem Markt ist!

Sodann ist es wichtig, sich selbst zu »durchschauen«, indem man nicht nur sein bewußtes, sondern weitgehend auch sein unbewußtes Seelenleben beobachtet. Wir haben ja gesehen, daß der Verkäufer und die Werbung vor allem auch an unser unbewußtes Seelenleben appellieren soll, wenn er seinerseits erfolgreich sein will. Wir werden diesen Methoden ohne Gegenwehr zum Opfer fallen, wenn wir nicht in der Lage sein sollten, dieses unser Unbewußtes wenigstens der Tendenz nach zu beobachten. Hierzu dienen uns dieselben Methoden, wie die, die auch der Verkäufer anwendet, um uns zu »durchschauen«: wir brauchen es uns nur zur Gewohnheit zu machen, uns selbst – wenigstens nachträglich – zu beobachten, wenn wir aus dem Unbewußten heraus handeln. Dies ist etwa der Fall, wenn wir ganz spontan und ohne Überlegung etwas tun oder sagen. Immer gilt dann anschließend zu fragen: warum habe ich nun wieder dies getan oder gesagt? Welche unbewußte Tendenz hat sich hier in mir breit gemacht? Eine sehr gute Möglichkeit ist zudem, seine Träume systematisch zu notieren und besonders auf wiederkehrende Traummotive zu achten. Gerade die Träume sind ja – wie Freud sagte – die »Via Regia« zum Unbewußten. Sie verraten uns am meisten über unsere unbewußten Sehnsüchte, weil diese sich in meist symbolischer Form im Schlaf darstellen. Es muß sich keineswegs immer um verbrämte sexuelle Wünsche handeln, die uns im Traum plötzlich erfüllt werden, sondern es kann sich auch um die Erfüllung unbewußter Prestige- oder Machtmotive handeln. Wir sind da plötzlich der »Sieger« über andere Menschen, von denen wir im normalen Leben aufs höchste abhängig sind. Wir sind die Stärksten oder die Schönsten und alle müssen uns bewundern. In solchen Fällen ist es klar, daß wir in unserem Unbewußten ein sehr starkes Motiv nach Überlegenheit und Macht haben, das wir im bewußten Leben nicht akzeptieren und wenigstens nicht befriedigen können. In diesem Falle müßten wir besonders aufpassen, wenn uns jemand verspricht, er könne uns zu mehr Prestige oder Macht verhelfen, denn vielleicht hat dieser »jemand« durch irgendeine Methode erkannt, daß wir eben nach diesem Motiv streben und bietet uns sein Produkt oder seine Dienstleistung folgerichtig unter diesem Aspekt an!

Zwar wollen wir tatsächlich mehr Prestige oder mehr Macht in diesem Falle, aber es bleibt sehr wohl zu fragen, ob das konkrete Angebot wirklich zu mehr Prestige und Macht verhilft oder ob es nur so dargestellt wird. Nicht jedes Auto, das unter dem Aspekt der Exklusivität angeboten wird, ist auf die Dauer wirklich exklusiv für uns! Vielleicht sind wir es sehr bald leid, weil es uns zu teuer wird oder weil wir ein wirklich exklusives Auto doch nicht bekommen haben, sondern nur ein wirklich durchschnittliches!

Ähnliches gilt analog für die anderen unserer Motive, die wir am besten durch eine mehr oder weniger systematische Selbstbeobachtung auch in den Situationen, in denen sich unser Unbewußtes am klarsten äußert, erkennen können. In dem Maße, in dem wir uns wirklich klar über unsere echten Bedürfnisse wären, wären wir auch nicht mehr anfällig wenn uns ein Angebot unter irgendeinem dieser motivationsabhängigen Gesichtspunkte unterbreitet würde; vielmehr würden wir fast ausschließlich nach sachlichen Notwendigkeitsgesichtspunkten entscheiden können.

Andererseits sollte man bei diesen Bemühungen auch nicht verkennen, daß das Leben auch nicht nur aus solchen »nüchternen« und »sachlichen« Entscheidungen bestehen darf, wenn wir uns selbst verwirklichen wollen. Schließlich besteht der Mensch, wie wir gesehen haben, nicht nur aus bewußten und rationalen Seelenelementen, sondern in besonderem Maße gerade aus unbewußten und irrationalen Momenten, deren Befriedigung wesentlich zu unserem »Glück« beiträgt. Ein Mensch, der alles aus rationaler Überlegung heraus tun würde, wäre im Grunde kaum zu einer spontanen Handlung fähig und wäre mithin kaum jemals in dem Zustand, den man gemeinhin als »Glück« bezeichnet. Dieser Zustand nämlich schließt stets eine gewisse Spontaneität ein, so wie man etwa Liebe rein aus dem Verstand heraus kaum planen oder herbeiführen kann. Sie ergibt sich, wenn wir spontan genug auf einen anderen Menschen zugehen. Wenn wir aber anfangen, alles vorher zu zerpflücken und zu zerlegen, haben wir am Schluß nur noch die Teile in der Hand, aus denen das Ganze besteht, ohne daß sie aber eben dieses Ganze vermitteln könnten. Warum also sollte man sich nicht gelegentlich einem spontan entstehenden Kaufimpuls überlassen? Warum sollte man sich nicht Spaß gönnen, »einfach so« und plötzlich etwas zu kaufen, weil es einem just so in den Sinn kam, ohne daß man es geplant hätte? Vorausgesetzt es handelt sich nicht um Ausgaben, die unsere Möglichkeiten übersteigen, ist eigentlich gar nichts dagegen einzuwenden. Nur wenn es sich um Entscheidungen handelt, die Folgekosten nach sich ziehen oder die unsere geldlichen Zuständigkeiten übersteigen, sollten wir in der Tat die erwähnte Vorsicht walten lassen und versuchen herauszufinden, welche psychologische Strategie der Verkäufer oder Werber gerade bei uns anzuwenden versucht. Es gereicht den meisten Menschen auch zu einer besonderen Freude zu entdecken, aus welchen psychologischen Techniken im Grunde die Werbewirtschaft lebt. Nicht, daß man diese Maßnahmen dadurch verachten würde! Aber schließlich kommt einem dadurch unsere Welt überschaubarer vor, sie wirkt nicht mehr so unheimlich und bedrohlich, sondern wie ein Garten, in dem viele schöne und auch auffallende Blumen wachsen, an denen man sich auch erfreuen kann, ohne sie unbedingt pflücken zu müssen! Je mehr man die Fähigkeit zur Freude an diesen allgemein zugänglichen Schönheiten unserer Welt entdeckt, desto weniger werden wir von dem Gedanken beherrscht sein, alles, was angeboten wird, auch zu besitzen!

Der Mensch hat die Fähigkeit, in sich selbst Befriedigungsmöglichkeiten zu entwickeln für seine Motivationen, die ihn weitgehend unabhängig machen von äußeren Befriedigungsangeboten. Wenn man diese Seite in sich stärkt, indem man mehr und mehr in sich hineinlauscht und erkennt, was eigentlich in einem vorgeht, wird man erkennen, wie groß das Glück ist, auch »nein« sagen zu können, statt immer nur nachzuvollziehen, was andere uns vorsetzen! Es wird das Glück dessen sein, der sein Ich entdeckt hat und dieses der Welt entgegensetzen kann. Selbstverständlich sollte man es nicht so weit kommen lassen, daß man nur noch »egozentrisch« (d. h. ja aus dem »Ich« heraus!) lebt: das richtige und jeweils vertretbare Maß gilt es zu finden; immer aber sollten wir danach trachten, die Menschen um uns und natürlich auch uns selbst besser zu verstehen, um zu erreichen, daß wir selbst von diesen anderen auch besser behandelt werden!

X. Psychologie und Leistung

In unserer Zeit, in der die uneingeschränkte Leistungsfähigkeit eine der wichtigsten Eigenschaften des Menschen ist, wird die Frage nach Leistung und Leistungssteigerung zu einem zentralen Thema auch der angewandten Psychologie. Von hier her gesehen lautet unsere Frage: Durch welche psychologischen Maßnahmen kann man körperliche und geistige Arbeitsbewältigung schneller und fehlerfreier aber auch ausdauernder und ohne negative Nebenwirkungen gestalten? Wir wollen versuchen, einen sehr gedrängten Überblick über einige Aspekte in diesem Zusammenhang zu geben.

1. Motivation und Leistung

Wie wir schon gesehen haben, ist die Motivation des Menschen im entscheidenden Maße am Ergebnis seiner Aktivität beteiligt. Unabhängig von der tatsächlich vorhandenen Leistungsfähigkeit wird unter dem Einfluß einer *intrinsischen (primären) Motivation* eher eine optimale Leistung zustande kommen als unter dem Einfluß einer nur *extrinsischen (sekundären) Motivationseinstellung*. Wie wir schon im zweiten Kapitel beschrieben haben, scheuen wir weder Kräfteaufwand, noch Zeit, noch Geld, wenn wir primär motiviert sind, so daß wir in diesem Falle auch eine größere Rückmeldung und eine intensivere Erfolgserfahrung haben, als wenn wir nur sekundär motiviert sind und eine bestimmte Handlung nur um ihres zusätzlichen Nutzens willen ausüben. Der Erfolg besteht im letzteren Falle auch nur in diesem zusätzlichen Nutzen und nicht im Vollzug der betreffenden Handlung selber.

Wir können hier also feststellen, daß Leistungssteigerung immer in dem Maße zu erwarten ist, in dem es gelingt, einen Menschen (oder sich selber) primär für eine bestimmte Aufgabe zu motivieren.

Dies wiederum erreichen wir am ehesten durch die Anknüpfung der jeweiligen Zielsetzung an die Grundmotive des Menschen, von denen wir ebenfalls oben schon gesprochen haben.

Andererseits ist auch das *Erfolgserlebnis* um so größer, je mehr unsere Motivation den Status der primären Motivation erreicht hat. Da nun das Erfolgserlebnis wiederum positiv auf die Motivation wirkt, erleben wir durch jedes Erfolgserlebnis eine weitere motivationale Steigerung, so daß wir mit zunehmenden Erfolgserfahrungen auch immer mehr an unser Leistungsoptimum herankommen. Dies bedeutet, daß wir im Umgang mit uns selbst und im Umgang mit anderen darauf bedacht sein müssen, Aufgaben- und Fragestellungen so zu gestalten, daß das jeweilige Ziel gerade noch erreicht werden kann und ein Erfolgserlebnis beim betreffenden Menschen entsteht, das auch durch ein verbales Lob unterstrichen werden kann. Überforderungen bewirken fast immer ein Nachlassen der Motivation, weil Erfolgserlebnisse ausbleiben. In diesem Zusammenhang steht dann auch fast immer ein Leistungsrückgang. Ähnlich negativ auf die Leistung wirken sich aber auch Unterforderungen aus, bei denen die Aufgabenstellung zu leicht, zu gleichförmig oder zu primitiv sind, so daß kein echtes Engagement und damit auch keine echte Erfolgsrückmeldung und keine Befriedigung erfahren werden kann; die Motivation nimmt ab und die Leistung geht zurück.

Eine praktische Konsequenz daraus ist jede Maßnahme, die geeignet ist, die Einstellung zu einer gleichbleibenden Arbeit immer wieder subjektiv neu erscheinen zu lassen, so daß immer wieder ein neues Engagement und damit eine neue Erfolgsbestätigung und somit schließlich eine Leistungssteigerung zu erwarten ist. Aber auch alle anderen Maßnahmen, die geeignet sind, die objektiven Leistungsanforderungen von Zeit zu Zeit zu verändern, gehören hierher. *»Jobrotation«* und gelegentliche *Versetzungen* sind ein sinnvolles Mittel, um Unterforderung und Routine zu vermeiden.

Unter dem Aspekt der Vermeidung von Über- und Unterforderungen ist es aber auch wichtig, von vornherein darauf zu achten, daß die Aufgabenstellung oder die Arbeitserwartung an das subjektive Leistungsniveau eines Menschen angepaßt ist. Hierher gehört die sorgfältige psychologische Eingangsuntersuchung bei Mitarbeitern im Betrieb, aber auch die sorgfältige Beratung des Schülers und Studenten bezüglich seiner Ausbildungslaufbahn. Testverfahren, wie wir sie schon kurz beschrieben haben, sind hier in vollem Umfang anwendbar.

2. Streß und Leistung

Wenn die Erwartung höher ist als die tatsächlich erreichte Leistung, entsteht ein Zurücknehmen des Anspruchsniveaus, d. h. der betreffende Mensch senkt seine Leistungserwartungen und paßt diese sozusagen an sein jeweils erreichtes Leistungsniveau an. Dadurch wird aber automatisch auch die Leistungsmotivation gesenkt, denn auch sie ist funktional mit den Erfolgs- und Mißerfolgserlebnissen verbunden.

Da der Mensch dazu neigt, sich fast immer in seiner Leistung mit anderen

Menschen seiner Umgebung zu vergleichen – schon Kinder neigen dazu – wird jemand, der im Vergleich zu anderen und auch im Vergleich zu seiner eigenen Erwartung weniger leistet, ein gedrücktes Anspruchsniveau und auch ein negativ eingestelltes Selbstvertrauen entwickeln. Wenn nun in diesem Prozeß eine bestimmte, subjektiv verschieden hochgelegene Marke unterschritten wird, entstehen *Frustrationen*, d. h. Nichtbefriedigungen von elementaren Erwartungen, so wie wir das in unserem ersten Kapitel (s. o.) beschrieben haben. Aus diesen Frustrationen kann im längeren Verlauf der Zustand des *Streß* entstehen, in dem sich ein Mensch ständig frustriert fühlt bzw. den verschiedensten Erwartungen überhaupt nicht mehr gerecht werden zu können glaubt und infolgedessen mehr und mehr in einen bedauernswerten Zustand des Handelns gegen die eigene Überzeugung gerät. Daß sich in diesem Zusammenhang neurotische Störungen entwickeln können, haben wir bereits aufgezeigt. Die Frage, die uns jetzt beschäftigt, ist die, ob sich dieser Streß auf Leistung auswirkt oder nicht.

Untersuchungen, die in diesem Zusammenhang gemacht wurden, zeigen, daß Frustrationen zunächst Leistungssteigerungen mit sich bringen. Ähnlich wird auch ein Mensch, wenn er sich angegriffen fühlt, unter Umständen zu Höchstleistungen befähigt werden. Allerdings muß hier zwischen körperlichen Leistungsbereichen und seelisch-geistigen Leistungen unterschieden werden: Während die Leistungssteigerung unter Frustrationseinflüssen hauptsächlich im körperlichen Bereich zu beobachten ist, stellt man im seelisch-geistigen Sektor mehr einen Rückgang der effektiven Leistung fest, weil die Anzahl der Fehlreaktionen und auch die Gedächtnisleistung sowie die Steuerungsmechanismen des Menschen durch Frustrationen und Angst negativ beeinflußt werden. Man beobachtet dies z. B. auch unter einem Panikeinfluß, wo Menschen zwar über fast außerordentliche körperliche Kräfte verfügen, seelisch-geistig aber die einfachsten Zusammenhänge nicht mehr beachten können.

Streß als eine Form der Dauerfrustration wirkt sich nun ganz ähnlich aus. Auch hier beobachten wir einen deutlichen Rückgang der Leistungen, die auf seelisch-geistige Fähigkeiten angewiesen sind, aber eine Zunahme im Bereich der rein körperlichen Aktivitäten und Aktivitätsbereitschaften. Man umschreibt es oftmals auch als Neigung zu reiner Betriebsamkeit, was der gestreßte Mensch typischerweise hervorbringt: Er kann nicht konzentriert bei ein und derselben Aufgabe bleiben, sondern wendet sich bald dieser, bald jener Aufgabe zu, ohne sie wirklich geistig zu durchdringen und zu Ende zu führen. Im rein körperlich-motorischen Bereich werden zwar grundsätzlich mehr Verrichtungen zustandekommen, aber die Qualität dieser Verrichtungen nimmt insofern ab, als die Anzahl der Fehlreaktionen und der Ungenauigkeiten zunimmt. Beim Schreibmaschinenschreiben z. B. würde man zwar mehr Anschläge pro Minute produzieren, aber auch eine größere Anzahl von Fehlern zustandebringen.

Ähnlich negativ wirkt sich auch *Angst* auf die Leistung aus, was eigentlich nicht weiter verwunderlich ist, weil wir ja in der Angst auch nur eine besondere Form von Frustration oder Streß vor uns haben. Der geängstigte Mensch fühlt sich bedrängt etwa durch eine bestimmte Erwartungshaltung, oder auch durch die Erinnerung an etwas Vergangenes oder die Besinnung auf etwas Gegenwärtiges. Gerade diese Bedrängtheit ist aber eine Beeinträchtigung seiner Grundmotivation, die wir als den Kern einer Frustration beschrieben haben. Zwar wird man von einem verängstigten Menschen ein Plus an rein motorischer Aktivität erwarten können, aber die Qualität dieser Handlungen ist eher schlechter als die unter normalen Bedingungen produzierte Arbeit, weil auch in diesem Fall die Steuerungsmechanismen und der Einsatz des Gedächtnisses und der Konzentration herabgesetzt sind. Die vielbeklagten Konzentrationsstörungen bei Kindern im Schulalter z. B. gehen nicht selten auf massive Angsteinflüsse zurück. Solche Kinder sind oft entweder im Elternhaus oder in der Schule überfordert, sie fühlen sich ungeborgen in einer unverständlichen Welt, oder sie leiden unter einer anderen, länger anhaltenden Nichtbefriedigung einer ihrer Grunderwartungen und geraten auf diesem Weg in eine gewisse motorische Hektik bei gleichzeitiger Senkung der psychisch-geistigen Kapazität hinein.

Beim Erwachsenen sind es oft mitmenschliche Beziehungen, partnerschaftliche Störungen, ungünstige Vorgesetzten-Mitarbeiterrelationen oder überhaupt Einflüsse eines disharmonischen Betriebsklimas, die eine solche Leistungsminderung im psychisch-geistigen Bereich auslösen, wenn auch rein körperlich eine gewisse Überaktivität eintritt. Neben diesen Ursachen äußerer Art, auf die wir unten noch näher eingehen wollen, spielt aber auch das Alter des Menschen in diesem Zusammenhang eine wesentliche Rolle.

3. Alter und Leistung

Beim Kind und Jugendlichen nimmt mit zunehmendem Wachstum im körperlichen und geistigen Bereich die Leistungsfähigkeit stets zu, wobei lediglich immer dann Leistungsrückfälle zu erwarten sind, wenn die Disharmonie zwischen körperlichen und seelisch-geistigem Wachstum zu groß wird, wie das z. B. in der schon beschriebenen Krisenphase der Pubertät der Fall ist. Die Erklärung für diesen Zusammenhang liegt auf der Hand: In den Phasen der psychischen Labilität und Disharmonie entstehen leichter Frustrationen und Angst als in den Phasen der ausgeglichenen körperlich-seelischen Entwicklung. Weil nun Angst und Frustration sich negativ auf Motivation und Leistung auswirken, beklagen wir fast immer bei beginnender Pubertät, wie auch schon vorher im sogenannten Trotzalter, einen Rückgang im Bereich fast aller Leistungen des Kindes.

Nach abgeschlossener Pubertät haben wir dann eine längere Phase der seelisch-geistigen Stabilität, die meistens auch durch eine gute körperliche Stabilität untermauert ist. Wenn es glingt, in diesem Lebensaltersabschnitt primäre Motivationen zu entwickeln, so sind hier Höchstleistungen am wahrscheinlichsten.

Einer der interessantesten Problembereiche allerdings ist dann die »Midlife-Crisis«, die Krise der Lebensmitte bzw. das »Klimakterium« im Alter zwischen etwa 45 und 55. Diese Altersangabe ist selbstverständlich relativ. Das Klimakterium kann wesentlich früher oder auch etwas später eintreten. In dieser Phase fällt der Mensch in der Regel aus seiner seitherigen Harmonie wieder heraus, indem er erfährt, daß seine körperlichen Vorgänge mehr oder weniger plötzlich ein anderes Tempo erzwingen als seither. Es entsteht dadurch ein erneutes Auseinanderklaffen zwischen körperlicher und seelisch-geistiger Einstellung. Man wird sich in diesem Zustand – möglicherweise zum ersten Mal – der Vergänglichkeit seiner Existenz bewußt, man weiß, daß man nur eine begrenzte Strecke des irdischen Wegs vor sich hat. Dieser Gedanke allein schon ist eine ungeheure seelische Belastung und führt nicht selten zu Angst und Depressionszuständen mit den bereits beschriebenen Folgen der gesteigerten Gefahr eines Leistungsrückgangs durch neurotische Störungen. So sind in diesem Altersabschnitt abrupte Entschlüsse bezüglich einer grundsätzlichen Änderung der gesamten Lebensführung relativ häufig zu beobachten. Jemand gibt in diesem Zustand seinen Beruf auf, um völlig neue Tätigkeiten zu beginnen, oder er wendet sich von seiner Familie ab, um sich unversehens in ein Abenteuer zu stürzen. Man glaubt sozusagen, man müsse »5 Minuten vor 12« noch allerlei nachholen, was man bisher versäumt zu haben glaubt. Es ist aber auch verständlich, daß in dieser Hektik meistens keine optimale Leistung, sondern eher wieder eine Art Betriebsamkeit entsteht.

Wenn diese negative Phase des Klimakteriums oder der Midlife-Crisis überwunden ist, entsteht wieder eine ruhigere leistungsfähige Altersphase, die erst mit Eintreten der Senilität langsam schwindet. Es ist also nicht verwunderlich, wenn wir bei beiden Geschlechtern hochbetagte Persönlichkeiten finden, die sowohl körperlich als auch insbesondere seelisch-geistig lange nach dem 60. Lebensjahr und bis in das 80. Lebensjahr hinein zu hohen Leistungen befähigt bleiben, was sich sowohl in der Wirtschaft als auch etwa in der Politik, der Wissenschaft und in der Kunst nutzen läßt, zumal in solchen Bereichen auch die beträchtliche Erfahrung älterer Menschen nützlich ist.

4. Schlaf und Leistung

Die große Bedeutung des Schlafs in unserem Leben geht schon aus der zeitlichen Verteilung von Wach- und Schlafzustand hervor. Wir können annehmen, daß ein normaler Mensch etwa ein Drittel des Tages »verschläft«. Wenn wir 40 Jahre alt sind, haben wir rund 13 bis 15 Jahre davon im Schlaf verbracht! Die physiologische Bedeutung des Schlafes liegt vor allem darin, daß die organisch bedingte Ermüdung abgebaut wird und der Mensch nach dem erfrischenden Ruheintervall seelisch-geistig und körperlich wieder leistungsbereit ist.

Wieviel Schlaf der Mensch aber braucht, ist sehr stark von der Art der Beanspruchung des Körpers und des Geistes während des Tages, aber auch von seiner Gewöhnung und schließlich von seiner jeweiligen Motivationslage ab. Normalerweise spricht man von einer 8stündigen Schlafdauer, doch gibt es sehr viele Beispiele, die zeigen, daß man, mindestens vorübergehend, mit sehr viel weniger Schlaf auskommen kann und trotzdem leistungsfähig ist. Unter dem Einfluß einer hervorragenden, vielleicht sogar primären Motivation, beispielsweise vor einer Prüfung oder bei einem persönlichen Neubeginn, kann es vorübergehend oder auch für längere Zeit zu einer sehr starken Reduktion des Schlafbedürfnisses kommen, ohne daß die Leistungsfähigkeit darunter leiden würde.

Umgekehrt sind aber Schlafstörungen eine der wichtigsten Ursachen für Leistungsminderungen. Dies läßt sich dadurch erklären, daß der schlafgestörte Mensch in der Regel unter psychischen Störungen so sehr leidet, daß er nicht entspannen kann und keinen Schlaf findet, obwohl er körperlich und geistig ermüdet ist. Ohne die nötige Schlaferholung ist ein solcher Mensch dann am nächsten Morgen nervöser und unkonzentrierter als am Abend vorher und neigt infolgedessen zu Leistungsstörungen, die sein Befinden erneut psychisch-negativ beeinflussen können, so daß die Schlafstörung noch weiter ausgebaut wird. In diesen Fällen ist es zweckmäßig, den gefährlichen circulus vitiosus durch medikamentöse und gleichzeitig psychische Behandlung zu unterbrechen und die Aufarbeitung der psychischen Konflikte zu erleichtern, so daß der normale Schlaf-Wach-Rhythmus wieder hergestellt wird.

Der Schlaf hat nun eine wohlerforschte physiologische und auch chemische Komponente, auf die wir hier nicht weiters einzugehen brauchten, jedoch ist interessant, daß nach allen Untersuchungen in diesem Bereich der Schlaf offenbar nicht gleichmäßig tief verläuft, sondern daß die größte Schlaftiefe am Ende der ersten Schlafstunde erreicht wird. Sie bleibt dann ungefähr bis nach der dritten Schlafstunde erhalten und wird dann durch einen immer leichteren Schlaf abgelöst. Dieses Phänomen erklärt zum Teil, daß es viele

Menschen (Napoleon, Edison u. a.) gegeben hat und auch noch gibt, die mit etwa drei oder vier Stunden Schlaf jahrelang gut ausgekommen sind und dennoch Höchstleistungen vollbracht haben: Wenn man nach drei oder vier Stunden Schlaf aufwacht, hat man in der Tat die größte Schlaftiefe durchlaufen, so daß durch eine entsprechende Gewöhnung in der Tat vielleicht auf die restlichen, aber normal üblichen vier Stunden verzichtet werden könnte.

Wenn der Schlaf z. B. durch Lärm oder durch eine ungenügende Belüftung oder falsche Beheizung des Schlafraumes etc. öfters gestört wird, findet der Organismus nicht seine notwendige physische und psychische Erholung, so daß als Folge davon Leistungsminderungen entstehen. Es besteht eine eindeutige Beziehung zwischen Leistung und ungestörtem ausreichendem Schlaf.

Andererseits ist die Gefahr eines überreichlichen Schlafes gering, weil der Mensch nach erfolgter Schlaferholung nicht mehr schlaffähig ist, auch wenn er sich künstlich (etwa durch Schlafmittel) in eine Art Schlafzustand versetzen wollte. Es findet dann keine zusätzliche Erholung mehr statt.

Bemerkenswert ist noch in diesem Zusammenhang, daß der längere Gebrauch von Schlafmittel meistens nicht ohne unerwünschte Nebeneffekte bleibt. Diese beeinträchtigen die Leistungsfähigkeit des Menschen insofern, als sie organische Wirkungen haben können, die den Gesundheitszustand belasten (insbesondere Leberprobleme). Aber auch der psychologische Effekt des Dauergebrauchs von Schlafmitteln ist eher negativ als positiv, weil eine Gewöhnung entsteht, die den Menschen schließlich von Schlafmitteln völlig abhängig machen kann (Sucht). Wie jede andere Sucht ist auch diese gekennzeichnet durch eine Tendenz, sich immer weiter auszudehnen, so daß am Schluß eine organische Beeinträchtigung und damit eine physiologisch bedingte Leistungsreduzierung unausweichlich erscheint. Wir werden unten noch auf die Bedeutung der Drogen im Zusammenhang mit Leistung und besonders Leistungsrückgang eingehen können.

5. Das physische Umfeld der Leistung

Neben den bereits erwähnten Faktoren, die im Menschen selber liegen und seine Leistungsfähigkeit psychologisch beeinflussen können, gibt es eine Reihe wichtiger Gegebenheiten im Umfeld des Menschen, die seine Leistung namentlich im Betrieb fördern oder aber auch behindern können.

Ein erster Bereich, der hier erwähnt werden muß, ist die Gestaltung des *Arbeitsplatzes* selbst. Jede überflüssige Bewegung behindert die Leistung bzw. erschwert den Vollzug einer bestimmten geforderten Arbeit und beschleunigt die Entwicklung von Unzufriedenheiten oder sogar psychisch und körperlich bedingten Krankheiten. Um solche unnötigen oder sogar hinderlichen Bewegungen zu entdecken, muß zuerst der Arbeitsplatz sorgfältig untersucht, in der Regel sogar gefilmt werden, so daß jede einzelne Bewegung auch in Zeitlupe herausanalysiert werden kann. Man weiß z. B., daß bei der normalen Anordnung der Schreibmaschinentastatur eine ganze Reihe von Fehlbewegungen gemacht werden, und man kann sogar berechnen, um wieviel Prozent die Leistung einer Stenotypistin dadurch beeinträchtigt wird. Eine Konsequenz, die daraus schon gezogen wurde, ist eine etwas veränderte Anordnung der Tastatur und der Bedienungshebel, z. B. bei einigen modernen Kugelkopfschreibmaschinen-Typen. In modernen Produktionsstätten wird natürlich so gut wie jeder wichtige Arbeitsplatz auf diesem Weg durchleuchtet, so daß schon die Maschinen unter diesem Gesichtspunkt konstruiert bzw. rekonstruiert werden können.

Solche Untersuchungen beziehen sich auch auf die Analyse z. B. der Augenbewegungen, etwa während des Lesevorgangs. Hierbei zeigt sich u. a., daß der Lesevorgang erheblich erleichtert wird, wenn zwischen einer Reihe gleichgestalteter Buchstaben ein Buchstabe mit einer Überlänge nach oben oder nach unten eingeschoben ist, so daß das Wort besser strukturiert werden kann. Das Wort »Minimax« z. B. ist schwerer zu lesen als das Wort »Millimeter«, weil das letztere durch das l und durch das t gleichsam untergliedert wird. So muß bei der Gestaltung von Lesematerial unter psychologischen Gesichtspunkten u. a. auch auf eine Erleichterung der Strukturierungsmöglichkeiten geachtet werden, was z. B. bei der Gestaltung von Aufschriften auf Paketen und Briefen und natürlich bei Schildern aller Art zu entsprechenden Konsequenzen geführt hat.

Auch die körpergerechte Gestaltung von *Sitzmöbeln* und eine entsprechende Gestaltung von Bedienungsknöpfen bzw. Tasten und Hebeln an Maschinen gehört in diesen Bereich der angewandten Psychologie. Im allgemeinen kann man sagen, daß es das Anliegen der Psychologie in diesem Sektor des menschlichen Lebens ist, immer mehr dazu beizutragen, daß die Arbeitswelt sich an die menschlichen Fähigkeiten und Gegebenheiten anpaßt, anstatt umgekehrt zu erwarten, daß sich der einzelne Mensch an die mehr oder weniger unvollkommen gestaltete Produktionswelt anpassen müßte. Die letztere Forderung hat man früher mit einer gewissen Selbstverständlichkeit erhoben, doch geht man in den letzten Jahren immer mehr zur Verwirklichung der ersteren über. Dabei spielen als Hauptmotive nicht nur humanitäre Gründe eine Rolle, sondern auch ökonomische Erwägungen, hat sich doch gezeigt, daß durch eine psychologisch richtige Gestaltung des Arbeitsplatzes die Effizienz des einzelnen Mitarbeiters wesentlich gesteigert, die Zufriedenheit positiv beeinflußt und dadurch auch Fehlzeiten (z. B. durch Krankheit oder durch krankheitsähnliche Zustände) reduziert werden können.

Ein wesentlicher Bestandteil des »chemischen« Umfeldes des Menschen sind die Drogen und andere Stimulantien (Kaffee, Tee, Alkohol etc.), die mehr oder weniger regelmäßig eingenommen werden. Der *Alkohol* z. B. ist wahrscheinlich das (geschichtlich gesehen) älteste und auch am weitesten verbreitete Stimulansmittel des Menschen. Untersuchungen zeigen nun, daß, im Gegensatz zur landläufigen Auffassung über die Wirkung des Alkohols, keine anregende, sondern eine insbesondere im psychischen Bereich erkennbare depressive Wirkung vom Alkohol ausgeht. Lediglich die Herz- und Kreislauftätigkeit wird mindestens vorübergehend angeregt, aber dies auch in der Regel so, daß die Wahrnehmungsfähigkeit und auch die Steuerungsfähigkeit des Menschen dadurch eher negativ als positiv beeinflußt werden. Die meisten Reflexe (Kniesehnenreflex, Augenlidreflex) und die generelle Reizempfindlichkeit sind unter Alkoholeinfluß um 5 bis 30% verzögert. Auch sämtliche geistigen Prozesse einschließlich der der Aktivierung von Gedächtnisinhalten sind verzögert oder fallen unter Alkoholeinfluß sogar gelegentlich ganz aus, so daß in jedem Fall körperliche und geistige Leistungsfähigkeit durch Alkohol erheblich negativ beeinflußt wird.

Eine allgemein verbindliche Aussage über die Wirkung des Alkohols auf alle Menschen ist nicht ohne weiteres möglich, weil die einzelnen Menschen auf ein und dieselbe Menge Alkohols verschieden reagieren können, was auf die körperliche und seelisch-geistige Konstitution, aber auch auf den Faktor der Gewöhnung zurückzuführen ist. Bekannt ist ja die Problematik, um die Festlegung der Menge des Alkohols, die vom Kraftfahrer noch ohne Beeinträchtigung seiner Fahrtüchtigkeit konsumiert werden kann. Man hat sich zwar auf bestimmte quantitative Aussagen und Meßmethoden geeinigt, aber die Reaktion der einzelnen Menschen auf ein und denselben Promillegehalt im Blut ist doch relativ verschieden.

Dennoch sollte man im Betrieb generell von jeder Art Alkoholkonsum Abstand halten, weil zum einen die Leistungsfähigkeit negativ beeinträchtigt wird und zum anderen auch die vielleicht noch gefährlichere Wirkung der Gewöhnung und der aggressiven Enthemmung dadurch beschleunigt werden könnte. Wir wissen, daß die Alkoholsucht heute eine der schlimmsten Gefahren des modernen Menschen darstellt, kann man doch im Unterschied zu den anderen, meistens als »gefährlicher« bezeichneten Drogen, Alkohol so gut wir überall und fast anonym kaufen und auch konsumieren. Die Zahl der Alkoholiker nimmt infolgedessen auch Jahr für Jahr zu.

Die Ursachen der Alkoholsucht können wir hier nicht weiter erörtern, sie liegen jedoch im allgemeinen selten nur in körperlichen Gegebenheiten, sondern in der Regel vorwiegend in psychischen Faktoren, auf die wir bereits im ersten Kapitel dieser Abhandlung eingegangen sind: nichtbewältigte Konflikte, Überforderungserscheinungen, Langeweile und ganz allgemein nichtbewältigte Frustrationen des Menschen, die besonders häufig durch das enge Zusammenleben und die relative Anonymität der einzelnen Existenz, aber auch durch das »Verlorensein« des Menschen in einem schlecht geleiteten Betrieb oder durch extrem schlechte Arbeitsbedingungen im Unternehmen ausgelöst werden. Der Mensch, der Alkoholiker wird, glaubt seinen Schwierigkeiten entfliehen zu können, ohne zu merken, daß er sich durch Alkohol lediglich für kurze Zeit betäuben oder »ermutigen« kann und dadurch gleichzeitig seine physische und psychische Konstitution im Laufe der Zeit so sehr verschlechtert, daß er am Ende in der Tat nicht mehr mit eigener Hilfe in der Lage ist, sich vom Alkohol zu lösen und seine Probleme realistisch zu bewältigen. Die Sehnsucht nach der Flucht aus der rauhen Wirklichkeit wird immer stärker, bis sich der Alkoholiker schließlich in der Realität kaum mehr allein zurecht finden kann.

Kaffee und *Tee* sind durch ihren Gehalt an Koffein ein ebenso weitverbreitetes wie doch auch gefährliches Stimulansmittel. Gefährlich insofern, als Kaffee und Tee zwar zweifellos eine anregende Wirkung haben, daß sich der Körper aber nach und nach an die jeweilige Kaffee- und Teemenge gewöhnt, so daß immer mehr und immer stärkere Mengen genommen werden müssen, um die gewünschte Wirkung zu erhalten. Zwar verursachen Kaffee und Tee keinen Rausch, wie das bei Alkohol der Fall ist, aber durch die langsam entstehende Abhängigkeit des Organismus von Kaffee und Tee kann es ebenfalls zu einer Sucht kommen, die sich darin zeigt, daß ein solcher Mensch praktisch ohne Kaffee oder Tee kaum mehr arbeits- oder leistungsfähig ist. Man kennt diese Situation in vielen Büros, wo die Kaffeemaschine oftmals ohne eigentliche Pause in Betrieb ist und die Mitarbeiter praktisch immer »unter Dampf« stehen. In so großen Mengen genossen, werden Kaffee und Tee selbstverständlich im Laufe der Zeit das Kreislaufsystem und das Herz doch so sehr belasten, daß es zu organischen Störungen kommen kann. Auch im Bereich des Magens, des Darms und der Leber kann es durch einen Mißbrauch von Kaffee und Tee zu Störungen kommen.

Eine weitere Problematik im Zusammenhang mit Kaffee und Tee ist das Faktum, daß beide Getränke am Abend genommen, den Schlaf negativ beeinträchtigen, so daß der Mensch unter Umständen erst gegen Morgen einschläft und infolgedessen zum richtigen Aufwachen erneut eine größere Menge Kaffee und Tee zu sich nehmen muß.

Für den Mitarbeiter im Betrieb ist der Genuß von Kaffee und Tee dann unschädlich, wenn er in Maßen genossen wird (z. B. während der üblichen

Pausen). Im Übermaß genommen aber bewirkt er eine zu hektische, aufgeregte Atmosphäre mit einer Neigung zu unkonzentriertem und die Fehlerhäufigkeit im motorischen und geistigen Bereich steigerndem Verhalten. Die positive Wirkung von Kaffee und Tee, die im wesentlichen in einer Erhöhung der körperlichen Aktivitätsbereitschaft und in einer Gegenwirkung gegen evtl. vorhandene Müdigkeit und Trägheit besteht, ist zwar bemerkenswert, aber in Anbetracht der Gefahren, die durch einen Mißbrauch von Kaffee und Tee drohen, sollte sichergestellt sein, daß diese Getränke nicht im Übermaß und nicht bedenkenlos genossen werden.

Ähnliches gilt auch für den Genuß von *Cola-Getränken*, die ja ebenfalls durch ihren Gehalt an Koffein anregend und stimulierend wirken, im Grunde aber ähnliche Probleme mit sich bringen wie Kaffee und Tee selbst.

Die Wirkung des *Tabaks* auf die Leistungsfähigkeit des Menschen ist ebenfalls schon oft untersucht worden. Es sind teils positive und teils negative Ergebnisse ermittelt worden, je nach der Versuchsanordnung. Insgesamt aber kann gesagt werden, daß die angeblich positive Wirkung des Tabaks auf die Konzentrationsfähigkeit des Menschen wohl kaum physiologisch, sondern mehr psychologisch begründet werden muß. Auch die Vorstellung, daß der Raucher Streßsituationen leichter bewältigen könne, beruht wohl vornehmlich auf einer suggestiven Wirkung im Zusammenhang mit dem mehr bewußten Einatmen und Ausatmen des Rauches. Dadurch, daß sich der Organismus an das Nikotin im Laufe der Zeit gewöhnt, tritt, ähnlich wie bei Kaffee und Tee, eine starke Sucht nach Nikotin ein, so daß die üblichen negativen Folgen einer Drogenabhängigkeit auch für das Rauchen erwähnt werden müssen. Nimmt man hinzu, daß Rauchen mit großer Wahrscheinlichkeit die Entstehung von Krebs begünstigt und daß ein positiver Zusammenhang zwischen Rauchen und Lungenkrebs bzw. Magenkrebs und Kehlkopfkrebs zu bestehen scheint, so ist mindestens am Arbeitsplatz selbst das Rauchen einzuschränken oder sogar ganz zu verbieten, schon auch um Nichtraucher nicht zu belästigen oder jungen Mitarbeitern kein negatives Vorbild zu geben. In den Pausen kann sicherlich das Rauchen nicht ganz unterbunden werden. Immerhin sollte man aber gerade jungen und in dieser Beziehung noch nicht aufgeklärten Mitarbeitern zur Kenntnis bringen, daß Rauchen schädlich ist und daß es die Leistungsfähigkeit eher negativ als positiv beeinflußt.

Noch stärkere negative Wirkungen haben *Rauschgifte* wie Haschisch, Heroin, Meskalin oder Opium. Zwar treten fast immer zunächst recht angenehme Wirkungen, wie Halluzinationen, angenehme Träume, illusionäre Wunscherfüllungen ein, doch handelt es sich jeweils nur um eine kurzfristige Verdrängung der wirklichen Probleme, die die Realität mit sich bringt. Im Drogenrausch werden in keiner Weise irgendwelche Probleme bewältigt, sondern nur verschoben oder verdrängt. Außerdem handelt es sich dabei um echte Gifte, deren Wirkung im Laufe der Zeit die Gesundheit des Menschen ruiniert. Diese Wirkung ist umso wichtiger, als Rauschgifte sehr schnell süchtig machen, so daß der gelegentliche und besonders auch der regelmäßige Gebrauch solcher Rauschgifte unter allen Umständen schädlich ist und seine Wirkung auch auf die Leistungsfähigkeit negativ zu beurteilen ist. Dem Betrieb kommt sogar eine Art Verpflichtung zu, gefährdete Mitarbeiter bezüglich der Wirkung von Rauschgift zu warnen und beobachtete Fälle von Drogenabhängigkeit zur Behandlung bzw. zur Beobachtung an entsprechende Fachinstitute weiterzumelden.

a) Das Klima und die Temperatur haben einen entscheidenden Einfluß auf die Leistungsfähigkeit des Menschen. Es ist bekannt, daß gerade in der gemäßigten Klimazone die körperliche und geistige Aktivität des Menschen, geschichtlich gesehen, am größten ist. In den heißen tropischen Klimazonen dagegen sind Höchstleistungen körperlicher und auch geistiger Art relativ seltener, schon weil Hitze und hohe Luftfeuchtigkeit eher zu Passivität als zu Aktivität anregen. Andererseits wächst die Nahrung in tropischen Zonen auch relativ einfacher und ohne allzuviel Bemühungen des Menschen, so daß auch von hier her weniger Aktivität zum Überleben nötig ist als in den gemäßigten und kalten Zonen. Dies gilt auch für Kleidung und Wohnung, deren Beschaffung und Unterhaltung ja jeweils Aktivität erfordert. Die ständige Herausforderung durch das Reizklima, wie es etwa bei uns herrscht, bringt auch eine gewisse Anforderung an die Kreativität des Menschen mit sich: Wenn z. B. die natürlichen Rohstoffe und Energiequellen nicht mehr ausreichen, müssen künstliche Stoffe erfunden werden, um das Überleben zu ermöglichen! Im Prinzip hätten die großen technischen Erfindungen wahrscheinlich auch von Menschen in den tropischen Klimazonen gemacht werden können, aber es bestand dort überhaupt keine Notwendigkeit, sich in dieser Richtung zu betätigen. Schon von hier her ist es also erklärlich, daß sehr viele oder so gut wie alle wesentlichen Erfindungen in diesem Sektor unter dem Einfluß eines entsprechenden Reizklimas erfolgt sind.

Im Betrieb sollte also die Temperatur in den Büroräumen bei 18 bis 22 Grad liegen, während sie in den Produktionsräumen sogar etwas niedriger sein kann. Die Gefahr einer zu hohen Temperatur etwa in den Produktionsräumen oder im Sommer auch in den Büros, besteht darin, daß hohe Temperaturen eher Passivität als Aktivität bewirken, so daß die Leistung in körperlicher und geistiger Hinsicht bei höheren Temperaturen sinkt. Meistens steht bei höheren Temperaturen auch weniger Sauerstoff zur Verfügung als benötigt wird, so daß unter Umständen die Einrichtung einer Klimaanlage bzw. wenigstens einer guten Ventilation sehr empfehlenswert ist.

b) Die Bedeutung der Beleuchtung für die Leistungsfähigkeit des Menschen im Betrieb ist häufig untersucht worden. Als Hauptergebnis kam z. B. heraus, daß die indirekte Beleuchtung für die Leistungsfähigkeit des Menschen am förderlichsten ist. Die Begründung dafür liegt vor allem darin, daß das indirekte Licht eine gleichförmige Verbreitung über den Raum oder die Buchseite bzw. über die zu erledigende Arbeit gewährleistet. Deswegen wird das Auge weniger häufig zu den Kontrastpunkten abgelenkt, wie das bei der direkten Beleuchtung der Fall ist, wo man ja immer wieder quasi magisch zur Lichtquelle hinblickt und dadurch von der Arbeit abgelenkt wird. Es entstehen auf diesem Weg bedeutsame Minderungen der Leistungsfähigkeit und eine starke Zunahme der Ermüdung. Dies erklärt z. B. auch die Überlegenheit eines schwarzen Druckes auf weißem Hintergrund gegenüber einem weißen Druck auf schwarzem Hintergrund, denn gerade im letzteren Fall versucht man instinktiv, den weißen Druck als den gewohnten Hintergrund zu interpretieren, so daß das Entziffern der weißen Schrift auf schwarzem Hintergrund im allgemeinen schwerer fällt und weniger wirksam ist.

In ähnlicher Weise kann man sich den verschiedenen Ermüdungseffekt verschiedener *Farben* oder verschieden gefärbten *Lichts* erklären. Nach Untersuchungen ist es offenbar so, daß bei blau-grünem oder grünem Licht der Ermüdungseffekt am größten und bei gelbem oder gelb-rotem Licht, bzw. bei einer solchen Farbe, am geringsten ist. Umgekehrt aber ist die anregende oder sogar aufregende Wirkung von glau-grünen Farbtönen und Lichtarten am geringsten und bei gelben oder gelb-roten bzw. orangenen Farbtönen am größten. Die letzteren Farbtöne eignen sich infolgedessen am besten für Warnsignale oder auch für Autos, die einen hohen Aufmerksamkeitswert haben müssen (z. B. Feuerwehr oder Polizeiauto).

Gegenstände mit *glänzender Oberfläche*, wie z. B. viele Bürogeräte aus poliertem Metall oder Produktionsmaschinen mit entsprechender Oberfläche reduzieren die Leistungsfähigkeit unseres Wahrnehmungsapparates außerordentlich stark. Von hier her gesehen wäre es also ein großer ökonomischer Fortschritt, wenn wir im Bürobereich so gut wie alle glänzenden Oberflächen durch matte Oberflächen ersetzen würden und z. B. auch anstatt des häufig verwendeten Glanzpapiers eher mattes Papier für Drucksachen verwenden würden. Die Ermüdungserscheinungen im Zusammenhang mit den vom Auge zu bewältigenden Anpassungsbewegungen wären außerordentlich geringer.

In diesem Zusammenhang steht auch die Bedeutung der *Sitz-* oder *Stehhaltung* bei der Arbeit: Es kommt auch hier darauf an, möglichst unnötige Muskelbewegungen zu vermeiden. Je größer nämlich der Umfang der zu leistenden Muskelbewegungen neben der reinen Arbeitsbewältigung ist, desto größer ist auch der Ermüdungseffekt und also die negative Beeinträchtigung der Leistung. Hierher gehört die richtige Sitzhöhe, aber auch die richtige Neigung des Arbeitstisches bzw. der Maschine. An manchen psychologisch schlecht durchleuchteten Arbeitsplätzen können z. B. 20–60% überflüssige Bewegungen nachgewiesen werden, so daß eine entsprechende Reduzierung der Leistungsfähigkeit erwartet werden kann.

Ganz läßt sich selbstverständlich das Ausmaß der unnötigen Muskelbewegungen kaum kontrollieren, so daß in jedem Fall relativ häufige Pausen oder jedenfalls Veränderungen in der Haltung eingeplant werden sollten. Schon dadurch erreichen wir eine Entlastung der betreffenden Muskelpartien und vermeiden eine unerwünschte Zunahme der Nervosität, der Konzentrationsschwäche und der Ermüdung.

In der psychosomatischen Medizin und in der Ernährungsphysiologie ist seit längerer Zeit bekannt, daß eine enge Wechselbeziehung zwischen *Nahrung* bzw. ganz speziellen in der Nahrung enthaltenen Stoffen und unserer psychischen Befindlichkeit besteht. Namentlich werden unsere innersekretorischen Drüsen durch bestimmte chemische Verbindungen in der Nahrung beeinflußt, während diese selbst wieder Stimmungen, Aktivitätsbereitschaften, aber auch die Ermüdung und die Leistungsfähigkeit sehr stark mitbestimmen. Auf die Bedeutung der Vitamine und Spurenelemente in der Nahrung ist in diesem Zusammenhang schon oft hingewiesen worden. Weil nun aber gerade in vielen Kantinenküchen noch ein relativ einseitiges Essen ausgegeben wird, das vor allem unter dem Aspekt der ökonomischen Zubereitung manchmal gewisse Einseitigkeiten enthält, kann es zu Leistungsstörungen am Arbeitsplatz kommen, bloß weil das Kantinenessen nicht durch eine entsprechende heimische Diät ausgeglichen wird. So sollte darauf geachtet werden, daß alles, was im Betrieb an Nahrung ausgegeben wird, von einem Ernährungsfachmann begutachtet wird, so daß man sich nicht zu sehr auf eine evtl. zu Hause erfolgende Abrundung einer vollwertigen Ernährung verlassen muß. Selbstverständlich ist in diesem Zusammenhang auch auf die Gefahr der *Überernährung* hinzuweisen, unter deren Einfluß es nicht selten zu Leistungsminderungen bzw. zu Erkrankungen in körperlicher oder in geistiger Hinsicht kommen kann. Immerhin ist vielleicht die Gefahr einer ungünstig zusammengesetzten Ernährung im Bereich des Betriebs noch größer als die der Überernährung.

Besonders wichtig ist der negative Einfluß von *Lärm* auf die Leistung im geistigen Bereich. Da sich nun aber ein gewisser Lärmpegel überhaupt nicht vermeiden läßt, wo Menschen zusammenarbeiten, kommt es darauf an, wenigstens einen Lärm-Toleranzpegel nicht zu überschreiten, und vor allem darauf zu achten, daß keine zu großen Schwankungen im Geräuschpegel entstehen. Es hat sich nämlich gezeigt, daß kontinuierliche Geräusche, wenn sie nicht zu intensiv sind, sogar leicht positiv auf die Konzentrationsfähigkeit und die Leistungsbereitschaft des arbeitenden Menschen einwirken können. Die Erklärung dafür ist wahrscheinlich die, daß der Mensch bei einem gleichbleibenden Geräuschpegel sich intensiver bemüht, sich nicht ablenken zu lassen und sich auf seine Arbeit zu konzentrieren, wobei selbstverständlich mehr Energie verbraucht wird und dadurch eine raschere Ermüdung eintritt. Sehr viel negativer hingegen wirken Geräusche, die in ihrer Intensität sehr stark schwanken und insgesamt über der Toleranzgrenze liegen.

Andererseits ist *Monotonie* auch die Ursache für Störungen in der Arbeitseffizienz. Um Dauer- und Höchstleistungen zu erzielen, muß die Intelligenz des Menschen so angesprochen sein, daß der größte Teil seiner Aufmerksamkeit fixiert bleibt. Wenn nun eine Aufgabe so routinemäßig bewältigt werden kann, daß keine oder nur noch wenig Aufmerksamkeit nötig wird, entsteht Langeweile. Geistige und körperliche Kräfte werden frei und beginnen nun ihrerseits unkontrollierte Aktivitäten einzuleiten, die wiederum die geforderte Leistung untergraben oder jedenfalls stören können. Insbesondere der Bereich der unkontrollierten Vorstellungen und Wunschhalluzinationen sind bekanntlich eine wichtige Quelle für Leistungsstörungen bei monotoner Arbeit. Wenn man nun den Arbeitsplatz selber nicht so verändern kann, daß immer wieder neue Herausforderungen auf den Arbeiter zukommen, empfiehlt es sich, die Monotonie dadurch auszuschalten, daß man z. B. auf einem bestimmten niedrigen Geräuschpegel Musik einspielt, wobei hauptsächlich nichtvokale, reine Instrumentalmusik in Frage kommt.

Während wir nun alle diese äußeren Faktoren auf eine relativ leichte Art und Weise bewältigen können, so bleibt doch als Hauptproblem die Bewältigung der *psychischen Faktoren*, die für Leistungssteigerung und Leistungsschwächung wohl den entscheidensten Einfluß haben. Das Management eines modernen Unternehmens muß darauf bedacht sein, den Mitarbeiter in die Lage zu versetzen, sich am Arbeitsplatz selbst zu verwirklichen, ohne im Übermaß an seine persönlichen, z. B. familiären,Probleme denken zu müssen und auch ohne in Angst und Sorge bezüglich seines Arbeitsplatzes, seiner Kollegen oder Vorgesetzten leben zu müssen. Der glückliche Mitarbeiter ist auch der leistungsfähige Mitarbeiter!

XI. Psychologie in Ehe und Partnerschaft

Das Zusammenleben von Mann und Frau in Ehe und Partnerschaft ist das Feld, in dem sich die intensivsten Gefühle und Leidenschaften in positiver, aber auch leider in negativer Richtung entwickeln können. Das höchste Glück eines Menschen, aber auch die Wurzel für seine tiefste Verzweiflung, kann letzten Endes in diesem Bereich des Zusammenlebens liegen. Noch entscheidender als die Berufwahl beeinflußt unser Leben und unser Glück infolgedessen die Partnerwahl und die Ehe.

Es ist deshalb auch kein Wunder, daß gerade bei der Partnerwahl und bei Eheproblemen die Hilfe der Psychologie gesucht wird. Im Grunde genommen lassen sich alle bisher geschilderten psychologischen Erkenntnisse und Zusammenhänge auch im Bereich der Ehe und Partnerschaft anwenden. Sowohl die pädagogische Psychologie als auch die Werbepsychologie, die Motivationslehre und besonders die Konfliktpsychologie haben entscheidende Beiträge zur positiven Gestaltung von partnerschaftlichen Beziehungen anzubieten. Um so verwunderlicher ist es eigentlich, daß bei uns immr noch die meisten Ehen ohne nennenswerte Bemühung psychologischer Erkenntnisse geschlossen werden und daß auch die meisten Ehescheidungen bislang noch ohne Einschaltung der angewandten Psychologie durchgesetzt werden.

Wir sind absolut sicher, daß manches Unglück in der Ehe und Partnerschaft vermieden werden könnte, wenn psychologische Erkenntnisse auch einfachster Art bei der Partnerwahl und der Gestaltung der Partnerschaft Verwendung finden würden, und wir sind auch sicher, daß manche Ehescheidung und manches Zerwürfnis hätte vermieden werden können, wenn rechtzeitig psychologische Erkenntnisse zur Konfliktbewältigung und Konfliktvermeidung angewandt worden wären.

Im Grunde müßte man also, um dieses sehr wichtige Kapitel auszufüllen, die Nutzanwendungen aus allen vorangegangenen Kapiteln für Partnerschaft und Ehe zusammenstellen. Wir wollen im folgenden indessen versuchen, eine solche Wiederholung zu vermeiden, lediglich einige wenige, aber grundlegend wichtige Punkte aufzugreifen. Hierzu gehört zunächst die Frage nach der Partnerwahl und nach den bewußten und unbewußten Erwartungen, die Partner aneinander stellen, sodann muß aber auch ein Wort zu der wichtigen Frage gesagt werden: Wer paßt zu wem? Welches sind Verträglichkeits- und welches Risikofaktoren in einer Ehe? Schließlich werden wir auf kommunikationspsychologische Erkenntnisse in Anwendung auf das erfolgreiche Management einer Ehe und Partnerschaft eingehen können.

1. Die motivationspsychologischen Grundlagen von Ehe und Partnerschaft:
Was erwarten die Partner voneinander?

Sehen wir einmal ab von mehr äußerlichen oder materiellen Motiven, die ein Mensch verfolgen kann, wenn er z. B. vom Partner materielle Sicherheit oder ein sorgenloses Leben erwartet, so bleiben im wesentlichen psychologische Motive als entscheidende Antriebsfedern für Partnerschaft und Ehe zurück. Selbstverständlich spielt bei allen Partnerentscheidungen sicherlich das erotische und sexuelle Moment eine gewisse Rolle, aber gerade das Ausmaß dieser Erwartung im Vergleich zu anderen Erwartungen ist schon wieder typisch für verschiedene Grundmotivationseinstellungen. Für den einen Menschen ist sexuelle Befriedigung bei dem geliebten Partner vielleicht das wichtigste bei seiner Entscheidung, für den anderen ist es eher ein untergeordnetes, sozusagen zusätzliches Moment, weil er in Wirklichkeit andere Eigenschaften beim Partner voraussetzt oder erwartet.

Im allgemeinen ist es zwar so, daß wir die Partnerwahl und besonders die Wahl des Ehepartners in einem Lebensalterabschnitt treffen, in dem das erotische Moment eine gesteigerte Rolle spielt. Man sagt ja nicht ganz zu unrecht, daß es sich dabei um eine »List der Natur« handeln könne, denn die Menschheit müßte, um ihren Fortbestand fürchten, wenn der Einzelne seine Partnerwahl so lange hinausschieben könnte, bis er aus anderen als mehr erotischen Motiven heraus diese Entscheidung treffen könnte!

Es ist darüber hinaus auch eine Eigentümlichkeit unserer erotischen Motivierung, daß wir in der Regel schnell bei der Hand sind, den erotischen Kern unserer Wünsche durch mehr rationale Argumente zu übertönen, die dann die Funktion einer Alibimotivation übernehmen: Wir wünschen sexuelle Befriedigung und emotionale Geborgenheit, doch geben wir als Grundlage für unsere Bemühungen dies selten an, sondern sprechen von dem »Gleichklang der geistigen Interessen«, von einer »breiten Basis für gegenseitiges Verstehen« und anderes mehr.

So wird der Mensch, der nach der Motivationslage Nr. 1 ausgerichtet ist (»soziale Anerkennung«, vgl. oben Kapitel II), zunächst einen Partner wünschen, durch den er sein eigenes Prestige erhöhen kann. Es wird sich wahrscheinlich um ein Wunschbild handeln, dem dieser Partner mehr oder weniger entsprechen müßte. Die äußere Erscheinung müßte wahrscheinlich so sein, daß sie »herzeigbar« ist. Dieser Partner müßte jeweils für alles Neue interessiert sein, aber vor allem müßte er bereit sein, den Partner zu bewundern und in seinem Prestige zu verstärken.

Gerade dieser letztere Zug aber widerspricht sich in gewisser Hinsicht mit der Motivation Nummer 1, die ja selbst auf Prestigegewinn ausgerichtet ist. Es handelt sich um eine Konfliktgegebenheit der menschlichen Natur, auf die schon C. G. Jung hingewiesen hat, wenn er davon sprach, daß die bewußten Strebungen und Erwartungen des Menschen in seinem Unbewußten ein kontrapunktisches Gegenstück haben, was sich hier so zeigt, daß der nach Prestige strebende Mensch in seinem Wunschpartner letzten Endes jemanden ersehnt, der Prestige gibt. Wenn dieser jedoch selbst nach Prestige strebt, sind Konflikte zwischen diesen Partnern so gut wie unausweichlich.

Der zweite Motivationstypus, der nach Sicherheit und Geborgenheit strebt, erwartet natürlich vom Partner eine Befriedigung eben dieser Grundmotivation der Sicherheit und Geborgenheit. Er wird also als Mann beispielsweise eine mehr mütterliche Frau, die vielleicht sogar etwas älter und stabiler als er selber ist, suchen, und als Frau wird dieser Typ einen Mann ersehnen, der materielle und geistige Sicherheit verspricht. Gerät unser Typ 2 allerdings an einen Partner, der seinerseits nach Sicherheit und Geborgenheit strebt, dann kann es auf beiden Seiten zu Enttäuschungen kommen.

Der dritte Motivationstyp, der nach Vertrauen und engem mitmenschlichem Kontakt vor allen Dingen strebt, ist sozusagen der »ideale« Ehepartner für alle anderen Motivationstypen, denn er kann sich ohne Schwierigkeiten an jeden anderen Partner so anpassen, daß er selbst in dieser Beziehung befriedigt ist und der andere sich auf alle Fälle auf ihn und seine Loyalität verlassen kann. Im engeren Sinne sehnt sich natürlich unser dritter Typ nach einem »Vorbild«, einer »Bezugsperson«, zu der er aufblicken kann. Dies könnte also z. B. der 5. oder aber auch der 1. Motivationstyp sein. Konflikte sind aus der Motivationslage des 3. Typs kaum zu erwarten, höchstens dann, wenn sein Partner die Rolle der Bezugsperson grundsätzlich ablehnen würde, was allenfalls beim 4. Motivationstyp vorkommen könnte.

Der normenorientierte, 4. Motivationstyp strebt in seiner Partnervorstellung nach einem Menschen, der seiner Vorstellung von Prinzipien, Treue und Pünktlichkeit entspricht. Im Grunde müßte es also ebenfalls wieder ein »Vierer-Typ« sein, denn jede andere Motivationseinstellung würde zwangsläufig zu Abweichungen von der erwarteten völligen Exaktheit und Korrektheit hinführen. Der erste Typ wäre ganz zweifellos am ungeeignetsten, während der zweite Motivationstyp zwar in Frage käme, aber seinerseits an der Seite des Viertertyps viel zu leiden hätte. Der 5. Motivationistyp käme fast gar nicht in Betracht, weil er durch seine Unabhängigkeit dem Exaktheitsrigorismus des »Vierertyps« öfters widersprechen müßte. Allenfalls käme noch der 3. Motivationstyp in Betracht, falls dieser in dem Vierertyp eine Art Bezugsperson erkennen könnte. Im Grunde aber wird eine Partnerschaft mit dem »Vierertyp« wahrscheinlich immer problematisch sein, solange diese »Vierereinstellung« anhält, denn Partnerschaft und Harmonie sind langfristig kaum ohne ein gewisses Maß an Toleranz und Großzügigkeit denkbar. Gerade diese Eigenschaften aber würde der »Vierertyp« von sich aus ablehnen und stattdessen sozusagen bedingungslose Unterordnung unter »das Prinzip« erwarten. Selbst wenn ein Typ 4 mit einem zweiten Typ 4 eine Partnerschaft eingehen würde, könnten Konflikte aus diesen Motivationslagen heraus nicht ausgeschlossen wrden, weil Prinzipien auch inhaltlich voneinander abweichen können und keiner von beiden dann zum Nachgeben bereit wäre.

Der 5. Motivationstyp, der ja nach Unabhängigkeit und eigener Verantwortung strebt, möchte in der Partnerschaft möglichst viel von seiner Unabhängigkeit beibehalten, aber er wäre auch bereit, diese Unabhängigkeit seinem Partner wieder zuzugestehen. Deshalb würde wahrscheinlich der 5. Motivationstyp am besten zu einem »Fünfertyp« des anderen Geschlechts passen. Aber auch eine Beziehung zu einem Vertreter des 3. Typs oder des 1. Typs wäre denkbar, wiewohl beim 3. Typ wahrscheinlich die von diesem angestrebte enge persönliche Bindung eher auf Ablehnung des »Fünfertyps« stoßen würde. Eine Verbindung mit dem Typ 2 würde wahrscheinlich zu Konflikten führen, weil er für den Fünfertyp möglicherweise zu wenig Initiative und überhaupt zu wenig Großzügigkeit an den Tag legen würde.

Man sieht, daß unter motivationstypischen Gesichtspunkten das Sprichwort »Gleich und gleich gesellt sich gern« bei einigen Motivationseinstellungen zuträfe, während bei den anderen eher zuträfe, daß »Gegensätze sich anziehen«!

Bei dieser Betrachtung, welcher Motivationstyp zu welchem anderen Motivationstyp passen könnte und was er erwarten würde, müssen wir indessen immer beachten, daß Motivationstypen ja keine Charaktertypen sind, die unbedingt längere Zeit bestehen bleiben müßten. Vielmehr handelt es sich bei den Motivationstypen um Einstellungsformen, die im Laufe der Entwicklung und bedingt durch entsprechende Erlebnisse der Saturierung des entsprechenden Motivs verändert werden.

Zur Zeit der Partnerwahl kann also jemand beispielsweise dem ersten Motivationstyp zuzuordnen sein, aber derselbe Mensch kann sich nach einem oder zwei Ehejahren zu einem ganz anderen Motivationstyp verändert haben. Gerade dadurch und daß Partner sich nicht notwendigerweise in derselben Richtung weiterentwickeln, sind natürliche Ehekonflikte oder zumindest verschiedene Auffassungen zu bestimmten Problemen fast unvermeidlich. Wir werden unten noch erörtern, durch welche Kommunikationstechniken jeweils solche Problemlagen allenfalls zu meistern sind. Es scheint immer mehr so zu sein, daß wir vernünftige Partnereinstellungen mit großer Geduld lernen müssen, daß wir auf angeborene Mechanismen in dieser Beziehung leider nicht ohne weiteres vertrauen können.

2. Introversion und Extraversion in der Partnerschaft

Wir haben schon erwähnt, daß der introvertierte Mensch meistens bei seinen Mitmenschen weniger beliebt ist als der auf Kontakt ausgerichtete und humorvolle Extravertierte. Dies dürfte hauptsächlich damit zusammenhängen, daß der Introvertierte durch seine Konzentration auf seine persönlichen Ziele, auf seine eigene Person fast zwangsläufig weniger Aufmerksamkeit auf seine Mitmenschen lenkt. Wer sich aber weniger um die anderen kümmert und fast immer mit sich selber beschäftigt ist, isoliert sich dadurch von den anderen, schon weil – wir haben es schon erwähnt – der Mensch fast immer dazu neigt, gegenüber seinen Mitmenschen eine Bestätigungserwartung zu haben. Wenn diese Erwartung von einem bestimmten Partner nicht erfüllt wird, weil dieser zu sehr mit sich selber beschäftigt ist, wendet man sich fast zwangsläufig von ihm ab, weil unbewußt wenigstens diese Introversion als Desinteressiertheit empfunden wird.

Umgekehrt ist der Extravertierte bezüglich aller mitmenschlichen Kontakte dem Introvertierten gegenüber im Vorteil: Er geht unkompliziert auf andere Menschen zu, teilt seine Sorgen und Nöte, aber auch seine Freuden ohne zu große Hemmungen mit, macht Komplimente und empfängt solche Zuwendung von den anderen wieder. Während der Introvertierte Gedanken und Ideen im Alleingang sozusagen »ausbrütet«, wird der Extravertierte seine Ideen im Gespräch mit anderen entwickeln. Der Extravertierte neigt also mehr zur Sprunghaftigkeit und zur Improvisation, während der Introvertierte mehr zur Systematik und zur Konsequenz neigt.

Nimmt man etwa die Kretschmersche Typologie mit ihrem postulierten Zusammenhang zwischen Körperbau und Charakter hinzu, so könnte man den leptosomen Körperbau (schlankwüchsigen Körperbau) eng mit Introversion und den pyknischen Körperbau (dickwüchsigen Körperbau) mit der Extraversion in Zusammenhang bringen.

Die Gefahr beim Extravertierten wäre also, daß er vielleicht nur zu oberflächlichen Kontakten neigen würde, die sich rasch abwechseln könnten, während die Gefahr beim Introvertierten darin liegen würde, daß er eine partnerschaftliche Beziehung geradezu dadurch belasten würde, daß er zuviel und zu ausschließliches vom Partner erwartet und daß er zu pedantisch bzw. zu gewissenhaft über die Einhaltung von prinzipiellen Übereinkünften wachen würde. Dadurch hätten wir vom Standpunkt der Introversion/Extraversion her gesehen im Bereich der partnerschaftlichen Kontaktaufnahme fast keine Probleme bei der Extraversion, große Probleme dagegen bei der Intraversion.

Bezüglich des Aufrechterhaltens einer Partnerschaft dagegen hätten wir gewisse Probleme beim Extravertierten, der nicht so sehr zur Beharrlichkeit und zur Ausdauer, auch nicht so sehr zu gleichförmigen Einstellungen neigt, sondern mehr die Abwechslung bevorzugt, während wir bei der Introversion sehr starke Ausdauer und Beständigkeit hätten, die aber gerade im Bereich der Partnerschaft nur schwer dargestellt werden kann, weil das Zusammenleben der Menschen nur mit einem gewissen Maß an Toleranz und Großzügigkeit, also mit einer gewissen Bereitschaft, von Prinzipien und Grundsätzen abzuweichen, möglich erscheint. Gerade diese Eigenschaften aber gehen dem Introvertierten wesensmäßig ab oder sie sind immerhin schwächer ausgeprägt.

Nimmt man nun hinzu, daß der Introvertierte typischerweise eine eigentümliche Sehnsucht nach Extraversion in seinem Unbewußten hegt und der Extravertierte eine ebensolche unbewußte Sehnsucht nach Introversion hat, so kann man sich vorstellen, daß unter diesem Aspekt oft genug ein introvertierter an einen extravertierten Partner gerät und umgekehrt. Man glaubt dann sozusagen im anderen sein eigenes Wunschbild zu erfahren und sich in dem Maße zu vervollkommen. Es ist so, wie etwa der Mann typischerweise sich nach der Frau zur eigenen Vervollkommnung sehnt und umgekehrt die Frau in der partnerschaftlichen Verbindung mit dem Mann ihr eigenes Wesen abrunden zu können hofft. Eine solche Ergänzung des eigenen Wesens durch den anderen bleibt indessen eine wahrscheinlich ewige Sehnsucht des Menschen: Wir bleiben letzten Endes auch in der Partnerschaft einzelne und die Vorstellung eines völligen Aufgehens im anderen bleibt eine Illusion.

Gerade, wenn sich ein Extravertierter mit einem introvertierten Menschen verbindet, sind im Grunde genommen Konflikte schon vorprogrammiert. Will etwa der Extravertierte ausgehen, so möchte der Introvertierte lieber zu Hause bleiben; freut sich der Extravertierte über das Erzählen oder gar Erfinden neuer Späße und Witze, so wird der Introvertierte eher dadurch gelangweilt sein und sich mehr nach strenger Systematik und Vertiefung eines bestimmten Problems sehnen; will der eine in seiner Extraversion mehr Großzügigkeit in der Handhabung der persönlichen Pläne und Probleme, so steht der Introvertierte unter dem Zwang, alle persönlichen Dinge mit äußerster Präzision und Zuverlässigkeit im Auge zu behalten. Der Extravertierte kann also beispielsweise ohne weiteres einen Hochzeitstag vergessen, wenn er mit seiner Frau an diesem Tag gerade unterwegs ist und zuviel Aufregendes auf ihn einstürmt. Gerade dies würde aber den Introvertierten sehr peinlich berühren, weil er dafür so gut wie kein Verständnis hätte. Man könnte also annehmen, daß eine partnerschaftliche Verbindung in dieser Weise, wenn nicht zum Scheitern, so doch zu einer Quelle andauernder Konflikte bestimmt wäre.

3. Introversion und Extraversion – konstant oder variabel?

An dieser Stelle aber drängt sich die Frage auf, ob ein Introvertierter unbedingt introvertiert bleiben müsse und ob auch der extravertierte Mensch notwendigerweise immer und unter allen Umständen extravertiert bleiben muß.

Zwar handelt es sich bei diesen beiden Charaktereinstellungen um typische Merkmale der Persönlichkeit, aber es scheint doch, daß sie beide nicht unabhängig von Umwelteinflüssen einschließlich Erziehungsfaktoren zu sehen seien. Ein Mensch beispielsweise, der mehr Niederlagen als Erfolge erlebt, wird wohl schwerlich extravertiert bleiben, auch wenn er es am Anfang war. Vielmehr wird er sich mehr und mehr von der Umwelt zurückziehen und sich auf seine eigene Person konzentrieren, er wird also zwangsläufig mehr introvertiert werden. Umgekehrt kann man sich auch vorstellen, daß ein ursprünglich introvertierter Mensch sehr viele Erfolgserlebnisse aus seiner Mitwelt bezieht und sich dadurch diesen anderen Menschen immer intensiver zuwendet, so daß am Ende eine stärkere Extraversion in ihm vorherrschen mag.

Allein von dem Gedanken der Verstärkung unserer Bemühungen durch unsere Mit- und Umwelt her, müßte man dazu neigen, daß Extraversion nicht unter allen Umständen Extraversion bleiben muß und Introversion auch nicht unbedingt unverändert andauern muß. Ob allerdings in einer Partnerschaft der Extravertierte durch seinen introvertierten Partner seinerseits introvertiert wird und umgekehrt der Introvertierte unter dem Einfluß des extravertierten Partners extravertiert wird, scheint fraglich, denn Erfolgserlebnisse und Verstärkungen werden sich beide wohl kaum zuteil werden lassen können, weil eben ihre Erwartungen gar zu gegensätzlich ausgeprägt sind.

Deswegen würde sich für eine geplante Partnerschaft empfehlen, daß Extravertierte mit extravertierten Partnern und Introvertierte mit introvertierten Partern eher eine Verbindung eingehen sollten als mit gegensätzlich eingestellten Partnern.

Selbstverständlich sind bei den meisten Menschen Introversion und Extraversion nicht völlig eindeutig ausgeprägt oder mindestens ist diese Ausprägung dem einzelnen Menschen nicht ohne weiteres so bewßt, daß er sich bedenkenlos als introvertiert oder extravertiert einstufen könnte. Die meisten Menschen werden dazu neigen, sich als sowohl introvertiert als auch extravertiert einzustufen, d. h. man wird sich als »Mischform« empfinden und die Extra- und Introversion von verschiedenen Situationen und Erlebnissen her abhängig empfinden. Es kommt dann darauf an, welche Einstellung in bezug auf Partnerschaft im Laufe der Zeit doch vorherrscht.

4. Introversion und Extraversion und Motivationstypen

Wir haben also in der Introversion und Extraversion eine ähnliche für die Partnerschaft wichtige Dimension wie das, was wir schon oben unter dem Aspekt der Motivationstypen erwähnt haben. Man könnte sogar daran denken, Introversion und Extraversion den einzelnen Motivationstypen zuzuordnen, obwohl das nicht ohne Einschränkung und Ergänzung möglich scheint. Eindeutig oder relativ leicht scheint die Zuordnung von Introversion zur Motivationseinstellung Nr. 4, denn ein extravertierter Mensch, der nach der Motivation Nr. 4 ausgerichtet wäre, ist schlechterdings auf die Dauer nicht leicht vorstellbar. Extraversion würde ja gerade bedeuten, daß das Verhaftetsein an bestimmten Grundsätzen und Prinzipien zwangsläufig abgenutzt wird und einer breiteren toleranten Einstellung Platz macht. In diesem Falle wäre aber der ursprüngliche »Vierer-Typ« kein Vierer-Typ mehr, sondern er wäre in eine andere Motivationslage übergewechselt, was ja im Laufe des Lebens sicherlich oftmals der Fall sein kann.

Umgekehrt können wir uns einen typischen nach Nummer 1 motivierten Menschen kaum als introvertiert vorstellen, weil das Streben nach Prestige und Auffälligkeit genau das Gegenteil eines introvertierten Einstellungsgefüges ist. Vielmehr wird der »Einser-Typ« fast immer extravertiert sein und die Extraversion wird ihrerseits eine gewisse Einser-Motivation begünstigen und gegenseitig verstärken.

In ähnlicher Weise können wir uns vorstellen, daß ein nach Nummer 3 motivierter Mensch fast immer eine stärkere Extraversion haben müßte, weil er ja intensiv auf seine Bezugsperson ausgerichtet ist und weniger auf das eigene Selbst konzentriert bleibt.

Der zweite Motivationstyp wäre demgegenüber ausgesprochen introvertiert, weil er in seiner Ängstlichkeit und Gehemmtheit immer wieder auf sich selber zurückgeworfen würde.

Der fünfte Motivationstyp hingegen wäre vorwiegend extravertiert eingestellt, da er in seinem Unabhängigkeitsstreben mehr von äußeren Gesichtspunkten her geleitet sein wird, insofern mindestens, als er sich bewußt gegen allzu große Anpassung an äußere Gegebenheiten stemmen wird. Der Realitätsbezug des Fünfer-Typs schließt sozusagen eine reine Introversion aus und legt eine größere Extraversion nahe.

Wenn sich also die Motivationseinstellung im Laufe des Lebens ändert, dann wird sich mehr oder weniger zwangsläufig auch der Akzent bezüglich Introversion oder Extraversion verschieben. Damit ist nicht automatisch gesagt, daß nicht eine gewisse lebenslang anhaltende *Grundstimmung* im Menschen sich durch alle wechselnde Erlebnisse hindurchziehen würde, daß z. B. ein Mensch von Haus aus mehr heiter und fröhlich und der andere mehr traurig und nachdenklich gestimmt wäre und dies auch bliebe, selbst wenn unvorhergesehene Erlebnisse eintreten, die an sich eine andere Stimmungslage nahelegen würden. Gleiche Lebensgrundstimmungen bei zwei Partnern wären infolgedessen eine brauchbare Basis für die Entwicklung gemeinsamer Interessen, obwohl ja diese Interessen ihrerseits wieder sehr stark veränderlich sind, so wie auch die Motivationen und anderen Strebungen des Menschen von situativen Gegebenheiten abhängen.

5. Ist partnerschaftliche Harmonie planbar?

Im Grunde genommen kommen wir also zu dem Ergebnis, daß wesentliche Merkmale im Einstellungs- und Erwartungsgefüge eines Menschen letzten Endes veränderliche Größen sind, so daß man zwar für den Zeitraum der Partnerwahl auf gewisse Verträglichkeiten schließen kann, aber man wird nicht ohne weiteres in der Lage sein, aufgrund der einmal gegebenen Entsprechung von Interessen oder Erwartungen oder Einstellungen eine automatisch eintretende lebenslange Harmonie anzunehmen.

Diese Tatsache hat mancher Ehepartner schon als leidige Realität erfahren müssen, wenn er sich daran erinnert hat, wie harmonisch doch am Anfang alles begonnen hatte und wie disharmonisch sich seine Partnerschaft schließlich im Laufe der Jahre und bedingt durch verschiedene Verarbeitung bestimmter Erlebnisse durch die Partner entwickelt hat. Aus einer fast völligen Übereinstimmung der Interessen und Wünsche der Partner ist vielleicht eine totale Gegensätzlichkeit dieser Wünsche und Erwartungen und Interessen geworden.

An dieser Stelle setzt nun die Notwendigkeit zur Bereitschaft einer ständigen *Kommunikation* mit dem Partner ein: Eine Ehe oder eine Partnerschaft kann nur dann Bestand haben, wenn bei beiden Partnern unabhängig von den sich verändernden Einstellungen und Interessen eine permanente Bereitschaft zur toleranten Auseinandersetzung mit dem anderen vorhanden ist. In einem solchen permanenten Dialog ist sogar eine gegensätzliche Auffassung und eine verschiedene Meinung oder eine Divergenz in der Interessenlage von Nutzen, weil man dann immer wieder neuen Gesprächsstoff hat. Zu einem festgefahrenen Streit kann es indessen erst kommen, wenn die Bereitschaft zur Kommunikation bei einem oder bei beiden Partnern nicht mehr vorhanden ist. Deshalb müßten wir von hier aus fordern, daß alle Partner sich ernsthaft vornehmen, über alle Probleme und Meinungsverschiedenheiten miteinander zu sprechen und unter allen Umständen eine Bereitschaft zur gegenseitigen Anpassung bzw. zur Abänderung eigener Standpunkte zugunsten des Standpunkts des anderen beibehalten. Sobald dieser Vorsatz für kürzere oder längere Zeit nicht mehr eingehalten würde, wäre die Partnerschaft zumindest in einer Krise. Damit stoßen wir jetzt auf die zentrale Frage, welche kommunikationspsychologischen Erkenntnisse und Techniken wir zur Aufrechterhaltung des permanenten Partnerschaftsdialogs anwenden können.

6. Kommunikationsbereitschaft als Basis der Partnerschaft

Wir haben gesehen, daß der Mensch in der Situation der Partnerwahl einerseits die Sehnsucht nach Ergänzung seiner eigenen Befindlichkeit hat und andererseits den Wunsch nach Bestätigung seiner Erwartungen durch den Partner. Die Wurzel des Ergänzungsbedürfnisses des Menschen ist sicherlich das Erlebnis seiner eigenen Unvollkommenheit, während der Ausgangspunkt des Bestätigungsbedürfnisses in der Zielrichtung der Grundmotivation zu finden ist.

Es liegt nun aber im Wesen sowohl des Ergänzungsstrebens als auch in dem des Bestätigungswunsches, daß es nie zu einer gänzlichen Befriedigung kommen kann. Immer dann, wenn man glaubt, man hätte eine ideale Ergänzung oder eine ideale Bestätigung für das eigene Wesen in einem Partner gefunden, entdeckt man, daß sich das eigene Wunschbild schon wieder verändert hat. Philosophisch ausgedrückt finden wir diese Erkenntnis in der Beschreibung des Menschen als eines teleologischen Wesens, d. h., daß wir immer Ziele vor uns haben müssen, obwohl wir frühere Ziele durchaus erreicht haben mögen. Letzten Endes ist aber dies auch die Wurzel unserer Aktivität in körperlicher und auch in seelisch-geistiger Hinsicht.

Ein total befriedigter Mensch wäre sicherlich ein passives Wesen, das den Aufschwung zu einer Partnerschaft gar nicht erst erleben würde, sondern in saturierter Einsamkeit in sich ruhen würde. Partnerschaft ist von hier her gesehen ein ständiger Prozeß, ein ständiges Kommunizieren mit dem Ziel der gemeinsamen Problemlösung und Harmoniefindung in dem Bewußtsein, daß allerdings eine endgültige und beständige Harmonie in dieser Hinsicht nicht möglich ist, sondern daß sie im Grunde genommen nur eine fortschreitende Aneinanderreihung harmonischer Übereinstimmungen, die immer wieder neu konzipiert werden müssen, darstellt.

7. Zwei Kommunikationsstile in der Partnerschaft

Man kann sich nun diese für die Partnerschaft notwendige permanente Kommunikation am besten so veranschaulichen, daß man von zwei Kommunikationsstilen ausgeht, die sich gegensätzlich zueinander verhalten: Auf der einen Seite haben wir die Kommunikationsform der *Integration*, bei der wir total auf den anderen eingehen und ihm zur Verwirklichung seiner jeweiligen Vorstellungen, unter Zurückstellung unserer eigenen vielleicht gegensätzlichen Auffassung, verhelfen. Bei der integrativen Kommunikationsform würden wir also total auf die jeweiligen Meinungen und Vorstellungen des Partners eingehen.

Auf der anderen Seite haben wir die Kommunikationsform der *Domination*. Hierbei halten wir mehr oder weniger strikt an unseren eigenen Vorstellungen fest und versuchen, diese ohne Berücksichtigung der Auffassung des Partners bei diesem durchzusetzen. Wir verhalten uns also, wenn wir dominativ vorgehen, zielstrebig aber unnachgiebig und erwarten diese Nachgiebigkeit eher vom Partner.

Man kann nun leicht erkennen, daß wir im konkreten Vollzug einer Partnerschaft bald die erste, bald die zweite Kommunikationsart in den Vordergrund rücken und gelegentlich auch eine subtile Mischung von beiden praktizieren. Die Frage, die hier gestellt werden muß, ist die nach dem bestmöglichen, sozusagen »optimalen Partnerverhalten« in kommunikationspsychologischer Hinsicht.

In der Regel beantworten einem diese Frage Menschen, die eine harmonische Partnerschaft und Ehe führen, so, daß sie herausstellen, daß sie – unabhängig von der jeweiligen Situation – bald mehr integrativ, bald aber auch mehr dominativ verfahren würden, daß dies von der jeweiligen »Stimmungslage« abhinge und aber auch vom Inhalt des jeweiligen Gesprächs bestimmt sei.

Manche Partner haben von vornherein eine Art Übereinkunft darüber formuliert, daß gewisse gemeinsame Anliegen vom einen Partner, andere Anliegen aber vom anderen Partner mehr oder weniger ausschließlich betreut werden, z. B. geldliche Fragen mehr von der Frau, Ferienorganisationsfragen mehr vom Mann usw., so daß dann in diesen Fragen später keine großen Diskussionen mehr möglich und nötig sind, weil das schon im vorhinein geklärt worden ist.

Abgesehen davon nun, daß eine solche Regelung nur einmal während einer echten Kommunikation entstanden ist, müssen wir doch feststellen, daß eine solche Regelung nicht optimal sein kann, weil sie die immerhin mögliche weitere Entwicklung der Partnerinteressen nicht berücksichtigt. Man zementiert sozusagen eine einmal getroffene Übereinkunft ohne Berücksichtigung der zukünftigen unterschiedlichen Entwicklungen beider Partner. Ja, man könnte sogar sagen, daß durch eine solche Regelung weitere Kommunikationen unterlaufen werden und daß, wenn schließlich alle wesentlichen Gebiete von vornherein so aufgegliedert sind, keinerlei echte Kommunikation mehr stattfinden kann, weil es keine Themen und Gebiete mehr gibt, über die man sich noch echt unterhalten könnte.

Wir beobachten in der Tat eine solche Entwicklung bei vielen älteren Ehepaaren, die sich fast nichts mehr zu sagen haben, weil eben alles schon im »voraus« abgesprochen ist.

Bei der Kommunikation im partnerschaftlich positiven Sinne hingegen steht die Lösung eines Problems noch nicht von Anfang an fest, sondern sie wird gemeinsam erarbeitet, indem nicht ein Partner rein dominativ seine Meinung durchsetzt und der andere zum Nachgeben gezwungen wird, sondern indem durch eine subtile Vermischung von dominativen und integrativen Verhaltensformen, ein Kompromiß oder auch eine Entscheidung getroffen wird, der beide Partner zuneigen. Zwar erfüllen Vorentscheidungen eine gewisse ökonomische Funktion, aber sie begrenzen auch gleichzeitig den Spielraum weiterer Kommunikationen und engen dadurch die Partnerschaft ein.

8. Der IDQ als Maß für partnerschaftliche Kommunikation

Als ein quantitatives Maß für eine solche Kommunikation, die weitere Partnerschaft ermöglicht, kann der IDQ benutzt werden, der auch im Bereich des Führungs- und im Sektor des Lehrverhaltens eine wichtige Rolle spielt. Der IDQ ist als Integrations-Dominations-Quotient zu errechnen aus der Summe aller integrativen, also nachgiebigen, Verhaltensformen dividiert durch die Summe aller dominativen, also auf Durchsetzung ausgerichteten Verhaltensformen. Dieser IDQ kann nun bei 1 liegen, wenn sich die Integrationsäußerungen und die Dominationsäußerungen gegenseitig die Waage halten. Er kann über 1 liegen, wenn die Integrationsbemerkungen zahlreicher und intensiver waren als die dominativen Bemerkungen, und er kann schließlich auch unter 1 liegen, wenn die Dominationen häufiger und intensiver waren als die integrativen Bemerkungen.

Damit haben wir ein Maß, um das Kommunikationsniveau in einer Partnerschaft quantitativ zu erfassen. Man könnte nun annehmen, daß die für die Partnerschaft positivste Kommunikation bei einem IDQ von 1 liegen müsse, weil sich da Integration und Domination die Waage halten. In der Praxis aber zeigt sich, daß ein IDQ von annäherungsweise 1,9 sowohl im Führungs- als auch im Partnerschaftsverhalten die Voraussetzung für harmonische Verständigung am ehesten bringt, weil hier nahezu doppelt so viele Nachgiebigkeitssituationen (Integrationen) im Verhältnis zu halbmal so vielen Durchsetzungssituationen (Dominationen) geäußert werden. Der IDQ bezieht sich hier auf eine typische Gesprächs- oder Auseinandersetzungssituation in der zeitlichen Dimension von etwa 10 Minuten oder weniger.

Interessant dabei ist, daß der jeweilige Partner den IDQ des anderen instinktiv zu übernehmen trachtet, so daß bei einem IDQ von z. B. 1,9 beide Partner geneigt wären, etwa doppelt so oft nachzugeben als sich durchzusetzen, was natürlich der Harmonie nur zuträglich sein kann.

Allerdings kommt es darauf an, bei welchen Punkten man nachgibt und bei welchen Punkten man dominativ verbleibt. Man kann beispielsweise bei Inhalten, die einen weniger ansprechen und einem insgesamt sogar weniger wichtig vorkommen, leichter nachgeben als bei den Punkten, die einem am Herzen liegen. Ideal wäre es natürlich, wenn der eine Partner immer dann nachgibt, wenn man auf einem Punkt stößt, von dem man weiß, daß er dem anderen besonders wichtig ist, während man sich dann durchsetzt, wenn es sich um etwas handelt, bei dem der andere bereitwillig nachgeben kann, weil ihm der betreffende Punkt weniger bedeutsam erscheint.

So genommen erfordert die richtige Handhabung des IDQ natürlich eine subtile Einfühlung in die Motivationslage des Partners: Ich kann nur dann integrativ sein, wenn ich weiß, welche Erwartungen, Bedürfnisse oder Sehnsüchte der andere im jeweiligen Moment hat, und ich kann mich auch nur dann taktvoll dominativ verhalten, wenn ich spüre, daß das betreffende Gebiet beim Partner Nachgiebigkeit ermöglicht. Man sieht also, daß wir mindestens an dieser Stelle wieder auf die Basis des liebevollen Verstehenwollens des anderen in der Partnerschaft angewiesen sind.

Wir haben nun verschiedene Intensitätsgrade der Domination und Integration voneinander unterschieden, um eine realitätsnahe Gewichtung der verschiedenen Äußerungen in einer verbalen Kommunikation vornehmen zu können. Im Bereich der Dominationen haben wir zuerst die radikalste Form einer auf »Konflikt« ausgerichteten dominativen Äußerung als D_c-Äußerung mit drei Punkten gewichtet. Eine solche D_c-Äußerung wäre z. B. gegeben, wenn jemand sagen würde: »Ich stehe auf diesem Standpunkt und gehe keinen Millimeter davon ab, und selbst, wenn du nicht bereit bist, mir zuzustimmen, so bin ich notfalls bereit, Konsequenzen zu ziehen!« Man droht also mit einem Konflikt, oder man spricht eine Strafe aus, oder man geht zumindest auf eindeutigen Kollisionskurs, wenn man D_c-Äußerungen benutzt. Für jede solche Äußerung erhält man, wenn man ein Protokoll anfertigen würde, drei Punkte und zwar unter dem Bruchstrich. Man sieht, daß diese D_c-Äußerungen in jedem Falle gefährlich sind, weil sich durch sie das Gewicht der Dominationen außerordentlich stark vermehrt. Hätten wir z. B. 10 D_c-Äußerungen im Verlaufe eines Gesprächs geäußert, so hätten wir ja bereits 30 Punkte unter dem Bruchstrich und bräuchten nahezu 60 integrative Äußerungen, um dies wieder zu kompensieren!

Eine weniger rabiate, aber dennoch bedenkliche Form der Domination ist die D_n-Äußerung, die mit 2 Punkten gewichtet wird und so charakterisiert wäre, daß es sich um eine rein dominative Äußerung handelt, die keinerlei Erklärung motivationsspezifischer Art enthält, sondern auf glatte Durchsetzung ausgerichtet ist, allerdings ohne Konflikt- oder Strafandrohung. D_n liegt z. B. vor, wenn wir sagen: »In den Ferien fahren wir in die Alpen!« Es wird dabei also nicht ausdrücklich darauf hingewiesen, was wir zu tun gedenken, wenn der Partner nicht einverstanden wäre (Konfliktandrohung unterbleibt), aber andererseits bemühen wir uns bei dieser Art der Äußerung auch nicht darum, unseren Vorschlag etwa an die Erwartungshaltung des Partners anzubinden, unseren Vorschlag also z. B. zu erklären und verständlicher und akzeptabler zu machen, sondern wir verkünden unsere Entschlüsse und erwarten sozusagen Unterordnung. Dieses D_n-Verhalten wird in weniger harmonisch geführten Partnerschaften sehr häufig benutzt und führt fast immer dazu, daß ein IDQ unter 1 entsteht, so daß eine zu unterkühlte, zu wenig persönliche und allzu sachlich ausgerichtete Atmosphäre Platz greift.

Diejenige Art der dominativen Äußerungen, die schließlich in der Partnerschaft am geeignetsten ist und die am meisten von Verständnis und Feinfühligkeit für den Anderen durchdrungen ist, ist die D_t-Äußerung. Hierbei handelt es sich zwar um einen dominativen Inhalt, der aber insofern eine Tendenz zur Integration hat, als er an die Erwartungs- und Motivationslage des Partners anknüpft. Dieses D_t-Verhalten wird mit nur einem Punkt unter dem

Bruchstrich gewertet und damit haben wir im D_t-Verhalten die am leichtesten beurteilte Form der Domination, die deswegen die weitgehend geeignetste Dominationsart in der Partnerschaft sein dürfte. D_t liegt z. B. vor, wenn wir sagen: »Ich erinnere mich noch gut an deine Vorliebe für Bergwiesen und abgelegene Alpendörfer und möchte deswegen vorschlagen, daß wir in den Sommerferien in die Alpen fahren!« Es handelt sich zwar um einen dominativen Anspruch auf Durchsetzung, aber in einer integrativen Einkleidung oder besser gesagt, in einer Anbindung an eine Motivation des Gesprächspartners (Vorliebe für Bergwiesen etc.)

Auf der integrativen Seite haben wir einmal die I_t-Äußerung, die eine uneingeschränkte und spontane Zustimmung zu der jeweiligen Meinung und Motivation des Partners darstellt. Sie wird mit 2 Punkten auf dem Bruchstrich gewertet. I_t liegt z. B. vor, wenn wir sagen: »Ausgezeichnet! Ich stimme dir uneingeschränkt zu!« Eine solche spontane und uneingeschränkte Zustimmung liegt also auf demselben Intensitätsniveau wie D_n auf der anderen Seite, das ja auch mit 2 Punkten gewichtet wurde. I_t-Äußerungen sind nur weniger bedenklich in der Partnerschaft als D_n, weil es schließlich darauf ankommt, im ganzen fast doppelt so viele I-Wertungen zu erreichen als D-Wertungen. In Wirklichkeit wird aber in vielen Partnerschaften gar zu selten von der Möglichkeit einer solchen spontanen uneingeschränkten Zustimmung zu einer Meinungsäußerung oder Motivationsrichtung des Partners Gebrauch gemacht. Wahrscheinlich aus der instinktiven Furcht heraus, daß man die eigene Position durch eine solche uneingeschränkte Zustimmung an den Partner gar zu sehr schwächen könnte.

Man macht infolgedessen häufiger von der abgeschwächten Integrationsform Gebrauch, die mit I_n bezeichnet wird und eine nicht-spontane, sondern eher räumlich-zeitlich eingeschränkte Zustimmung an den Partner darstellt. I_n wird mit nur einem Punkt auf dem Bruchstrich gewichtet. I_n liegt beispielsweise vor, wenn wir äußern: »In diesem Punkt stimme ich dir nach Abwägung aller Umstände durchaus zu!« Das heißt, man stimmt nicht spontan zu, sondern »nach Abwägung aller Umstände«, und man stimmt auch nicht total zu, sondern »in diesem Punkte«. Dadurch behält man sich sozusagen immer noch Bereiche vor, in denen man nicht zustimmt und unsichere Persönlichkeiten neigen ja, wie wir schon gesehen haben, dazu, möglichst wenig vom eigenen Standpunkt aufzugeben, weil sie einen Verlust des persönlichen Prestiges dadurch befürchten.

Wiederum hängt es nun von der Stimmungslage und der Temperamentsstruktur der Partner ab, ob wir z. B. D_c mit I_t kombinieren oder lieber D_n mit I_n oder D_n mit I_t oder schließlich D_t mit I_n oder I_t.

Wichtig ist nur, daß insgesamt mehr Integrationen als Dominationen zustande kommen und der IDQ infolgedessen über 1 liegt. Wenn der IDQ über 2 hinausgehen würde, würde dies bedeuten, daß der eigene Standpunkt zu wenig gewichtet wird und keine Durchsetzung der eigenen Meinung mehr möglich ist. Dies kann bei einer guten Partnerschaft durchaus gelegentlich vorkommen, aber insgesamt sollen ja bei partnerschaftlichen Auseinandersetzungen durchaus eigene Standpunkte von beiden Seiten auf eine tolerante Weise vertreten werden.

Die Gefahr ist nun sehr groß, daß man eine Partnerschaft auf dem Niveau eines IDQ von unter 1 führt. In diesem Falle überwiegen die dominativen Äußerungen gegenüber den integrativen und die Folge ist eine fast mechanisch eintretende Abwehrhaltung des Partners gegen diese Domination, d. h. der Partner stellt sich dann ebenfalls auf einen niedrigeren IDQ ein, er schirmt sich sozusagen gegen eine Gefahr der Bevormundung oder Beeinflussung ab und versteift sich auf seinen Standpunkt. Die Fronten verhärten sich, und die Kommunikation erstarrt.

Dies ist dann die Situation, in der partnerschaftsnegative Verhaltensformen die Oberhand gewinnen: Es entsteht das *eifersüchtige* Verhalten oder das Protestverhalten. Eifersucht liegt dann vor, wenn man sich der Zuwendung des Partners nicht mehr sicher ist und deswegen mit übertriebener Ängstlichkeit, eben mit »Eifer« darüber wacht, daß der Partner keinen Schritt unternimmt, der ihn von der Partnerschaft wegführen könnte. Im Grunde genommen kann eifersüchtiges Verhalten natürlich nur als D_n oder D_c-Verhalten gewertet werden. Es äußert sich dann so, daß Briefe oder Telefonate ängstlich überwacht werden, daß sozusagen jeder Schritt, den der andere tut, von vornherein als möglicher Fehltritt gewertet wird. Und jeder Blick, den der Partner einem anderen Menschen zuwirft, als eine versteckte und verbotene Liebeserklärung gedeutet wird, gegen die man sich sofort zur Wehr setzen muß. Man sieht also, daß Eifersucht im Grunde genommen nur auf der Basis eines nicht optimalen IDQ-Partnerschaftsverhaltens entstehen kann.

Ähnlich ist der *Protest* zu werten, insbesondere etwa in der Form des typisch »männlichen Protests« der sich unterdrückt fühlenden Frau, die sich dominativ gegen die echte oder auch nur vorgestellte Bevormundung durch den Mann bzw. gegen eine Zurücksetzung des weiblichen Geschlechts durch eine männlich dominierte Gesellschaft zur Wehr setzt. Eine solche Frau fühlt sich Männern gegenüber unterlegen, protestiert gegen die männliche Bevormundung und kleidet sich z. B. betont männlich, spricht betont männlich und versucht auch betont männlich zu leben. Dabei besteht natürlich immer die Gefahr, daß die typisch weibliche Rolle, die der Partner ersehnt hat, aufgegeben wird oder zumindest verfälscht gespielt wird. Das Ergebnis sind wieder Konflikte, die allerdings auch behoben werden können, wenn der

Partner mit Hilfe seines ausgewogenen IDQ zusätzliche Integrationen setzen kann, so daß das gestörte Selbstvertrauen wieder hergestellt wird.

Wichtig ist nun, daß neben dem verbalen IDQ auch der nicht-verbale IDQ in einer Kommunikation sehr bedeutsam ist. Es wird sogar gesagt, daß die nichtverbale Kommunikation gerade in der Partnerschaft und in der Ehe eine noch größere Bedeutung hat als die sprachliche Kommunikation. D. h. es scheint wichtiger zu sein, *wie* man etwas sagt als *was* man sagt. Das hängt, wie wir bereits gelegentlich des Kapitels über die Rede ausgeführt haben, wahrscheinlich damit zusammen, daß wir mit dem nichtverbalen Teil unserer Äußerungen mehr das Unbewußte des Partners ansprechen, während wir mit der inhaltlichen Seite unserer verbalen Äußerungen mehr den Verstand ansprechen können. In dem Maße, in dem nun das Unbewußte einen außerordentlichen Einfluß auf unser Verhalten hat, kommt auch unserer nichtverbalen Kommunikation, also unserem nichtverbalen IDQ, eine außerordentliche Bedeutung zu. Der nichtverbale IDQ setzt sich zusammen aus integrativen und dominativen mimischen Ausdrucksformen, aus Körperhaltungsformen, der Stimmlage und der Lautstärke und nicht zuletzt aus dominativer und integrativer Gestik. Wenn wir z. B. freundlich blicken, während wir etwas sagen, kann sogar ein dominativer Inhalt, eben durch dieses freundliche Gesicht, gleichsam kompensiert werden, während umgekehrt ein integrativer Inhalt durch einen todernsten Gesichtsausdruck sozusagen dominativ unterlaufen wird und nicht mehr zur Wirkung kommt. In ähnlicher Weise wirkt nun insbesondere auch unsere Gestik entweder mehr integrativ oder mehr dominativ. Die geballte Faust oder der gespreizte Zeigefinger sind stets dominative Gesten, während die geöffnete Hand, bzw. beide leicht nach oben angehobenen Hände immer eine integrative Wirkung haben. Man kann also mit Hilfe des nichtverbalen IDQ sozusagen den verbalen IDQ korrigieren und umgekehrt.

Bei all diesen Bemühungen darf natürlich nicht vergessen werden, daß der Partner fast immer instinktiv wahrnehmen wird, ob das Ganze nur »einstudiert« ist oder ob es wirklich »gemeint« ist. Fast automatisch machen wir Kommunikation immer dann richtig, wenn wir aus unvoreingenommen positiver Einstellung zum anderen heraus handeln, wenn wir ihn also aus ganzem Herzen lieben, akzeptieren, so wie er ist, anstatt ihn z. B. immer wieder anders haben zu wollen, als es seinem Wesen jeweils entspricht.

Wenn wir es also sozusagen »vorpsychologisch« richtig machen wollen, so müssen wir uns jeweils in eine positive Einstellung zum Partner begeben und erst dann die Kommunikation aufnehmen. Eine negative, ablehnende, mißgünstige Einstellung zum Partner wird sonst zwangsläufig zu einem verkünstelten oder eben negativen Kommunikationsverhalten führen.

Der Beitrag der Psychologie besteht dann im wesentlichen darin, bewußt gemacht zu haben, warum und in welcher Weise bestimmte Kommunikationsmuster entsprechende Reaktionen beim Partner hervorrufen. Sie ist aber weniger dazu geeignet, von außen her ein bestimmtes technisches Kommunikationsverhalten einzuüben, weil dies oberflächlich wirken müßte, wenn es nicht durch eine entsprechende echte und auch emotional fundierte Haltung getragen wird. Immerhin kann man sich mit Hilfe dieser Kommunikationstechnik mindestens vorübergehend in schwierigen Situationen besser verhalten als ohne eine solche Technik, und sei es auch nur, weil man dadurch sicherer wird und seine verbalen und nichtverbalen Äußerungen etwas bewußter auf die Neigungen und auf die offenen oder verborgenen Wünsche des anderen abstimmen kann.

XII. Seelische Gesundheit: 10 Regeln für die Lebensführung

Fragen wir schließlich, wie wir all das, was wir bisher über Partnerschaft, aber auch über die verschiedenen anderen Bereiche der Anwendung psychologischer Erkenntnisse in der Praxis auf unsere eigene Lebensführung so anwenden können, daß neben der physischen auch die psychische Gesundheit erhalten bleibt, so könnten wir sagen, daß allein schon die Bemühung um eine bewußte Durchdringung der bisher beschriebenen Lebensbereiche ein außerordentlich positiver Effekt erzielt wird. Der Mensch ist ja heute nicht mehr in der Lage, instinktiv psychologisch richtig zu handeln, sondern er ist geradezu dadurch charakterisiert, daß er diese Instinktsicherheit mehr und mehr verloren hat und sie durch mehr rational bewußtgemachte Einsichten zu ersetzen hat, wenn er nicht Gefahr laufen will, psychisch labil zu reagieren.

Gerade die Beschäftigung mit psychologischen Anwendungsbereichen birgt im Grunde genommen so viele Anregungen zur besseren Selbsterkenntnis, daß angenommen werden darf, daß diese Erkenntnisse sich wenigstens teilweise in einer entsprechenden Verhaltensänderung niederschlagen werden. Selbstverständlich wäre es wahrscheinlich günstiger, wenn man diese Erkenntnisse nicht nur verbal darstellen bzw. aufnehmen ließe, sondern sie gleichzeitig einüben würde. Einübungsformen von partnerschaftlichen Kommunikationstechniken werden ja beispielsweise in Spezialseminaren und sonstigen Kursen auch bereits mehr oder weniger intensiv angeboten. Immerhin ist aber der Mensch sehr wohl in der Lage, eine rationale Erkenntnis auch in praktisches Handeln umzusetzen. Schließlich ist ja der Mensch, wie wir gesehen haben, ein grundsätzlich lernendes Wesen, das durch Aufnahme von Erfahrungen und Erkenntnissen sein Verhalten sinnvoll steuern kann.

Auf dieser Grundlage könnten wir also jetzt versuchen, eine Hand voll praktischer Regeln darzustellen, die dem Einzelnen helfen könnten, seine seelische Gesundheit zu erhalten oder sie wieder zu erlangen, wenn sie durch vorübergehende Störungen unterminiert sein sollte:

1. Jeder Mensch sollte wenigstens eine *vertrauensvolle Beziehung* zu einem anderen Menschen unterhalten.
   In dieser Beziehung sollte sich der einzelne frei fühlen, seine Sorgen und Nöte, auch seine Peinlichkeiten und Befürchtungen zu besprechen.

Wenn diese vertrauensvolle Beziehung noch nicht besteht, läuft der Mensch Gefahr, bestimmte Befürchtungen oder Erwartungen zu verdrängen, so daß seelische Störungen eintreten können.

Ideal ist natürlich die Erfüllung dieser Forderung in einer harmonischen Ehe, die ja unter psychologischem Aspekt hauptsächlich gerade diese Funktion hat. Notfalls kann aber diese vertrauensvolle Beziehung auch zu einem noch anderen Menschen, wie z. B. zu einem Psychologen, zu einem Arzt, zu einem Pfarrer etc. gegeben sein.

Die Frage, ob sogar die Beziehung zu einem Haustier, etwa zu einem Hund oder zu einem Pferd, diese gewünschte Beziehung zu einem Menschen ersetzen kann, ist nicht ganz eindeutig und vor allem nicht leicht zu beantworten. Zunächst müßte man aber feststellen, daß es sich dann auf jeden Fall nur um eine Ersatzbeziehung handeln kann, die nicht ganz die Intensität und die Wertigkeit einer mitmenschlichen Beziehung entwickeln kann. Trotzdem gibt es auf der anderen Seite erstaunlich viele Fälle, wo Menschen ihre seelische Gesundheit und Stabilität gerade durch die Beziehung zu einem Tier wiedererlangt haben, wenn das vorher durch mitmenschliche Beziehung eher gefährdet war. Es gibt Fälle, in denen die Beziehung eines Menschen zu einem Hund oder auch zu einem Pferd, oder zu einer Katze fast ganz die Funktion eines mitmenschlichen Kontaktes übernommen hat und zumindestens vorübergehend einen vollwertigen Ersatz darstellte.

2. Der Mensch sollte danach streben, seine *Grundmotivationen zu erkennen* und sie im Rahmen seiner Möglichkeiten zu befriedigen.

Dies bedeutet, daß er z. B. bezüglich seiner ersten Grundmotivation seine Prestigeerwartungen so einrichten sollte, daß diese Erwartungen nach Möglichkeit auch befriedigt werden. Zu hohe Prestigeansprüche führen nur zu Frustrationen und im längeren Verlauf, wie wir gesehen haben, zu seelischen Deformationen.

Auch hinsichtlich des zweiten Grundmotivs sollte der Mensch inmitten einer als unsicher empfundenen Welt nach Sicherheit, Geborgenheit streben, dies aber nicht so perfekt versuchen, daß er daran wieder erneut scheitern müßte. Perfekte Sicherheit und Geborgenheit ist in dieser Welt unter den derzeitigen Umständen wohl kaum zu erreichen. Eingedenk dieses Umstandes kann es sich aber dann doch um eine angestrebte relative Sicherheit und Geborgenheit handeln. Eine sorgfältige Analyse der materiellen und auch psychologischen Möglichkeiten des einzelnen führt in der Regel schnell und sicher zu einer Stabilisierung der Situation.

Hinsichtlich des dritten Grundmotivs sollte der Mensch ebenfalls im Rahmen seiner sozialen Möglichkeiten normale Kontakte aufbauen und pflegen. Perfekt nach seinen Wünschen organisierte Vereine, Clubs oder sonstige Zusammenschlüsse wird es wohl nicht geben, so daß der einzelne eben die angebotenen Kompromißlösungen akzeptieren, voll bejahen sollte. Ein Mensch muß in diesem Zusammenhang auch echte Vorbilder akzeptieren können, die er aus seinem beruflichen oder persönlichen Leben heraus wählen sollte. Auch geschichtliche Persönlichkeiten können hier dienlich sein. Ohne eine solche positive Einstellung zu lebenden oder geschichtlichen Persönlichkeiten ist schließlich unser drittes Grundmotiv kaum zu befriedigen.

In diesem Zusammenhang ist erwähnenswert, daß der permanente Skeptizismus und die Neigung, alles Angebotene negativ zu betrachten, ähnlich gefährlich sein kann, wie etwa die Tendenz zur Isolation des einzelnen Menschen in einer anonym werdenden großstädtischen Umgebung. Unter dem vierten Grundmotivationsaspekt müßte der Mensch bemüht sein, im Rahmen des Menschenmöglichen nach Gerechtigkeit und Normenübereinstimmung zu streben. Er sollte sich auch mutig für die Durchsetzung von richtig erkannten Grundsätzen einsetzen, aber er sollte bedenken, daß er als Mensch immer unter Menschen leben muß und daß Menschen insgesamt nicht perfekt, sondern höchst unvollkommen sind.

Der Perfektionist ist von Anfang an zum Scheitern verurteilt und wehe dem, der dies nicht rechtzeitig einsieht!

Schließlich müßte der Mensch unter dem Gesichtspunkt der 5. Grundmotivation danach trachten, einen gewissen Raum für seine eigenen privaten Entscheidungen zu bekommen, indem er bereit ist, für solche Entscheidungen auch seine eigene Verantwortung zu tragen. Bei aller Bemühung um Anpassung und Übernahme mitmenschlicher Normen und Werte braucht der Mensch auch einen ganz persönlichen und privaten Entscheidungsspielraum, weil er letzten Endes nach Individualität strebt und sich im totalen Kollektiv ohne individuellen Spielraum nicht selbst verwirklichen könnte.

Je mehr Menschen nun auf immer enger werdendem Raum zusammenleben müssen, desto problematischer wird gerade die Bewahrung dieses individuellen Spielraums für den einzelnen. Um so wichtiger ist es aber hier auch, seine persönlichen Möglichkeiten und Grenzen möglichst realistisch einzuschätzen und das Leben danach auszurichten.

3. Der Mensch sollte, wenn auch ohne Übertreibung, seine *körperliche Gesundheit* als Grundlage für seine seelische Stabilität erhalten.

Wir wissen, daß eine Wechselbeziehung zwischen körperlicher und seelischer Stabilität besteht und daß es für einen seelisch gesunden Menschen fast unerläßlich ist, auch nach körperlicher Gesundheit zu streben. Freilich sind Krankheiten heute fast unvermeidlich, doch kann man durch eine vernünftige Lebensführung, einschließlich der Fragen der Ernährung, viel dazu beitragen, die Gesundheit so stabil, wie unter den derzeitigen Umständen möglich, zu erhalten. Mäßigkeit in bezug auf Ernährung und Genußgifte ist hierbei ebenso wichtig wie ausreichender Schlaf, genügend körperliche Betätigung und Sport, körperliche Hygiene usw.

Andererseits sollte man die Bedeutung der körperlichen Gesundheit auch nicht so sehr überbewerten, daß man vor lauter Angst um die Gesundheit nicht mehr zum eigentlichen Leben kommt. Vorhandene und nichtbehebbare gesundheitliche Schäden sollte man nicht zum Anlaß beständiger Unzufriedenheit machen, sondern sie innerlich akzeptieren und versuchen, damit zu leben (Frustrationstoleranz).

4. Der Mensch sollte bemüht sein, sich neben seiner Arbeit genügend *Zeit für Ruhe und Erholung* zu lassen.

Zwar ist es außerordentlich schwer zu definieren, was für den einzelnen Ruhe und Erholung bzw. Arbeit bedeutet, doch können wir im allgemeinen sagen, daß dasjenige erholend und entspannend wirkt, was man aus einer primären Motivation heraus tut.

Letzten Endes könnte das, was landläufig »Arbeit« ist, für den einen oder anderen sogar Erholung sein, unter der Voraussetzung, daß er diese betreffende Tätigkeit aus einer intrinsischen, primären Motivation heraus vollzieht. In der Regel haben wir genügend Freizeitbeschäftigungen, die als Hobbies bzw. Liebhabereien die Funktion des Ausgleichs gegenüber der Arbeit übernehmen können. Es kommt also bei diesem Ausgleich nicht unbedingt auf körperliche Passivität an, sondern auf eine andersartige, vor allem andersmotivierte Aktivität des Körpers und auch des Geistes. Beim Schachspiel z. B. ist der Mensch vielleicht geistig viel aktiver als bei seiner Routinearbeit während des Berufsalltags, und doch kann das Schachspiel ohne weiteres als Erholung angesehen werden, wenn auch sicherlich nicht in jedem Falle.

Es ist wichtig für die seelische Stabilität des Menschen, sich eine Reihe von Freizeitbeschäftigungen zu wählen, die seiner Kapazität physisch und auch psychisch-geistig entsprechen. Gerade auch im Hinblick auf die größer werdenden Freizeitbereiche bei der gegenwärtigen Arbeitsorganisation kommt diesem Sektor der Freizeit- und Erholungstätigkeiten eine immer größere Bedeutung zu, nicht zuletzt auch im Hinblick auf eine eventuelle frühere Alterspensionierung bzw. auch im Hinblick auf eine evtl. unvermeidliche vorübergehende Arbeitslosigkeit.

5. Der Mensch sollte sich bemühen, eine möglichst *sachliche Einstellung* zu den Problemen einzunehmen, die ihn unmittelbar persönlich betreffen.

Damit ist gemeint, daß man möglichst nicht emotional, sondern eben sachlich und objektiv reagieren sollte, wenn besonders angenehme und auch besonders unangenehme Erlebnisse auf einen zukommen. Gerade im letzteren Falle neigt der Mensch bekanntlich dazu, emotional zu reagieren und gelegentlich sogar die sachliche Einstellung ganz zu vergessen. Man konstruiert dann bösartige Motivationen und unterstellt sie demjenigen, der uns die unangenehme Erfahrung vermittelt hat.

Wenn wir dagegen sachlich und nüchtern bleiben und uns systematisch dazu anhalten, diese Einstellung geradezu zu trainieren, kommen wir weniger leicht in die Gefahr, uns von der Umwelt abzusondern, weil wir uns etwa verfolgt fühlen, sondern wir bleiben eher gelassen und überlegen, sowohl in unerfreulichen, wie auch in erfreulichen Situationen. D. h. wir können unter dieser Perspektive auch dann ein ausgeglichener und seiner geistigen Fähigkeiten mächtiger Mensch bleiben, wenn der emotional reagierende Mensch sein Gleichgewicht verlieren würde.

6. Der Mensch sollte sich bemühen, seinen *Tagesablauf*, wie auch sein Leben insgesamt nach einem bestimmten *selbst aufgestellten Plan* ablaufen zu lassen.

Gerade die geplante Zukunft, sowohl bezüglich der Arbeit, als auch bezüglich der Freizeit ist eine gute Maßnahme für mehr psychische Stabilität im Menschen. Wenn man dagegen sowohl den Tag unplanmäßig verlaufen läßt, wie auch seine eigene Zukunft ohne Plan und System, sozusagen auf Abruf, hinnimmt, wie es kommt, so verliert man am Schluß den festen Boden unter den Füßen, und man ertappt sich schließlich mehr und mehr dabei, vergebens nach dem Sinn des Ganzen zu fragen.

Sinnvoll wird nämlich das Leben des einzelnen hauptsächlich dadurch, daß er ihm einen Sinn gibt, indem er das Leben, d. h. die ihm zur Verfügung stehende Zeit plant und systematisch ausfüllt.

Selbstverständlich muß darauf hingewiesen werden, daß das Planen und Systematisieren auch übertrieben werden kann, daß gerade dadurch neue Frustrationen entstehen können.

In jedem Lebensplan sollte also genügend nichtverplante Zeit enthalten sein, auf die man rekurrieren kann, wenn der Plan schließlich nicht mehr durchführbar ist. Man müßte auch seinem eigenen Plan gegenüber genügend Demut beweisen und in der Lage sein, notfalls den Plan kurzfristig zu ändern oder sogar aufzugeben, wenn Umstände eintreten, die dies er-

forderlich machen. Ein Festhalten an einem Plan unter allen Umständen ist in jedem Falle für die seelische Stabilität sehr riskant.
7. Der Mensch sollte sich beizeiten um eine möglichst hohe *Frustrationstoleranz* bemühen.

Damit ist gemeint, daß wir zwar nach Erfolg, Verstärkung, nach Erfüllung unserer Pläne, streben sollen, aber gleichzeitig bedenken müssen, daß vieles, was wir planen und anstreben, nicht erreichbar ist. Statt nun in einer solchen Frustration zu verharren und evtl. neurotische Tendenzen zu entwickeln, sollte man von vornherein Gelassenheit im Sinne von Frustationstoleranz aufbauen, indem man sich dazu bringt (Training, etwa »autogenes Training«), nicht zu verändernde, unangenehme Ereignisse innerlich zu akzeptieren und sich nicht übermäßig aufzuregen.

»Stoische Gelassenheit« ist letzten Endes eine Form von Frustrationstoleranz, die wir um so mehr brauchen, je mehr Frustrationen auf uns zukommen, und es sieht in der Tat so aus, als ob das Netz der möglichen Frustrationen immer dichter würde, je mehr Menschen mit immer größer werdenden Ansprüchen miteinander auskommen müssen.

Es ist sozusagen ein Preis, den wir für die fortschreitende Demokratisierung und auch Emanzipierung der Menschheit zu bezahlen haben: Die Frustrationen oder Frustrationsmöglichkeiten werden immer zahlreicher! Wo früher einer entscheiden konnte, muß er sich heute mit vielen zusammensetzen und unter Umständen seine ursprüngliche Meinung erheblich revidieren oder sogar ganz aufgeben, um sich einer anderen Meinung anzuschließen. Dies ist auf die Dauer nur möglich mit einer sehr stark ausgeprägten Frustrationstoleranz.

Frustrationstoleranz kann bereits im Kindesalter durch das Erziehungsprinzip angestrebt werden, und sie kann auch durch besondere Übungen, etwa durch das autogene Training, durch Meditationen und auch durch echte religiöse Übungen unterstützt werden.

8. Der Mensch sollte bemüht sein, seine *eigenen Fähigkeiten möglichst realistisch einzuschätzen* und z. B. keine übertriebenen und unrealistischen Erwartungen sich selbst gegenüber haben.

Hierzu gehört vor allem, daß man sich der psychologischen Möglichkeiten zur objektiven Erfassung der eigenen Fähigkeiten und Fertigkeitspotentiale bedient. Wir haben ja gesehen, daß der Mensch aufgrund seiner jeweiligen Erfahrungen dazu neigt, sich entweder zu überfordern oder auch sich zu unterfordern, d. h. sein Anspruchsniveau entweder zu hoch oder zu tief anzusetzen. Beides ist für die seelische Gesundheit gleichermaßen schädlich, weil Frustrationen und Unausgefülltsein die Folge wären.

Eine objektive Selbsteinschätzung basiert am besten auf den Ergebnissen psychologischer Testverfahren, die nicht nur bezüglich der Intelligenzprüfung zur Verfügung stehen. Eine vernünftige Lebensplanung einschließlich der Berufswahl und auch der Zuwendung zu entsprechenden persönlichen Betätigungen sollte solche objektiven Tatbestände voll berücksichtigen. Falsche Bescheidenheit wäre hier genauso fehl am Platz wie unbegründete Überschätzung der eigenen Fähigkeiten.

9. Der Mensch sollte bestrebt sein, *zu all seinen Aktivitäten ein möglichst positives Verhältnis* zu haben.

Etwas gegen seine eigene Überzeugung, sozusagen widerwillig zu tun, bedeutet, einen Verstoß gegen die Motivation der Selbstachtung, die jedem zu eigen ist, zu riskieren. Wie oft wir aber im täglichen Leben gegen diesen Grundsatz verstoßen, ist kaum auszumachen: Aus Höflichkeit oder aus Rücksichtnahme oder auch aus Bequemlichkeit sagen und tun wir tagtäglich Dinge, die wir eigentlich gar nicht tun und sagen wollten! Im Laufe der Zeit kann auf diesem Weg eine empfindliche Labilisierung des seelischen Befindens entstehen, so daß Leistungsmängel oder sogar neurotische Einstellungen die Folge sein können.

Statt dessen sollte man den Mut und auch die Konsequenz aufbringen, seine Taten und Gedanken mit einer uneingeschränkt positiven Einstellung zu untermauern. Anders ausgedrückt: wir sollten uns bemühen, eine möglichst primäre oder intrinsische Motivation zu dem aufzubauen, was wir tun und dadurch erreichen, daß das, was wir oft genug als lästige Pflicht empfinden, schließlich zu einem echten Bedürfnis wird. Eher sollten wir etwas überhaupt nicht tun, als es widerwillig auszuführen! Der Mensch kann grundsätzlich durch die geschilderten Techniken der Motivierung und Selbstmotivierung die wesentlichen Teile seines Lebens intrinsisch motiviert auffassen und dadurch erst eigentlich zur vollen Befriedigung und Sinnerfahrung seines Daseins gelangen.

Natürlich ist diese primär motivierte Einstellung manchen Tätigkeiten gegenüber ziemlich schwierig, zumal wenn es sich um Aktivitäten handelt, deren Sinn nicht so ohne weiteres erkenntlich ist. Man denke beispielsweise an bestimmte Tätigkeiten im Rahmen einer sehr stark elementarisierten, arbeitsteiligen Produktion und Verwaltung, die aber ihrerseits wieder nötig sind, um eine zweckmäßige Massenproduktion zu erhalten und zu steigern! Es bahnen sich aber Entwicklungen an, die, wie wir gesehen haben, die Sinnerfahrung des einzelnen Menschen am Arbeitsplatz wieder erleichtern könnten. Jedenfalls ist das Glück, die Zufriedenheit und die Ausgeglichenheit eines Menschen direkt abhängig vom Grade der primär motivierten Einstellung zu den Haupttätigkeiten

dieses Menschen während seiner Berufszeit und auch während seiner Freizeit.
10. Schließlich sollte der Mensch über all diesen ernsten und gewichtigen Regeln nicht vergessen, daß der *Humor eine der wichtigsten Voraussetzungen für die seelische Gesundheit ist* und auch bleibt.
Wer sich selber so todernst nimmt, daß er nicht mehr über sich lachen oder wenigstens lächeln kann, der wird schließlich auch die Welt so todernst nehmen, daß es darin nichts mehr zu lachen gibt!
Bei allem wichtigen und betonten Streben nach Ernsthaftigkeit und nach Erfolg sollte man sozusagen nicht vergessen, daß alles Menschenwerk Stückwerk bleibt und daß ein Wesen, welches uns sozusagen »von oben« bei unseren Emsigkeiten zusehen könnte, höchstens ein mildes, vielleicht wohlwollendes, vielleicht aber auch nur nachsichtiges Lächeln übrig hätte!

Mit diesen »10 Regeln« haben wir natürlich keineswegs eine Art Zusammenfassung der psychologischen Erkenntnisse, die wir hier diskutiert haben, versuchen wollen. Es ging vielmehr nur darum, einige besonders ins Auge fallende und leicht zu praktizierende Verhaltensgrundsätze aufzustellen, die uns helfen können, seelisch ausgeglichener und damit zufriedener und glücklicher zu werden, und gerade dadurch auch etwas für das Glück und die Zufriedenheit der Menschen beizutragen, die mit uns zusammenleben.

Hinweise für ergänzende und weiterführende Literatur

Ackermann, A.: Das Unternehmen in psychologischer Sicht, München 1964
Adler, A.: Praxis und Theorie der Individualpsychologie, München 1920
Adler, A.: Menschenkenntnis, Leipzig 1927
Adler, A.: Über den nervösen Charakter, Wiesbaden 1928, 4. Auflage
Anastasi, A.: Angewandte Psychologie, Weinheim 1973
Archangelski, L. N.: Arbeitspsychologie, Berlin 1962
Bach, G. R. u. Deutsch, R. M.: Pairing, Düsseldorf 1970
Bartenwerfer, H.: Beiträge zum Problem der psychischen Beanspruchung, Köln 1960
Behrens, K. Ch. (Hrsg.): Handbuch der Marktforschung, Wiesbaden 1974
Behrens, G.: Werbewirkungsanalyse, Opladen 1976
Bergler, R. (Hrsg.): Marktpsychologie, Bern und Stuttgart 1972
Berlyne, D. E.: Konflikterregung Neugier, Stuttgart 1974
Bleicher, K.: Perspektiven für Organisation und Führung, Baden-Baden und Bad Homburg 1971
Bleicher, K.: Organisation und Führung der industriellen Unternehmung, Wiesbaden o. J.
Bornemann, E.: Betriebspsychologie, Wiesbaden 1967
Bundesvorstand des Deutschen Gewerkschaftsbundes (Hrsg.): Berufliche Bildung, Düsseldorf o. J.

Cofer, C. N. und *Appley, M. H.:* Motivation: Theory and Research, New York and London 1964
Correll, W.: Verstehen und Lernen, München 1987
Correll, W.: Lesetreppe (Leselernprogramm für kleine Kinder). München 1976
Correll, W.: Lernschwächen und Leistungsstörungen erkennen und überwinden, München 1989
Correll, W.: Einführung in die pädagogische Psychologie, Donauwörth 1976, 8. Auflage
Correll, W.: Lernpsychologie, Donauwörth 1983, 17. Auflage
Correll, W.: Motivation und Überzeugung in Führung und Verkauf, München 1988, 4. Auflage
Correll, W., Kellner, H.: Konfliktbewältigung, Kettwig 1978, 2. Auflage
Crane, G. W.: Psychology applied, Chicago 1948
Dahrendorf, R.: Sozialstruktur des Betriebs, Wiesbaden 1959
Deutsches Institut für Betriebswirtschaft (Hrsg.): Fehlzeiten im Betrieb, Düsseldorf und Wien 1962
Dewey, J.: Psychologische Grundlagen der Erziehung, UTB München 1974
Dorsch, F.: Geschichte und Probleme der angewandten Psychologie, Bern 1963
Freud, S.: Gesammelte Werke, 18 Bände, Frankfurt 1952–1968
Friedeburg, L.: Soziologie des Betriebsklimas, Frankfurt 1963
Gagne, R. M.: Bedingungen des menschlichen Lernens, Hannover 1969
Gebsattel, Freiherr von U. A. (Hrsg.): Grundzüge der Neurosenlehre, 2 Bände, München, Berlin, Wien 1972
Goossens, F. (Hrsg.): Handbuch der Personalführung, München 1955
Gutjahr, G.: Markt- und Werbepsychologie, Heidelberg 1974
Handbuch der Neurosenlehre. Berlin, München, Wien 1958, darin: *Wiesenhütter, E.:* Betriebsneurosen
Hartmann, K. D.: Zur Psychologie der Angebotsgestaltung im Fremdenverkehr, Starnberg 1977
Hartmann, H. D. und *Koeppler, K. (Hrsg.):* Fortschritte der Marktpsychologie, Frankfurt 1977
Heidbaum, H.: Psychologie im Betrieb, Köln 1951
Heider, F.: Psychologie der interpersonalen Beziehungen, Stuttgart 1977
Höhn, R., Böhme, G.: Führungsbrevier der Wirtschaft, Bad Harzburg 1969, 6. Auflage
Jung, C. G.: Gesammelte Werke, Zürich, Stuttgart 1963
Katona, G.: Der Marktkonsum, Wien und Düsseldorf 1965
Kroeber-Keneth, L.: Menschenführung – Menschenkunde, Düsseldorf 1954
Kroeber-Riel, W.: Konsumentenverhalten, München 1975
Lersch, P.: Aufbau der Person, München 1956, 7. Auflage
Mandel, A. u. *Mandel, K. H.:* Einübung in Partnerschaft, München 1971
Mager, A. u. *Herwig, B.:* Handbuch d. Psychol. Bd. 8, Betriebspsychologie, Göttingen 1970
McClelland, D. C.: The achieving society, Princeton 1961
Mierke, K.: Wille und Leistung, Göttingen 1955
Mittenecker, E.: Methoden und Ergebnisse psychologischer Unfallforschung, Wien 1962
Moser, U.: Psychologie der Arbeitswahl und der Arbeitsstörungen, Bern und Stuttgart 1953
Neumann, J. W.: Motivforschung und Absatzlenkung, Frankfurt 1960
Norman, D. A.: Aufmerksamkeit und Gedächtnis, Weinheim und Basel 1973
Personalenzyklopädie, Band I, München 1977
Richter, H. E.: Eltern, Kind, Neurose, Hamburg 1974
Schmidt, A. L.: Personalwesen im Industriegebiet, Stuttgart 1959
Shaffer, L. F.: The psychology of adjustment, Boston 1936
Spiegel, B.: Werbepsycholoigsche Untersuchungsmethoden, Berlin 1970, 2. Auflage
Stöhr, R. W. (Hrsg.): Unternehmensführung auf neuen Wegen, Wiesbaden 1967
Thomae, H.: Arbeitsunfall und seelische Belastung, Basel 1963
Thomae, H. (Hrsg.): Allgemeine Psychologie, 2. Motivation (Handbuch der Psychologie, 2. Band), Göttingen 1965
Thomae, H.: Konflikt, Entscheidung, Verantwortung, Stuttgart 1977
Triandis, H. C.: Einstellungen und Einstellungsänderungen, Weinheim 1975
Tschanz, W.: Die Bewährung von betriebspsychologischen Eignungsuntersuchungen, Bern und Stuttgart 1962